让 我 们 甲骨文 一 起 追 寻

The Most Dangerous

# 最危险的书 | Book

## 为乔伊斯的《尤利西斯》而战

〔美〕凯文·伯明翰　著

辛彩娜　冯洋　译

社会科学文献出版社
SOCIAL SCIENCES ACADEMIC PRESS (CHINA)

# 本书获誉

这是一个讲得很精彩的好故事——现代主义如何击败言论审查的权威体制。凯文·伯明翰用他杰出的想象力重现了乔伊斯和他的世界，书中描述栩栩如生，每一页都充满了令人耳目一新的细节。

——路易斯·梅南德（Louis Menand），普利策奖获得者

著有《哲学俱乐部》

《最危险的书》是一部引人入胜的非虚构作品，书中聚集了诸多生动鲜明的人物，情节跌宕起伏，足以让一名小说家艳羡不已。通过凯文·伯明翰精湛的表述以及无懈可击的研究，这个关于一本书足以改变世界的故事以戏剧性的方式宣称：文学史不是一幅风景画，而是一个战场。

——马修·珀尔（Matthew Pearl），《纽约时报》畅销书作者

著有《但丁俱乐部》

詹姆斯·乔伊斯的《尤利西斯》在政府言论审查制度以及反淫秽法下所受的迫害，在写作功底深厚的凯文·伯明翰这本文采飞扬的书中得到了绝佳诠释。伯明翰带领读者踏上一段旅程，穿过乔伊斯所遭受的桎梏，最终抵达《尤利西斯》的解放。这本书文笔流畅、新颖独特，为读者重现了一个已经消

逝的世界，那里有小杂志、文学资助、邮政与海关法、正风扫荡以及法庭里的英雄。

——罗伯特·斯庞（Robert Spoo）

著有《无版权：盗版，出版，公共领域》

这是一本卓越的学术著作，重述史实的程度超越了文学的评判标准。伯明翰细致入微的探索研究也衍变成为一本直面压迫、振奋人心的勇气日记。这些细节、一名伟大艺术家所承受的强烈痛苦、被真相刺激的反抗、交战双方的无赖与狡诈、道德绑架的虚伪——每一页都彰显了艺术至上信徒的勇气。这本书情节丰富精彩，汇聚各路男女英雄以及邪恶的政府。它向我们发出警告：如果我们稍有怠懈、放松警惕，当时的文化困境就将卷土重来。《最危险的书》让我大开眼界，它对乔伊斯和他史诗般的一生有着精彩绝伦、感人至深的理解，足以和理查德·艾尔曼所著的具有奠基地位的乔伊斯传记媲美。

——弗兰克·德莱尼（Frank Delaney）

著有《爱尔兰》，并主持播客节目 *Re：Joyce*

# 现代的“命运”交响曲

薛忆沩

1913 年年底的一天，旅居伦敦的美国诗人庞德向同时也旅居伦敦的爱尔兰诗人叶芝打听，还有什么人的作品可以收录在自己已经接近编辑完成的“意象派”诗集里。年长庞德 20 岁的叶芝尽管当时还没有写出关于“可怕的美”的名篇，却已经是英语世界里的诗圣。而年轻的美国诗人怀着先知的敏锐和激情，正在酝酿着人类历史最伟大的文学革命。诗圣向踌躇满志的年轻诗人提到了一位与他年龄相仿的爱尔兰文学青年的名字。那是一个在爱尔兰文学圈之外几乎无人知晓的名字。那是一个已经远离了自己的家庭、祖国和教会的文学青年的名字。那是一个已经远离了一切文学圈的文学青年的名字。这是在英美文学界异常活跃的年轻诗人第一次听到自己将要发动的那场文学革命中头号革命领袖的名字。历史也许永远都不会知道年轻诗人为什么会没有丝毫犹豫。当叶芝还在纸堆里翻找着那位文学青年的诗作样本的时候，庞德就已经在打字机上敲打出了给他的第一封约稿信。

这是读者将在本书的第 3 章里读到的细节。如果他（她）还没有忘记自己在本书的第 1 章里读到的另一个细节，他（她）一定会感觉诗圣的推荐有点难以理解。那是诗圣与他推荐的文学青年第一次见面的细节。那是一次单独的见面：时间在 11 年之前，地点在都柏林市中心的一家咖啡馆。文学青年当时刚满 20 岁，刚从大学毕业，刚开始将让文学世界天翻地覆的孤独的攀缘，而诗圣当时已经 37 岁，已经跨越了至少两个创作上的高峰，甚至已经遭遇江郎才尽的惶惑和恐惧。谈话开始不久，诗圣就已经意识到“来者不善”。文学青年左右开弓，穷追猛打：他嘲笑诗圣的爱国主义情结，他揶揄诗圣在文学上已有的成就和新近的探索，他甚至不屑诗圣对自己习作的夸奖和好评……毫无疑问，这个年轻人不是带着“朝圣”的敬畏而是带着“弑父”的忤逆走近自己祖国的文学巅峰的。(有意思的是，当事双方都不知道，再过 30 年，爱尔兰文学的巅峰会从餐桌的这边移到餐桌的对面，而且它还将升级为与整个英语文学的顶峰等高的巅峰。如果其中至少有一方知道这一点，这次见面的气氛会不会有任何的改变?）文学青年的态度决定了这个细节的性质：它不是一次通常意义上的见面，而是一场对垒：新的时代与旧的时代的对垒，未来的巅峰与当时的巅峰的对垒。而从头到尾，未来都牢牢地占据着上风。诗圣一路后退，一直退到了最后一刻。戏剧性的高潮就在那个时刻出现。“我今年 20 岁，你呢?”分手之前，文学青年突然再出奇招。早已经招架不住的诗圣终于方寸大乱。他当时的实际年龄是 37 岁，但是，已经倍受挫伤的自尊心让他顺势从自己的回答里减去了 1 岁。他虚报的年龄还是没有能够赢得文学青年的同情。“你太老了，”他说，“我已经无法再影响你了。”

诗圣后来为这次具有历史意义的对垒写下了一篇详细的回忆。艾尔曼在他最权威的乔伊斯传记关于 1902 年那一章里全文转录了这篇回忆，有兴趣的读者应该很容易就可以找到。在语气平缓的回忆中，心胸坦荡的诗圣甚至连自己虚报年龄的那瞬间的脆弱都没有掩饰。而在回忆的最后，诗圣显然也已经看到了事件的历史意义。他平静地写道：“年轻的一代正在敲响我的房门。”这种对“命运”的豁达态度显然是连接上面那两个相距 11 年的细节的桥梁。这样的豁达在中国的社会和文化语境中肯定是很难理解的。但是，这就是历史。这就是历史的神秘之处。这就是历史的神奇之处。而 1913 年正好是人类文明史上的革命之年，艺术和科学上的许多革命正在爆发或者即将爆发。詹姆斯·乔伊斯这个陌生的名字触动埃兹拉·庞德敏感的耳鼓的一刻，也可以作为人类历史上最伟大的文学革命正式开始的标志。

熟悉乔伊斯生平的读者都应该知道，隔断以上两个细节的那些岁月是将与莎士比亚比肩的天才文学道路上最黑暗的岁月。与诗圣第一次见面两年之后，文学青年带着刚刚得手的女人——他终生依赖的缪斯和现代派文学史上第一“夫人”的原型漂洋过海，开始了自我流放的生活。他置贫穷和孤独于不顾，直奔生命的本质和意义：他要“自由”和“完整”地表达自己，就像他笔下的青年艺术家斯蒂芬一样。在《一个青年艺术家的画像》的最后，准备开始文学攀缘的斯蒂芬表示他不会继续侍奉他“不再相信的东西”，不管它的名称是“家庭”、“祖国”还是“教会”。

而在第二个细节发生的那一年，也就是青年艺术家自我流放的第 10 年，他完成于流放之初的《都柏林人》（他的第一部作品）还没有找到出版的机会。乔伊斯后来这样白描那漫无边际的黑暗：他说那十年之中，他的经历和金钱全都耗费在出版《都柏林人》的徒劳之上了；他说那十年之中，他给

“110 家报纸，7 位律师，3 个协会以及 40 家出版社”写了不计其数的信；他说那十年之中，“除了庞德先生之外，所有的人都拒绝了我”。那是足以毁灭所有天才的黑暗，那是足以吞没 20 世纪最耀眼的文学之星的黑暗……但是，诗圣向踌躇满志的美国年轻诗人提到了那个名字，那个曾经羞辱自己的文学青年的名字。紧接着，年轻诗人在打字机上敲出了给那个陌生的文学青年的第一封约稿信……这就是不可思议的历史。天才的“命运”中突然出现了破晓的晨曦。

如果说乔伊斯争取《都柏林人》出生权的抗争是一场堂吉诃德式的个人奋斗，《尤利西斯》在两次世界大战之间的“回家”之旅就是一场融汇着社会上各种势力以及人性中各种因素的集体较量。这是一场善与恶的大较量，这是一场美与丑的大较量，这是一场真与假的大较量。“破晓的晨曦”还只是如同贝多芬《C 小调第五交响曲》中最初的那四个音节，还只是“命运”的敲门之声。接踵而至的是无数的进攻、反攻、佯攻、固守、伏击、迂回、撤退、包抄、增援、突围……马丁·艾米斯曾经盛赞《尤利西斯》“让贝克特显得沉闷，让劳伦斯显得平淡，让纳博科夫显得幼稚”。而这还并不是这部伟大作品的伟大之处。它的伟大之处是它发动了一场史无前例的“抗击陈词滥调的战争”。这是一场与将“昨日的世界”（茨威格语）打得粉碎的世界大战同时爆发的战争。而它持续的时间却超过那场战争的一倍，它的烈焰不仅烧焦了“昨日的世界”，更是燃遍了新的大陆。但是，与那场终结自由和灭绝人性的战争相反，这场战争的目的是维护人性和捍卫自由。那场战争留下的是不计其数的墓碑，而这场战争留下的是一座文学的丰碑和一座人性的丰碑。

《尤利西斯》用文学史上从没有过的虔诚、耐心和技艺记录下人类日常生活的每一个细节，全部的细节。它的“回家”之旅就像它的创作过程一样，也是一场与“陈词滥调”殊死拼杀的战争。这场战争同时在大西洋两岸展开，持续的时间两倍于两次世界大战的总和。作为这场特殊战争的最全纪录，《最危险的书》呈现给读者的是一部20世纪的“命运”交响曲。这“命运”不仅仅涵盖一本伟大的书，也不仅仅涵盖一个天才的人，它还涵盖文学这神圣的事业以及“言论自由”这关乎人类存在意义的基本人权。

作者在这本书的鸣谢部分报称自己与乔伊斯“唯一的相似之处”是他们都欠了很多债。这显然是谎称和虚报。读到一半的位置，任何一位读者都会发现，这本书的作者与这本书所谈论的“最危险的书”的作者还有另一个相似之处，就是他们什么都不想放过。而也许并不需要读到最后一章，任何一位读者都会得出结论，这本书的作者与“最危险的书”的作者还有另一个相似之处，就是他们什么都没有放过。《尤利西斯》是一部关于现代社会（也就是“上帝死了”之后的社会）日常生活和精神生活的大百科全书，而《最危险的书》是关于这部大百科全书的伟大“命运”的交响曲。

在欣赏交响曲的时候，甚至一位很细心的听众都可能不会去留意其中器乐组的配置，也都可能不会去留意其中每一个音符的分量、每一段旋律的色泽以及每一个主题的含义，还有各个乐章之间节奏的变化和情绪的对比……但是一进入这部交响曲，每一位读者都会马上强烈地感受到“经典”的气息。这是将伴随他（她）整个阅读过程的气息。它来自回荡在字里行间的那种特殊的“三和弦”：历史、哲学和文学的对话构成的“三和弦”。这种对话是一切“经典”共同的特质。它存在于任何一部“经典”的作品之中。《最危险的书》就是这样一部关于“经典”的经典。

作为一部文学史的专著，“历史”当然是它的基本面。史料的详尽和论证的扎实显示了作者学术水平的高度，而正文之后超过50页的注释也可以成为治学严谨的证明。但是，这一切还只是这部专著能够从不计其数的出版物中脱颖而出，不仅获得专家的赞扬，而且还赢得大众的青睐的部分原因。近年来，虽然布卢姆日已经变成越来越热闹和越来越“国际”的文化节日，对《尤利西斯》的阅读兴趣却已经是“日薄西山”，对《尤利西斯》的研究也已经成为西方文学界的“夕阳产业”。在这样的情况下，一本关于《尤利西斯》的书的成功一定还有更深的秘诀。《最危险的书》突破了文学史的传统边界，进入了文化史的广阔天地。这样的突破和进入仰赖纯净的激情和深厚的功力，与今天中国社会各行各业都痴迷的营销策略毫无干系。它带来的开阔视野无疑是《最危险的书》成功的秘诀。

另一方面，研究方法的多样性也应该是这部专著的一大特色。关于这一点，我突然想起“红学”研究中的三大流派。《最危险的书》的作者好像是有意识地吸收了那三大流派的优点。就以一个最基本的问题为例吧：面对一部革命性的文学作品，为什么同时代的人会有那么不同的反应？这是用性别或者年龄的差异回答不了的问题。这是用教育程度的高低回答不了的问题。这也是用财富的多少回答不了的问题……在这样一场理智和情感的大较量中，有那么多的细节必须“考据”，有那么多的细节值得“索隐”，有那么多的细节需要“评论”。作者对不同方法的熟练掌握和在不同方法之间的游刃有余是让这样一部可以十分枯燥的学术专著精彩纷呈的又一个关键。关于乔伊斯本人在都柏林生活脉络的呈现就很有说服力。作者按照《尤利西斯》中的细节，去掉了无数的枝蔓，重新布局铺路，既突出了生活的戏剧性，又强调了生活与艺术之间的双向影响。这样的呈现既让内行有看门道的快感，又让外行有看热闹的愉悦。这一点是最权威的乔伊斯传记都没有做到的。

《最危险的书》不仅没有放过与“最危险的书”相关的任何历史细节，也没有遗漏与它相关的所有历史背景。而它对由施蒂纳的《唯一者及其所有物》（它有点费解的英译书名是 *The Ego and His Own*）奠定基础的西方“个人主义”和无政府主义思想传统，以及从这种传统中衍生出来的妇女解放运动的梳理尤其值得称道。也许正是对这一条特殊线索的重视，“人”得以脱颖而出，“人”的命运与“书”的命运得以息息相关，《最危险的书》得以变成了一部融汇着多重声部的交响曲。这里有特定历史语境中的具体的人，比如那个一本一本地将《尤利西斯》从加拿大走私到美国境内的人，比如那个毕业于常春藤名校、在日常生活中保持着高洁的道德准则却又死不改悔地盗版《尤利西斯》的人……而从这些具体的人，读者很容易看到那个“抽象的人”，看到普遍的人性，看到普遍人性对包括“言论自由”在内的共同价值的渴望和追求。对“人”的关注和关怀让《最危险的书》获得了哲学的高度。这也应该是本书成为引人注目的作品的另一个重要原因。中国的历史著述甚至传记作品经常都会看不准人、看不清人，甚至看不到人……这种哲学视角的缺失足以让新的材料成为废纸，让新的观点成为空谈。在《尤利西斯》的第 2 章中，斯蒂芬说历史是他要从中惊醒的噩梦。但是，历史是不会自动惊醒的。这也许就是人类历史总是不断重复自身错误的原因所在。历史要由哲学的棒喝来惊醒。也就是说，一部能够对历史产生影响的历史著作必须发出哲学的声音。《最危险的书》就是一部发出哲学智慧之声的历史著述。

最后，也可能最重要的是，这部学术著作有很强的文学性，几乎可以被当成一部文学作品来读。这一点对普通的读者当然至关重要。而这也是它能够吸引像我这样一名“专业人士”的重要原因，因为书中绝大多数的史实我都非常熟悉，而书中的哲学不仅我耳熟能详，也与我的思想倾向完全吻合，是它的文学性让我心惊肉跳、神魂颠倒。为什么我们中国的学者和作家写不出这种既有至高的学术水准又有饱满的阅读趣味的作品？我想，这种空白是中国学术与艺术长期的隔膜（如果不是割裂）造成的。中国的学者很少痴迷于文学作品，中国的作家很少沉醉于学术专著。这是文化的残疾。这是中国的悲哀。作为一部具有很强文学性的学术专著，《最危险的书》能够带给读者不断的惊奇和持续的喜悦。但是，在阅读的过程中，我也一直为中国学术和艺术之间这种不正常的关系深感惋惜。

本书的文学性主要体现在两个方面：一是作者叙述的魔力，二是作品语言的魅力。《最危险的书》的叙述基本上吻合时间的次序以及历史本身的线索。但是，作者对全部关键事件的呈现却都动用了高超的叙述技巧和策略，不时会让史实“为我所用”，也经常会将最重要的细节放大、放到最大。这使得整个叙述链条高潮迭起，充满了戏剧性。我从来都认为叙述的技巧和策略并不是独立于内容和史料的，而是作者对内容和史料有个性的反应。也就是说，它并不是一种纯粹的智力游戏，而是作者的激情和诚意的见证，也是作者的洞察力和同情心的见证。叙述的魔力让《最危险的书》的读者不断在“无声之处”听到“惊雷”、听到“霹雳”。这样的效果在中国的文学作品中都不多见，在中国的历史著述里更是十分稀缺。以题为“娜拉·巴纳克尔”的第 2 章中关于人类历史上第一个布卢姆日（1904 年 6 月 16 日）的叙述为例。那是天才与他的缪斯第一次亲密接触的日子。作者像天才在《尤利西斯》中所做的那样将注意力集中于“身体”。在码头边的空地上，娜拉将手伸进了她已经确信自己永远也不会离开的男人的裤裆。在这样一个任何成年读者都不会太感到惊奇的动作里，作者是怎样用叙述的魔力让每一个成年读者都会感到惊奇的呢？首先，他没有给从来都下笔千言的天才开口说话的机会。接着，他让已经有过两段短暂情史的缪斯用顽皮的语气问了一个纯洁无比的问题：“亲爱的，这是什么?”（在原文里，我译成“这”的是第三人称物主代词“it”。）读者还来不及去辨别这问题是出自“考据”还是出自“索隐”，就马上会听到作者替天才给出的回答。它也是作者对人类历史上与文学关系最为玄妙的幽会的精彩“评论”。“这是文学史上一个重要的时刻。”作者这样评论。是的！这更是现代派文学史上最重要的时刻。是的！

记得 2013 年春天，我曾经在广州与一位顶级的中国历史学家同席。我向他提出现在中国的历史著作和传记作品对语言都不够重视的问题，他解释说，中国目前的历史研究还处在发现新材料和提出新观点的阶段，还顾不上“如何表述”的问题。而在西方，历史著作的语言是其他一切叙述文本的典范。《最危险的书》秉承了西方历史著作的这一深厚传统。它用非常考究的英语写成，措辞精而美，造句达而雅，行文清晰流畅又饱含悬念和机锋。还有语句与语句之间的那些睿智的对比和呼应，不仅让叙述透出抓人的张力，还让文本透出迷人的乐感。以前言中的第一部分为例。这一部分由5个自然段构成。它用这样的句子开始：“当你翻开一本书，你就已经走到了一段漫长路程的尽头。”这当然也是全书的开始。接着，作者用4个自然段按写作、出版、发行、推广的正常次序罗列现代所有正常的书都要经历的“漫长路程”。第5自然段是这一部分的关键，也是全书存在的理由。它只有一个句子，一个与全书的起始句相呼应的句子：“当你翻开乔伊斯的《尤利西斯》，所有的这一切都不再是事实。”在接下去的阅读中，读者就将看到那“不再是事实”的一切的真实存在。这就是《最危险的书》存在的理由。

《尤利西斯》完成了语言（也许应该更准确地说是英语）与生活的结合。用希尼的说法，这座文学的丰碑用语言保存了都柏林日常生活中“全部的痕迹”。其实，它保存的也是人类日常生活的全部的痕迹。希尼是继叶芝之后对20世纪的文学发挥过巨大影响的第二位爱尔兰诗圣。在一次英国广播公司（BBC）的采访中，他被问到如果只能带一本书流亡孤岛的话，他的选择是什么。诗圣的回答斩钉截铁。他要将人类全部的日常生活带向孤独的尽头。《尤利西斯》是将语言推向了极致的作品。考究的语言当然也应该是任何一部关于《尤利西斯》

的作品的基本品质。遗憾的是，不管多么好的翻译都不可能保全原作的魅力，更不要说用非常考究的语言写成的原作。这对于那些只能通过翻译来阅读《最危险的书》的读者可能是一种无法避免的遗憾。

我是在2014年12月的一天在蒙特利尔市中心一家即将倒闭的书店清仓的时候买到《最危险的书》的。从留在书上的记录看，我在2015年2月12日读完过前言，后来就再也没有读完过其他任何一章了。但是，我一直将这本书摆放在离床最近的书架上，与《尤利西斯》的三种原文版本摆放在一起，每天早上睁开眼睛就能够看到。2016年布卢姆日的前一天，我突然决定第二次通读《尤利西斯》（我的第一次通读是2010年夏天在蒙特利尔大学英语系关于《尤利西斯》的硕士课程里）。这次通读被后来的两次回国打断。12月21日这一天临睡的时候，我不知道为什么再次翻开了《最危险的书》，并且再次读完了前言。这是一次带有强烈宿命色彩的进入。它让我不能不继续“向前看”了。我将一个雄心勃勃的写作计划推到一边，用2016年最后的10天一字不漏地精读完了这部精彩的作品。同时我也怀着无限的敬意接起了《尤利西斯》的阅读，于2017年1月6日下午4点钟完成了对它的第二次通读。

也不知道为什么，我一直到差不多写完这篇导读的时候才注意到原作扉页后的献词：“献给爸爸，他让我懂得了言论自由的重要。”我轻轻地惊叹了一声。父子关系是“最危险的书”关注的核心问题，而“言论自由”又是《最危险的书》聚焦的核心问题。对这样一部关于“最危险的书”的书来说，还有什么比这更理想的献词呢？

让我们开始一段新的阅读之旅吧。这是一段一定能够带给你强大震撼的阅读之旅。当你最后合上《最危险的书》的时候，我肯定，你不仅会为文学的一次伟大胜利深感欣慰，你也会对人最根本的“自由”满怀激情和信心。

二〇一七年二月十五日于蒙特利尔

献给爸爸，他让我懂得了言论自由的重要性。

# 说　明

本书的大部分素材源自个人信件。我在必要的地方对标点符号和大写字母进行了些许修改，修正了原文件中偶尔出现的打印错误，将缩写字母进行全拼。例如，将埃兹拉·庞德（Ezra Pound）在诸多书信中提到的“L. R.”或“M. C. A.”改为《小评论》（*The Little Review*）和“玛格丽特·安德森”（Margaret Anderson）。在极少的情况下，我会在尾注上注明我在已有文献基础上进行的推测。请在我的网站上查阅更详尽的尾注和完整的参考书目。

# 目　录

## 第三部

# 前　言

当你翻开一本书，你就已经走到了一段漫长路程的尽头。 1
这段路程的起点是该书作者面临的第一个挑战——去想象将会翻看这尚未动笔之书的读者。作者希望满足读者的期待并吸引他们。这本书将有一种论调、一个视角和一个贯穿始终的风格。它将是可被理解的。如果书中设定有人物角色，无论是简单的还是复杂的，无论是令人同情的还是引人反感的，作者都会将这些人物塑造得有血有肉，让他们融入角色并保持其语言习惯。他们所说的话应当被放在引号中，人物思想和故事情节应当清晰可辨。当作者开始写作时，他可能会更加凸显故事元素，清晰可见的边界使旅途的路线更加明确。

出版商与作者签订合同。出版商会进行市场调查并权衡成本和风险以及潜在的利润和需求。出版商之前出版过书，深谙其道。这本书有匹配的编辑进行删改修饰、给出建议，有时会被编辑退回。这本书也很可能会在各类市场上进行宣传。在正式出版的几个月前，出版商会印刷、装订出第一批书，这些书会通过邮局或私人运营商安全传送，并公开展示在书店中。

这本书无论是粗制滥造的还是精心制作的，无论是一次性阅读的还是持久耐看的，其销量最终都会缩小。印刷商将停止
印刷，余留图书会以很高的折扣被甩卖，并沉寂于二手书店 2
中。这本书不会改变书的撰写方式，也不会改变你审视自己与

周遭世界的方式。它将经受汹涌而来的文化潮流的冲刷并随流而去。它最终可能被遗忘。

如果这本书没有被忘却——如果这本书确实改变了人们审视世界的方法——评论者和批评家将对其大量引用；广播员也将在电波中提到它的名字；学生可以从图书馆借到它；教授们会把这本书布置为作业并作为讲座题目，而无须担心被降职或解雇。如果你购买了这本书，你可以毫无顾忌地带着它旅行。没有人会因为印刷它而被逮捕，没有人会因为传播它而被监控，没有人会因为售卖它而进监狱。无论你生活在哪里，你的政府都可能会保护其版权，严防盗版；你的政府从未因此书而发出拘留传票；你的政府从未没收过这本书；你的政府也从未焚烧过这本书。

当你翻开乔伊斯的《尤利西斯》，所有的这一切都不再是事实。

探讨乔伊斯这部史诗作品的杰出之处的书已是汗牛充栋，以致我们忽视了《尤利西斯》本身的遭遇。学者们深入地探索这本小说纵横交错的隐喻之网、博物馆般的风格以及那直透人心的洞察力。然而，这些学术研究掩盖了《尤利西斯》遭受诽谤的原因：任何事情在《尤利西斯》中都可以被言说。这本书被视为英语文学——或许是全部语言文学——中最伟大的小说之一，但因被指控淫秽而遭到大多数英语国家官方或非官方的禁止超过10年之久。乔伊斯的小说具有强大的革新力量，这也是原因之一。《尤利西斯》不仅改变了在它之后一个世纪的文学走向，也改变了法律对文学的定义。

本书是一本书的传记。它描绘了《尤利西斯》从1906

年灵感诞生到一战期间和之后该书写作成形那段令人惊叹的发展历程：最初，《尤利西斯》是乔伊斯为一部短篇小说想出的点子，他将荷马史诗中英雄人物的名字与他在都柏林某个酩酊大醉的夜晚遇见的一个人[1]相关联，从而有了这个故事；在后来的创作中，乔伊斯辗转于的里雅斯特、苏黎世和巴黎三地的 10 多所公寓，在笔记本、活页纸、零碎纸片上写下了那 732 页的《尤利西斯》。乔伊斯撰写《尤利西斯》 3
的经历只是这个故事的一部分。《尤利西斯》最初连载在纽约的一本杂志[2]上，它在邮递途中遭到监控，甚至其最有力的支持者、现代主义无可厚非的领头羊埃兹拉·庞德也曾对它进行审查。

大多数人对《尤利西斯》的最初印象就是它的违法性。当它还是手稿时，其中一部分就在巴黎被烧毁；而在纽约，它在成书之前就被控告为淫秽作品。当包括伍尔夫在内的所有人都拒绝出版《尤利西斯》时，在巴黎经营一家小书店的美国侨民西尔维娅·比奇（Sylvia Beach）被乔伊斯的惨痛经历所触动，投资出版了《尤利西斯》。当《尤利西斯》最终于 1922 年出版发行时，数十名评论家对乔伊斯这本令人期待已久的小说表达了或褒或贬的明确态度。大西洋两岸的政府没收并焚烧了 1000 多本《尤利西斯》（具体数字永远不明），因为乔伊斯这本蓝色装帧的大部头小说几乎一上市就被英美两国政

① 1904 年某日，乔伊斯在都柏林醉酒后与一位姑娘搭讪，后被其男伴打伤。据说一位叫阿尔弗雷德·H. 亨特（Alfred H. Hunter）的人帮助乔伊斯回家，而这位亨特后来成为《尤利西斯》主人公布卢姆的原型。

② 这里指美国杂志《小评论》（*The Little Review*），它从 1918 年起开始分章节连载《尤利西斯》，直到 1920 年连载到第 13 章“瑙西卡”时因含有大量描写主角手淫的情节而被美国有关部门指控为淫秽。

府所禁止，其他国家也紧跟其后。在10年间，《尤利西斯》成了“地下流传”的轰动之作。它是一份文学走私物，阅读它的仅有机会是从盗版商那里买一本盗版书，或在海关眼皮底下将它走私入境。大部分《尤利西斯》来自西尔维娅·比奇的莎士比亚书店，一位作家回忆说，在那里，“《尤利西斯》像炸药包似的被堆积在一个具有革命意义的酒窖里”[1]。它是现代革命的原型——它实际上是我们认定现代主义具有革命性的主要原因。

现代主义冲突、反叛和偶尔暴力的一面并非初露头角，而前所未有的是，这种文化冲突已经衍变为一场持续性的运动。乔伊斯进行了各种各样的现代主义文学实验，并将它们变成了一部杰作。在《尤利西斯》之后，现代主义文学实验已经不再处于边缘，而成为核心。骚动已不再是混乱的种子，而是美学的组成部分。这一独特美学来源于更广阔意义上的秩序，它似乎开创了一个新时代。现代主义所要反抗的是根深蒂固的经验论，这种已持续一个世纪的经验论过度信任永久的技术进
4 步、权力和商业的不断膨胀，以及齐整的、净化的且可永远接受公共检查的事物秩序。

经验主义的敌人并不是反逻辑，而是隐秘。但凡是经验主义文化无法利用、没有需求或拒绝承认的东西，都被从公众领域隔离出来，归入危险之列：隐蔽之物、无用的主观之物、未言说之物和无法言说之物。隐秘的巅峰便是淫秽。淫秽是极为隐私的，且毫无裨益，将这类极其私密的思想、言语和图像公布于众，实际上就是违法。宣称淫秽具有某些经验的、公众的价值一定是荒谬的。它定会摧毁建立文明所应有的信心。《尤利西斯》之所以危险，是因为它抹除了经验

论与淫秽之间、外部生活与内部生活之间的差异，也因为它揭示出一本书是如何废除隐秘的权力的。《尤利西斯》告诉我们，隐秘只是行将就木的政治制度的工具，而秘密本身，正如乔伊斯所说，是“自愿被废黜的暴君”[2]。《尤利西斯》废黜了一切秘密。

对于现代作家来说，文学就是一场与迂腐文明的战争，而这场现代主义的战争的风险最显著地体现在其杰作被烧毁。审查制度是既定文化律令的残暴形式。在美国和英国，审查制度是一个由 19 世纪道德法令授权、具有传播性质的强制系统。抵制淫乱等罪行的法律原本是用于控制城市人口的，但由于当时市中心的发展速度超过政府的掌控，因此，这些法律的最初执行者是蓬勃发展的准官方义务组织。伦敦和纽约这样的大城市能够勉强维持岌岌可危的秩序，主要是依靠这些组织来“镇压”各种各样的不良现象：乞丐、妓女、游民、鸦片、对儿童和动物的恶行。[3]

其中最成功的组织是“伦敦正风协会”①，它协助制定和实施反淫秽法律条文。[4]这种基于志愿者的审查机制的问题在于，其审查力度的大小随着道德潮流起伏不定。[5]由于协会成员的不断变化以及经济状况的波荡起伏，这些审查机制的功效并非如其所愿——色情作品从业者轻而易举地适应了这个荣衰 5
交替的商业循环。英国的正风协会由贵族领导，他们为诸多法律程序和宣传活动提供资金；而这些宣传活动则由一拨又一拨

① 伦敦正风协会（London Society for the Suppression of Vice）成立于 1802 年，它通过打压过量饮酒、亵渎神明、污秽语言等不良生活习惯来提高大众道德，尤其是严防涉及淫秽的刊物，防止青少年受其影响。该组织直到 19 世纪七八十年代才解散。

的志愿者组织安排，但他们并不情愿为制止违法生意去做一些有损斯文的工作。他们不会当街逮捕色情作品从业者；他们不会诱捕嫌疑犯；他们不持枪；他们从不恐吓、追捕或对任何人动粗。

美国则完全不同，它对淫秽的打击毫不留情。从 1872 年开始，安东尼·康斯托克（Antony Comstock）成为淫秽罪最重要的仲裁者。至 1915 年逝世为止，他对艺术准则的管控长达 40 年。这使他成为一个符号，一个文化秩序的化身。这个秩序拒绝那些威胁我们救赎与文明的各种原始冲动，而康斯托克认为，其中最具破坏力的原始冲动是情欲。

> 情欲侵蚀身体、腐坏想象力、败坏思想、麻木意志、摧毁记忆、使良知枯涸、使心灵冷酷、使灵魂受到诅咒。它使你双臂失去力量，也偷走了你灵活的步伐。它夺走了人类灵魂中的美德，在年轻人的思想中留下终其一生都无法抹去的诅咒。[6]

康斯托克将人性视为损耗之物，一种被堕落世界腐化的纯真。他对抗欲望之潮的机制是美国邮政系统，他对流通的信件、报纸杂志进行监管，他的统治权力来自以他命名的法律。

1873 年颁布的《康斯托克法案》规定：对任何通过美国邮政系统散布和宣传“淫秽、下流、猥亵性图书、宣传册、图片、文章、印刷物和其他不得体出版物”[7] 的行为处以 10 年以下有期徒刑，1 万美元罚款。覆盖全国的各州法律——“小康斯托克法案”——则延伸到禁止一切淫秽印刷物的出版和销售。康斯托克以法律权力为后盾，宣誓就职成为邮政部的特殊代理人，并被任命为“纽约正风协会”（NYSSV①）的领导人。他销毁了成吨的书，拘捕了数千名色情作品从业者。到 6
20 世纪 10 年代，他一直留着浓密的络腮胡，这具有双重目的：一是追溯古老时代的价值观，二是遮盖某个色情作品从业者在他脸上留下的刀疤。[8]康斯托克说：“你必须像捕捉老鼠一样去逮捕这些人，毫不留情。”[9]

康斯托克是上帝和国家的工具，是保护脆弱市民不受外来影响的卫士，是扼制原始冲动的严格律令、瓦解所有实验行为的拥护者。换句话说，他和他的组织代表了现代主义所反对的事物。1915 年，康斯托克的接班人约翰·萨姆纳（John Sumner）接管了纽约正风协会，大小出版商都开始自觉地将手稿上交接受协会的审查。在第一次世界大战之前，正风协会的权力已牢牢确立，只有在特殊情况下，萨姆纳才不得不提出刑事诉讼。②《尤利西斯》就是其中之一。

乔伊斯和他的文学联盟不得不发动一场战争，敌人是治安委员会成员、道德家、盗版商、保护欲强的父亲们、愤怒至极的丈夫们，以及形形色色的执法人员——邮政检查员、海关官员、地方检察官、警探、巡警和皇家检察官。抵抗淫秽罪（它仍旧是一个罪行）的战斗不仅在于争取发表色情裸露素材的权利，还在于国家权力与个人自由之间的抗争，后者是一个更高的层面。在 20 世纪早期，这一抗争加剧，更多的人开始挑战政府对国家定义的有害言论的管控。国家控制和道德控制

① NYSSV 的全名为 New York Society for the Suppression of Vice。

② 也就是说，在一般情况下，正风协会可自行处理淫秽出版物。

两者相互强化。康斯托克时代的道德监控为联邦政府（邮政部是其基石）的崛起做出贡献，反过来，一战前后，政府对颠覆性言论的打击也使纽约正风协会得以在20世纪20年代扩大反淫秽运动规模。无论乔伊斯愿意与否，他都被列入1917年之后的可疑人群中：无政府主义者、知识分子、爱尔兰人。

在那个年代，所有直言不讳的作家都没有将战线划在艺术的边缘，而是将其置于作品的核心。当乔伊斯那不合时宜的率真使他无法找到任何一个人愿意出版或印刷他的第一本小说《一个青年艺术家的画像》（后简称《画像》）时，埃兹拉·庞德在《自我主义者》中激昂地说："如果我们在创作戏剧、
7 小说、诗歌或者其他可以想象到的文学形式时，无法像科学家一样获得自由和特权，获得最低限度的追求真理的机会，那么我们会抵达世界何处？万事又有何用？"[10]

20世纪20年代末，庞德依旧批判《康斯托克法案》，他写信给联邦最高法院（后简称美国最高法院或最高法院）首席大法官塔夫脱（Taft），请求法官撤回一个由"狒狒和蠢货"[11]执行的条律。《康斯托克法案》之所以如此令人厌恶，很大程度上是因为它低估了如庞德这样的叛逆者和革新者对邮政部的生存依赖。现代主义利用了一战的动乱情势——帝国破碎，数百万人跨越边境交流新思想和激进风格——而它那反叛的天性又恰好使它从这一最庞大、最普遍的政府机构中受惠。

即便现代派作家躲避那厌恶争议和文学实验的庞大读者群，他们还是运用了大众文化资源和营销策略。乔伊斯说，与其写一本让上万个读者喜爱的小说，不如写一本让人阅读上百万次的小说。[12]现代派作家只能取悦狂热的、特立独行的少数读者。读者散布在各个国家和各个时区，要让这样一个专注的

团体凝聚起来，方法之一是通过一本狂野的杂志让相隔甚远的读者和作家不断沟通交流。但是现代主义杂志的读者群太小，大多数书店和报刊亭无法供给，像乔伊斯这样的艺术家需要通过一个四通八达、国家会给予补助的流通体系才能将订阅者连接在一起。邮政部可以使这些先锋文本低价、公开地流通于散居各地的读者之间，而也正是邮政部，在监督、抢夺、烧毁这些文本。

早在《尤利西斯》出版前几年，乔伊斯作品中令人咋舌的内容就引起了争议。我们如今将《尤利西斯》看成一本巨著，但最初它是以连载形式进入大众视野的。它连载在纽约一份名为《小评论》的现代派杂志上，这份杂志是难得一见的
华尔街资本与格林尼治村的波希米亚文人的联合产物。《小评 8
论》是玛格丽特·安德森的劳动结晶。这位放浪不羁的芝加哥人与伴侣简·希普（Jane Heap）搬进了格林尼治村，创办了这样一份致力于艺术和无政府主义、狂喜和反抗的杂志。然而，她们对于冲突和公众活动的热爱激怒了她们的主要赞助人，即庞德的朋友约翰·奎因（John Quinn）。奎因是个脾气暴躁的华尔街律师，一个坚定的单身主义者，或许是 20 世纪前 10 年乃至前 20 年美国最重要的现代艺术收藏家。尽管对杂志的“女编辑们”充满疑虑，他还是资助了《小评论》并为其提供超量的法律咨询。奎因最初认为安德森和希普是“任性妄为的女人”[13]，后来认为她们是更为糟糕的典型的华盛顿广场分子（“愚蠢的江湖骗子和呆傻的假冒伪劣者”[14]），他对二人的看法不断恶化。

就在金钱和任性妄为这种尴尬的合作关系中，《小评论》

硬是在 1918 年春天至 1920 年年底连载了将近一半的《尤利西斯》。同乔伊斯的连载作品（有时不到 10 页）一起出现在杂志上的文字包括：舍伍德·安德森（Sherwood Anderson）的小说、与其他杂志的论战[15]、风格各异的图画和版画、达达主义诗歌（“skoom/vi so boo/rlez”[16]①），以及巧克力和打字机的广告。[17]连载使乔伊斯接触到杂志读者刺耳的评论。一个订阅者称赞他“毫无疑问是最有灵气的英语作家”[18]，而另外一个订阅者声称他“将大块的秽物扔进不连贯的胡言乱语中”，使《小评论》变成了一份“怪胎杂志”[19]。一些读者认为这种污秽强大有力。乔伊斯向读者“投掷‘秽物’”的姿态激发了一位达达主义诗人的狂热赞美（“俗!”）[20]，而这一赞美在这起特别事件被告上法庭时大概也没有起到任何作用。对《尤利西斯》最不利也是最具影响的反应来自美国各州及联邦政府。邮局多次以刊载大量乔伊斯的淫秽内容为名，禁止《小评论》通过邮政进行流通。1920 年，纽约地方检察官受到约翰·萨姆纳和纽约正风协会的教唆，以猥亵罪起诉玛格丽特·安德森和简·希普。

“‘瑙西卡’在纽约要惹上大麻烦了。”[21]乔伊斯在听闻这章被起诉后，在信中这样对朋友写道。而在纽约风波过后，

---

① 这是俄国诗人维列米尔·赫列勃尼科夫（Velemir Khlebnikov，1885～1922）的一首著名诗歌。维列米尔·赫列勃尼科夫是俄国未来主义运动的重要一员，他创立了“Zaum”派诗歌。zaum（俄文：заумь）一词由俄国未来主义诗人克鲁乔内赫在 1913 年创造，它由俄文的前缀“за”（“超越”）和名词“умь”（“思想，常识”）构成，被英译为“transreason”“transration”。“zaum”作为一种超逻辑、超理性的语言，是未来派诗人的艺术目标，影响了后来的视觉艺术、文学、诗歌等领域，形成了“zaum”主义。维列米尔·赫列勃尼科夫主张从根源上探究俄语，根据声音的节奏与音调创作诗歌，因此他的诗歌很难被翻译。

乔伊斯打算将这一章写得更加淫秽，并且接下来的两章也会更加淫秽。对于一般的读者来说，《尤利西斯》漫长的演化过程让乔伊斯看上去既像一个不肯妥协的艺术家，又像一个任性的破坏分子，他通过向作品中填塞艰涩与冒犯的内容来发泄愤怒。“每个月他都会变本加厉”，一名《小评论》的读者这样抱怨，而简·希普恰到好处地回复道：乔伊斯“毫不关心读者，也不关心读者的需求”[22]。 9

正是因为乔伊斯坚持自我、不回应任何人的要求，《尤利西斯》才吸引了大量读者。西蒙娜·德·波伏娃不仅记得读小说时感受到的“彻底的惊奇”，也记得她真正见到詹姆斯·乔伊斯那幸运的一刻，“最遥不可及、最难以接近的”作家在巴黎的一个书店里“以血肉真身出现在我面前”。[23] 自 1918 年《尤利西斯》面世起，乔伊斯成为新世纪的个性偶像。他是一个无国籍的漂流者，在爱尔兰外自我放逐，在接近赤贫的状态中籍籍无名地坚持写作长达 10 年之久。他拒绝向势力不断扩大的政府和市场妥协，拒绝向限制文学流通的法律妥协，也拒绝向读者妥协，尽管首先是读者让文学成为一种职业选择。

乔伊斯成为个性偶像也是因为他那活生生的血肉之躯。身体是乔伊斯作品的核心，乔伊斯既捕捉了身体的情欲快感，也关注它的极度痛苦。从 1907 年至 20 世纪 30 年代，乔伊斯一直被频发的虹膜炎（虹膜肿胀）所折磨，这一病症也引发了严重的青光眼以及其他并发症，使他视力下降、几近失明。在“眼部袭击”不断袭来的岁月里，他多次因为过度疼痛倒在街上，或痛得在地板上打滚。与病患同样痛苦的，是他为了挽救视力而进行的多次外科手术——所有眼睛手术都没有进行全身麻醉。乔伊斯事后描述，在他强撑着让眼睛被“切开”[24] 前，他忍受了一连串的注射、麻醉、消毒、拔牙（17 颗牙齿，事实上只是为了排除牙齿是病灶的可能），还尝试过各种补品、电击和水蛭疗法。从 1917 年起，乔伊斯不得不思考，是否下一次发作——或下一个手术——就会结束他的写作生涯。

10 鉴于其严峻的健康状况以及微弱的视力，乔伊斯既英勇又可怜，既无法触及又非常人性。乔伊斯戴着眼罩，手术后眼睛上裹着绷带，用厚厚的眼镜和放大镜阅读，这些形象都使他有了盲人先知的光晕，如同 20 世纪的荷马或弥尔顿。疾病带走了视觉世界，却带给他一种他人无法察觉的深刻体验。欧内斯特·海明威曾经被他儿子的手指甲轻微刮伤了眼睛，之后写信给乔伊斯说，眼睛“疼得要命”，“这 10 天中我体会到了一丁点儿你的感受”[25]。

乔伊斯的生活原本可能如同康斯托克预期的一般惨不忍睹，而乔伊斯的韧性甚至鼓舞了那些对他作品不熟悉的人，让他们开始将现代的个体性视为一种破坏性力量，旷日持久地、不屈不挠地抵抗着无法抗拒之力。《尤利西斯》将这种韧性转化为艺术。它读起来像一个绝望的、挚爱的辛苦结晶，一本透过厚厚的镜片传递神秘洞察力的著作，一场被苦难和无聊所困扰的欲望和回忆的游行。这是一本关于激情与艰辛的著作，一个脆弱又倔强的产物。这本书的作者即便躺在医院的病床上，即便眼睛上裹着绷带，也会摸到枕头下的笔记本，摸索着用铅笔写下一段段笔记[26]，以便他在可以看见时，将这些字句插入手稿中。难怪说乔伊斯的小说探索的是内心世界。除了家庭，那是他的全部。

经年累月，乔伊斯对他写作技艺的无限投入让他成为现代主义的完美艺术家，而不是单纯的破坏分子——一个人不会仅仅为了激怒他人而历尽艰辛地写作。但激怒他人是无法避免的。有关乔伊斯和《尤利西斯》的一些事激起了不理性的敌意。在《尤利西斯》出版之前，乔伊斯走在巴黎街头，一个男人和他擦身而过，嘴里嘟囔着——还是用拉丁语——“你是一个令人憎恶的作家!”[27] 愤怒并未平息。1931 年，法国驻美大使、诗人保罗·克洛岱尔放任《尤利西斯》的盗版书，并且声称乔伊斯的小说“充满了污秽的亵渎神明的内容，你能感受到一个叛教者所有的憎恶，而且此书作者确实极度缺乏才能”[28]。丽贝卡·维斯特（Rebecca West）抱怨说“关于粪便和性的段落没有任何美感”，这些段落的缺陷突出表现在读 11
者阅读时“满足感的喷发”。乔伊斯的作品对严谨的读者来说则是一场浩劫，维斯特对“乔伊斯先生非比寻常的无能感到无比愤怒”，即便她仍然确信他是一位“具有卓越天才的作家”[29]。

《尤利西斯》所引发的狂怒是乔伊斯伟大之处的表现之一。他对抗审查制度的行为使小说获得了公众认可，并且让同道中人对他大为青睐（尤其是那些自认四面楚歌的个人主义者），但是他的抗争的作用远不止于此。围绕《尤利西斯》的官司——1921 年在纽约市警察法院、1933 年在美国地方法院、1934 年在美国巡回上诉法院——迅速将一个标准的先锋运动倡导者变成全部艺术的代言人，变成一个抵抗当权者压迫的创造力的象征。《尤利西斯》为艺术铲平了所有障碍，要求艺术形式、风格和内容享有毫无约束的自由——文学要如同被第一修正案所保护的一切政治言论一样具有政治自由。如果只是因为我们讲述了真实的自己，我们的自由便被即刻夺走，那么这还叫什么自由？如果我们连《尤利西斯》都不能出版，不能阅读，那么我们还能干什么？

乔伊斯对绝对自由的要求使他在艺术圈获得了特殊的地位，甚至在对他作品意见不一的人群里也是如此。1927 年，当西尔维娅·比奇正式开展抗议盗版《尤利西斯》的活动时，来自世界各地的 167 名作家签名支持；叶芝帮助乔伊斯在战争期间得到政府资助；T. S. 艾略特扶持乔伊斯在伦敦文学界立足；海明威帮助西尔维娅·比奇向美国走私第一版《尤利西斯》；塞缪尔·贝克特在乔伊斯无法看清东西时根据他的口述做记录；F. 司各特·菲茨杰拉德（F. Scott Fitzgerald）提议为乔伊斯跳窗以示抗议（谢天谢地，这个提议被拒绝了）。

在世事艰难之时，包括洛克菲勒（Rockefeller）在内的许多捐助者帮助了乔伊斯。约翰·奎因购买了乔伊斯的手稿，出于对乔伊斯的忠诚，即便他早已发誓要摆脱华盛顿的骗子编辑们，他还是与《小评论》纠缠不清，并陷入了与其有关的法律纠葛中。乔伊斯最重要的赞助人是一位名叫哈丽雅特·韦弗
12 的拘谨的伦敦老处女，她对乔伊斯的无私奉献让伦敦人以及她那虔诚的家族都百思不解。韦弗小姐——所有人都这样叫她——在乔伊斯写《尤利西斯》期间以及成书后直到他去世，都一直给予他资助。乔伊斯后来承认[30]，西尔维娅·比奇将她人生最美好的年华奉献给了他和他的小说。《尤利西斯》的一个反讽之处在于，当它以保护女性读者的脆弱情感之名被禁时，其问世却正是得益于几位女性。从某种意义上说，它被一位女性激发出灵感，被一位女性资助，被两位女性连载，被一位女性出版发行。

20 世纪 20 年代，西尔维娅·比奇第 11 次印刷《尤利西斯》，这也帮助莎士比亚书店成为“垮掉的一代”流亡者的大

本营。这本书持久不衰的吸引力将诱使大量的美国出版商发动一场合法权之战，这不过是时间问题。1931 年，雄心勃勃的纽约出版商贝内特·瑟夫（Bennett Cerf）渴望出版这本高风险的、引人注目的小说，以使他的新公司兰登书屋一跃而起。瑟夫与理想主义的律师莫里斯·厄恩斯特（Morris Ernst）合作，这位律师也是美国公民自由协会（ACLU）的建立者。他们在德高望重的美国联邦法官——如修订了现代法律的勒尼德·汉德（Learned Hand），以及修订了猥亵法的约翰·伍尔西（John Woolsey）——面前为《尤利西斯》辩护。

所有的一切——艺术家、读者、赞助人、出版业以及法律都进行了一番转型——使得现代主义成为主流。兰登书屋这样的出版商将现代主义视为一个人人可享的、无关教育背景的宝库——廉价图书理应是一种民主的文化渗透。但《尤利西斯》的营销策略是一宗联邦法院的案件。它的合法性高于其可读性。这是现代主义陷入僵局的形象：乔伊斯的小说代表了一场为自由而进行的斗争，而不是一座高雅文化的竣工纪念碑。1933 年秋天《尤利西斯》一案送到伍尔西法官面前时，纳粹焚书仅发生在 4 个月前，这就是拥有《尤利西斯》即使不阅读也不是一个懒散姿态的原因。在 20 世纪 30 年代的不祥氛围下，伍尔西的决策远不只是让一本书合法化。它将一场文化反叛衍变成公民德行。《尤利西斯》从文学炸药衍变成“现代经典”的革命历程，反映了现代主义在美国确立的微观史学。

《尤利西斯》的出版史提醒我们，乔伊斯作品艰难晦涩的 13
一面也正是其解放人心的一面。《尤利西斯》宣示了它在超越文体传统和政府审查方面的相似之处：形式自由和内容自由是交相辉映的。人们在日常一天中真实的说话方式和思考内容成了艺术的内容。这看起来很不起眼，但一旦想到在这之前，将我们的生活完整记录并以书面形式发行是违法的，这就不再是一件不起眼的事情了。乔伊斯之前的小说家认为，用礼仪的面纱分离虚构世界与现实世界是天经地义的，写作意味着要接受这样一个事实：人类的全部经验是无法言说的。乔伊斯却无话不说。1934 年《尤利西斯》被合法化并在美国出版时，艺术似乎已经没有任何局限。这就好像是堆放在莎士比亚书店的炸药爆破了不可言说性本身。

为出版《尤利西斯》而做的斗争从来没有被完整讲述，尽管一些学者[31]［包括杰克逊·布莱尔（Jackson Bryer）、瑞秋·波特（Rachel Potter）、大卫·威尔（David Weir）、卡梅罗·卡塞多（Carmelo Casado）和玛丽莎·安妮·帕格纳塔罗（Marisa Anne Pagnattaro）］已经探究过一些臭名昭著的片段。我从他们那些重要的研究中受益匪浅。例如，约瑟夫·凯利（Joseph Kelly）的著作《我们的乔伊斯》中关于《尤利西斯》的审判那一章颇具启发性。保罗·万德姆（Paul Vanderham）的《乔伊斯和审查制度》是关于这一主题唯一的研究著述，尽管万德姆的著作是一个论证而不是讲述故事——万德姆主要论述乔伊斯对文本的后期修订以及之后的批评策略，而围绕《尤利西斯》的事件以及造就这个事件的人则被放到了次要地位。一些学术文章和专著的章节考察了《尤利西斯》的审查在乔伊斯的职业生涯、淫秽行为的历史以及现代主义的发展中扮演的角色。然而，关于这本书本身的故事一直以来都只是匆匆一瞥。

4 部重要的传记从不同角度记录了部分乔伊斯的审查事

迹。简·林德戴尔（Jane Lidderdale）和玛丽·尼克尔森（Mary Nicholson）写了一部重要的哈丽雅特·韦弗的传记《亲爱的韦弗小姐》，其中按时间顺序记录了韦弗在伦敦被乔伊斯审查事件牵连的事情。诺尔·莱利·费奇（Noël Riley Fitch）的著作《西尔维娅·比奇和垮掉的一代》再次记录了比奇为出版《尤利西斯》所做的艰辛工作和她同严苛的作者打交道的经历。B. L. 里德（B. L. Reid）所著的约翰·奎因的传记 14
《来自纽约的男人》，记录了乔伊斯在纽约遇到的难题以及奎因为乔伊斯的小说寻找出版商的艰辛历程。尽管这些传记记录了诸多细节，但对于乔伊斯这本书本身，他们只提供了非常有限的视角。例如，奎因和比奇几乎与第二次审判没有什么关系，而韦弗则和第一次审判没有关系。甚至理查德·艾尔曼（Richard Ellmann）的著名传记《詹姆斯·乔伊斯》也未涉及详尽的出版历史，他只是顺带提及了审判——艾尔曼用两页的篇幅[32]描述了纽约审判，用仅仅一页的篇幅描述了联邦政府的审判。

围绕《尤利西斯》的纷争包括：印刷文化和现代政府权力的上升，审查法的历史，对激进分子的普遍恐惧，走私者、正风协会、艺术家以及一些辉煌的现代城市（都柏林、的里雅斯特、伦敦、巴黎、苏黎世和纽约）的文化混杂。如果想知道文化是如何变迁的，我们必须探究这片地区是如何通过创造和接受其最经典的作品来重新塑造自己的。这本《尤利西斯》的传记让我们深入了解所有图书的生命变迁，探寻现代文化的根源，追踪现代主义和这一时代人们最耳熟能详的小说家。

至少存在 8 本严肃程度不同的乔伊斯传记。第一本传记于

1924 年出版，当时乔伊斯只有 42 岁；最近出版的传记是在 2012 年。乔伊斯的天才体现在他能够将其困苦融入巧妙的设计之中，而贯穿 90 年的传记却未能捕捉到逆境（和迫害）对乔伊斯的启发程度。乔伊斯在收到格兰特·理查兹（Grant Richards）对《都柏林人》的拒绝信后立即有了写《尤利西斯》的想法[33]，这可能不是一个巧合。乔伊斯在写《尤利西斯》期间经历了第一次世界大战、经济动荡、审查制度的威胁以及反复发作的疾病，这段痛苦的人生经历塑造了这本小说，乔伊斯称之为“人体的史诗”[34]，而这种痛苦的本质从未被充分探讨。

这本书是多年来参考数以百计的著作、文章和报纸后的研究成果，同时，它还参考了诸多未发表的文献，这些文献来自
15 从伦敦到纽约到密尔沃基的 17 个机构的 25 个档案馆。使用的档案涵盖了手稿、法律文件、未出版的回忆录、官方报告和无数信件。诸多伍尔西家族的档案、照片和家庭电影揭示了一个我们从未了解的伍尔西大法官。伍尔西在马萨诸塞州彼得舍姆的图书馆自 1933 年就几乎没有改变。

这本《尤利西斯》的传记不仅是一位桀骜不驯的天才的故事。乔伊斯的坚持和牺牲、才华和勤勉激发了周围人的奉献精神，而他自己也极度需要这种精神，即便是最极致的个人主义者也需要一个集体。在所有促使《尤利西斯》成为可能的人当中，最重要的是娜拉·巴纳克尔（Nora Barnacle）。在乔伊斯决定要成为一名艺术家时，她跟随乔伊斯逃离爱尔兰；她的信件激发了他最美丽、最淫秽的创作；她和乔伊斯在 1904 年在一起的第一晚一直徘徊在《尤利西斯》发生的每一件事情中。这个与小说有关的故事向我们展示了高雅现代主义是如何从身体和思想的下部开始演变的，也展示了包含着狂喜

和痛苦这两种极端体验的艺术作品是如何从违禁品演变成为权威典范的。这是文化革命的一张快照。

《尤利西斯》引发的论战并未结束文学审查制度。这些论战并未带领我们进入一个自由奔放或前卫美学的时代，但是它们确实让我们认识到，美高于享乐，而艺术不仅仅包括美。这本《尤利西斯》的传记回顾了一个时代，在那个时代，小说家在刺探法律的极限，而小说危险到足以被焚毁。我们现在不必担心自己的言语被禁，这在某种程度上得益于《尤利西斯》的遭遇。它所赢得的自由不仅塑造了我们的艺术观念，而且造就了我们创作艺术的方式。

# 第一部

亲爱的娜拉，现在，我希望你能多读几遍我写给你的信。其中有丑陋、淫秽、野蛮的一面，也有纯洁、神圣、精神的一面：这一切都是我。[1]

——詹姆斯·乔伊斯

# 1 夜市区

都柏林并非向来如此。18 世纪，贵族们沿着圣斯蒂芬绿 19
地的小径和城市北部新建的林荫大道散步。府宅官邸和带有花园露台的联排别墅沿拉特兰广场和蒙乔伊广场一字排开，广场周围环绕着俱乐部和舞厅，那里经常举办沙龙和假面舞会。都柏林自有其优雅之处。毕竟，它是权力中心之一——它是不列颠帝国的第二大城市，也是欧洲第五大城市。[2]爱尔兰议会的 400 名议员和他们的家人时常光顾各色时髦商店，养活着专业人士阶层，守卫着令他们引以为傲的文明飞地。

但爱尔兰议会早已成为绊脚石。数千名起义者和英国士兵在 1798 年爱尔兰起义中丧生，随后，伦敦一纸新法令便轻而易举地解散了爱尔兰议会，成立了大不列颠及爱尔兰联合王国。[3]1801 年 1 月 1 日，贵族阶层和政治掮客搬离了都柏林，紧随其后的是各类专业人员，商店和假面舞会也逐渐匿迹。都柏林乔治王朝时代的富丽堂皇消失殆尽，只剩下广场周边的几条街，甚至留下的富裕人家看起来也更像是顽固的残存——它们的根扎得太深，根本无法迁移。较大的房屋被改建为旅馆、办公室、救济院，余下的被划分给租户，任由它们腐朽衰败。到了 1828 年，都柏林三分之一的房屋价值不到 20 英镑。[4]

19 世纪，都柏林人口急剧膨胀，因为很多乡下人涌进城
市谋求生计。随后饥荒袭来，农村逃荒的难民发现自己拥塞在 20

一个脏乱的城市里，依然食不果腹。屠宰场散布在廉价出租屋周围[5]，出租屋里通常是几十人挤在同一屋檐下[6]，房间密不透风，痢疾、伤寒、霍乱滋生横行[7]。下水道（如果有下水道的话）直接向利菲河排污，垃圾被潮水冲回岸边[8]，穿城而过，垃圾的恶臭与酿酒厂的烟囱、路边的肥料和狭小后院中的废弃物散发出的各种浓重的气味混杂在一起[9]。在某些地区，孩子很有可能在5岁生日之前就夭折了[10]，尚在腐烂的尸体被人从墓地里挖出来[11]，以便给新近的死者腾地方。爱尔兰的工业，如造船业、冶铁业、纺织业，都向北部的英爱聚居区贝尔法斯特转移，人们记不起从什么时候开始天主教徒聚居的都柏林就一直是一片萧索之景。到了1901年，当欧洲已然跨进20世纪的门槛，都柏林依然像逝去时代的遗骸一样风雨飘摇。

1901年，乔伊斯19岁，已经做好向祖国宣示自己敌对立场的准备。他为皇家大学文学杂志写了一篇评论文章，抨击爱尔兰文学剧院拒绝上演欧洲最佳戏剧。该剧院是19世纪80年代兴起的爱尔兰文艺复兴运动的主要机构，这一运动是对大饥荒①之前岁月的一种怀旧，那时农耕生活是爱尔兰文化的主导。大饥荒之后，全国四分之一的人口或死亡或迁移，对于爱尔兰勉强幸存的人来说，凯尔特民间神话、乡村生活以及爱尔兰语成为一种不流血的民族主义表现形式。但乔伊斯认为，爱尔兰民族主义只是狭隘的幻想。不少参与爱尔兰文艺复兴运动的作家［格雷戈里夫人（Lady Gregory）、威廉·巴特勒·叶

---

① 爱尔兰大饥荒（1845～1852），俗称“马铃薯饥荒”。马铃薯是当时爱尔兰主要的粮食来源，1845年，一种被称为晚疫病的卵菌扩散至爱尔兰，自然因素加上社会、经济因素使马铃薯在接下来的7年中大幅减产继而失收，导致爱尔兰人口锐减，对爱尔兰社会产生了深远影响。

芝、约翰·辛格（John Synge）、肖恩·奥凯西（Sean O'Casey）、乔治·拉塞尔（George Russell）、乔治·摩尔（George Moore）］都出身富裕的英爱新教阶层，他们只是在挖掘爱尔兰农民主题而已。

乔伊斯在文章《乌合之众的时代》（“The Day of the Rabblement”）中坚持认为，一个世纪的衰退使爱尔兰人对艺术家心怀敌意，因此，爱尔兰文学剧院上演的不是托尔斯泰和斯特林堡（Strindberg）的剧作，而是出产一些迎合爱尔兰民众的庸俗剧本——乔伊斯称之为“向巨怪投降”[12]。对于乔伊斯来说，作为艺术家就意味着要猛烈攻击谎言社会的壁垒——此前没有人勇于描写真实的爱尔兰生活——但抨击爱尔兰文学剧院可能是一个心怀抱负的都柏林作家最不明智的选择。该剧 21
院是爱尔兰小小的文学生态系统的主导，与它疏远就意味着与最能给予自己帮助的人疏远。

学校禁发了乔伊斯的文章，这本来就不足为奇。乔伊斯没有赞美爱尔兰作家，而是去颂扬叛教者，其中包括一位因相信上帝存在于原子之中而被绑在火刑柱上处以极刑的异教徒①。乔伊斯欣赏将艺术变为战斗信仰的作家，比如亨利克·易卜生，这位富有争议的挪威剧作家以蔑视为乐。“活着，”易卜生说，“就是要与巨怪较量。”[13]乔伊斯那篇文章其实在某种程

① 指乔尔丹诺·布鲁诺（Giordano Bruno，1548～1600），乔伊斯最喜爱的哲学家之一。乔伊斯常常称他为“诺兰人”（the Nolan），因布鲁诺出生于意大利那不勒斯附近、维苏威山脚下的诺兰镇。据乔伊斯的弟弟斯坦尼斯劳斯回忆，乔伊斯之所以这样称呼布鲁诺是为了使读者先产生一种错误印象，让他们以为“诺兰人”是指某个名不见经传的爱尔兰作家，但当读者最终发现自己的错误时，这一陌生化用法就会激发他们对布鲁诺其人其作的进一步兴趣。

度上受到了易卜生的启发——他自学了剧作家的母语挪威语以便阅读剧作原文，还在易卜生去世前用挪威语给他写了封信。[14]为了弘扬易卜生的精神，乔伊斯和一位朋友将被审查的评论文章印了85份（这是他们能够支付得起的最大数目）[15]，自行在都柏林分发。

乔伊斯对“巨怪”的蔑视是一个19岁的年轻人面对文学界的拒绝而采取的预先防卫：他主动寻求拒绝，而不是设法回避。1902年的一个夜晚，乔伊斯这位不速之客敲响了诗人乔治·拉塞尔家的门。[16]他们开始探讨文学，乔伊斯滔滔不绝地述说爱尔兰文艺复兴运动的不足，一直谈到天色泛白。他坚持认为，威廉·巴特勒·叶芝是在迎合爱尔兰人的趣味，而拉塞尔本人也绝算不上什么好诗人。他朗读了自己的部分诗作，并用挪威语背诵了易卜生的作品。[17]拉塞尔对他刮目相看，并想让他见见叶芝这位爱尔兰的文学泰斗。“这个年轻人天资聪颖，”拉塞尔给叶芝写信说，“但和我不是一路，而是比较接近你那一派，当然他更像是自成一派。”[18]

和大多数爱尔兰作家一样，叶芝并没有在爱尔兰居住，但1902年乔伊斯从皇家大学毕业时他恰好返回爱尔兰筹备一部戏剧。在拉塞尔的安排下，两位作家坐到了都柏林主干道奥康内尔大街一家餐馆的吸烟室里。叶芝认为这个年轻人有一种友善的活力。他神情紧张，声音轻柔，甚至还有些腼腆。但当叶芝让乔伊斯朗诵一些自己的诗作时，这位年轻人回答道：“我这样做是因为你要我这样做，但我丝毫不会把你的意见看得比街上任何一个行人的意见重要多少。”[19]

22 叶芝听乔伊斯朗读了他的诗作和散文草稿，断定他有一种“极为难得的才气”[20]，但说不清这样的才气到底适合做什么。

叶芝解释说自己正从以美为主题的诗歌创作转向对爱尔兰民间传说的实验。对此，年轻作家回应道：“这说明你退步得很快。”[21]当叶芝抗议说他早就对戏剧创作驾轻就熟时，乔伊斯回答说那他的退步是确凿无疑的了。他起身离开，又转向叶芝问道：“我今年20岁，你呢？”[22]叶芝说自己36岁，比实际年龄少说了一岁。

“我们见面太晚了。你太老了，我已经无法再影响你了。”[23]

毕业典礼结束一个月后，乔伊斯离开都柏林前往巴黎。他计划进入医学院深造，从而获得他祖父曾经拥有而他父亲未曾取得的医学学位；他通过给左岸专业人士教授英语来自食其力。他将来可以既做医生又当艺术家，还可以用第一份薪水给母亲买一副假牙。[24]从事医学行业是他能为家人做的最起码的事了。他父亲失业前的微薄收入都用在了这个最有出息的大儿子的教育上，其他孩子则所得甚微。

乔伊斯毫无准备就去了巴黎。医学院要求他预先缴纳学费，还不承认他的大学学位，后来才勉强发给他一个上化学课的临时听课证。他去了一天就不去了。[25]在巴黎，乔伊斯没有朋友，没有工作，甚至连一件体面的外套也没有，他陷入一种读书、写作、散步的节奏当中。他靠教两个学生英语[26]所得的报酬、走投无路时家里寄来的汇款，以及偶尔为伦敦或都柏林的报纸撰写书评所得的微薄稿酬聊以为生。

乔伊斯以多少个小时没有进食来计量1903年冬日的时光。[27]今天20个小时。上个星期42个小时。一次，当食物近在眼前时他却呕吐不止。[28]他患上了严重的牙疼病，咀嚼时疼痛难忍。[29]他路过奥德翁大街附近的咖啡馆，却只能花3个苏从人行道上穿木屐的女人那里买一碗冒着热气的巧克力。[30]因
23 为没钱浆洗，他只得用领带遮住衬衫上的污渍。[31]3月份母亲寄给他9先令，并随信写道："你穿的衣服和鞋子好吗？你吃的食物营养够吗？"[32]

正是在巴黎，乔伊斯满怀热忱地开始了艺术家生涯。他在法国国家图书馆全身心地投入亚里士多德、阿奎那、本·琼生的世界。闭馆后，他回到高乃依旅馆的房间中，靠着一小段蜡烛摇曳的光亮继续伏案读书。[33]乔伊斯在为提高自己的创作技巧打基础。在一便士的笔记本的预算表和日程表旁边，他密密麻麻地写下了一大堆与喜剧和悲剧相关的概念。[34]

笔记本也写满了他称为"顿悟"的微小场景，即集中出现在某一瞬间或某一事物上的强烈的灵光。这是他从诗歌创作转向散文写作最初的尝试性步伐。其中一篇顿悟描写的是走在巴黎大街上的妓女，她们"叽叽喳喳地闲谈，揉搓着酥皮点心的碎渣，有的坐在咖啡馆门边的桌旁一言不发，有的从马车上下来，衣服的摆动声轻柔得就像通奸者发出的声响"[35]。顿悟并不是上苍施与的奇迹，而是——按乔伊斯的说法——对"最平淡无奇的事物的灵魂"[36]的深刻洞见。顿悟无处不在。启迪来源于细微之物，就像上帝存在于原子中一样。

乔伊斯面临的挑战是如何将自己逐渐缩小的散文写作范围与日渐增强的艺术抱负结合起来。乔伊斯想要从历史的混沌中提炼出秩序来，他想写一本开创新纪元的书。正如他后来所说，他想"洞悉所有事物的本质核心"[37]。

在耶稣受难日当天，乔伊斯收到一封信，他从中得知母亲的健康状况，感到十分不安。傍晚时分，他跨过塞纳河，站在

巴黎圣母院后面，观看他最喜欢的耶稣受难日弥撒。[38]神父把蜡烛一根根灭掉，一阵敬畏的战栗在逐渐暗淡下来的教堂正厅里蔓延开来。在一片漆黑当中，神父把《圣经》猛地一合来象征上帝的死亡。晚间礼拜结束后，乔伊斯沿着空荡荡的大街走了好几个小时。等回到高乃依街的房间，他发现有一封从门缝塞进来的电报。他把封口撕开，把纸张四下打开：

*母病危速归父*（MOTHER DYING COME HOME FATHER）[39] 24

乔伊斯从一个学生那里借钱返回了都柏林，来到母亲的病榻前。玛丽·乔伊斯（Mary Joyce）躺在都柏林北部一栋双层砖砌联排公寓的起居室里。医生诊断她得的是肝硬化[40]，但其实极有可能是肝癌——她不断往外吐绿色的胆汁。复活节那天，她让大儿子去做忏悔、领圣体，最后一次尝试劝说他重拾信仰。[41]多年来，乔伊斯对教会的抗拒日益激烈，母亲即将到来的死亡也无法动摇他的信念。昏暗的房间里弥漫着母亲因病散发出的刺鼻气味，乔伊斯站在约瑟芬（Josophine）舅妈旁边，拒绝了母亲的请求。

母亲在死亡边缘挣扎了几个月，1903 年夏天她的精神急剧衰退。[42]他父亲约翰·乔伊斯（John Joyce）已经数年没有稳定工作，经常醉醺醺地突然回到这个有着 10 个孩子的家里。有 4 个孩子已经夭折了。[43]不过，乔伊斯从巴黎回来还是令家人感到安慰。有时，孩子们会被要求离开起居室，这样乔伊斯就可以把作品的草稿读给母亲听。[44]有一次，他发现他生性寡言的妹妹梅（May）躲在沙发后面偷听。乔伊斯告诉她可以留在房间里。

乔伊斯家家道中落。在乔伊斯上完小学时，约翰·乔伊斯就已经将大笔遗产挥霍一空，但乔伊斯夫妇有理由相信他们的大儿子一定能出人头地。乔伊斯如饥似渴地读书，经常获得学校的奖励。在被下逐客令无奈举家搬迁时，总是他把家族画像夹在腋下，这是属于他的殊荣。[45]他们的父亲只有在房东给他一张假的但能够满足下一任房东要求的房租收据时才会同意搬走。[46]全家人把日益减少的家什行李摞到停在街边的驽马车上。在邻居带着孩子出来看他们搬家时，爸比（Pappie）——孩子们总是这样叫他——就会挑衅式地唱起曲调欢快的歌谣。他们在10年里换了11个住址[47]，乔伊斯就是这样了解了都柏林。

25 1903年8月的一个星期二，玛丽·乔伊斯陷入了昏迷。全家人都在屋里围着她床边跪着。他们的舅舅约翰转过身，发现乔伊斯站在房间中央，就粗暴地打手势让他外甥赶紧跪下。乔伊斯依然站着不动。[48]当其他孩子大声祈祷时，他们的母亲突然睁开眼睛扫视房间，短暂地与乔伊斯对视了一下。然后一切都结束了。

她的遗体被擦洗干净，穿上褐色衣服，而镜子用布遮盖了起来[49]，以免她的灵魂被镜子里的映像困住。临近午夜，乔伊斯叫醒妹妹玛格丽特（Margeret），想看看能不能瞥见母亲正在离去的魂魄。[50]他们什么也没看见。等到家里所有人都已睡去，痛失母亲的詹姆斯·乔伊斯独坐一隅，潸然泪下。[51]

玛丽·乔伊斯的去世带走了这个家庭中产阶级稳定生活的最后遗迹，乔伊斯觉得家门一扇一扇地向他关上。[52]他常常系着左岸风格的绅士领带，戴着毛毡帽，拎着一根细长的梣木手杖，在都柏林街道上漫步闲逛，但无论是他的衣着打扮还是显而易见的文学才华都无法掩盖他的窘境。乔伊斯在大学期间滴酒不沾，但自从母亲过世后，酒水洪流的闸门便猝然打开。起先他只是喝萨克葡萄酒[53]，后来喝吉尼斯黑啤酒①，再后来就改喝葡萄酒了。他经常和神情倦怠的老同学文森特·科斯格雷夫（Vincent Cosgrave）以及出身都柏林名门的奥利弗·圣约翰·戈加蒂（St. John Gogarty）一起喝酒。②在这个天主教医生稀缺的国家，戈加蒂家族三代从医，奥利弗即将成为第四代传人。戈加蒂家族在都柏林有两处宅第[54]，奥利弗并不遮掩他的优越家境——他经常板板正正地穿一件黄色金扣马甲[55]。戈加蒂和乔伊斯通过诗歌、酒精和玩世不恭的态度消除了彼此社会身份的差异。在漫漫长夜里，他们吟诵布莱克和但丁的诗句，滔滔不绝地谈论易卜生和爱尔兰剧院，当都柏林大部分人都已准备入睡时，他们在大街上唱着法国歌曲。

一次，乔伊斯因为醉酒在圣斯蒂芬绿地被人殴打。他跟一位姑娘搭讪，没有意识到这位姑娘其实是有男伴的。她的男伴把这位未来的作家打得不省人事，而科斯格雷夫却一走了之。乔伊斯躺在泥土地上流血不止，这时，一个名叫阿尔弗雷德·H. 亨特的都柏林犹太人——乔伊斯与他并不相识——把他扶 26
了起来，掸去了他身上的泥土。[56]他用肩膀撑住乔伊斯，询问

① 1759 年，阿瑟·吉尼斯（Arthur Guinness）在都柏林市圣詹姆斯门大街建立了一个啤酒厂，生产一种泡沫丰富、口感醇厚、色泽深黑的啤酒，即吉尼斯黑啤酒（或译为健力士黑啤酒），在乔伊斯时代还一度被称为“国酒”。到了 1833 年，该厂已经发展成为爱尔兰最大的酿酒厂。时至今日，吉尼斯黑啤仍是全世界最著名的啤酒品牌之一。吉尼斯世界纪录正是吉尼斯啤酒公司的一个成功创意。

② 乔伊斯把科斯格雷夫写进了《画像》和《尤利西斯》，取名“文森特·林奇”（Vincent Lynch）。戈加蒂则是《尤利西斯》中勃克·穆利根（Buck Mulligan）的原型。

这个年轻人是否无恙，还像父亲一样步行把乔伊斯送回家。乔伊斯对此从未忘怀。

乔伊斯和朋友们经常冒险涉足都柏林的红灯区。夜市街位于大北铁路终点站和都柏林北部臭气熏天的马厩附近，这些18世纪的建筑早已破败不堪，被分隔成大大小小的公寓。公寓间分散着漆过的门面，窗口透出五颜六色的灯光。[57]夜市街有几十家妓院——实际上比巴黎还要多。这里也是欧洲情况最恶劣的贫民窟之一，警察早已放弃了执法。[58]戈加蒂和乔伊斯喝到“屁股朝天头朝地”（戈加蒂这样戏称）[59]，然后起身到泰隆街尽头那些更廉价的店铺去。

妓院的墙上挂着圣徒和圣母玛利亚的画像。在圣像后面的壁凹里，妓女们藏着粗重的铅管，以防有人捣乱。但乔伊斯从未挑过事。[60]他用写书评赚来的稿费付账；他谈吐幽默因而在夜市街颇受欢迎。[61]一个叫内莉（Nellie）的妓女很喜欢他。她说：“他的声音是我听过的最他妈好听的声音。”[62]她甚至提出借钱给他——他的穷困潦倒令他更招人喜欢。

夜市街是乔伊斯逃离悲惨的家庭生活的避难所；他们家位于圣彼得台地，全家人难得在那里住了一年有余。他们的父亲用粗哑的嗓音毫不留情地怒斥孩子们[63]：“你这个脏了吧唧的尿床鬼，你这个该死的狗娘养的小斜眼，你这个丑得要命的小混混……”[64]约翰·乔伊斯会顺手拿起身边任何一件能伤人的物件——如果是个锡杯，那算孩子们走运，如果是个锅铲，那他们就倒霉了——胡乱向离他最近的人掷过去。母亲去世后，乔伊斯、斯坦尼（Stannie）和查理（Charlie）轮流照顾他们的姐妹。[65]“我就是要让你伤心！我就是要他妈的让你伤心！”约翰·乔伊斯重复着他以前经常对妻子发出的威胁。[66]

苦难催生了乔伊斯的灵感。他的第一篇短篇小说发表于1904年，题目是《姐妹们》（"The Sisters"），从一个男孩的视角讲述了一个染上梅毒的神父死亡的故事。弗林神父临死前行为异常，数次中风，然而没有人能够说明他的死亡原因，小男孩只能从沉默的光晕猜测事情的真相。乔伊斯认为都柏林不管从隐喻意义上 27
说还是从现实意义上说都是一个巨大的梅毒巢穴。他后来开玩笑说，欧洲是个"瘟明"① 的整体，整个大陆的狂躁都是梅毒害的。[67]他计划写一本短篇小说集，专门搜集这类位于都柏林道德生活核心处的梅毒式的瘫痪症候。他描写这个城市卑如草芥的小偷、"政治打手"、洗衣女工、暴虐的父亲和寄宿公寓。他将小说集命名为《都柏林人》，在接下来的10年中断断续续地完成了它。

一天，他开始写一些几乎没有意象也缺乏场景的精巧句子。他创作的不是《都柏林人》中的故事，而是一份从细致的顿悟中提炼出来的情绪激昂的声明。主人公预言旧秩序、旧贵族会被推翻，宣告新的良心即将诞生。乔伊斯想向尚未出生的子孙后代揭示永恒的多种可能。他在一天的时间里写完了这篇8页的作品，取名《艺术家的画像》（"A Portrait of the Artist"）。都柏林一家杂志的编辑因为文章晦涩难懂而退了稿[68]，乔伊斯决定将这篇草稿拓展成小说——拒绝甚至比苦难更能激发他的灵感。他在两个月的时间里就写出了11章。[69]

早在巴黎时期，乔伊斯就试图从一个人身上寻找顿悟。他

① "瘟明"，原文为syphilization，是乔伊斯由"syphilis"（梅毒）和"civilization"（文明）生造出的词。在《尤利西斯》第12章"独眼巨人"中，"市民"就用"瘟明"来讽刺英国文明。

认为世界的光辉会从与某个女性的爱欲关系中生发出来，在他的脑海中，这个女性是他曾在巴黎和夜市街遇到过的女性的综合体，她并不是真实存在的人，因此更容易被赋予感伤的色调。“你的爱情，”他这样写道，“在他内心深处已经掀起了生命的洪流。你用臂弯环绕着他，用柔软微颤的怀抱亲密地将他囚禁，沉默的狂喜，呢喃的低语，你的心已经向他的心诉说衷肠。”[70]对巨怪的蔑视已经远远不够了，乔伊斯相信只有找到伴侣才能成就真正的艺术。

# 2 娜拉·巴纳克尔

1904年3月，乔伊斯从家里搬出来，在都柏林码头附近 28
租了个房间。他拒绝了在大学教授法语课程的教职（他怀疑神父们企图以此来控制他），转而寻找其他机会。他想和朋友办一份名为《蛊柏林》① 的报纸——他们总共需要2000英镑。[1]乔伊斯和戈加蒂兴奋地讨论着编纂一部从公共厕所搜集来的诗歌和俏皮话合集。[2]乔伊斯考虑把自己当成股份公司，发售股票。[3]他想象着一旦自己的作品开始改变西方文明，那些幸运的投资者手中的股票价格就会直线上升，他们在1904年可谓走运，只用很少的钱就赚到了他这个大活宝。

6月的一个星期五，乔伊斯沿着纳索街散步，马车和自行车给绕过圣斯蒂芬绿地拐角的双层电车让路——在风和日丽的天气里，人们喜欢坐在上层，他们的头在围栏广告上方来回摇晃。[4]电缆在街道上方像破碎的蜘蛛网一样铺展开来，司机转动黄铜把手让电车加速前进。[5]在电缆下方，乔伊斯看到一个身材高挑的姑娘，此前他沿纳索街散步时从未见过她。她那红褐色的长发别于耳后，眼睑低垂，带着顽皮的笑容自信地向前走着。乔伊斯走近她，她瞟了一眼他脚上那双脏兮兮的帆布鞋。[6]他皮肤光滑，略有红晕，下巴轮廓鲜明，明澈的淡蓝色

① *The Goblin*。Goblin既与Dublin（都柏林）音形相近，又有“丑妖怪”之意。

眼睛流露出诚挚的目光。她觉得他神色严肃，但又像个没长大的男孩。[7]

29 他问她叫什么名字，她用清透的声音低声告诉他。[8]“娜拉·巴纳克尔。”她回答说。她的名字既好听又滑稽。“娜拉”恰巧是易卜生作品中的人名。① 她像爱尔兰西部人那样把她的姓念作“贝纳克尔”（Bearnacle）[9]。她来自戈尔韦市，一个人口不足 1.5 万人的小城。[10]乔伊斯祖上就来自戈尔韦[11]，这给了他不少谈资。娜拉提到，她在纳索街尽头的芬恩旅馆当服务员。在那家简陋的红砖旅馆里，她负责打扫房间，招待客人用餐，有时还帮忙照看吧台。[12]

乔伊斯邀请她星期二晚上在芬恩旅馆附近的梅瑞恩广场见面。他按时到达，但她爽约了。第二天晚上，他给巴纳克尔小姐写了封信。

> 我可能眼瞎了。我冲着红褐色的脑袋找来找去，可最后确定那不是你。我只好垂头丧气地回了家。我想再约你见个面，可不知道你方不方便。我希望你能发发善心跟我见一面——如果你还没有忘记我的话！
>
> 詹姆斯·A. 乔伊斯[13]

娜拉·巴纳克尔来都柏林是为了逃离她那个卑微的家庭。她 5 岁时，母亲把她送到外婆家借住。巴纳克尔一家生活难以为继；在生了一对双胞胎而娜拉的父亲又因为酗酒赔上面包店之后，

① 娜拉是易卜生经典剧作《玩偶之家》的女主人公。《玩偶之家》讲述的是娜拉在经历一场家庭变故后，认清了丈夫的虚伪面目和自己的“玩偶”角色从而自我觉醒并毅然出走的故事。

他们就必须把她送到外婆家。娜拉 13 岁时外婆去世。外婆去世后她去了修道院学校，后来又住到汤米（Tommy）舅舅家。[14]

娜拉的舅舅是个严格奉行纪律的人，他警告外甥女要按时回家，否则就要挨揍。晚上他挥着根黑刺李手杖走街串巷地找她。[15]汤米舅舅找不到她时，娜拉通常是和她的朋友玛丽·奥霍勒伦（Mary O'Holleran）在一起的。娜拉和玛丽在一起时更加胆大妄为。她们激对方说脏话，娜拉从不害怕像男人那样说“该死的”“天杀的”“他妈的”这样的话。[16]她们偷偷溜进邻居的花园偷菜，因为据说边吃卷心菜边照镜子就会看到未来丈 30
夫的面貌。[17]她们会把 9 根大头针插到苹果里，把第 10 根扔掉，再把苹果塞到左边的袜筒里，然后用右边的（注意不是左边的）袜带系上。据说把苹果放到枕头底下枕着就可以梦到会嫁的那个人，但只在万圣节那天有效。

娜拉早就引起了很多男士的注意。一个名叫迈克尔·菲尼（Michael Feeney）的教师给她唱歌，但他在 1897 年冬天死于伤寒[18]，也就是娜拉的外婆去世的那个冬天。娜拉 16 岁时桑尼·博德金（Sonny Bodkin）送她一个手镯，但结核病最终结束了这段恋情。[19]在修道院学校里，娜拉被称为“男人杀手”[20]。一个年轻的神父曾邀请她到家里喝茶，拉她坐到自己腿上。[21]神父的手伸到她连衣裙里时她才推开他，而神父告诉她，她才是有罪的那个人，因为是她引诱了他。

有时，娜拉和玛丽穿上裤子和靴子，系上领带。她们把头发掖到帽子里，装扮成男人的模样在戈尔韦的艾尔广场闲逛。①

---

① 《尤利西斯》第 15 章“喀耳刻”中对易装癖的描写，多少有些取自娜拉娜拉少女时代的化装故事。

玛丽记得，一天晚上汤米舅舅朝她们迎面走来，嘴里吹着他最喜欢的曲调：“我的爱啊，我的珍珠，我亲爱的女孩。”在她们还在他的黑刺李手杖可触及的范围之内时，玛丽用沙哑的嗓音低声说了句“晚安”，好像他们三个刚刚在一起喝了一杯一样。汤米舅舅在这两个人匆匆走过后犹疑着停了下来。转过街角，两人因为这次胜利忍不住哈哈大笑。[22]

娜拉收到乔伊斯的信后改变了主意。1904年6月16日，她跟他在都柏林梅瑞恩广场见面，并一起走到林森德，那是都柏林东部边缘靠近码头的一块空地，利非河从这里入海。这里没有路灯，也没有旁人。她靠近他时，他可以闻到她别在衣服上的手帕散发出的凤仙花和玫瑰花的香味。[23]当感觉到扣子被轻柔地解开时，他不禁脸红了。她把他的衬衣下摆拉出来，灵活地把手伸进裤子里开始活动，他忍不住呻吟起来。[24]娜拉看着乔伊斯，得意地笑道：“亲爱的，这是什么？”[25]这是文学史上一个重要的时刻。

31 乔伊斯既想保持距离继续寻欢作乐，又时不时地溜达到芬恩旅馆看娜拉，而他的衣服和鞋子让她觉得很窘迫。考虑到自己的外表，乔伊斯给她写的信出奇地正式。他坚持署名“詹姆斯·乔伊斯”或“J. A. J.”，或用一个玩笑式的化名——但从不用昵称“吉姆”（Jim）。她也一样。有时署名“N. 巴纳克尔”或“娜啦·巴纳克尔”①（乔伊斯觉得多加一个h很愚蠢）。他们在一起时他一直称呼她为“巴纳克尔小姐”，直到8月份他还是不知道怎样才能不这么正式。他写道：“我该如何

① 娜拉将Nora写为Norah，故将Norah译为“娜啦”，以示区别，且传递出“愚蠢”的意味。

署名呢?”最后他没有署上任何名字。[26]

但是他给她写信，诉说她低沉的嗓音、棕色的鞋子和像小鸟一样留在他脖子上的轻吻。[27]夏天还在继续，没有她陪伴的日子显得尤为漫长。7月底，如果连续两个晚上见不到她，乔伊斯就会变得沮丧而多疑。[28]他拿了她一只手套来填补见不到她时的孤寂，他随性地把手套放在身边，和它一同入眠。乔伊斯写道，它表现得非常好，就像娜拉在他身边一样。[29]

几乎没有人认可他俩的恋情。毕竟巴纳克尔小姐只是个服务员，而詹姆斯·乔伊斯虽然家道艰难，都柏林人却认为他可以找到更好的姑娘。斯坦尼觉得娜拉容貌“平平”[30]。乔伊斯的父亲并没有把这段恋情当真，在听说她的名字后反而哈哈大笑。[31]巴纳克尔?“哦，她永远不会离开他了。”① 乔伊斯的朋友甚至在他面前侮辱她。他们很惊讶，乔伊斯竟然会对一个如此没有学识的女性产生兴趣——这个戈尔韦女孩连小学都没毕业。科斯格雷夫坚持认为这段感情长不了，他直呼巴纳克尔小姐的名字，即使不是为了提醒乔伊斯是自己先遇见的她，也是为了激怒他。[32]在这件事情上，乔伊斯对他们的意见表现出了一贯的冷漠，他假装不理会，但做起来却并不容易。“他们无关紧要的话，”他在一封信中向娜拉坦露，“都会使我的心像风暴中的鸟儿一样跌宕翻腾。”[33]

乔伊斯并不确定发展一段认真的关系会对他的艺术生涯产生怎样的影响。尽管他有些做作，成为艺术家对他来说却不是装腔作势或心血来潮。他本身就是艺术家。在1904年的都柏林，宣称自己是艺术家并不是一件尴尬的事。一个抱负

① 巴纳克尔（Barnacle）在英语中的意思是“附着在水下岩石或船底的甲壳动物”，引申为“难以摆脱的人，纠缠不休的追随者”。

32 远大的艺术家并不害怕被指责为狂妄自大或无足轻重。正如乔伊斯坚持认为的那样，即使爱尔兰辜负了艺术家，艺术本身也会显现出它的重要性；像所有重要的事物一样，艺术需要牺牲。困扰乔伊斯的问题是娜拉是否适合他的艺术家生涯。他陷入两种情绪的撕扯之中，一面享受着自文章被禁之后便日渐习惯的孤僻，一面放不下在《画像》创作时期就形成的对陪伴的渴求。

在给娜拉的一封长信中，他试图拐弯抹角地解释这种纠结的心理。他写道，他很多年前就脱离了天主教会，他所做的每一件事都是在与教会做斗争，但又不仅仅针对教会。整个生活秩序似乎都有缺陷——许多国家像难民营一样，许多家庭悲惨得如同被捆绑起来却无处可去的包裹。他父亲生性放纵，慢慢折磨死了妻子，孩子们自童年时代开始就差点儿在他手里毁于一旦。在这样的环境中长大，乔伊斯反问道："我怎么可能喜欢家这个概念?"[34]乔伊斯害怕自己重蹈父亲的覆辙。娜拉渴望稳定，而他却是个浪子。但他又坚称自己渴望的不只是她的爱抚。乔伊斯暗示说他已经准备好为娜拉放弃某些东西，尽管在信中仅限于暗示。他希望她能够通过文字找寻他，找到那个像孩子似的躲藏起来的他。

乔伊斯请求娜拉尽量用最真切的文字表达她的爱意。她必须舍弃他所憎恨的习俗常规，比如婚姻、宗教和家庭。他希望她或者拒绝他，或者引领他穿越"内心深处生活的洪流"。娜拉不得不认真地研读他的信，因为那封信读起来就像是一个无法解开的终结之谜。[35]每当答案快要显露时，故弄玄虚的转折就出现了。除了她的爱抚，他到底还想要什么呢？见她没有回复，他就又写了一封信要她尽快回信。最后，他收到了整整 13 封来信。[36]

8月底，乔伊斯被下了逐客令[37]，他被迫搬到奥利弗·戈加蒂的海边塔楼，由此开始了冒险生活。为抗击拿破仑入侵，爱尔兰东海岸建造了很多圆形炮塔，戈加蒂当时就住在那里。[38]1900年，英国陆军部下令将塔楼取消军用，继而移除了榴弹炮和回旋炮，清空了弹药库，塔楼因此废弃。戈加蒂租了位 33
于都柏林南部9英里处沙湾的花岗岩塔楼，租金每年8英镑。

对于乔伊斯来说，住到海滨塔楼是他走到穷途末路不得已的选择。对于戈加蒂来说，这却相当于实现了儿时与纸莎草比邻而居的波希米亚美梦。他们的对话会从高深的哲学忽然转向亵渎神明的戏言。戈加蒂闭上眼睛，召唤他所有的医学魔力和精神力量，确保自己把耶稣的血小板和白细胞都注入了献祭的酒中，乔伊斯则会配合他，在弥撒快要结束时说一段自编的性病版祈祷词。[39]

神圣的狗屁天使米迦勒，请您在交媾的时刻保护我们，请您保护我们不受梅毒恶鬼阴谋诡计之害。我们恭求天主斥责他！天使长啊，请您务必借助天主的神威，将梅毒抛入地狱，并将其余游荡世间戕贼灵魂的恶鬼也一起投入地狱。阿门。①

乔伊斯并没有在塔楼里住很久。两人之间的一起纠纷——

① 在《尤利西斯》第5章“吃落拓花的人”中出现了一段类似的祈祷词，是神父在弥撒即将结束时所说的正常祈祷词，乔伊斯自编的这段性病版祈祷词在此基础上稍做了几处改动。本段参考《尤利西斯》（金隄译，人民文学出版社，2011）相关内容译出，略有调整。本书中与《尤利西斯》相关的内容均参考了金隄的译本，下文不赘。

据戈加蒂说，他只是开玩笑式地朝乔伊斯头部上方开了一枪[40]——促使乔伊斯做出了他此前几个月一直在计划的举动：他深夜步行 9 英里返回都柏林[41]，然后离开爱尔兰一去不回。第二天晚上，乔伊斯在梅瑞恩广场等候娜拉，希望她能够抛下一切跟他远走高飞。他没有直接问她是否愿意跟他走，而是说："有没有人能理解我？"[42]

娜拉·巴纳克尔离开戈尔韦时孤身一人，正值深夜。她没有向母亲和玛丽·奥霍勒伦告别。如果她想要暂时逃离家庭，她就告诉母亲和汤米舅舅她晚上要和玛丽一起去教堂。娜拉和玛丽走进艾尔广场附近的修道院教堂，为了不使别人起疑，娜拉总是祈祷足够长的时间，然后再偷偷溜出去与玛丽街上唯一的清教徒威利·马尔维（Willy Mulvagh）会面[43]，玛丽则一
34 直等着她。这对年轻的恋人专门去汤米舅舅找不到的地方，几个小时以后，娜拉会带着一盒奶糖回来，并告诉玛丽当晚约会的细节。

但是，汤米舅舅不可能永远被糊弄。他不准她去见威利，她反而去得更勤。她并没有爱上威利，但享受与他独处时的自由和刺激感，她非常开心。然而，一天晚上在回家的路上，娜拉听到了手杖嗒嗒的触地声，还有"我的爱啊，我的珍珠，我亲爱的女孩"那熟悉的曲调。她不需要转身都知道是谁。汤米舅舅尾随她回家。[44]

汤米舅舅进门之后命令娜拉的母亲离开房间，随后便开始用黑刺李手杖殴打在他看来是放肆贱货的外甥女。[45]娜拉倒在地上抱住他的膝盖惊声尖叫，她母亲在门外听着屋里的叫喊。她蜷缩在地板上像愤怒的拳头一样浑身颤抖，前胸和后背不断

遭到重击。

第二天，娜拉开始了她的秘密计划——找工作、偷偷收拾行李、买了一张去都柏林的单程票——周末她就离开了家。娜拉·巴纳克尔放弃了她所熟悉的一切去往一个她从未去过的城市，在举目无亲的情况下开始了新的生活。那年她 19 岁[46]，终于完全掌控了自己的生活。

所以，当乔伊斯问她“有没有人能理解我”时，娜拉回答说，有。

# 3 漩涡

35 在苏塞克斯，埃兹拉·庞德把家具推到书房四周，以便腾出足够的空间教威廉·巴特勒·叶芝击剑。[1]庞德在房间里练习长刺和后退，比他大20岁的叶芝则拿着花剑空刺。[2]他们于1909年在伦敦相识，那时庞德刚刚出版了第一本诗集。伦敦《标准晚报》（*Evening Standard*）发表了一篇热情洋溢的书评："一部充满野性而又令人回味的杰作，极具诗意，形式新颖，构思独特，激情澎湃，颇富灵性。可以把它视为疯狂之作，也完全可以把它看成灵感之作……简直无以言表。"[3]这篇书评是庞德自己写的。

庞德开始参加叶芝在伦敦的星期一聚餐会。他头发凌乱如马鬃，走路横冲直撞，经常一屁股坐到摇摇晃晃的椅子上，大大咧咧地靠着椅背。黑天鹅绒外套[4]和胡须——细长的八字胡，下巴上还有一小撮修得尖尖的——是他诗人的标志。他那飘垂的斗篷、敞领的衬衫和深绿色的毛毡裤[5]在古板的伦敦引起了轩然大波。一次，在叶芝的星期一聚餐会上，庞德把桌上红色郁金香的花瓣摘下来，一瓣一瓣地吃掉。谈话渐歇，庞德问道："有人介意把房顶掀了吗？"[6]这时他站起身，开始用泰然自若的美国口音朗读起自己的诗作来。

1913~1914年冬天，叶芝需要一位秘书，以便自己能够专心工作。他不确定精力充沛的庞德是否适合做秘书，但庞德

仰慕叶芝，而叶芝当时也的确需要仰慕。在和庞德相识之前，36
他差不多已有7年未曾写诗，并一直在与自己江郎才尽的流言相抗争。[7]但这个冬天的静修使叶芝更为专注。[8]早餐之后，庞德会从烟囱里听见叶芝嘟嘟哝哝朗诵诗作的声音。[9]叶芝写作时，庞德就阅读《论语》，翻译日本能剧。下午，如果天气晴好，他们就不练花剑，而是长时间出门散步，或者到附近的小酒店喝苹果酒。晚上，庞德给叶芝念华兹华斯的诗歌、红玫瑰十字会哲学和《魔法史》（*The History of Magic*），然后聊天直至深夜。[10]

埃兹拉·庞德是个出色的编辑、优秀的散文作家、平庸的诗人，也就是说，他出于错误的原因而出名。他认为好诗一定要简洁。例如，形容词常常会使被描绘的事物显得晦涩模糊。一次，他愤怒地给一位诗人写信说："你从来没有让一个名词在无其他词陪伴的情况下单独出现过吧???"[11]在编辑叶芝的一首诗时，庞德把前17行削减为7行，把后15行缩减为8行，删除了所有他能找到的不必要的词语，去掉了抽象概念，他将抽象概念的使用归咎于叶芝对弥尔顿的崇拜。[12]庞德对装腔作势地表达情绪毫无耐心。他希望诗歌能够直面对象——诗意的情感来自事物本身。

从修饰和象征向直白和几何式简洁的有力转变——一种符合机械时代的现实的精确性——出现在不同的艺术领域。事实上，在与庞德相识时，叶芝就已经摒弃了避世型诗歌而转向了他所谓的"有更多盐分"[13]的诗歌。即使在糟糕的新闻面前，神话主题也会显得黯然失色。在《1913年9月》（"September 1913"）这首诗中，叶芝写道："浪漫主义的爱尔兰已经一去不复返了。"[14]叶芝已经不再像乔伊斯说的那样迎合爱尔兰公众的趣味了。画家通过立体主义重新发现了硬朗之风，庞德则从温德姆·刘易斯（Wyndham Lewis）、雅各布·爱普斯坦（Jacob Epstein）和亨利·高迪－伯塞斯卡（Henri Gaudier-Brzeska）等伦敦艺术家线条明朗的作品中汲取灵感。

在庞德看来，硬朗艺术是经验性的。好诗无关品味。诗歌就像数学或化学一样有对错之分。他宣称："糟糕的艺术就是不
37 精确的艺术。"[15]反对使用形容词就是在捍卫真理，尽管对于庞德来说编辑真理比描述真理要简单得多。一天，他踏上巴黎地铁站的站台，在熙攘的人潮之中瞥见了一张特殊的面孔。[16]他转身追寻，看到了一张又一张这样的脸。他花了很大心思写了一首描写这一时刻的 30 行的诗，三番五次地修改，最后把诗稿撕了个粉碎。6 个月后，他还对那个时刻念念不忘，但再次试图创作时却毫无所获。一年以后，庞德终于完成了诗作《在地铁站》（"In a Station of the Metro"），为此他付出了很多心血。

人潮中那些面容的忽现：
湿漉漉黑色枝干上的花瓣。[17]

两个意象并置在一起，鲜明而又直白。没有长篇大论，没有故弄玄虚，没有苦口婆心，没有华而不实——甚至连动词都没有。他把修辞的层次剥除，只留下顿悟。庞德把自己的诗歌理论称为意象主义，并大力推广。他向未来的意象主义者提出忠告："不要用多余的词"，"慎用抽象概念"。[18]

庞德认为当时伦敦的文风庸俗伤感、不合实际，针对这种滥俗的浪漫主义[19]，他用全新的诗歌风格取而代之。"艺术家，"庞德在 1913 年写道，"永远是创新者。"[20]庞德的论战主义是召集志同道合者的一种方式——他的热情洋溢和对创新

的热爱深深地根植于派别之中。英国文学界是大小派别竞相争辉的星丛，而庞德希望自己能够在星丛中占有一席之地。1913年年末，他正致力于编纂一部意象派诗歌选集，他问叶芝是否还有哪个诗人的作品应该收录其中。叶芝回答说有。一个大约和庞德同龄的爱尔兰年轻人，名叫詹姆斯·乔伊斯，他可能对庞德的胃口，尽管他在都柏林以外并不知名。叶芝谈了谈乔伊斯的风格，大概还说到了他的桀骜不驯，以及他和娜拉·巴纳克尔突然私奔离开爱尔兰的事——他们的私奔一直都是都柏林文学界的谈资。叶芝回忆起一首乔伊斯写于1903年的诗《我听见一支军队》（"I Hear an Army"），在他查找时，庞德决定用打字机给乔伊斯先生写封信。

> 尊敬的先生： 38
>
> 叶芝先生一再跟我提起您的作品。我和几家经费不足的新兴报社有非正式的关系……它们是英国仅存的几家捍卫言论自由并希望发表——我不敢说能够收到——文学作品的刊物……我们做这件事纯粹是出于一己的乐趣，也是为了给确有现代特色的作品开辟一块园地。

庞德的信看起来不太像约稿信。他告诉乔伊斯他从来不给陌生人写信，但愿意让乔伊斯一试。庞德后来又手写了一段话加于文末："完全不知道我对您或者您对我会有什么帮助。但从叶芝说的来看，我想在厌恶的事物方面我们还是有些许共同点的——不过初次交往时提这种联系就很有问题了。"[21]

埃兹拉·庞德7岁时，父母让他用更礼貌的口吻给圣诞老人重新写封信。修改后的信是这样开头的："亲爱的圣诞老人先生，如果您愿意的话，请送给我下列清单中的物品，我将不胜感激。"[22]他想要一个工具箱、一把战斧和"一个玩具世界"。庞德一直极为憎恨地方主义，所以他离开美国前往伦敦，一头扎进形形色色的大千世界之中。

伦敦是当时世界上最大的城市[23]，人口多达700万，是当时第二大城市巴黎的两倍多，而且自1880年开始，其人口就以每十年100万的速度增长。伦敦强大的生产能力促进了城市的发展。伦敦40%的工人从事制造业[24]，各式各样的制成品（如家具、武器、灯泡等）被出售到大英帝国的各个角落，一支称霸世界海域的商业舰队为之保驾护航。尽管纽约日益崛起，但伦敦仍然是世界金融中心。伦敦的外汇市场为全球商品定价，各国政府齐聚伦敦给项目融资。伦敦史无前例的规模使英国政府在执法领域也走在了前列。1829年，伦敦成立了第
39 一个警察厅，议会授予警察厅取缔公开卖淫、打击聚众赌博和猥亵等行为的法律权力——都是为了管控庞大的人口。

一战爆发前的那几年是伦敦历史上最动荡的时期之一。[25]英国的经济霸权遭到了其他国家的挑战，实际工资和就业率开始下降，导致英国的工会更加激进。煤炭工人、码头工人和铁路工人同时罢工。码头上食品腐烂变质[26]，伦敦的煤炭供应（每星期超过30万吨）陷于停顿[27]。仅1912年一年，英国工业便总计丧失了3800万个工作日。[28]政治气候急剧波动。1911年，自由党在选举中取得压倒性胜利，这促使议会削弱落选的上议院的权力。英国贵族突然发现自己失去了否决税务法案和开支法案的传统特权，对于其他议案的否决权也变为临时性的。上议院的衰落标志着传统社会秩序的瓦解。埃兹拉·庞德来得恰逢其时。

最能引起恐慌的变化是席卷英格兰的激进袭击浪潮。对于这个为马克思、托洛茨基和列宁等政治难民——他们都曾在伦敦东区与其他社会主义者和无政府主义者比邻而居——提供过庇护的城市来说，激进主义并不稀奇。有人安置炸弹蓄意破坏供水系统。不管是唐宁街，还是全国各地的政府大楼、商店，窗户玻璃都被砖块、石头、锤子砸得粉碎。[29]有人把钢刺扔进财政大臣劳合·乔治①的车窗，钢刺划破了他的脸，就差几英寸就伤到了眼睛。[30]温斯顿·丘吉尔在火车站挨了一马鞭。[31]空屋荒宅、花园亭榭和教堂都被付之一炬。炸弹在西敏寺、教堂、火车、城堡、房舍接连爆炸。[32]伦敦警察厅购入了第一台照相机，来给被监押的疑犯拍照。[33]疑犯全是女性。

英国最坚定的激进分子是妇女参政论者。尽管上议院已经衰落，英国的政治发展仍远远落后于文化领域。女性可以获得大学学位，拒绝强加的婚姻，实现经济独立。1911 年，伦敦 40
超过三分之一的劳动力是女性——比 10 年前增加了 22%。[34]对于不列颠帝国来说，女性的作用比以往任何时候都重要，但她们发现自己在国家政治中毫无发言权。

1905 年，妇女参政论者开始扰乱自由党会议，争取妇女选举权运动由此势头大增。妇女参政论者别无他法，只能强行参与民主进程，而不再仅仅局限于游行或打出“允许女性选举”的标语。1910 年，数百名企图冲进议会的妇女遭到了警

① 戴维·劳合·乔治（David Lloyd George，1863 ~ 1945），英国自由党领袖，1890 年当选为英国下议院议员，后相继担任财政大臣、军需大臣、陆军大臣等职，1916 年起出任首相。他 1919 年出席巴黎和会，是巴黎和会“三巨头”之一。他 1921 年与新芬党签署停战协定，缔结条约，承认爱尔兰南部 26 郡为爱尔兰自由邦，享有自治权。

察和男性旁观者的暴力抵抗。[35]多名妇女受伤，两人身亡。当妇女参政论者在狱中绝食抗议时，看守人员把她们绑起来，用漏斗强行往鼻孔里灌粗麦粉糊。至少有一名妇女的鼻腔黏膜被撕裂。[36]公众反对强行喂食的呼声迫使议会通过了《猫捉老鼠法案》(The Cat and Mouse Act)，允许执法单位释放一名绝食抗议的囚犯，待她身体状况复原后再行拘捕。政府占领了妇女参政运动的总部[37]，截获了往来信件，但绝食抗议仍在继续，纵火、砸窗、爆炸事件也有增无减。一些妇女参政论者甚至策划要暗杀首相。[38]

革命情绪也席卷了伦敦文化界。变革的第一个标志就是1910年在格拉夫顿画廊举办的“马奈与后印象派”绘画展。后印象派是继莫奈和雷诺阿等印象派画家之后进行艺术实验的新一代艺术家的统称。人们在博物馆里边参观边嘀咕，留下对画作苛刻的评价：“极为不雅”，“只有色情”。一面墙上展出了一幅塞尚夫人的肖像画，淡蓝色的光晕投射在她扁平的脸上。她的双手和连衣裙看起来尚未画完，好像塞尚对她并无爱意。在这幅肖像画前，一位男士失声大笑，无法自控，最后不得不被护送出画廊。[39]

后印象派画展之所以会引起骚动，某种程度上是因为伦敦民众并没有接受过印象派的熏陶[40]——英国艺术界落后了几十年，早就跟不上潮流了。格拉夫顿画廊的展览其实相当平淡，许多展品都是19世纪80年代以后的画作。[41]高更和塞尚已经去世，梵高早在20年前就寿终正寝，两位最激进的后印
41 象派画家——毕加索和马蒂斯根本很少展出。尽管如此，后印象派艺术似乎仍是社会剧烈动荡的先兆，塞尚夫人肖像中那草绘的模糊的双手，仿佛拒绝了几个世纪的西方文明的成就。

"以'创新'的名义达成回归野蛮人和孩童的目标,"一位批评家写道,"就是像无政府主义者一样,把自己无法改变的东西一毁了之。"[42]无政府主义者、妇女参政论者和后印象派艺术家都在与文明进行对抗。

但是,对埃兹拉·庞德这样的人来说,后印象派画展不过是苏豪区①夜店和夜总会蓬勃发展的地下艺术景象的零售版本。[43]在午夜,当伦敦各大酒吧发出打烊的通知后,艺术家们就聚集到别的地方,比如位于摄政街后面小巷尽头的"金牛犊之洞"。[44]一盏电灯孤零零地照着布匹仓库的入口。敲门之后,"金牛犊之洞"的成员和他们带来的朋友弯腰穿过下水道出入孔大小的门洞,沿着木质楼梯下行,来到一个大地窖。屋顶裸露的横梁形成格状结构,墙上画着橙色和紫色的妖怪,做着人类无法做到的体操动作。"金牛犊"的顾客们观看西班牙吉卜赛舞蹈和皮影戏,朗诵诗歌。卡巴莱歌手和拉格泰姆乐队轮流登台表演,男男女女成双成对,胸部紧紧地贴在一起,半醉半醒地跳着火鸡舞和邦尼-哈格舞②直到天亮。女性也是烟不离手;她们的裙摆远远高于脚踝。

意大利未来派领袖菲力波·马里内蒂(Filippo Marinetti)也是经常光顾"金牛犊之洞"的艺术家之一,他赞赏噪音和速度美学呈现出的激情和活力。一模仿起爆炸声和机关枪扫射的砰砰声,马里内蒂头上的青筋就会暴起。[45]未来主义宣言呼吁全面的文化破坏,好像只有完全消灭过去未来才会到来。宣言发出号令:"放火烧掉图书馆的书架!把河水引来淹没博物

---

① 苏豪区(Soho)又译为索霍区,是伦敦市中心一个繁华的娱乐区。
② 火鸡舞和邦尼-哈格舞均为20世纪初流行的交际舞。

馆！哦，让那些自命不凡的古画随波逐流地漂浮吧！拿起铁镐、榔头！捣毁圣城的地基！”[46]

当妇女参政论者开始打砸伦敦各大博物馆的藏画时，文化破坏就变为了现实。1914 年，一个名叫弗丽达·格雷厄姆（Freda Graham）的妇女走进皇家美术院，拿出藏在手套里的
42 短柄斧劈裂了威灵顿公爵的画像。[47]另一名妇女用铅头杖把国家美术馆的威尼斯绘画作品戳了几个窟窿。[48]还有一个人用剁肉刀朝约翰·辛格·萨金特（John Singer Sargent）创作的亨利·詹姆斯肖像猛砍过去。[49]妇女一天没有选举权，英国就永无宁日。在一战前那个热血沸腾的年代里，通过艺术向官方开战意义重大。在激进主义者看来，高雅艺术在很大程度上是一项政治发明，是帝国为自身正名的宣传工具，所以攻击博物馆文化就是攻击帝国强权。

在促进激进政治和艺术的交流方面，没有人比朵拉·马斯登（Dora Marsden）更具典范性了。她原为妇女参政论者中的一员，正是她促使埃兹拉·庞德成了激进主义者，并出版了詹姆斯·乔伊斯的第一本小说。1909 年，马斯登带领一支由 30 名女性组成的示威队伍冲进议会，随后她因用旗杆袭警而遭到指控（她声称那只是一场意外）。[50]被羁押一个月释放后，马斯登再次搅乱了自由党会议，这次是把铅球从玻璃隔板扔进会议室。这又让她坐了两个月的牢[51]，在狱中她绝食示威，打碎了牢房的窗户，扯掉了囚衣，裸体抗议。看守人员把她绑起来，身高只有 4.1 英尺①的朵拉·马斯登却挣脱了出来。[52]

---

① 合约 147 厘米。

自由党会议室经常变为妇女参政论者的抗议地点。1909年，年轻的温斯顿·丘吉尔在绍斯波特向听众发表演讲时，警察把大厅围得严严实实，这样丘吉尔就可以为一个被上议院否决的预算法案争取支持。当他说上议院议员应该接受下议院的提议，因为下议院代表了选民的意愿时，屋顶的孔洞里突然传来了叫喊声："但那并不代表女性的意愿，丘吉尔先生！"[53]听众一片哗然。为逃过严密的警戒，朵拉·马斯登前一天晚上就藏到了大厅的阁楼里，整整等了一晚上，那天下了一晚的雨，气温降到零下。[54]马斯登对丘吉尔大加斥责，几分钟后，她和两个同行人员被人从屋顶上拽下来拘捕了。

1911年，马斯登辞去了英国妇女参政激进组织——妇女社会政治联盟的职务，因为该组织试图让她从事不会有监禁危险的活动。但是，她的志向远不只是组织蛋糕义卖、在船上贴 43
"允许女性选举"这样的标语那么简单[55]，她决定将女性运动拓展至政治领域之外，于是创办了一本名为《自由女性》（*The Freewoman*）的杂志。她相信，一本恰到好处的激进杂志能够激发"所有与人有关的领域——知识、性爱、家庭、经济、法律、政治领域——的广大革命"[56]。妇女参政论者在杂志和自由女性讨论圈里与社会主义者和无政府主义者相遇，他们就许多禁忌话题，如离婚、性病、同性关系、节育、自由恋爱等展开了辩论。

马斯登反对一切威胁个人自由的事物，包括政府、教会和诸如阶级、性别、种族这类集体主义概念。她宣称："宇宙的中心存在于个体欲望之中。"[57]马斯登从妇女参政主义转向了个人无政府主义——扩大选举只是扩大了政府合法性的神话而已。不久之后，她拒绝了任何形式的运动政治（目的是"摧毁事业"[58]而非献身事业）和一切抽象概念，这也意味着与语言本身做斗争。她宣布，“女性”这个词“应该从语言中剔除出去”[59]，“我们的战争就是同词语的战争”[60]。朵拉·马斯登对精确语言的追求、对用写作改变世界方式的探寻使她走向了埃兹拉·庞德和詹姆斯·乔伊斯。

马斯登相信文学是对抗抽象的武器。只有“诗人和富有创造力的思想家”[61]才能揭示人的本质——诗歌引领我们接近宇宙的中心。1913年，帮助编辑杂志的丽贝卡·维斯特介绍马斯登与庞德认识，此后《自由女性》才有了鲜明的文学性。在决定合作之前，马斯登敦促庞德谈谈他的哲学，庞德一反常态地给了她一个不甚确定的回复。“我想我是个人主义者，”庞德写信给马斯登说，“我崇尚那类能够成为个人自由最有效的宣传武器的艺术。”[62]马斯登提出的尖锐问题令他难以忘怀，几个月以后，他追随马斯登的步伐写了一篇为诗歌辩护的文章。在《严肃的艺术家》（“The Serious Artist”）中，庞德宣称艺术家“要精确地展现他的欲望、憎恶和冷漠”[63]，只有如实报告个人欲望才能彰显人性。马斯登于1913年发表了庞德
44 的文章；一段紧张但颇富成果的合作关系开始了。马斯登把杂志改名为《自我主义者》（*The Egoist*）[64]，庞德欣然同意。

马斯登将清晰易懂的诗歌与激进政治相结合的能力，促使庞德的事业进入了新阶段。庞德写给马斯登的文章标志着新阶段的开启，正是从这时开始，庞德意识到艺术最重要的就是要有独特的能量。“湿漉漉黑色枝干上的花瓣”这类意象虽然明确直白，却过于静态化，没有捕捉到20世纪的活力。几个月之后，庞德终于找到一个合适的词来表现艺术的能量：“旋涡（vortex）——思想从漩涡中奔泻而出，穿过漩涡，又回到

漩涡”[65]。漩涡主义是恢复了动词属性的意象主义。

漩涡的关键在于它的能量是集中的。漩涡不是从个人天赋中而是从人才聚集的漩涡中汲取力量，在理想状态下，狂热的风格将使这场运动凝结成巨大的能量。1914 年 6 月，埃兹拉·庞德和温德姆·刘易斯出版了一本 160 页的特大号漩涡派杂志，杂志名用极其醒目的字体斜印在紫红色的封面上：**爆炸**（BLAST）。“**我们只想让世界存在下去**，”漩涡主义者们宣称，“并感受它流过我们身体的粗粝能量。”[66]漩涡主义结合了马里内蒂挑衅式的胜利主义、妇女参政论者的激进主义和朵拉·马斯登的个人无政府主义。《爆炸》是献给“**个人**”的[67]，它极力赞颂妇女参政论者：

> **我们欣赏你们所散发的能量。你们和艺术家**
> **是英国硕果仅存的**
> **怀有生命力的**
> **东西（你们不会介意被称为东西吧?）。**[68]

特大号字体点明了漩涡主义者意欲摧毁的每一个目标。炸毁英国科学院。炸毁亨利·柏格森、邮局和鱼肝油。炸毁 1837～1900 年（维多利亚统治时期）之间的每一年。点明了 45
想要摧毁的目标之后，宣言接着又表达了祝福。祝福英国的大港口。祝福理发师（“他攻击了大自然母亲，却只收取微薄费用”[69]）。祝福法国色情作品（“进步的劲敌”[70]）。祝福奥利弗·克伦威尔（Oliver Cromwell）和蓖麻油。祝福詹姆斯·乔伊斯。

乔伊斯 1914 年 1 月给庞德复信。他当时住在奥匈帝国地中海沿岸的港口城市的里雅斯特。他随信寄了一份《都柏林人》的打字稿、一份先前的出版纠纷的详尽说明以及他的第一部小说《一个青年艺术家的画像》的第一章。他已经花了 10 年时间来创作这部几乎不加掩饰的自传体小说，其间充满了不可预见的挫折——一次他把 1000 多页的手稿[71]扔进了火里[72]（只有一半的手稿被匆忙地挽救了回来），而他写《都柏林人》在某种程度上就是为了转移注意力。乔伊斯后来删减了手稿，这样艺术家的顿悟就可以将都柏林肮脏的一面定格下来。庞德在阅读手稿时立刻意识到应当把乔伊斯列入被祝福的人当中。

他一收到《画像》新的章节就马上寄给《自我主义者》，并想方设法让乔伊斯获得稿酬，这样乔伊斯就不用浪费时间来教英语谋生了。他穿越欧洲把乔伊斯拉进"漩涡"中。"我对小说本来知道得不多，"庞德回信说，"但我觉得你这部小说真他妈是好东西。"[73]而且以后还会更好。《画像》的结尾是艺术家斯蒂芬·迪达勒斯离开都柏林前往巴黎前的日记片段。最后几页是通向广阔的不加掩饰的内心独白的垫脚石，虽然这时乔伊斯只是刚刚开始构思。内心独白是乔伊斯下一部小说的重要片段。

# 4　的里雅斯特

詹姆斯·乔伊斯创作《尤利西斯》时，正值一场改变欧 46
洲人“规模”观念的战争爆发前夕。1914 年 6 月，一名塞尔维亚暗杀者在萨拉热窝持半自动手枪走近费迪南大公的车队，这年夏末，爆炸声在欧洲大地就响彻不休了。1870 年的普法战争是衡量欧洲军事冲突破坏性的一个基准。从 1914 年夏天回头去看普法战争，那时阵亡的 25 万名士兵就像是过时战术的受害者。现代武器杀伤力极大，在战争中没有别的选择，只能先发制人——入侵者在短短几个星期之内就可以大获全胜。每个人都在思考这场战争，但每个人都低估了战争的规模和破坏程度。[1]一战将持续数年。1000 万士兵和 700 万平民将丧生。频繁的军事行动、人满为患的战地医院和连绵的战壕为 1918 年的大灾难——西班牙流感埋下了祸根。5000 多万人死于当时任何显微镜都无法看到的病毒颗粒的魔爪。世界受到机枪、杀伤榴弹和链状核糖核酸病毒的重创。[2]

乔伊斯在 1904 年和娜拉离开爱尔兰时并没有预想到灾难的迫近。他们计划在巴黎左岸开始平凡的生活，乔伊斯教书写作，娜拉找份洗衣或缝纫的工作。乔伊斯与贝利茨学校联系，
谋了个教职，又花了几个星期的时间从任何能够帮忙的人那里 47
凑足了钱，但他从未对父亲提起他要和娜拉·巴纳克尔远走高飞。离开都柏林那天，娜拉远远地看着乔伊斯与家人话别[3]，

接着她迈上了渡船的踏板，和一个认识不到四个月的男人走向了新的生活。乔伊斯忍受了三年的缄默之苦，直到他父亲卸下失望的重担："眨眼间光明的前途就化为乌有，美好的未来就成了泡影。"[4]娜拉连对她感到失望的人都没有。夫妇二人再也没有回爱尔兰常住。

但是，他们去巴黎的计划搁浅了。乔伊斯在伊斯特拉半岛的边陲小镇普拉①暂时工作了一段时间，随后，贝利茨学校给他在奥匈帝国唯一的贸易港口的里雅斯特提供了一个长期职位。[5]的里雅斯特是通向维也纳、卢布尔雅那和米兰的门户，是地中海沿岸第二大港口。[6]每年有12000艘轮船运载着250万吨货物从的里雅斯特经过[7]，该市人口仅在20世纪头十年里就增加了三分之一[8]。1905年，当乔伊斯和娜拉抵达时，此地对于外语教师的需求量很大——只要往市场上走一遭就可以看出这个城市是多么多语化。意大利方言与德语、捷克语、希腊语相碰撞。一边是阿尔巴尼亚人和塞尔维亚人讨价还价，一边是克罗地亚人和斯洛文尼亚人半懂不懂地谈着话，猜测对方的意思。如果说乔伊斯想要逃离爱尔兰的地方风气，那他真是来对地方了。

商船从遥远的港口挤进威尼斯大运河，带来地中海沿岸各式各样的水果、香料以及一桶又一桶的阿拉伯咖啡和橄榄油。汽船运来橡胶和木材，为帝国的建设添砖加瓦。的里雅斯特的富裕凸显了这对年轻爱尔兰夫妇的贫困。他们看到男士们戴着圆顶礼帽，手中那镶着象牙或金制手柄的手杖嗒嗒地触着地，

① 普拉位于伊斯特拉半岛西南，临亚得里亚海，19世纪时曾是奥匈帝国军港，现为克罗地亚西部重要港口城市。

而乔伊斯只有一柄寒酸的梣木手杖。女士们穿着蓬蓬的威尼斯礼服裙，帽子上插着轻飏的鸵鸟毛。[9]年轻的女士用胳膊肘轻轻地推推对方，窃窃私语，嘲笑娜拉廉价的连衣裙，不过好在娜拉听不懂她们的话。[10]

抵达的里雅斯特时娜拉就已经怀孕了，当她孕相渐显，房东太太们就开始借故推诿。她手上没戴戒指，在的里雅斯特，人们对此事的反应就像在都柏林一样恶劣。然而，乔伊斯仍然 48
不为所动：他绝不可能去找神父或律师批准他们的婚姻关系。乔伊斯认为步入婚姻是将历史和信仰的梦魇强加在孩子身上的第一步，他们走了这么远不就是为了逃离这些吗？婚姻是财产和权力的强迫制度。娜拉的怀孕使这种强迫更为明显——这对夫妇被迫搬了三次家。[11]

1905 年 7 月，娜拉生了一个男孩。这个孩子比预产期早生了一个月（这对初为人父母的夫妇算错了时间），乔伊斯给孩子取名乔治（Giorgio），来纪念他那夭折的弟弟乔治（George）。大约一年之后，娜拉又怀孕了。当 1907 年 6 月露西亚（Lucia）在医院的贫民病房出生时，护士给了娜拉 20 克朗。[12]这对爱尔兰夫妇正式成为慈善事业的帮扶对象。

父亲身份对于乔伊斯来说是个负担。23 岁时他还没有准备好承担为人父的责任，像他父亲一样拖儿带女地把这个穷苦的家从一个地方搬到另一个地方的预感时刻缠绕着他。和娜拉在一起的激情逐渐消退；娜拉对他的创作漠不关心，这比看不起他的作品更让他烦恼。当看到他从零散的纸页上把一些微小的场景抄到手稿里去，她就会问："那些纸都浪费了？"[13]

在乔治出生几个月后，乔伊斯的弟弟斯坦尼也来到了的里雅斯特。他在贝利茨学校谋了个教职，兄弟两人加起来一星期的薪水是 85 克朗，这在的里雅斯特的工资中处于较低水平，但节俭一些也足供开销。[14]为了省钱，他们和学校的另一位英语老师亚利桑德罗·弗兰西尼（Alessandro Francini）以及他的妻子在城郊同租了一套公寓。但乔伊斯不善理财。他坚持外出吃饭，尤其喜欢一家有电灯照明的餐厅[15]，从没惦记着把余钱存起来。晚上他会到威克雅老城闲逛，路过一家家小酒馆，看着牛车在身边缓缓而过——城里有些街道路窄坡陡，马车无法通过。[16]乔伊斯常常光顾工人聚集的饭馆和脏乱的小酒馆，在那里人们用捷克语或匈牙利语相互叫骂着。他和码头搬运工一起喝着苦艾酒，唱着歌[17]，然后踉踉跄跄地向妓院走去。

49 一天晚上，乔伊斯没回家，弗兰西尼去威克雅城找他，发现他烂醉如泥地躺在阴沟里。[18]通常是斯坦尼去找他。斯坦尼把哥哥从酒馆拽回家[19]，弗兰西尼夫妇经常听到这对爱尔兰兄弟用他们在学校学到的但丁式的意大利语唇枪舌剑。[20]斯坦尼有一次斥责乔伊斯说："你想瞎吗？你想出门时带条狗引路吗？"娜拉的话则更刺耳："我明明白白地告诉你，我明天就让孩子受洗去。"[21]但是所有的威胁都不起作用。只要钱花光了，乔伊斯就会向贝利茨学校的教导主任预支工资。[22]他沉醉在酒精中来逃避做父亲的责任，酒钱又增加了他的负担，他只得再次借酒消愁。一天晚上，乔伊斯回到家时早已酩酊大醉，预支的工资也被挥霍一空，斯坦尼把他痛打了一顿。弗兰西尼可以听到乔伊斯房中传来的惨叫。他不顾妻子的反对披衣下床，对斯坦尼说："哎，没用的。"[23]

乔伊斯教英语的方式是让学生背诵并抄写一些别具一格、引人深思的段落。

> 爱尔兰是一个伟大的国家，被称为翡翠之岛。宗主国政府几百年来一直在限制它的正常发展，使它成为荒芜之地。现在，它是一块无人耕种之地。政府在那里种下了饥饿、梅毒、迷信和酗酒；清教徒、耶稣会士和宗教偏执狂快速蔓延。

那些段落有时候像顿悟一样，看似平平，实则蕴含着深刻的洞见。

> 税务官是个老找我事儿的傻瓜。他在我的书桌上堆满了写着“警告”“警告”“警告”的小纸片。我跟他说，要是他还不罢手，我就把他送到他主人那里去，让那个骗子知道他是个傻瓜。现在，维也纳政府是骗子。明天可能 50
> 是罗马政府。但不管是哪个政府——维也纳也好，罗马也好，伦敦也好——在我看来都是一丘之貉，都是强盗。[24]

他的学生尽管感到疑惑不解，但肯定是不会忘记“骗子”这个词的。

乔伊斯将政府视为骗子和强盗是因为其权威是不容置喙的。作为一个国家的公民就意味着要做这个国家的仆人，乔伊斯认为这是对个体独立性的冒犯，而正是个体独立性使他成为艺术家。“我不伺候”是《画像》中那个崭露头角的艺术家斯蒂芬·迪达勒斯的信条，也是他政治和艺术上的箴言。他说：“我不会服务于那些我不再相信的东西，不管你称之为我的家庭，我的祖国，还是我的宗教。”[25]

乔伊斯的个人主义部分源于无政府主义。他在的里雅斯特买了一些有关无政府主义的书，并早在 1907 年就开始自称为无政府主义者，虽然他是一个“哲学意义上”而非政治意义上的无政府主义者——至于他的胃，他说，是个无可救药的资本主义者。[26]他对无政府主义产生兴趣是因为他相信所有权力——无论是政府的还是宗教的——归根结底都是未获同意的强行控制。统治本身就是在侵犯个人的自主权。

我们通常将无政府主义者和混乱、投弹者联系起来，但无政府主义者的狂热来源于严密的逻辑：如果你不是自愿同意，那就一定是被迫同意。如果你不是明确表示赞同某一权威，那它就变成了你的主人。因为所有政府都是强制性的，所以也必然是压迫性的。推翻君主政体建立民主国家只是把国王的专政换成了大多数人的专政——如果你恰巧属于少数群体，那二者没有任何区别。无政府主义者认为有限权力和绝对权力并不存在真正的差别。无论法律规定要设置交通信号灯还是设立秘密警察机构，从根本上说都是对个体独立性的侵犯。

对于乔伊斯这样的哲学意义上的无政府主义者来说，拒绝权威就意味着拒绝“权威”所隶属的整个概念范畴：抽象体系和基础假设。无政府主义者相信，国家和教会都建立在伪装成根本真理的幻象概念（比如合法性或道德义务）的基础之
51 上，实际上却只是为了保证专制权力的实施而杜撰出来的说法。因此，无政府主义的哲学核心是对那些左右人们思想、表面上不证自明的概念的怀疑主义。他们深信，宏大的概念——不管是责任、权利还是上帝，不管是家庭、祖国还是教会——都具有奴役性质。

无政府主义的产生是对现代国家快速发展的回应，尤其是对 19 世纪最宏伟的概念之一——警察系统的发展的回应。英

国议会于1829年创建了伦敦警察厅，实际上是发明了一种新的国家权力形式，即国家权力可以扩散至城市各个角落。10年之后，议会又授予警察局拘留流浪汉、“寻衅滋事”的醉汉以及犯有轻罪但姓名和住址无法核实的人员的权力。[27]法案规定，禁止在距离住宅区域300码以内的场所斗鸡和射击，禁止飙车、随意按门铃以及干扰性地放风筝，禁止售卖和散播“淫秽、不雅、猥亵性”书籍[28]，而且随着时间的推移，法律变得越来越严格。截至1878年，英国政府已经通过了100多项法律来扩大警察职权[29]，英国为世界警察系统的拓展树立了榜样。

在那些怀疑权威的人看来，日益增多的法律具有自我延续性：法令越多，罪犯越多，于是又需要更多的警察和更庞大的政府。执法的专业化使巡警看起来像是日益集权化的国家机器中的步兵，在这个国家机器中，还有侦探、狱管和官员，他们将日益增强的国家权力视为铁饭碗。对于乔伊斯这样的艺术家来说，言论自由是神圣不可侵犯的，审查机制集中体现了国家权力的暴政，因为国家不仅查禁淫秽，还决定了什么是淫秽。与有关射击和放风筝的禁令不同的是，是否涉嫌淫秽并没有一定的判别标准——法律貌似通过界定权力范围来限制政府权力。事实上，按照审查者的行为方式，淫秽内容好像是不证自明的，这只会使政府的专断独行更加明目张胆。发表毫无保留的淫秽性文章——以此来全面否认“淫秽”属于法制范畴——是揭露和拒绝一切国家权力专断独行之基础的方式，也是文学领域无政府主义的一种形式。

的里雅斯特是实践无政府主义思想的沃土。这座城市意大 52

利人居多，已经被奥地利统治了数百年，但 1861 年意大利统一以后，的里雅斯特的意大利人要求并入新建的意大利王国。随着城市日渐繁荣，意大利人和奥地利人的分化更为显著。意大利人憎恨自己生活的城市所遭受的文化渗透——这儿的街道是德国名字，那儿又立着奥地利纪念碑。政治好处和行政利益全都偏向奥地利人一边。1904 年，的里雅斯特法律学校的德国学生和意大利学生发生斗殴，被捕的 137 名学生全是意大利人。[30]不管由意大利人还是奥地利人掌管，的里雅斯特总有一部分人不能如愿。生活在的里雅斯特的爱尔兰人可以通过另一个帝国看到自己国家的问题。对于乔伊斯来说，离开爱尔兰意味着能够看到地区问题中潜藏的全球性原则，看到群体间的对抗——意大利和奥地利的对抗、民族主义和帝国的对抗。个体被宏大的概念摧毁了。

意大利于 1915 年 5 月向奥匈帝国宣战。到了 6 月，大运河上的汽船和轮船越来越少。战时贸易下降，鱼雷被安置于亚得里亚海域中来切断维也纳的补给，的里雅斯特变得空空荡荡。[31]有轨电车不见了——电线被军队征用了——长途汽车和牛车也不见了，酒吧里此起彼伏的各种语言销声匿迹，取而代之的是士兵们要求民众出示证件的喝令。最后一批当值的士兵在街上巡逻，普法战争时代的步枪从他们肩头的绳结上垂挂下来[32]，走路时军靴发出的响声在威克雅城关闭的店面前久久回荡。每到傍晚，坐落在旧城区高山丘上的圣朱斯托大教堂在附近的街道上投下阴影，在其中一条街的一间公寓里，卧室里堆满了书，客厅里放着学生们坐过的空椅子[33]，詹姆斯·乔伊斯正忙着撰写新作品。

“仪表堂堂、结实丰满的勃克·穆利根从楼梯口走了上来。

他端着一碗肥皂水，碗上十字交叉，架着一面镜子和一把剃刀。”[34]在《尤利西斯》第1章[35]，乔伊斯回忆了他和娜拉离 53
开爱尔兰前与奥利弗·戈加蒂（勃克·穆利根）在沙湾的经历。乔伊斯于1915年6月16日完成了第1章，其间历尽艰难。他任教的贝利茨学校也在同一天停课。教师们被征入伍，学生们不是从军就是逃亡。当炮弹和空袭逼近乔伊斯的里雅斯特的公寓时，他还在埋头于小说创作。[36]当人群聚集在的里雅斯特码头附近聆听几公里外另一个小镇传来的枪声时，乔伊斯正在撰写两个年轻人在炮台上的对话。住在的里雅斯特的奥地利人模仿意大利人作战时的呐喊声，高喊着：“前进吧，蜗牛！”[37]每次爆炸都会引发围观群众热烈的欢呼声。

作为意大利人占绝大多数却被奥地利人统治、被斯拉夫警力占领的港口城市，的里雅斯特正日益分裂。当意大利宣战的消息传来，奥地利人集结成群，沿街打砸，袭击意大利民族主义者，破坏意大利餐馆和咖啡厅。[38]水手们捣毁了广场上的威尔第雕像，当他们烧毁亲意报社的办公室时，警察们只是袖手旁观。乔伊斯家被列入敌国侨民阵营，斯坦尼因为公开表示对意大利人的同情而被逮捕，关进了拘留营。[39]5月底，的里雅斯特的当权者们解散了市政委员会，开始审查出版物和邮件，并将意大利人全部驱逐出境，宣布的里雅斯特进入封锁状态。当最后一列去往意大利的火车离开后，的里雅斯特俨然成了户外监狱。商店都停业了。在唯一营业的面包店前，人们在彻夜排着长队[40]，食品价格急遽上涨。乔伊斯说：“谁手上掌握着最后一袋面粉，谁就能赢得战争。”[41]

乔伊斯几乎无法进行新小说的创作，至少无法创作《尤利西斯》这样雄心勃勃的作品。1915 年，他失业了，和妻子拉扯着两个孩子，又面临着战争的威胁，一如既往地入不敷出。《画像》尚未出版，《都柏林人》在大公遇刺前两星期才开始在书店里售卖。截至 1914 年年底，《都柏林人》只卖出
54 499 本[42]（其中有 120 本是乔伊斯根据出版协议自费购买的），销售速度缓慢，直至停滞。1915 年上半年，《都柏林人》卖出 26 本，下半年只卖出 7 本。[43]

《尤利西斯》的出现完全是因为突发的灵感。乔伊斯原本想把它写成一部短篇小说，收入《都柏林人》中。[44]阿尔弗雷德 · H. 亨特——那个孤独的、友爱的都柏林犹太人，正是他在圣斯蒂芬绿地把乔伊斯从泥土地上扶了起来——成了特洛伊战争的英雄、荷马最伟大史诗的主角、伊萨卡的国王尤利西斯。将亨特类比为尤利西斯是很好的短篇小说题材，但在乔伊斯的头脑中，这个想法也在悄然发生着预期之外的变化。1914 年，乔伊斯开始把所思所想集中起来[45]，将《奥德赛》中的古代故事移植于都柏林上：葛拉斯涅文公墓的葬礼是向着阴间的坠落。他的朋友伯恩位于埃克尔斯街 7 号的小公寓，就是尤利西斯在伊萨卡的宫殿。奥蒙德饭店的女招待员成了塞壬女妖。乔伊斯给他的尤利西斯起了个名字，叫“利奥波尔德 · 布卢姆”。斯蒂芬 · 迪达勒斯是尤利西斯的儿子忒勒马科斯。斯蒂芬是失去了父亲的儿子，布卢姆是寻找儿子的父亲。他的妻子莫莉是等待丈夫征战归来的佩内洛普。

在 20 世纪初，史诗这个概念已经成了明日黄花。《奥德赛》展现的是完整、连续的文明。如果说战争能够说明什么的话，那就是欧洲已经变得支离破碎了。爱尔兰版本的《奥德赛》只能是戏仿史诗，是用古典文明来嘲讽现代文明的故事。

对于乔伊斯来说，以史诗形式展开对邋里邋遢的、脏兮兮的都柏林的重新想象简直像恶作剧一样刺激。都柏林的尤利西斯不是国王，而是一个小小的报纸广告推销员，他回到家中，面对的是在这天早些时候对他不忠的妻子。通过尤利西斯的历险看待利奥波尔德·布卢姆的生活，就是从古代磨光的透镜①中窥视整个20世纪。

令乔伊斯感到刺激的另一方面是对现代城市的日常环境的变形。乔伊斯在时间中游走，从世俗转向了神话，又从神话回归世俗。多年以来他都认为灵光的闪现能够揭示斯蒂芬·迪达勒斯所谓的“最平淡无奇的事物的灵魂”[46]。但在《尤利西斯》中，乔伊斯告诉我们，“想象力迸发的瞬间”是对时间的深层认识：“到了未来，即过去的姊妹来到时，我也许就能见 55
到现在坐在这里的我，不过是通过将来的我的映影而看到的。”[47]我们的现状，我们的所作所为，在迟来的认知中可以获得更持久的意义，而这些迟来的认知又为更遥远的瞬间提供了养料。顿悟属于未来。的里雅斯特周围炮火连天，乔伊斯却可以再次看到以前的自己，那时他还是一个身困都柏林的青年人。不同的文明讲述着各自的故事。站在20世纪门槛上的都柏林最终从荷马时代窥见了自己的影像。

乔伊斯又增添了另一重复杂性。《尤利西斯》并不像史诗那样横跨数年，而是发生在一天之内。在21世纪的今天，这种发生在一天之内的小说看起来很普通。我们已经对现场报道、自动推送新闻、状态更新、24小时新闻循环报道习以为常，

① “磨光的透镜”（the cracked looking glass）出自1906年6月23日乔伊斯写给出版商格兰特·理查兹的信：“如果您不让爱尔兰人通过我那磨光的透镜好好看看他们自己的真容，您就会推迟爱尔兰文明的进程。”

感觉世界大事仿佛发生在一天之内。然而，在1915年，一天是长篇小说的适合尺度，从小范围可以窥见文化的大格局，这样的说法客气一点儿说，是很有异国情调的。在《尤利西斯》之前，确实有作家把小说发生的时间限制在一天之内，但都未达到过乔伊斯所构思的这种程度——没有人将一天想象为史诗。乔伊斯计划赋予这一天一种眼花缭乱的复杂性，使之既成为历史循环的组成部分，同时又是时代的整体影像。都柏林6月的这一天也是西方文明的一个碎片。

乔伊斯在《尤利西斯》的前几章继续讲述斯蒂芬·迪达勒斯的故事。斯蒂芬是一个22岁的青年，整日徜徉在自己的思想里。他沿着沙湾的海滩散步，思考的大多是观看行为本身而非眼前所见之物。

> 可见现象的无可避免的形态：这是最低限度，即使没有其他。通过眼睛进行的思维。我在这里辨认的，是一切事物的标志：海物、海藻、正在涨过来的潮水、那只铁锈色的靴子。鼻涕青、银灰色、铁锈色：颜色的标记。透明性的限度。[48]

这不同于一般畅销散文的风格，而是对人类思考方式的崭
56 新阐述。思想并不像亨利·詹姆斯那繁复的句子一样绵延流动。意识不是一条小溪，而是大海边缘各种碎片的短暂集聚，就像那只被潮水冲到岸边一会儿又会被冲走的铁锈色靴子。乔伊斯希望斯蒂芬的思维是迅捷的、多角度的。他想把思维和情绪简化到本质层面。他要的是密度，是交流的根本、尖锐的言辞，是紧急电报“母病危速归父”。

# 5　心灵的作坊

1913年，哈丽雅特·韦弗小姐还只是《自由女性》杂志 57
的订阅者。和朵拉·马斯登一样，作为妇女社会政治联盟的一员，她对这个英国妇女参政论激进组织同样不满。当她看到马斯登这本大胆直言的杂志时，她知道自己挖到宝了。《自由女性》杂志常常探讨一些难于启齿的话题，不出所料，果然惹了麻烦。1912年，当掌管着英国所有的火车站书报亭的公司将《自由女性》全部下架后，杂志销量一落千丈。[1]根据这家公司的说法，涉及离婚改革、避孕、自由恋爱等话题的文章“不宜在书报亭公开发售”[2]。此后不久，一位信奉无政府主义的出版商撤回了继续出版《自由女性》杂志的提议，因为他害怕被以诽谤罪和煽动罪起诉。[3]

韦弗小姐没有那么胆怯。当她读到马斯登发表在《自由女性》结刊号上的呼吁时，她主动向素未谋面的马斯登提供了200英镑[4]，帮助杂志起死回生，以《新自由女性》（*The New Freewoman*）的刊名重新发行。这200英镑是表达支持的证明而不是对控制权的争夺。在韦弗小姐看来，《自由女性》就已经像是“在山巅上编辑”[5]了。她只是想让马斯登继续她的事业。但马斯登那时转而隐退到自己的创作中，她在写一部包罗万象的哲学专著，希望能够把哲学、神学、数学和物理学
都囊括其中。为了使杂志能够继续办下去，韦弗小姐捐了更多 58

的钱，租了间新办公室，还雇了伦敦的印刷商。[6] 1914 年 6 月，埃兹拉·庞德和马斯登开始了合作，《新自由女性》更名为《自我主义者》，韦弗小姐勉为其难地当上了杂志的编辑。

韦弗小姐是个不喜争吵的人。她在伦敦马里波恩有一套三居室公寓，她非常喜欢那里的和谐有序，还定期买来鲜花装点房间，平衡木头家具的深色调。[7] 韦弗小姐时年 39 岁，继承了外祖父棉花产业的遗产。直到母亲去世她才第一次（也是最后一次）参加了舞台剧演出。[8] 韦弗小姐的生活方式中规中矩。在有客人来访时，她的起居室兼作客厅，当有额外工作要做时，起居室又变成了书房。她有一张维多利亚式的书桌，旁边是满墙的书，还有蒙着蓝色和淡金色布套的乔治时代的餐桌和餐椅。正是在这里，韦弗小姐编辑了全英国最大胆直言的杂志。如果印刷商删减了她给的文章，她就解雇他们。

韦弗小姐在接手《自我主义者》时面临的情况十分棘手。马斯登离开后，一名可靠的员工也辞职跳槽了[9]，只剩下一个名叫理查德·奥尔丁顿（Richard Aldington）的员工和韦弗小姐一起艰难地维持着杂志的运转。抱着乐观的想法，《自我主义者》在 1914 年 1 月初次付梓时印了 2000 本。[10] 1914 年 9 月，在韦弗小姐接手三个月后，印量减少了一半。她把杂志从 20 页缩减为 16 页，由半月刊改为月刊。财政状况捉襟见肘。《自我主义者》1914 年下半年的收入是 37 英镑[11]，支出却高达 337 英镑。韦弗小姐填补了亏空。部分原因在于战争的爆发。印刷商很难找，撰稿人又应征入伍，批发价也翻了一番[12]，而且没人愿意在国家危机期间在一本非主流的文学杂志上刊登广告。

1915 年，齐柏林飞艇开始越过北海[13]，向住宅、剧院和公共汽车投掷炸弹。成千上万的伦敦市民在疾风呼啸的漆黑夜晚向东逃亡，匆忙中还不忘瞥一眼空中那银光闪闪的飞艇的身姿。伦敦已经有几百年没有遭受过袭击，所以感到措手不及。英国飞行员甚至连目标都看不见，更不用说向敌人射击了。他
们花了几个小时才安置好高射炮，而落在市区的炮弹碎片造成 59
的破坏比齐柏林飞艇还要严重。不管是军队还是平民都被卷入世界大战之中，暴力像某种魔鬼似的顿悟在欧洲人的想象中打开。一名齐柏林飞艇机长在俯瞰爆炸现场时，觉得炸弹像花环一样使城市熠熠生辉。他说："那种美丽简直无以言表。"[14]

在第 5 次齐柏林空袭之后，朵拉·马斯登从英格兰西北岸写信给韦弗小姐，求她赶紧离开伦敦去乡下避难——"您没法去吗？还是您不愿去？"[15]她不愿去。甚至埃兹拉·庞德也劝她在战争期间暂停《自我主义者》的出版。[16]她没有听从这个建议。韦弗小姐没有停刊的原因只有一个，那就是为了连载詹姆斯·乔伊斯的《画像》。最大的威胁来自伦敦的印刷商。

虽然伦敦人可以勇敢地冒着被灼热剂活活烧死的危险去酒吧豪饮，但比以往任何时候都更不愿跨越道德的禁区，这正是战争的悖论之一。当《自我主义者》的印刷商收到《画像》第 3 章时，经理拒绝印刷一个描述斯蒂芬·迪达勒斯关于夜市街幻想的不雅段落[17]，不久之后，他便开始在未通知韦弗小姐的情况下小幅删减某些片段。后来，印刷商擅自删除了《画像》第 5 章中的两个句子[18]，其中一个句子描述的是一个站在海边溪流中的女孩："她那丰满的、象牙色般柔和的大腿几乎一直裸露到臀部，白色的内裤边就像柔软的白色羽绒。"[19]韦弗小姐的忍耐达到了极限。她给印刷商写了一封礼貌的辞退信。"我们决定舍弃您，"她写道，"很抱歉我们必须舍弃。"[20]

几个月以后，接替工作的另一家印刷商删除了两个词（“放屁”和“睾丸”）[21]，韦弗小姐恰好不知道这两个词的意思，当然这无关紧要，她还是辞退了他们。乔伊斯的作品迫使韦弗小姐在接手《自我主义者》之后的两年时间里换了4家出版商。她写信给乔伊斯，为他的小说所遭受的“愚蠢的审查”道歉[22]，她明确表示，虽然伦敦的出版商只有那么几家，但她还是决心全试一遍。

60 韦弗小姐知道出版詹姆斯·乔伊斯的作品可能会引火烧身。事实上，她所听说的有关他的第一件事就是他的第一本小说被全部销毁了。1905年11月，23岁的乔伊斯把《都柏林人》的手稿寄给了一个名叫格兰特·理查兹的伦敦出版商。[23]理查兹在约三个月之后才回信说《都柏林人》问题不少。《都柏林人》是关于爱尔兰的小说，而没有人愿意买一本关于爱尔兰的小说。这是一部短篇小说集，也没有人愿意买短篇小说集。但他本人很欣赏这部作品，如果乔伊斯在合同条款上做一定的让步，他就愿意出版。乔伊斯从前500本售出的小说中不会得到任何稿费和版税，此后的1000本他可以拿到10%的版税，但每13本中有1本不计版税。[24]几个星期之后，理查兹把手稿返还给乔伊斯，要他对作品进行修改。

印刷商删除了某些段落[25]，并拒绝印刷《两个流浪汉》（“Two Gallants”）[26]。理查兹本人反对出现在某个故事当中的“bloody”一词[27]［她不想让人觉得她太狠心（bloody-minded）］[28]。这个冒犯性的词语在《都柏林人》中出现了多次：“如果哪个小子胆敢对他的妹妹耍那套把戏，他他妈的（bloody）一定会一口咬断那小子的喉咙，说到做到。”[29]乔伊斯给出版商帮了个忙，列出了所有含有“bloody”一词的句子[30]，还指出了《偶遇》（“An Encounter”）这个故事隐含的危险[31]。码头边那个满口黄牙、牙缝很大、“长着深绿色眼睛”[32]的男人在向两个逃学男孩中的一个大谈特谈怎样鞭打犯错误的男孩时，其实正沉浸在不道德冲动的喜悦中。一个律师朋友后来告诉乔伊斯说，这是他读到过的“最直白的言辞”[33]。

乔伊斯写信给理查兹说，如果他们删除所有冒犯性细节，那么除了题目之外就什么也不剩了。[34]他为了爱尔兰文明的进步如实展现民族精神的堕落[35]，却要被拿着蓝色铅笔当令箭的半文盲的伦敦印刷工所左右。“我不能以一种不得罪人的方式写作。”乔伊斯在信的结尾说。而如果他被迫用另外的方式讲故事，那他宁愿自己什么也没写过。[36]

理查兹坚称，如果不做改动就没有哪个合法出版商愿意出版乔伊斯的作品，如果由非法出版商出版，那“对你的腰包 61
也没什么好处”[37]。口袋空空的乔伊斯回应道：“囊中羞涩并没有给我增加特别的压力。”《都柏林人》要是能赚到钱他当然高兴，但他写道，“我丝毫没有出卖自己可能拥有的才华来取悦大众的意图”[38]。从理查兹展现出的姿态来看，他是一个挑战乔伊斯适应性的编辑，而不是利用作家天赋的盘剥者。“记住，”他在信中写道，“只有个别词句需要修改；我觉得，如果一个人不能用不同的词句传情达意，那他就没有充分实现英语的可能性。”[39]乔伊斯不以为意。

1906 年 9 月，理查兹通知乔伊斯先生说，在“再次仔细地阅读”手稿之后，他们无法出版《都柏林人》。[40]里面的故事不仅会毁坏出版商的声誉，也会给乔伊斯随后的文学事业带来麻烦。乔伊斯没有气馁，又把《都柏林人》寄给其他出版商——约翰·朗（John Long）、埃尔金·马修斯（Elkin Mathews）、奥斯顿·里弗斯（Alston Rivers）、爱德华·阿诺德（Edward Arnold）、威廉·海纳曼和哈钦森公司。[41]他们都拒绝出版。

直到1909年，《都柏林人》才找到另一个出版商。乔治·罗伯茨（George Roberts）是一个来自贝尔法斯特的敦实的清教徒，他在都柏林开了一家名为马塞尔公司的出版社。[42]罗伯茨偏爱爱尔兰年轻一代的作家，乔伊斯的故事集就是他喜欢的类型，但《都柏林人》遭遇过的反对意见很快又再次出现了。在《委员会办公室里的常春藤日》（"Ivy Day in the Committee Room"）中，一个爱尔兰民族主义者提到爱德华王子在他那长寿的母亲维多利亚女王逝世后终于得以登基："这家伙一直被他该死的老娘控制，现在等到头发白了才登上王位。"[43]在理查兹拒绝出版《都柏林人》后，乔伊斯把对女王的称呼从"该死的老娘"改成了（何乐而不为呢?）"该死的婊子老娘"[44]。

当罗伯茨提出修改要求时，乔伊斯表现出了反抗的姿态。他给爱尔兰多家报社写了一封公开信①表达不满。[45]他威胁说要起诉马塞尔公司违约。[46]他写信给国王乔治五世[47]，请求国王给予《都柏林人》的出版以官方许可（国王的秘书对此拒绝评论）。他从的里雅斯特返回都柏林（行程5天）亲自处
62 理这起纠纷。罗伯茨担心《都柏林人》中提到的机构和个人

① 1911年8月17日，乔伊斯把信的复件寄给了多家报社，请求他们刊登此信，以此"来关注英格兰和爱尔兰写作者的现状"。1911年8月26日，《北方辉格报》删去有争议的段落后予以刊登；1911年9月2日，《新芬》全文照登。

会因为被提及真名而告他诽谤，乔伊斯提出他可以自己去向个人、酒店老板和餐馆老板讨要书面授权。[48]不幸的是，都柏林的书商在被问及是否愿意售卖他的书时都表现得犹豫不决。一位经理自陈，几个年轻人最近警告他要把一本下流的法国小说从橱窗上撤下来，否则就要把玻璃砸个稀巴烂。[49]

1912 年 8 月，经过三年的讨价还价，罗伯茨写下了他出版生涯中最为强硬的拒绝信："马塞尔公司绝不可能出版这本书……即使有异议的部分被删除，肯定也还会有遗漏的风险。"[50]退一步说，如果他们考虑出版这些故事——当然他们不会做此打算——乔伊斯就必须拿出 1000 英镑（一笔巨款）作为诉讼保险。这还远远不够。罗伯茨宣称乔伊斯违反了合约，因为他提交了一份"明显带有诽谤意味"的手稿[51]，还威胁说要起诉乔伊斯，要回这本他拒绝出版的书的印刷成本。乔伊斯还是希望书能在伦敦装订出版，所以就去了马塞尔公司位于奥康内尔大街的店面[52]，一个叫伏尔考纳（Falconer）的红脸老头给了他一本样书，但无论如何也不交出印张。[53]乔伊斯离开后，伏尔考纳和他的苏格兰工头毁掉了所有印刷好的《都柏林人》的书页。这些书页并没有被烧掉，而是"被塞进了切纸机"[54]。

乔伊斯为出版《都柏林人》所做的长达 9 年的努力，使他第一次见识到政府以怎样的方式控制着言论自由。有时是警察破门而入将书付之一炬，但更多时候是胁迫与恐吓。单是对出版商、印刷商、书商（他们都可能受到惩处）的法律诉讼和刑事指控，就足以使发行计划随时夭折。即使无关刑事指控，理查兹和罗伯茨这些小出版商也担心批评家、记者和教士在书里搜寻淫秽内容，拉响道德警报，引发抗议和联合抵制，那他们就离破产倒闭不远了。

英国的审查制度在战争期间变得愈加严格。1915 年，伦敦
63 警方从著名的梅休因出版社的仓库查获了 1000 册劳伦斯的《虹》[《伦敦每日新闻》(*London Daily News*) 称其为“单调的生殖器崇拜的荒野”[55]] 并当众焚毁。然而，查封和焚毁并不是最大的威胁：英国当局宣布，他们会把淫秽物品传播人员投入监狱，对坚称淫秽内容是“艺术”的出版商和印刷商也绝不手软。

淫秽长期以来都属于普通法罪名，直到 19 世纪美国和英国才明令禁止淫秽书刊的发行，因为那时识字率提高，城市化进程加快，出版市场蓬勃发展，书刊价格便宜，年轻人和城市里的穷人都买得起。色情文学在 19 世纪中期已广泛传播，足以引发道德恐慌，并最终导致 1857 年《淫秽出版物法》(Obscene Publications Act) 的颁布。[56]御座法庭的首席法官坎贝尔 (Campbell) 爵士起草了一项法案，授权警察在有正当搜查令的情况下进入私人住宅和公司（如有必要可采取暴力措施）搜查、没收色情文学书刊。如果被查获的材料预备出售或流通，地方行政长官可以拘捕物主、焚毁书刊。这项法律扩大了警察权力，这在 20 年前是难以想象的。通常只有海关官员和军队有搜查和没收的权力，但伦敦日益增强的警力——1829 年之前还不存在——在旦夕之间便被授予了同样的权力。

1857 年之前，警察搜查和没收的权力仅限于非法赌场[57]和运载着武器沿泰晤士河航行的船舶[58]。但《淫秽出版物法》允许警察仅仅依据某个市民的抱怨就可以搜查任意一所住宅、一家商铺或一间私人办公室里的报刊书籍。[59]政府已经把注意力从犯罪者身上转移到文字本身。把罪犯关押起来还远远不够，书籍必须在彻查后进行销毁，法律对印刷商、出版商和书

商的处罚也没有分别——这就是韦弗小姐的印刷商把所有能够发现的淫秽字眼一一删除的原因。

《淫秽出版物法》并未给予地方行政长官和警察明确的指
导方针，规定什么该搜查、没收、销毁，这就意味着算不算淫 64
秽完全取决于最强力执法者的一己之念。在维多利亚中期的英国，这似乎并不是个问题。在有关《淫秽出版物法》的议会辩论上，坎贝尔爵士挥舞着亚历山大·小仲马的《茶花女》举例说，这是一本淫秽书但无须查禁。他说这项法律针对的是"没有任何艺术价值和艺术气息"的书[60]，公众也有充分理由相信这一点不会改变。伦敦文学界并没有反对这项反淫秽法案[61]，因为没有人能够想到哪本英国小说会不公正地受制于这项禁令。在19世纪中期，英文写作谨小慎微，提及性爱话题似乎从定义上说就有悖于艺术意图——一个正经作家绝不会描写此事。像狄更斯、特罗洛普、萨克雷这类作家的小说都是高尚得体的，其他的则是色情文学。

英国反淫秽运动背后真正的力量并非警察系统，而是伦敦正风协会，该协会从1802年起便开始打击淫秽、亵渎性作品。两年之后，协会会员就已接近900名[62]，而到了19世纪中期，他们或多或少控制了反淫秽法案的执行。协会影响着公众意见，并通过羞辱和隐性的联合抵制行为恐吓出版商。领薪水的间谍暗中调查，他们一旦发现特定的冒犯性书籍（如托马斯·潘恩的作品[63]），就立即提起诉讼，将违法者投入监狱。协会协助坎贝尔爵士起草了《淫秽出版物法》[64]，并即刻实施。1817年，协会就将数十名色情作品发行人送上了审判席。[65]在法案通过的那一年，他们共起诉了159人，几乎在每个案子里，违法者都会获罪，或被处以罚金，或被没收财物，或被投入监狱，或被罚服苦役。

19 世纪末，英国日益壮大的文学界发现自己被伦敦正风协会于 19 世纪 50 年代制定的标准所束缚。越来越多的书开始将性作为艺术、科学、心理学和公共健康的主题，法律也开始
65 触及地下色情出版市场以外的区域。19 世纪 80 年代，福楼拜、莫泊桑、左拉等法国现实主义小说家的作品风行英伦，他们对工人阶级日常生活的直白描写远远超出了英国以稳重得体为特征的小说的尺度。左拉的《土地》（*La Terre*）中有一个声名狼藉的片段，描述了一个女孩带母牛到邻近农场与公牛交配的情形："她必须把胳膊伸直，紧紧地抓住公牛的阴茎，使阴茎勃起。当公牛感到快到临界点时就会铆足劲儿，随后把腰身一挺，阴茎一下就进去了。"[66]

一个名叫亨利·维兹特利（Henry Vizetelly）的英国出版商专门出版现实主义小说的英文版。[67]维兹特利公司出版了陀思妥耶夫斯基、托尔斯泰、果戈理作品的译本，以及包括《土地》在内的左拉的几本小说。1884 年，爱尔兰小说家乔治·摩尔因为第一本小说发行受阻，转而通过维兹特利公司出版了第二本小说，定价两先令[68]，这个价格不足当时膨胀的工业标准费用的十分之一。维兹特利在报纸上吹嘘说他卖出了 100 多万本法国小说，左拉的作品每周能卖出 1000 本。[69]当英国桂冠诗人丁尼生爵士在诗歌中谴责"左拉主义的低谷"[70]时，文化上的分化一目了然：维兹特利公司廉价的外国书籍与标准化的三卷本小说是格格不入的，后者昂贵的价格买断了文化的正当性。

伦敦正风协会的后继组织警戒协会发起了对维兹特利的联合抵制，将宣传活动直接搬到了议会厅，1888 年，维兹特利因为出版左拉作品屡次被协会以猥亵罪提起诉讼。维兹特利表

示认罪，被判处三个月监禁。[71]左拉小说的库存被销毁，维兹特利一年前刚刚兴盛起来的出版公司旋即破产。

1902 年左拉逝世时，伦敦文学杂志称其为 19 世纪顶尖的文学家以资纪念，但令印刷商和出版商难以忘怀的却是正风协会的权力及其打击淫秽作品的决心，哪怕这些作品自称为艺术也难逃厄运。出版商和印刷商事无巨细地检查乔伊斯在《都柏林人》《画像》《尤利西斯》里写的每一个字，他们脑海中挥之不去的正是维兹特利被监禁一事。乔伊斯告诉乔治·罗伯
茨出版《都柏林人》最坏的结果是“某些批评家会把我称为 66
爱尔兰的左拉”[72]时，无疑使出版事宜变得雪上加霜。没有人想要成为第二个维兹特利。

韦弗小姐——她循规蹈矩、一丝不苟，因而常常被误以为是贵格派教徒——却甘愿承担坐牢的风险。她出身于一个虔诚的英国圣公会家庭[73]，有 7 个兄弟姐妹。她不会安安静静听父亲每天两次的祷告，常常在柴郡庄园周围的树上、墙上、悬崖上攀爬，让父亲心急如焚。韦弗一家从不跳舞，极力避免不必要的奢侈，饭桌上也没有芦笋之类的外国蔬菜[74]，他们认为小说是无聊的消遣，不读也罢。韦弗小姐堂而皇之、如饥似渴地阅读拉尔夫·沃尔多·爱默生、奥利弗·温德尔·霍姆斯(Oliver Wendell Holmes)、约翰·斯图亚特·穆勒等人的作品，把小说藏在父母和仆人看不见的地方。19 岁那年，她在偷看乔治·艾略特的《亚当·比德》（*Adam Bede*）时被母亲抓了个正着。[75]在母亲看来，简·奥斯汀和勃朗特姐妹已经够让人反感了，艾略特更甚。乔治·艾略特是一个公然和已婚男人同居的女人，而《亚当·比德》讲述的是一个年轻姑娘未婚先孕

又把孩子遗弃在荒野中致死的故事。

韦弗太太让女儿回房间闭门思过，没人叫她就不准出来。她料想父亲一定会严厉地批评她，但被叫下楼时，却发现等待与她谈话的是汉普斯特的教区牧师。英国圣公会本意是要告诫教众小说的危害，不曾想却使阅读成为一种反抗方式。一些作家是值得为之抗争的。

韦弗小姐听说的有关詹姆斯·乔伊斯先生的第一件事是，《都柏林人》的第一批样书因为淫秽不堪无法付梓而被全数销毁。[76]他离开爱尔兰流亡在外已 10 年有余，而且——用朵拉·马斯登后来写给韦弗小姐信中的话来说——得了个“与全世界争吵的名声”[77]。这也是乔伊斯的魅力之一。在韦弗小姐开始阅读《自我主义者》上刊登的《画像》时，乔伊斯已
67 经是一个光晕环绕的人了，而艺术家是对抗帝国、藐视宗教和无视传统的个体，这一概念随着每月的连载日渐凸显。

开篇场景描绘的是一个视力不佳的敏感的小男孩藏在桌子底下，在寄宿学校的课桌上贴上圣诞假期倒计时的数字。朵拉·马斯登的写作是理想主义风格，却又偏于理想主义所反对的抽象。乔伊斯的写作风格恰恰相反，有一种马斯登无法充分说明的特质，她含糊地称之为“一种不断找寻的、尖锐的精神”，一种发掘“灼热的真理”和“触目惊心的深刻性”的能力。[78]当她读到斯蒂芬·迪达勒斯与信念的斗争、涉足夜市街、逃离爱尔兰去“在我的心灵的作坊中铸造出我的民族还没有创造出来的良心”（斯蒂芬语）[79]时，她被深深地吸引住了。他尽管手无缚鸡之力，但不会畏首畏尾，仅仅停留在表层。不参加家庭祈祷，爬到最高的树上一览悬崖对面那令人惊异的景色和绕崖而过的蜿蜒的韦弗河[80]，这和读乔伊斯的作品

在本质上是一致的。

乔伊斯在出版方面遇到的困境只会增加他的魅力，对韦弗小姐来说，只有一种情绪比对艺术天赋的敬畏还要强烈，那就是她对苦难的无限同情。韦弗小姐和埃兹拉·庞德开始为乔伊斯的《画像》寻找出版商，但屡遭拒绝——塞克（Secker）拒绝了，詹金斯（Jenkins）拒绝了，达克沃斯（Duckworth）也拒绝了。赫伯特·开普（Herbert Cape）说他希望乔伊斯放弃这部小说，从头再来。[81]格兰特·理查兹把手稿送还给韦弗小姐，连一句评论都没有[82]（私下里他说这稿子“没救了”[83]）。庞德把手稿寄给沃纳·劳里（Werner Laurie）有限公司，他觉得劳里能够容忍直白的内容[84]，但劳里回信说，在战时的伦敦出版乔伊斯这本书是“完全不可能的”[85]——他确信这本书一定会被查禁，所以也没推荐其他出版商。1916年1月，庞德劝达克沃斯再考虑一下，达克沃斯在回信中对詹姆斯·乔伊斯的第一部小说评价十分尖刻：

> 这本书太过松散，结构不清，漫无章法，充斥着丑陋的事物和语言，极为扎眼；事实上有时好像故意推到人眼前一样，毫无必要。公众会觉得观点“略显淫秽”。生活 68
> 画面的描写还不错；这一时期被形象地展现在读者面前，文笔不赖，人物刻画得也很好，但太“超乎常规”了……书的结尾完全成了碎片；写作成了片段，思想也七零八碎，像受潮失效的烟花似的跌落下来。[86]

庞德对此深感厌恶。他告诉乔伊斯的代理人说：“这些害虫在文学圈里爬行，哀哀艾艾地把黏液吐在我们的文学作品上。”在庞德看来，拒绝乔伊斯这样一个作家是协约国搞错了敌人的最新例证。“你们英国人除非把这些害虫除去，否则不会有好作品……为什么不能把这些出版商的读者送到塞尔维亚前线去，从战争中得到点好处呢？”[87]

庞德积极为乔伊斯奔走代言，就像在保护某个属于他的人。乔伊斯是失落已久的意象主义者，是值得祝福的漩涡主义者，也是庞德志趣相投的朋友，他写的小说正是庞德想要写的那种。他敏锐的目光穿透了周遭人与物的表面，继而从中提取出庞德所谓的“宇宙要素”[88]。《画像》让庞德觉得他在阅读某种“完全永恒的”[89]、永远不会消亡的东西。在手稿出版之前——在甚至没人想要出版它之前——它的不朽激起了庞德挖掘人才的兴奋和使命般的热情。乔伊斯真正打动庞德的是一种满怀信心的振奋感、一种笃定的姿态，这足以打消任何对于他远大的文学志向喋喋不休的怀疑：如果一个艺术家可以在野蛮的战争时期写出这样的文章，那么庞德关于 20 世纪文艺复兴的计划就不像表面看起来那样异想天开了。如果《画像》找不到出版商，那毫无疑问，原因不应归咎于天赋、视野和资金短缺，最大的障碍是荼毒出版业的害虫们那种极端的愚蠢。

韦弗小姐的反应则比较温和。在一一尝试别无选择之后，她提出了最后的可能：“我一直在想《自我主义者》是否可以出版。”[90]自我主义者出版社此前只出版过杂志和小诗集[91]，
69 韦弗小姐强调说他们的版本无法达到真正的出版社的制作水平。既然出版商出版《画像》的可能性微乎其微，她就自告奋勇地提出自我主义者出版社愿意冒险出版乔伊斯的书，她自认得到了“我们的其他员工和我们这个小出版公司董事们”——其实也就是朵拉·马斯登——的授权。

这是一个大胆的计划。韦弗小姐勇气可嘉，但事情的进展有限，因为虽然《自我主义者》可以负责财政、宣传和发售，但总要有人印刷。韦弗小姐一家一家地联系出版商，又一次一次地被拒绝，有时拒绝还相当粗鲁。“我们绝不会考虑出版这样一部作品，这简直是在闹着玩。”比凌父子公司在回信中说。“我们非常确信让这样一本书面世要冒很大的风险”，他们建议她审查文本，把引起异议的段落删掉。[92]在接下来的几个月中，13 家印刷公司拒绝了全文印刷《画像》的要求。[93]每当印刷商建议出一个删节版时，韦弗小姐就会一口回绝。

庞德相当善于随机应变，他出了一个主意：他们可以在印刷商想要删除的词句和段落处留下大片空白，然后把删除的内容打出来，印在质量好的纸张上，贴到每本书的空白处，把内容补齐——“让审查员们去死吧。”[94]乔伊斯觉得这是个绝顶妙招，但不幸的是，印刷商们觉得很荒唐。

英国对《画像》的拒绝使庞德觉得自己虽然一直在努力融入英国社会，但始终是个外人。他曾经或多或少跟一些现代主义的杂志有过交情——《自我主义者》、《新时代》（*The New Age*）、《诗刊》（*Poetry*）、《诗歌和戏剧》（*Poetry and Drama*）、《北美评论》（*North American Review*）等——到头来却发现自己仍然被“具有维多利亚时期的思想”的编辑、印刷商和出版商任意摆布。1916 年，乔伊斯请庞德帮忙把诗歌发表到任何一家能给稿酬的杂志上，庞德回答说他在英国已经没有人脉了。[95]“没有哪个编辑不是我想兴高采烈地扔到油锅里去的，而他们每个人也想对我这么干。”[96]埃兹拉·庞德想要创办自己的杂志，一本能把漩涡主义者凝聚起来、能自由出版他们的作品而无惧审查的杂志。

70 前途难料，但希望已经开始向庞德和他年轻的伙伴走来，没有人的前景会像乔伊斯那样变化得如此富有戏剧性。在短短两年时间里，他从一个在贝利茨学校教书的没有出版过作品的小说家，一跃成为一个被热情的支持者环绕、被一小群狂热的杂志读者喜爱的作家，更可贵的是，他背后有一个无所畏惧、乐于助人的出版商。他过了多年艰苦的流亡生活后，成为一名作家的梦想似乎慢慢开始变成现实。尽管前路漫漫——庞德、韦弗小姐和朵拉·马斯登都只是这个战乱频繁的世界的边缘人物——但这个小团体的支持足以激励乔伊斯比以往更加勇敢地投身写作。

# 6 小现代主义

现在我们所谓的现代主义是一系列松散的小型文化反叛活 71
动的集合，起因是对西方文明一种普遍的，有时是隐约的不满——这种不满涉及诗歌写作方式、政府运作方式、资金流动方式等方方面面。妇女参政论者、无政府主义者、意象派诗人和社会主义者很少结合成紧密的团体，但都是同一个“游击队”的成员。现代主义的孵化器是一些业余爱好者自办的小杂志。连载的形式促进了不断的结盟和突然的决裂，就像庞德从意象主义转到漩涡主义一样。每个月，作家们都可以辩论、实验、改变想法。流芳百世的人和业余爱好者的名字与早已被遗忘的怪人的名字出现在同一页上。作家们很少拿到稿酬，他们投稿多寡不均，但杂志稿源充足。庞德在 1918 年短短一年的时间里就为杂志写了 117 篇稿件。[1] 乔伊斯几乎所有作品——包括《都柏林人》《画像》《尤利西斯》《芬尼根的守灵夜》——都在结集出版前在杂志上实验性地连载过。“小杂志”这个名称不太恰当——这些杂志最大的资产就是空间。它们发表仓促而就的草稿、未完成的作品和极端的言论。它们通过和其他杂志交换免费广告来建构实验性的销售网络，读者群也部分重合。杂志是现代主义的“博客圈”。

《自我主义者》接收伦敦其他杂志［如《英语评论》(*The English Review*) 和《新时代》］不愿发表的稿件。[2] 在

芝加哥，哈丽雅特·门罗（Harriet Monroe）的《诗刊》和
72 《日晷》① 有着共同的读者群。一本名为《达纳》（*Dana*）的都柏林小杂志发表了乔伊斯受娜拉启发写下的三首诗[3]，在此之前它刚刚拒绝了他的第一篇散文作品[4]——写于1904年的《艺术家的画像》。但对乔伊斯和《尤利西斯》来说，可能也是对现代主义来说，最重要的杂志是一本名为《小评论》的素朴的芝加哥月刊，该杂志吸引了一小波忠实的读者，他们以讨论尼采、柏格森、威尔斯为娱。诸如“女性主义和新音乐”这样的标题出现在有关芝加哥第一次全市选举的报道旁，这次选举女性也有投票权（男性投票人数猛增）。[5]《小评论》多年以来的撰稿人名单令人瞠目结舌，有海明威、叶芝、艾略特、朱娜·巴恩斯、舍伍德·安德森、玛丽安娜·穆尔（Marianne Moore）、威廉·卡洛斯·威廉斯、华莱士·斯蒂文森等不一而足。《小评论》还翻印了布朗库西（Brancusi）、考克多（Cocteau）和皮卡比亚（Picabia）的艺术作品。

《小评论》最大的魅力之一是其创刊编辑玛格丽特·安德森的大胆热忱，无论引起多大争议，她都决心把《尤利西斯》带到大众面前。1915年3月号也许使安德森成了第一个白纸黑字倡导同性恋权益的女性，她抗议道，这些人“每天都在被自己的爱折磨、惩罚——只是因为按照传统道德，这样的爱无法启齿”。“对于我们，”她写道，“同性之爱就像谋杀或抢劫一样理应法办。”[6]在街上，人们会走近这位优雅的杂志编辑并对她说：

---

① 《日晷》（*The Dial*，1840～1929）曾是美国的一本重要的文学杂志，在1840～1844年是美国超验主义文学派别的主要刊物，至19世纪80年代成为一本政治刊物，在1920～1929年成为具有非凡影响力的现代文学刊物。

“你不就是玛格丽特·安德森吗？祝贺你！”[7]《小评论》陆续收到怀俄明州、堪萨斯州、安大略省的志趣相投的人的来信。“我觉得我似乎找到了同伴……我相信你会成为我们这个新文学时代的良心——如果你的言论是出于真心的话。”[8]

玛格丽特·安德森回忆了她在午夜时分灵光一现决定自己创办杂志的情景：“我要让生活的每一刻都灵感焕发。”问题是没有人有那么多时间和耐心去做那些启发灵感的工作。“如果我有一本杂志，”她想，“我就可以把世界上最睿智的言论填充进去了。”[9]1910 年安德森在《日晷》杂志当助理时第一次接触杂志行业，刚认得印刷室该往哪儿走就因为编辑的过分殷勤而被迫辞职。[10]她在那里工作的时间很短，不过刚好能让她明白自己创办杂志是一个多么轻率的决定。她因为财政状况和截稿日 73
期而焦头烂额。她对排版、销售和宣传知之甚少。她囊中羞涩。

她所拥有的只有信念。她前往波士顿和纽约，从霍顿·米夫林出版公司、斯克里伯纳出版社、固特异公司（“轮胎界新的一天即将到来”[11]）那些心怀疑虑的广告经理那里争取到了 450 美元。她在芝加哥著名的文学沙龙“小屋”（Little Room）举办了一次筹款晚宴。作家尤尼斯·蒂金斯（Eunice Tietjens）回忆道，安德森“站在那里，刚毅、热忱、口若悬河，我们都被她创办杂志的梦想所感染，在她的杂志里，‘艺术’是大写的，‘美’更是大写的，艺术和美至高无上”[12]。安德森获得了不少人的财政资助，其中就包括德威特·维恩（Dewitt Wing），他是尼采的狂热爱好者[13]，喜好观鸟[14]，他承诺为杂志支付房租和印刷费用。

1914 年 3 月，玛格丽特·卡洛琳·安德森的名字出现在了《小评论》第一期的封面上。“小”并不意味着“微小”，而是“亲密”的意思。刊名印在一个羊皮纸标签上，然后再手工贴在一个素朴的棕黄色封面上。[15]杂志的前几页是编辑的宣言，读来让人心潮澎湃：

> 如果你曾经在读诗时感到诗是你的宗教，如果你曾在昏暗幽深的房间里突然看见维纳斯的白光，如果清晨你注视着鸟儿呼扇着白色的大翅膀径直飞向玫红色的太阳……如果你有过这样的经历，并且还会有这样的经历，直到你惊叹不已、无法言表，那你就会明白我们想使这些经历更贴近读者日常体验的希望了。[16]

安德森在印第安纳长大，上的是俄亥俄西方女子学院，那是曼荷连女子文理学院的一个分支。20 世纪前后，女性上大学的机会还是很少的，她的学位可能是对富裕家庭的社会馈赠，或者至多是为了安抚一个无法忍受女子精修学校的聪明姑
74 娘的权宜之计。安德森一毕业，父母就把她带回了印第安纳州的家，她在一个可以俯瞰紫丁香花丛的楼上房间里策划着下一次出逃。[17]她曾经打印出长达 20 页的信件，历数家庭日常生活的不公平现象，然后一大清早就把信放到父亲的书桌上，以便他可以在第一时间看到。复写本被分发到姐妹们的床上。

当安德森偶然获得了为芝加哥一家小型基督教周刊撰写书评的机会时，她把家人召集到长沙发上，发表了一番激情澎湃的告别演说，仿佛眼前是全神贯注地望着她的拥挤的人群。几个星期之后，安德森的父亲听说她当众抽烟[18]，又欠了糖果店不少钱，就火速前往芝加哥基督教女青年会让她打包回家。

安德森发誓要再次逃离印第安纳，用她的话来说，“去征服世界”[19]。

安德森抽烟、在糖果店赊账的行为比起和艾玛·古德曼（Emma Goldman）——当时美国最臭名昭著的无政府主义者——的交往来说简直不值一提。那时，美国人认为无政府主义对民主的威胁比社会主义更甚。这不是没有理由的。1901年，一个自称受古德曼鼓舞的年轻人用手绢包裹着一把左轮手枪，径直走向参加布法罗展览会的麦金利总统，朝他腹部开了两枪。在暗杀发生两年之后，泰迪·罗斯福总统签署了一项法案，授权政府将信仰无政府主义的移民驱逐出境并禁止他们入境。出生在俄国的古德曼躲了起来。

迫害只会激起古德曼的反抗。1906年，当她再次现身时，她的演讲吸引了美国数以千计的民众，1914年，世界基于某些不清不楚（如果不能说见不得光的话）的原因即将爆发大战，艾玛·古德曼的远见卓识变得很有吸引力。她的言辞激动人心、颇为绝对：个体是自觉的、自由的，政府是强制的、暴力的。她宣称：“国家是有组织的剥削，有组织的暴力和犯罪。”[20]政府甚至不能算是必要之恶。政府号称要控制犯罪和贫困，但实际上正是因为政府用人为制定的法律损害了个体的善良本性才导致了犯罪和贫困的发生。一旦我们相信国家维持秩序来保证个人自由，我们就被国家蒙骗了。

除了国家，压迫机制还存在于市政委员会、教会和所有机构之中，从婚姻到媒体无所不包。古德曼最引人注目的是她虽然惯于批判，却对无政府主义怀有持久炽热的乐观态度。艾玛·古德曼赋予无政府主义以非凡的魅力。她是梦想的守护 75

者，并不宣扬死板的道理。她把怀疑主义转化成了斗争的信仰，把自我的哲学变成了某种超越自我的东西。她认为个体是自然法则的化身，是“活生生的力量”[21]，用沃尔特·惠特曼的话来说，是“宇宙”[22]。无政府主义不只关乎对一切规则的反抗，更关乎“人的救赎”[23]。

玛格丽特·安德森在1914年去芝加哥访问时听了古德曼的两场演讲[24]，像很多人一样，她被古德曼洋溢的热情和理想主义所感染。更重要的是，古德曼向安德森展现了打通激进哲学和激进艺术的途径：一场演讲抨击了基督教，另一场演讲审视了现代戏剧。对于古德曼来说，艺术这种个体行为和引爆炸弹、工人罢工一样是无政府主义不可或缺的组成部分。她的演讲还涉及契诃夫、易卜生、叶芝、格雷戈里夫人、乔治·萧伯纳等作家。

换句话说，艾玛·古德曼在做的正是马斯登和庞德试图通过《自我主义者》要做的，而且突然间也成了玛格丽特·安德森想要通过《小评论》实现的目标。听了古德曼的演讲后，安德森足以在1914年5月号付梓前投身无政府主义。[25]她在创办《小评论》时对古德曼一无所知。6个月后，她就开始在公寓里招待这位“无政府主义者的女王”和她激进的伙伴们了。[26]

安德森宣称，《小评论》的信条是“实用无政府主义”[27]，她将古德曼的哲学称为人类的最高理想。[28]尽管理想崇高，安德森对理想的践行却颇为轻率。1914年圣诞节，安德森和一位朋友无视财产所有权，把花园里一个出版商花大价钱美化的圣诞树砍倒了。几天之后，警察在火车站向安德森传送了逮捕令，尽管她情绪激昂地为自己辩护（“我们以为我们在原始森林里呢”[29]），法官还是罚了她10美元。安德森继续抽烟，并且开始穿裤子，她是一家准无政府主义杂志的编辑，这种离经叛道的行为使她成了全民关注的焦点。《华盛顿邮报》（*The Washington Post*）引用了她的抗议之语："为什么女性就不应该做她们想做的事呢？……我们都被社会陈规束缚 76
了，只有反抗才可能打破束缚。我从 8 岁就开始造反了。"[30]一份密西西比报纸称安德森小姐是"遗失的人性的纽带"。报纸并不反对反叛，"但我们与女性抽烟、穿长裤的行为划清界限"。[31]

有时反抗并不只是单纯的反抗。1915 年，《小评论》刊登了一篇古德曼的演讲稿，号召民众准备"推翻资本主义、推翻国家"[32]。就在这一年，尽管证据不足，犹他州还是以谋杀罪名处决了一名工人运动积极分子。安德森抗议道："为什么没有人在犹他州州长杀害乔·希尔（Joe Hill）之前就将州长干掉呢？"在文章结尾处她激愤地写道："上帝啊，为什么没有人发动革命呢？"[33]这样的言辞即使在和平年代也很有煽动性。战争一触即发，国家已如惊弓之鸟，在这个时候刊发这样的言论实在是鲁莽之举。警探出现在《小评论》办公室，介入调查。[34]

杂志的无政府主义立场迫使赞助人和广告商即刻撤回了资助。1914 年年底，安德森被赶出公寓，她搬到芝加哥北部一个被戏称为"编辑巷"的社区居住[35]，加入了与芝加哥各式各样的杂志（其中就包括《日晷》和《诗刊》）相关人员的阵营。因为圣诞树偷盗事件，安德森又一次被剥夺了住房（那棵树是她房东的），她和两个姐妹一起在密歇根湖畔扎营落脚。她们在帐篷里铺上木头地板和东方风情的地毯。她们在火堆上烤玉米，在灰烬里烤土豆，用沙子清洗碗碟和衣服

（安德森称之为“原始洗衣粉”[36]）。在接下来的6个月中，朋友们相继来访。作家舍伍德·安德森在篝火旁讲故事，还有作家像送情人节卡片一样把诗钉在帐篷里。

1916年，安德森认识了简·希普，希普乍看起来让人望而生畏。短发覆盖着她宽大的额头。她身材魁梧，随身携带着一把左轮手枪，跟人说话时直视着对方，双唇饱满，让安德森想起奥斯卡·王尔德。[37]简·希普来自堪萨斯州首府托皮卡。
77 她家紧邻着一家精神病院[38]，对于她来说，这是托皮卡唯一有趣的地方，她就在这样的环境中慢慢长大。堪萨斯的偏僻让她觉得自己应该更具异域风情一点儿。她把北极圈想象成她的祖籍地，那是她挪威裔母亲的祖上曾经居住过的地方。她和朋友们穿上长裤、打着领带，用“理查德”“詹姆斯”这类男性名字互相称呼。高中毕业后，她离开了堪萨斯州，到芝加哥艺术学院学绘画，在那里，她和芝加哥“小剧院”（Little Theatre）的人过从甚密，并全身心地投身于对美的追求之中。“我知道如果每个人都能深切地感受到美，”她给一位她在芝加哥认识的女士写信说，“感受到一切美的事物都是上帝的化身，一切不美的事物都远离上帝，感受到女性是最接近美的象征，如果我们能有这样的觉悟，世界就不会有罪恶、肮脏和痛苦了。”[39]

玛格丽特·安德森在简·希普孤独的理想主义中看到了自己的影子，她从未见过像简·希普那样说话的人。艾玛·古德曼喜欢发表激动人心的演说，而简·希普则偏爱对话。安德森曾经把讲话当成一种舞台表演——就像她把家人召集到长沙发上发表演讲一样——所以她留心搜集名言，引经据典，但简·希普从来不引用别人的话。[40]希普所说的一切都像是逐渐显现的启示。马蒂（Martie）——希普总是这样叫她——匆匆记下她们的谈话，请求简为《小评论》撰稿。[41]希普一开始拒绝了，但不久之后她就成了实际上的美术编辑。她改进了杂志的设计，变更了页眉，把封面黯淡的棕黄色换成了鲜亮的颜色，布局也更加合理了。[42]《小评论》不再是玛格丽特·安德森一个人的了。

希普提醒安德森，革命从属于艺术，而非艺术从属于革命，所以当7月份再次见到古德曼时，安德森显然已经被拉入另一个轨道了。希普认为古德曼的思想模棱两可、缺乏逻辑，“无政府主义者的女王”觉得希普咄咄逼人。古德曼后来回忆道：“我感觉好像被她按到了墙上。”[43]古德曼的朋友一致称赞奥斯卡·王尔德的《雷丁监狱之歌》（“The Ballad of Reading Gaol”）——这首诗表达了对监禁生活伤感的哀悼——安德森却嘲笑他们对这样一首蹩脚诗歌的赞誉不过是受意识形态驱使罢了。无政府主义者认为安德森已经被资产阶级唯美主义所腐蚀，而安德森则觉得他们陷入了激进的庸俗文化中难以自拔。 78
双方都觉得对方侮辱了个人主义。

起初，安德森对古德曼的热忱掩盖了两人的不同。古德曼对个体并没有安德森那样坚定的信念。她认为公众对个人主义的抵制只是顺从式的权力结构的副产品，但安德森觉得这是普遍现象。1914年她这样写道：“我们的文化——文化这玩意儿我们已经所剩不多——早已被行尸走肉所阻塞。”[44]她的蔑视日益加深，变成了厌恶。1915年她写道：“‘民众’这个词在我看来已经变成了爬来爬去的‘米虫’。”她把公众视为“一大群蠕动的黑色毛毛虫”，扭动着身体向稀有的蝴蝶抗议。[45]每当古德曼赞美个体时，安德森都会想到艺术家，艺术家的特异性并不是偶然的——艺术家不是汇集了所有人的优点的人——从根本上来说，他们几乎在生理上就与众不同。

安德森把古德曼反抗的政治学转化成了一个有关艺术天赋的广泛概念，一种个人主义最纯粹的形式。在 1916 年 8 月号上安德森宣称："生活的最终来源就是艺术。那么革命呢？革命就是艺术。"那时《小评论》似乎后劲不足，事实上，安德森甚至威胁说要让页面保持空白——空白的杂志也比蹩脚的杂志好。安德森向公众下了战书："现在我们的杂志需要的是真正的艺术，否则我们就停刊。我不在乎艺术来自哪里——美国或南海诸岛都行。我不在乎撰稿人的年龄大小。我只要奇迹！"

"艺术家在哪里？"[46]

艾玛·古德曼和玛格丽特·安德森之间的冲突被大肆渲染，在现代主义的不同反抗势力之间掀起了涟漪，也开始影响乔伊斯的新书。出众之人与凡俗之才（即艺术家与广告人）该怎样交流尚不清楚，在革命从定义上来说几乎就是集体成果这一背景下，个体如何能够获得革命性同样不得而知。一种解决方式是完全改变对革命的认知。在安德森和乔伊斯这样的现
79 代主义者看来，个人的最大胜利就是避免古德曼孜孜不倦为之奋斗的政治斗争，用艺术的能量消除顺从和屈服。有关个人主义的争论正是起源于个人主义的诱人之处，即对个人力量的强烈信心。

冲突激化的部分原因在于，政治上的个人主义者和艺术上的个人主义者从同一个源头汲取信念，那就是麦克斯·施蒂纳创作于 1844 年的《唯一者及其所有物》。施蒂纳认为，个体是美德的唯一源泉，也是唯一现实——其他事物都是抽象的，

所有的抽象物都是“幽灵”，是侵扰自我的鬼魂。反个人主义的力量——市政委员会、官僚体制、教会、国家——不仅是不正义的，也是不真实的。这种普遍的怀疑主义导致了对上帝、真理、人类、自由这类更高级的事业和概念的普遍弃绝。施蒂纳在书的结尾处宣告：“万物于我如无物。”[47]

《唯一者及其所有物》在 1900 ~ 1929 年重版了 49 次[48]，该书的思想凝聚了很多现代主义者。乔伊斯读过施蒂纳的作品。[49]艾玛·古德曼也读过，尼采也读过，韦弗小姐也读过。埃兹拉·庞德[50]和玛格丽特·安德森[51]从其他作家那里接触到了施蒂纳的思想，朵拉·马斯登称《唯一者及其所有物》为“一个人脑海中创作出的有史以来最有力的作品”[52]。这本书启发她把《新自由女性》更名为《自我主义者》。把世界缩小到自我领域使 20 世纪变得比较容易掌握。这本书燃起了古德曼的乐观主义和乔伊斯的顽强信念。

个人主义引起了那些对政治绝望的现代主义者的兴趣。在那个机关林立、帝国争雄似乎永远不会结束的时代，个人主义为无政府主义提供了一种回退到文化中的方式，并使这种避退之举看起来像是原则性更强的反抗。个体不是通过抗议和炸药而是通过哲学、艺术、文学来战胜集体主义。20 世纪前后，信奉个人主义的无政府主义者拒绝了政治暴力，不再强调集体协作，而是赞赏一种早已流传的无政府主义思想传统，这种传统在华兹华斯、惠特曼、左拉、托马斯·潘恩、卢梭、尼采、易卜生身上都有体现[53]，在乔伊斯那里也深得其心。

乔伊斯在创作初期就沉湎于个人主义的现代主义——《画像》以斯蒂芬对家庭、国家和教会的反抗为线索描绘了他 80
的自我主义的发展历程——而到了 1914 年，他开始改变整个传统。《尤利西斯》从斯蒂芬猛烈的反抗转向了利奥波尔德·布卢姆那种更为谦卑的个人主义。小说开篇于斯蒂芬回到他的出发地都柏林，但布卢姆从未想过要离开。他的个体性深深地根植于意识和城市的矩阵之中。布卢姆的不安、幽默、恐惧、记忆、差池、洞见和不太成熟的思考，使他与周围的都柏林人保持了距离，更重要的是，与自己也保持了距离。

布卢姆在参加葬礼的路上从马车窗户向外望去，看到了又瘦又高、穿着丧服、若有所思的斯蒂芬，实际上，那是乔伊斯看到了自己。斯蒂芬和布卢姆、年轻的乔伊斯和年长的乔伊斯在都柏林徜徉，间接地意识到了对方的存在，在有过短暂的交集后又各自前行。《尤利西斯》撕裂了《画像》建构的自我，这种撕裂是世界得以一涌而出的裂缝。当乔伊斯开始创作《尤利西斯》时，在他看来，人不只是席卷抽象世界的个体。个体是冲突的、多重的、矛盾的存在，看起来很渺小，也掺杂着抽象。在《尤利西斯》中，乔伊斯探索的是自我主义的本质，即在原子中找寻上帝的方式。这是现代主义最伟大的反叛之一。

# 7 现代主义的美第奇

现代主义时期的社会环境很小，小到很容易被偶然的关系 81
所塑造，这种偶然性意味着一本旧书可能到达一个新读者手中，一个精神奋发的编辑可能聆听到一场令人难忘的演讲。将文化个人主义者和政治个人主义者联系起来并最终使《尤利西斯》得以付梓，其机缘来自一个人对杂志上一篇文章的抗议，他觉得那篇文章冒犯了他。1915 年，埃兹拉·庞德收到《新时代》一位美国订阅者表达不满的来信，这位订阅者恰巧是纽约有名的艺术品收藏者约翰·奎因。奎因是一名金融律师，与华尔街、坦慕尼协会、华盛顿都有联系。他在 36 岁时开办了自己的律师事务所，工作起来孜孜不倦。他在纳索街的办公室向围坐在他办公桌边的速记员口述信函和报告，下班后，助理会把装满了待办事务文件的皮箱拖到奎因那幢可以俯瞰中央公园的豪华寓所中去，以便他夜间继续工作。早晨，会有一个速记员到奎因家中，在他穿衣、刮脸的间隙做口述记录。[1]

奎因利用他的影响力为现代主义服务。他把宝贵的业余时间用来收集艺术品和手稿，有时甚至高于市场价买进。[2] 1912 年，奎因为一批纽约艺术家——脱离了守旧的国家设计学院的持异见者——成立了合法公司，帮他们找场地来举办数十年来 82
最雄心勃勃的艺术展览。[3] 展览在纽约国民警卫队第六十九军团的新军械库举办（奎因特别喜欢这个军团的别称："战斗的爱尔兰人"）。他们把空旷的大厅分成 18 个房间，用麻布把隔板装饰起来，尽可能多地增加艺术品的陈列量。在莫奈、雷诺阿等公认大师的作品旁，他们挂上了康定斯基、马蒂斯、蒙克、杜尚等激进艺术家的作品，以及布拉克、毕加索这两位自称立体派的年轻艺术家的作品。

这次展览被称为"军械库展览会"，约翰·奎因是最大的独立赞助人。[4]他从自己的收藏中拿出了 77 件艺术作品，其中包括高更的一幅画作、梵高的一幅自画像和塞尚给他夫人画的一幅肖像画。在揭幕仪式上，奎因称，这次展览"在美国艺术史上具有划时代的意义……是过去 25 年来世界范围内最齐全的艺术展览"[5]。这话也许说得还是有些保守。[6]1910 年轰动伦敦的后印象派画展也不过展出了 25 位艺术家的近 250 幅画作。[7]军械库展览会展出了 300 多位艺术家的约 1300 幅画作[8]，规模之大就足以成为热点新闻。开幕之夜就有 4000 人参观，在波士顿和芝加哥的巡展结束时（马蒂斯和布朗库西的肖像被烧毁），共有 30 万人参观了展览。[9]

奎因的朋友泰迪·罗斯福（Teddy Roosevelt）说他查明有"一名极端分子"混迹于展览会，担心"欧洲极端主义分子"正秘密潜入美国。[10]但不论怎样，军械库展览会标志着纽约艺术世界新纪元的到来，并且永久地改变了美国的艺术品市场。1913 年之前，奎因的品位略为保守，但这次展览点燃了他对前卫艺术品的热情，他大规模购买艺术作品，引起了市场的连锁反应。一个芝加哥收藏者在听说了奎因早先狂热的购买行为后即刻赶到纽约，一掷千金，购买额几乎可以与奎因匹敌。[11]1914 年，奎因成为美国购买艺术品最多的人。[12]他搬到了中央公园西路一幢更大的寓所中，仅仅是为了储藏艺术品（全部陈列出来是不可能的）。

所以当奎因 1915 年读到庞德的一篇讽刺美国艺术品收藏 83
者购买过时艺术作品和手稿的文章[13]时，他就怀疑庞德是在影射他，他写信给庞德为自己辩护，称自己是“当世”艺术家的赞助人。他写道：“如果美国还有‘当世人’比我更热衷于收集重要的现代艺术作品，我这个财力有限的人倒真想会他一会。”[14]他说，没有人像他那样热忱地帮助艺术家。他在国会作证，争取政治家的支持，还在报纸上发起宣传，号召修改艺术品进口的关税禁令——事实上，新关税法就是他起草的。[15]直接从艺术家手中购买作品的美国收藏者可以免费进口艺术品，无须支付 15% 的关税。

庞德很快意识到他在和什么样的人打交道。奎因不仅热衷艺术，还有渠道和关系促进艺术的实现。庞德回信致歉。他写道：“如果有更多您这样的人，我们的文艺复兴就指日可待了。”[16]奎因把庞德拉到了“我们的”（our）阵营中。通了几次信之后，埃兹拉·庞德就直言不讳了。如果他是一本文学杂志的编辑，要出版作家的作品，但没人敢印刷，他能从纽约得到什么帮助呢？“女士们有没有什么茶会之类的，愿意组成委员会帮忙推销报纸杂志？”[17]战时的伦敦已经开始封锁言论，唯一的解决方式是完全掌握自己杂志的财务权和编辑权。当然，庞德对茶会委员会的帮助并不感兴趣。他在寻找赞助人，他以适度的恭维和挑战式的吹嘘跟约翰·奎因接洽：“我不想也不需要广受欢迎，我需要的是一两千名新订阅者。在纽约，谁（除了某个叫约翰·奎因的人）还有这样的气魄？”[18]

仅仅在伦敦活动是不够的。如果在纽约没有一个“官方喉舌”，庞德的文艺复兴只会是另一次地方性实验，是西方文化史上一个生动的脚注，而他试图在全球的权力中心印上永久的印记。庞德想办一本杂志，把某个地方的作家都聚集起来，把他们的作品定期传送给精英读者，这样才会万无一失——庞德坚持认为，“其他人都是乌合之众”[19]。杂志不是在支持漩涡主义，它本身就是漩涡。他告诉奎因，他们会拿到詹姆斯·乔伊斯的所有作品、D. H. 劳伦斯的小说、温德姆·刘易斯的
84 故事，以及“一个名为艾略特的小伙子（可以说是我发现的他）”的诗。[20]“乔伊斯，”庞德向奎因保证说，“大概是我们这一代最出色的小说家了。”[21]奎因之前可能没读过乔伊斯的作品，乔伊斯的名字对《自我主义者》的小众读者之外的其他人来说意义不大——他是无人知晓的最出色的小说家——但奎因记起他在1904年造访都柏林时，听叶芝和乔治·拉塞尔谈到过一个名叫乔伊斯的年轻人[22]；无论他们说了什么，至少都给这位美国富翁留下了印象。

庞德反复思忖着刊名。[23]《同盟》（*The Alliance*）。《漩涡主义》（*The Vortex*）。《铁锤》（*The Hammer*）。他把杂志简介寄给奎因，让可能提供资助的人翻看，其中还包括一份带有鲜明男性气息的可能为杂志撰稿的艺术家名单。他写道：“我觉得活跃的美国已经对女权社会厌烦透了，是时候听听男性的评论了。”[24]很长时间以来，杂志一直被视为女性化的事物[25]，内容和广告都是针对女性的，庞德想象着自己侵入了女性的领地。

庞德告诉奎因，他们应该发布一则官方声明：“本杂志不刊登任何女性作品。”当然，从一开始他们就会遇到死敌。“但是，”庞德猛敲着打字机，“美国杂志的大多数弊病（同样也是中世纪文学腐坏的原因）都应归咎于（或曾经归咎于）

女性。”他强调说，女性并不仅限于女性群体之中。不论是《铁锤》还是《漩涡主义》——不管杂志名称是什么——都是反对文化女性化的力量。庞德写完信后意识到光是寄出这封信甚至都是危险的。他在页面底部用大号字体写道：

**如果这份文件**
**从你手里**
**落到**
**与我为敌的人**
**手里**
**那我立马就会饿死**
**或被绞死。**[26]

奎因一定意识到了是怎么回事。这类信口雌黄的言论使埃 85
兹拉·庞德在伦敦的人际关系变得很紧张，但他夸夸其谈的气焰之下隐藏着友谊的橄榄枝。这位年轻的煽动者向奎因展露了自己的弱点。

性别偏见是庞德精英主义的一个方面，精英主义既让庞德容易与人产生摩擦，又使他具有了持久的创造力。在一个到处充斥着平庸之辈的世界里，具有特殊才能的人肩负着特殊使命。庞德认为，文明的发展依赖于文化先锋对乌合之众的引导。优秀的艺术不是脱离了生活的奢侈品或消遣品，而是生活本身。甚至连世界大战也起源于劣质艺术。庞德在《自我主义者》中宣称，德国的穷兵黩武是因为“缺乏出色的德语作品”。“清明的思想和心智来自明净的作品……无法创作出明净作品的国家在统治和思想方面都是不值得信任的。”[27]欧洲之所以会炮火连天，正是源于拙劣诗歌和小说的不良影响。

庞德精英主义的困扰就是缺钱。靠着庞德想象的那几个数量有限的订阅者根本无法维持生活，所以他的解决方式是直接绕过大众出版市场，转而依靠意大利文艺复兴时代的赞助人模式：艺术家通过创造贵族品位就可以谋生，而不必迎合乌合之众的口味。[28]他坚持认为，贵族需要的是一本放纵恣意的杂志，杂志的赞助人不在乎它是否畅销、是否受欢迎、是否合乎正统。庞德正在慢慢改变奎因的赞助理念。庞德希望他多支持年轻艺术家，而不是仅仅购买成名的或逝去的艺术家的画作和手稿。这样的话，奎因就不只是文化的旁观者，也不只是一个像伊莎贝拉·斯图尔特·加德纳（Isabella Stewart Gardner）那样单纯的资产收藏者了。庞德说，如果赞助者的钱被用来购买时间和食物，“那这个赞助者本人就和艺术家一样了，他把艺术带到世界上。他是在创造。”[29]庞德邀请奎因加入漩涡派。

1916 年，奎因开始为庞德的杂志募集捐款，并告知捐赠人，编辑们是享有“绝对自由”的。[30]奎因本人每年给庞德
86 100 英镑支持《自我主义者》的工作，如果钱不够，庞德只需要说句话。1916 年 4 月，在乔伊斯不知情的情况下，庞德恳请奎因给乔伊斯汇去 10 英镑。乔伊斯和家人逃到了苏黎世，在那里，他既没有学生又没有钱，简直走投无路。“他在的里雅斯特教了 10 年书，”庞德告诉奎因，“只是为了不用听从编辑的差遣，能以自己喜欢的方式写作，保持独立。现在他因为战争丢了工作，还生病了，被眼疾困扰，暂时失明，至少视力

衰微，大多数工作都无法胜任。”[31]多年以来，艺术家们时常缠着奎因要他帮忙，而现在埃兹拉·庞德心急火燎地写信为的却是帮助他的朋友们。

奎因开始实现庞德的雄心壮志。1916 年夏天，他计划在伦敦和纽约设立杂志办公室。他希望每期杂志的页数能达到 96 ~ 128 页，这比庞德设想的 30 ~ 40 页要多得多。奎因觉得每期杂志应该售价 50 美分而不是 35 美分。他计算了成本（每年约 6880 美元），一口气说出了可能的赞助人的名单，并开始寻找志趣相投的员工。他告诉一个朋友说：“我们需要一点儿野蛮和狂野。”[32]

但是，计划没有实现。庞德缺乏经营杂志的耐心、销售技巧和商业头脑——征服世界需要的不只是战斧和地球仪。当然，接手一本现有的杂志比白手起家要容易得多。1916 年 11 月，庞德浏览了《小评论》的一些过刊，那是安德森此前主动寄给他的。庞德回信说，杂志“看起来改善了不少”，但仍然“非常散乱，没有选择性”[33]。她把信发表了出来。杂志水平继续提高。杂志刊登了一些有关无政府主义的夸张言论，还有艾玛·古德曼的狱中来信，6 ~ 7 月号花了 16 页介绍意象主义，杂志足有 45 页，做得相当不错。但 1916 年 8 月号却只有 25 页。庞德读了安德森的头版文章《一本真正的杂志》（“A Real Magazine”）。

> 我憎恨妥协，但每一期我都在妥协，把“还不错”或者“挺有趣”或者“重要”的东西放到杂志里。以后
> 再也不会这样了。如果 9 月号只有一篇好文章，那就只放 87
> 这一篇，其余页面留成空白。

放马过来吧！[34]

庞德找出9月号，发现她真的这样做了。杂志的前半部分是空白的。唯一有勇气的人是一位女士。

庞德有了把乔伊斯的作品介绍到美国的媒介，但必须先对它们加以完善。埃兹拉·庞德一看到《小评论》的空白页，就写信给玛格丽特·安德森询问自己是否能帮上忙。庞德和安德森有着相同的追求：实验、自由的思想、个人主义。[35]《小评论》的这位编辑直率、坚定，也愿意结交庞德。她有2000名订阅者[36]，这恰好是庞德想要的数字。《小评论》资金短缺，急需新内容，而庞德有约翰·奎因的支持，身边还环绕着一大批年轻才子。安德森看起来是会听从庞德建议的人，而庞德能够给予的建议也确实不少。换句话说，他们简直是绝配。

在庞德写给安德森的第二封信中，他就告诉她他打算把《小评论》变成他在美国的"官方喉舌"[37]。他问了她很多问题。[38]每期能有多少字？评论多长时间会见刊？他们需要多少资金？一位未透露姓名的保证人每年会提供150英镑来支付作者的稿酬、杂志的费用以及安德森和希普的工资（每周10美元）[39]，他希望所有供稿人的文章立马见刊。当天，庞德写信给奎因说："轰！新力量随着《小评论》一起到来了！"[40]第二天庞德又给奎因写信，三天后，再写。他向奎因坦承，《小评论》发表的只是少数有才华的文章，但它有激情，有激情就足够了。[41]但奎因还是心怀疑虑。他怀疑安德森小姐是一个令人厌恶的"华盛顿广场分子"[42]，她们在第14大街的地下办公室（没装电话）加深了他的疑虑。"我特别想要知道的，"

他写信给庞德说，“不是这个女人有没有鉴赏力，而是能不能和她合作；她是否精神正常；她是不是正派。”[43] 88

1917 年，玛格丽特·安德森和简·希普搬到了纽约。她们住在第 16 大街一栋四居室的公寓里，楼下是一家殡仪公司和一家虫害防治公司。[44]公寓的一个房间用来举办《小评论》文学沙龙，诗人、画家和无政府主义者齐聚一堂，寻找灵感和想法。她们用长条的中国金纸糊墙。老式的红木家具和深紫色地板吸收了墙壁反射的微光，一把蓝色的大沙发椅用铁链悬着，从屋顶垂下来。诗人威廉·卡洛斯·威廉斯觉得这个房间让人害怕。

安德森和希普相信具有和《小评论》一样锐气的人会不请自来，事实正是如此。18 岁的哈特·克莱恩（Hart Crane）带着一些早期的诗稿来到了公寓。[45]克莱恩成了杂志的广告经理，两个月仅达成一次广告交易，然后就辞职了。[46]后来，他在《小评论》楼上租了两个房间，依然逗留在《小评论》的轨道上。年轻作家对《小评论》尤为倾心。一次，一位年轻女士敲响了办公室的门向她们寻求帮助。

“我怎样才能成为一个好作家呢？”她问安德森。她写过一些令人心碎的关于矿难和反映无产者苦难的短篇小说。

“首先，”编辑提出这样的建议，“要摒弃才华是一种苦干的能力这种普遍看法。才华意味着无须苦干就可以达到没有才华的人再怎么苦干也达不到的水平。”

这位年轻的女士迷惑不解，但又锲而不舍地问道：“是的，但是我该怎么办呢？”

安德森小姐低头看了看这个女孩，说：“先涂点口红。美丽可能会带给你创作的经验。”[47]

1917 年 5 月，埃兹拉·庞德成了《小评论》的海外编辑，他争分夺秒地工作。这年夏天，《小评论》发表了包括《库尔
89 湖的野天鹅》（“The Wild Swans of Coole”）在内的叶芝的 14 首诗，还发表了艾略特和温德姆·刘易斯的作品。詹姆斯·乔伊斯从苏黎世写信给《小评论》，承诺一旦自己从病中（他没有透露是什么病）恢复就立即寄来新写的小说。[48]安德森和希普扩大了杂志的版面，规范了页面布局，有几期甚至超过了 60 页。她们找到纽约要价最低的印刷商，他是一个名为波珀维奇（Popovitch）的塞尔维亚移民。[49]每逢星期天，在杂志定期发行之前，她们都会赶到他位于第 23 大街的店里帮忙排版、修正校样、帮装订工准备纸张。

编辑们心怀乐观。1917 年年底，她们宣布战时涨价[50]，并计划取消政治倾向，使订阅人数翻倍。在 1917 年 8 月号上，安德森轻描淡写地提到，“简单、优美但极为无趣的无政府主义宗旨我早就放弃了”[51]。对于订阅者来说，这是一个信息，但《小评论》有意疏远读者。杂志首页上印上了新口号：“不向公众趣味妥协”。

玛格丽特·安德森第一次觉得，她在从事怀着征服世界的梦想向家人演讲时所说的那种事业。她写信给庞德说：“我想吸收一切事物。”[52]庞德回信说：“我不想睡觉，除非我们这本和《世纪》（*Century*）耗费同样多纸张的杂志能够碾压它。”[53]

现代主义的杂志的内在矛盾在于，它们一方面渴求因为规模小而获得的自由——既独立于不愿造成冲突的广告商，又不受广大读者群的影响——另一方面又想成为大型杂志。这一行业似乎为雄心勃勃的有远见之人提供了充足的机会。19 世纪末，杂志开始降价以增加发行量。在美国，成本 25 ~ 35 美分

的月刊售价不足成本的一半。高额的广告收入弥补了销售上的亏损，因为广告厂商对于读者数量达到上万人的杂志支付的广告费更多。

报刊广告在美国内战前并不存在，但在一战后成了一个产值数十亿美元的产业。[54] 1890～1905 年，美国杂志的发行量翻 90
了两番。20 世纪初，3500 家杂志的总发行量高达 6500 万册[55]——识字的人几乎人手一册。随着杂志发行量的增加，在杂志中做广告的厂商也日益增多。低廉的价格、暴涨的广告收入和广泛的读者群形成了回馈循环。印刷业的发展催生了大众文化。

现代主义的杂志试图仿效重磅广告、海报、传单、品牌标语、炒作等大众市场模式——安德森在密歇根湖畔安营扎寨在某种程度上就是一个重大新闻事件。为宣传《自我主义者》，哈丽雅特·韦弗雇了两个“三明治人”（胸前背后都挂着广告牌的人）到街上卖杂志。[56]但实验性杂志的读者量远远达不到《大都会》（*Cosmopolitan*）或《麦克鲁尔斯》（*McClure's*）那种成千上万的水平。从 1916 年起直到杂志停刊，《自我主义者》平均每期卖出 200 本[57]，在短短几个月里，厂商就纷纷从《自我主义者》和《小评论》上撤下广告。现代主义的杂志是大众文化机器上不相称的零件。获取赞助是它们唯一的选择。

1917 年 5 月，约翰·奎因邀请安德森和希普到他位于中央公园西大道的顶层豪华公寓用餐。一名法国男仆带领她们穿过一道又长又高的走廊，走廊两侧密密麻麻地摆满了六七千册书。[58]能够俯瞰中央公园的客厅的每一寸空间都被画作所覆盖。马奈的《女骑士》（*L'Amazone*）——奎因仅仅花了 4000

美元就买下了它——被挂在显眼的位置[59]，但估计很快就会被别的艺术品取而代之。奎因的公寓就是一个大型博物馆。画作杂乱地立在角落里、壁凹里[60]，堆放在卧室里、贮藏室里，甚至是床底下。安德森认出了在军械库展览会上展出的梵高自画像和塞尚夫人肖像。军械库展览会弥漫的兴奋感——感觉到美国艺术界正在发生特殊事件——在某种程度上正是她第一时间创办《小评论》的原因。[61]4 年之后，她竟然在和策划了这场展出的三位男士同桌进餐。那晚，约翰·奎因还有其他客
91 人，沃尔特·库恩（Walt Kuhn）和亚瑟·戴维斯（Arthur Davies），两人都是展会的组织者。

奎因的暴脾气让安德森和希普觉得很有意思[62]，他容易出言不逊，很少平和地谈话，他有一套粗俗的艺术词汇。他最欣赏的“图片”是“饱满的”，是“具有放射性的”。[63]他是那种把艺术品像钱一样码放在一起的人。[64]在奎因看来，安德森小姐长得很漂亮。她那浓密的头发和明亮的蓝眼睛非常迷人。她体态丰盈，风度优雅——他给庞德写信说，她是“一个迷人得要命的年轻女性”，是“我见过的最俊俏的人之一”[65]。相反，希普小姐身宽体胖，留着男式发型——“一个典型的华盛顿广场分子”[66]。奎因翻阅了《小评论》的过刊，发现有大量的印刷错误，对资质平平的艺术家也不乏夸大之辞，有关经济问题的文章更是索然无味。为了节省开支，其中一期甚至印在了包肉纸上。[67]他告诉庞德说，她们还把办公室变成了一个小型书店，人们“可以随意进出，坐下喝茶”[68]。

奎因想让库恩和戴维斯接管杂志的部分工作，以作艺术批评和艺术品复制之用，但希普掌管着美术编辑工作，编辑可不愿将这方面工作拱手让人。奎因告诉安德森还是“继续放手

去做”杂志[69]，但安德森并没有对此表示感谢。奎因提醒庞德，安德森小姐“在我看来太固执了，需要好好管教管教”[70]。

庞德试图在大西洋彼岸促成双方的合作。他告诉安德森说，奎因可能无法滔滔不绝地发表对艺术的看法，但他有一种审美直觉。而且，“他表示赞同，说您很聪明”[71]。庞德鼓励她时不时去拜访一下奎因，“好让他放心。他大概是美国最好的人了”[72]。他也给奎因写了不少这样的调解信。他写道，她“性情随和”，她之所以不够恭敬，是因为“她见到您时并不了解您是什么样的人”[73]。这当然是个谎言，却是个很有必要的谎言。在他的文学生涯中，埃兹拉·庞德第一次当起了和事佬。

尽管奎因心存疑虑，他还是帮忙从出版界的朋友那里拉到了广告。[74]他主动提出如果她们有困难，他会为她们支付租金。他告诉安德森：“当然，我很乐意就版权问题给你们一些 92
专业建议。”[75]奎因跟《小评论》合作的消息后来传到了米切尔·肯纳利（Mitchell Kennerley）那里，奎因曾就一项淫秽罪指控为他做辩护。肯纳利问他：“如果《小评论》受到指控，你会为它做辩护吗？”

奎因毫不犹豫地回答：“当然会。”[76]

# 8 苏黎世

93 1915年6月，乔伊斯失业了，拖欠了两个月工资的债务，又是个在敌占区居住的英国公民。他把家具归置起来作为抵押[1]，为自己、妻子和两个孩子买了从的里雅斯特到中立国瑞士的火车票，当时乔治10岁，露西亚8岁。穿越奥地利战区的路程艰辛曲折。经过三天惊心动魄的颠簸，他们终于到达了苏黎世，那里已成为走私者、间谍、造假者、逃兵、宣传家、黑市大亨的避风港。[2]食物稀缺，冬天尤甚，因为种在湖边的玉米和马铃薯那时都尚未破土。难以获得肉类时，人们就吃煮熟的板栗和青蛙腿。咖啡馆里的咖啡加的是含糖的药片而不是方糖。

战争赋予苏黎世一种超现实主义的氛围。1916年7月，雨果·鲍尔（Hugo Ball）在苏黎世一家公会总部里宣读了达达主义宣言。[3]“怎样才能达到永恒的幸福？通过说达达。如何成为著名的人？通过说达达。附带着高雅的手势和精致的礼仪。直到疯狂。直到失去意识。”[4]戴着面具、穿着奇装异服的达达主义者在伏尔泰餐厅近乎疯狂地跳舞。他们高声朗诵诗歌，诗中充斥着胡言乱语、打嗝声、口哨声、牛哞声和猫叫声。达达主义是插科打诨的未来主义，而不是暴力的未来主义。达达主义和未来主义的共同之处在于从头开始的愿望。在一场史无前例的战争期间，他们要让文明改头换面。

瑞士当局对此却不以为然。戴着羽毛帽的佩剑骑兵沿街维持秩序，警察监视着成群结队的难民（难民几乎占了苏黎世 94
一半的人口[5]），不放过任何一丝可疑行迹。破坏者们交换着军队的调动信息，男士们谨慎地用伪造的文件换取牛奶和黄油，列宁在搭乘密封专列返回莫斯科发动革命前常常在奥登咖啡馆下棋。任何人都可能是潜在的间谍，詹姆斯·乔伊斯，这个从的里雅斯特来的瘦高个儿爱尔兰人也不例外。

奥地利政府怀疑乔伊斯在替一个名为阿道夫·摩尔多（Adolf Mordo）的人从奥地利向意大利传递信件——他们认为摩尔多（当时已逃离的里雅斯特）在帮助一个意大利地下抵抗组织。乔伊斯确实在两个敌国之间传递信件，但这些信并不是与摩尔多的加密通信，而是乔伊斯之前的一个学生写给摩尔多女儿的情书。然而，当警察在格拉茨发现这些信件时，他们开始搜集乔伊斯的信息。的里雅斯特的政府报告这样写道："鉴于他的侨民身份和政治观点，他的声誉令人怀疑。但他在的里雅斯特居住期间并无可疑之处。"[6]撰写报告的官员想了想，又把第二个句子划掉了。稍后的一份报告宣称，乔伊斯和他那些在苏黎世的富于创造力的同伴们是"最不受欢迎的那类人"[7]。

1916年，奥地利政府派出一名密探伪装成想要上乔伊斯英语课的学生来监视他的行动，查探他是否有二心。他在阴谋反对同盟国吗？乔伊斯显然知道发生了什么事，因为他告诉了那个密探他想要听到的信息：他是个热切的爱尔兰民族主义者，是新芬党的成员，一心想要推翻英国的统治。他在伦敦一本名为《自我主义者》的杂志上发表反英文章，他处于英国政府的监视之下。事实并非如此，但足以令人信服。密探报告皇家国防总部的长官说，"乔伊斯教授"可能会对奥地利的战争事业大有裨益，“这个人的笔可以为我们所用”[8]。

但是，乔伊斯并不想跟这场战争扯上关系。多年以来，他都在回避英国领事馆纠缠不休的各种要求：要他返回英国，应召入伍，或者向医生汇报病情来获得免服兵役资格。他告诉一
95 位朋友：“作为艺术家，我反对一切国家。……国家是向心的，而人是离心的，这就产生了永恒的斗争。僧侣、单身汉和无政府主义者是同一类人。”[9]他并不支持向剧院里扔炸弹的革命者，但他也反问道：“那些使世界陷入血雨腥风中的国家又能好到哪儿去呢？”

在苏黎世，乔伊斯开始了二度流亡。他走在街上，穿着一件不合身的棕色大衣，胡须凌乱，修剪成一小撮。一个朋友的巴伐利亚房东太太对他心怀畏惧，城市剧院的歌舞团女孩称他为“撒旦先生”[10]。乔伊斯在苏黎世侨居时期并没有携带多少辎重：书、手稿以及他极为珍视的家族画像都被留在了的里雅斯特（没有人想到战争会持续这么长时间）。像往常一样，乔伊斯一家四处辗转，最昂贵舒适的下榻之所是一套 5 个房间的合租公寓，他们占了其中 2 个房间。露西亚在卧室里和父母同睡，乔治则在客厅里搭了个小床。据奥地利间谍称，乔伊斯一家看起来一直在贫困线上挣扎。[11]

那时，乔伊斯已经在文学界有了些名气。《画像》于 1915 年在《自我主义者》上连载完成，乔伊斯也得到了威尔斯和门肯这些颇具影响力的作家的热切支持。在埃兹拉·庞德和叶芝的斡旋下，乔伊斯拿到了几笔小额的机构补助金[12]——皇家文学基金 75 英镑，作家协会 52 英镑，王室年费 100 英镑（这是阿斯奎斯首相批准的一项赠款，尽管他对此持保留意见）。[13]这些补助金使乔伊斯能够有时间创作《尤利西斯》，有

闲钱频繁地出入于苏黎世的咖啡厅和餐馆，在那里，他常常和一群国际流亡者一起喝酒，这些流亡者自称为“异乡人俱乐部”[14]。

娜拉也经常出入咖啡厅，有时甚至把孩子单独留在家里，
这刺激了很多苏黎世中产阶级人士的神经。[15]乔伊斯在玩乐上
是一把好手，鲜有人可以匹敌。在深夜的欢宴上，乔伊斯会突
然跳起他的标志性舞蹈[16]——一种类似于吉格舞的舞蹈。在
接下来的10年中，他似乎一直在磨炼改进（每一种艺术形式
都需要耐心）。乔伊斯旋转着双臂快速跳跃，像长了橡胶腿似
的踢着脚，在某种程度上成功地表现得又滑稽又优雅，让观众
忍俊不禁。不过一会儿，娜拉就会好言相劝哄他回家，但他十
几年如一日地在聚会上表现出这种孜孜不倦的热情。乔伊斯常 96
常边即兴弹奏钢琴边演唱爱尔兰民谣，直至深夜也不停歇。一
位客人依然记得乔伊斯开始演唱下一首歌曲时娜拉那愤愤不平
的语气和浓重的爱尔兰口音。“他又……开始了！”她用手捂
着耳朵大声抗议，“这人永远不会吸取教训吗？”[17]

不管发生什么事，乔伊斯一家都会聚在一起吃饭。父母和儿女在餐馆里像打暗语似的用的里雅斯特方言交谈[18]，好似在进行一场远离苏黎世的家庭共同生活的语言表演。乔伊斯在战争期间能够给予家人的只有这种亲密的陪伴了。露西亚关于她父亲在苏黎世为数不多的珍贵记忆就是看到他在公寓地板上写作——笔记本、钢笔、蜡笔、纸张像障碍物似的散放在他周围，所有纸张上的词都用红笔划掉了。[19]

乔伊斯站在“脚手架”上创作——小说中事件的安排是有章法的，与荷马的《奥德赛》各部分存在松散的联系，所以创作就成了一个把细节填充进大框架的艰苦过程。“我夜以

继日地写啊想啊，写啊想啊，”乔伊斯写信给庞德说，“但只有达到一定温度时原料才会融合。”[20] 1917 年，《尤利西斯》的创作已经接近第三个年头，但乔伊斯写出来的章节还没有一个是真正完整的。当 1917 年在《小评论》上连载《尤利西斯》的计划最终确定下来时，乔伊斯开始致力于根据时间顺序完成可发表的草稿。毕竟发表可以打破写作与思考的封闭圈子，读者的存在也可能有益于原料的融合。

1917 年 2 月的一天，乔伊斯在人行道上突然摔倒[21]，在此之前写作可谓进行得相当顺利。他的右眼疼痛欲裂[22]，痛得他在 20 分钟内无法动弹。乔伊斯的虹膜，也就是他眼睛中蓝色的部分，因为炎症而肿胀起来，肿块使虹膜前凸了大概不到一毫米，但足以阻塞房水的排出。当压力刺激到眼睛内部
97 时，乔伊斯就感受到了青光眼第一次发作的阵痛。对于刚刚起步的《尤利西斯》的创作来说，这个插曲比经济困难和世界大战具有更严重的影响。如果不加治疗，眼压升高会慢慢损害视神经细胞，最终导致失明。乔伊斯也有理由相信不久之后他的两只眼睛会一齐遭受厄运。在放弃了稳定舒适的生活选择成为一名作家之后，乔伊斯并未预想到青光眼会从他身上夺去某种东西，会成为威胁。他谨慎地规避着国家、帝国、宗教敌人带来的伤害，维护着艺术的独立性，到头来却发现他那部反传统的巨著可能因为眼睛的周期性发炎而受挫不前。

乔伊斯之前就好几次遭受过虹膜炎的侵扰。1907 年，他就因为眼部炎症而无法读书、写作、教课。一位医生几次三番用硝酸银给他消炎，但即使这种疗法有效（实际上没有效果），乔伊斯还得对抗其他病症。他的背部和腹部常常会莫名其妙地疼痛。

他在第一周时卧病不起，等到能走路时又蹒跚得像个老人。有时皮肤也会出现问题——斯坦尼常常把盐混合在一种有毒洗剂中给哥哥擦洗身体。他的右胳膊——用斯坦尼在日记中的话来说——连续几个星期都“丧失了功能”[23]。病情持续了两个多月。当娜拉在的里雅斯特医院的贫民病房里生下露西亚时，乔伊斯正在接受电疗；电疗还是不管用。斯坦尼认为乔伊斯患上了一种可怕的风湿热。乔伊斯在接下来的 15 年中遭受了 12 次更为严重的虹膜炎发作，每次的“眼部袭击”——这是他对虹膜炎的称呼——都难以预测，令人抓狂。有时眼压慢慢升高，晚上要么是某只眼睛要么是两只眼睛会长时间感到不适，不适会在几天、几小时或几分钟内自行消退或加重。

当虹膜炎发展成青光眼时，唯一有效的治疗方式就是切除虹膜了：外科医生切掉一小块虹膜来促进房水的排出，降低眼压。不必多说，乔伊斯拒绝手术，他相信最好的疗法是到气候更温暖的地方去。每次出门他都会带上黑色墨镜避免阳光刺 98
激，他请求苏黎世大学眼科诊所的希德勒（Sidler）医生不要给他做手术。医生同意了，但乔伊斯的病情在持续恶化。

血纤维蛋白和脓汁黏液在眼内集聚，使一部分虹膜与虹膜后面的晶状体黏在一起，造成虹膜粘连。[24]虹膜粘连是非常严重的问题，它阻碍了瞳孔的扩张和收缩，进一步影响到了房水的排出，增加了青光眼发作的概率。

乔伊斯的病情使医生面临着两难的选择。手术分离虹膜粘连可能会撕裂虹膜，造成永久性视力损害，但如果不清除粘连，整个虹膜边缘都可能黏到晶状体，使眼球无法移动，导致右眼失明。[25]那时治疗虹膜粘连最好的方法是使用一种叫阿托品的药物。[26]幸运的话，阿托品会分离虹膜粘连，麻痹紧张的睫状肌，镇定被刺激的神经末梢，收缩扩张的血管——完全无须手术。[27]问题是阿托品会增大眼压，有再次诱发青光眼的危险。[28]乔伊斯可以冒着遭受视力损害的危险进行手术，或者冒着青光眼复发的危险采取药物治疗。

希德勒医生决定用阿托品给乔伊斯治疗。[29]两个月后，也就是 4 月，乔伊斯的青光眼复发[30]，眼疾一直持续了夏秋两季。希德勒医生发现了阿托品的另一个问题：它是有毒的。阿托品从一种名为颠茄或毒茄的植物中提取而来，这种植物的根、果、叶都含有一种破坏副交感神经系统的化学物质。单吃一片叶子就足以毙命，过量使用阿托品——每天多滴一两滴或者浓度稍高——则会引发昏厥、头痛、咽喉不适[31]、精神错乱和幻觉[32]。在乔伊斯为避免手术而采取药物治疗的几个月里，他使用的阿托品的量已经显现出毒性了。他抱怨自己经常发烧，喉咙发炎。[33]他也开始出现幻觉。[34]

有关乔伊斯病情的信息传播开来。约翰·奎因买了乔伊斯的一些手稿来给予他经济上的帮助[35]，得知乔伊斯无法阅读后，他写信给娜拉讲述青光眼的严重性，强调去瑞士最好的医
99 生那里治疗非常重要——他说，朋友、牧师、英国领事的建议都没有什么用处。[36]奎因电汇了 10 英镑帮乔伊斯支付医疗费，还就乔伊斯的病情专门咨询了美国“最好的眼科专家”。“可怜的人啊，”他写信给庞德说，“从他的信中就可以知道他病了，他整日忧心忡忡、疲惫不堪、满腹惆怅。”[37]

庞德自 1916 年收到乔伊斯寄来的照片后就开始担忧乔伊斯的眼疾。“谢谢你寄来的照片，”庞德回复说，“有点吓人。”[38]他警告乔伊斯说乔伊斯的眼睛已经变形了，他提议按他说的办法进行治疗。他建议乔伊斯戴上曾经用来矫正散光的

柱面镜并把镜片旋转过来看看是否有效。他还应该在苏黎世找个正骨医生而不是普通的医学博士。庞德写道，“通过矫正脊柱、缓解血压和神经压力”就可能治愈。[39]像奎因一样，庞德向自己认识的医学专家征求意见。奎因的专家并不喜欢庞德的专家。

尽管遭受着战争、疼痛、阿托品引发的幻觉、无力赚钱养家等问题的困扰，乔伊斯还是想方设法继续进行《尤利西斯》的创作。下午早些时候疼痛减轻、瞳孔可以自由活动的日子，以及受希德勒医生鼓舞而倍感乐观的一两个星期，都可谓是病里偷闲、见缝插针。乔伊斯把短句草草地写在小纸条上，又把纸条像复活节彩蛋一样丢在公寓各个意想不到的角落里。[40]他感觉身体好一点儿时就把纸条尽力收集起来，从只言片语里拼贴出斯蒂芬·迪达勒斯和利奥波尔德·布卢姆的生活。他很少有（也不是没有）灵感迸发从而能一口气写好几段的时机。《尤利西斯》是由一系列草稿组成的，是一点一滴积累出来的小说。

乔伊斯保存着许多笔记本和大开页的纸，上面写满了人物介绍、修辞手法明细、数学笔记、有关荷马的《奥德赛》和古希腊的情况。这些笔记有时按章节或主题分类：“名称与地点”“海鸥”“通神学”“失明”“食谱”。他似乎很随意地写下某个短语、某个词——“肮里肮脏的凝乳”“天堂树”“操利刃的骑士”“浆洗得笔挺的衬衫”“托洛红葡萄酒”[41]——他把它们记在笔记本上，到时像拼图似的插入手稿中。笔记有长有短（其中一个词条就是简单的“我们”[42]），而乔伊斯似 100
乎已经确切地知道这些片段要放到哪里[43]（在“喀耳刻”那

章的某个时刻，布卢姆就必须使用国王才能使用的“我们”①这样一个集合名词）。每次他把细节插入草稿中时，就会用彩笔把笔记本上的相应内容划掉，最后笔记本上布满了大大的叉号以及用红线、蓝线和绿线划去的条目。

乔伊斯的笔记日益增多。[44]笔记可谓连篇累牍——他从笔记中提取笔记[45]——他说，所有笔记加起来得有一小箱子。[46]他不再把笔记本的正反面全记上笔记，这样就可以把空出来的页面（背面）全部来作增补之用。[47]《尤利西斯》是乔伊斯一个词一个词建造出来的。

虽然远离都柏林，乔伊斯还是随处搜集资料。他从“异乡人俱乐部”成员那里挖掘信息，掌控对话[48]，这样他们就可以谈论他小说里讨论的话题了。身边的所有事物、人们谈论的任何事情——一个瑞士的双关语、一个无聊的手势、某种毒药的名称、生理学小知识、民间传说等——都是他创作的潜在材料。乔伊斯求知若渴。不论是谈话、吃饭还是沿街散步时，他都会突然停下来，从背心口袋里掏出小本子匆匆记下某个偶得的字词或短语，他写字时弯着腰，脸几乎碰到了晃动的笔头。[49]8月份，娜拉带着孩子们去了洛迦诺，给乔伊斯留下了他所需的空间。乔伊斯独自写作，跟猫说话。[50]“喵！”[51]猫

① 国王、教皇、元首等地位比较高的人常在句子中用“我们”指代“我”，即他/她本人，这就是所谓的“the Royal We”。在“喀耳刻”中，布卢姆被推举为集皇帝、大总统、国王、议长于一身的利奥波尔德一世，在演讲中他这样说道：“朕现将朕之忠实坐骑‘幸运的纽带’命名为世袭大维齐尔，并宣布即日起废弃朕之原配，另择夜晚明晖之塞勒涅公主为御妻。”（We hereby nominate our faithful charger Copula Felix hereditary Grand Vizier and announce that we have this day repudiated our former spouse and have bestowed our royal hand upon the princess Selene, the splendour of night.）

叫了一声。他记了下来。

娜拉从洛迦诺写信说，那里的市场让她一下子想到了苏黎世[52]，她还告诉乔伊斯雷雨大作时的情形[53]，那会让他吓得不轻。“我 11 点会守在电话前你打电话也好不打也没关系。”娜拉的信非常简短，又不常写，却挺像乔伊斯的风格。柔情蜜意隐藏在字里行间。“我希望你别熬夜写尤利西斯（Ulisses）我想你什么也没买吧照顾好自己一定啊［。］”[54]他没有家人的陪伴独自留在苏黎世，这有些别扭，但他在城中漫步时却更自在，就像在都柏林时一样挥舞着梣木手杖。[55]夏末的一个下午，乔 101
伊斯沿火车站大街散步[56]，倾听着人行道上飘来的各国语言。他可以闻到街边椴树的花香，修长的枝干掩映着苏黎世蓝白相间的电车，这些电车和纳索街上的电车颜色一模一样。[57]

疼痛毫无预兆地像闪电一样击中了乔伊斯的脑袋。他看不清把他扶到附近长椅上的陌生人的脸[58]，只看到街灯扩散的光晕从红色变成黄色又变成绿色[59]。恢复知觉后，他预料到去眼科诊所医生会说什么，恐惧像潮水般袭来。希德勒医生会轻轻地拍拍他的眼睑，触摸眼睑上视网膜动脉的跳动。[60]手术是不可避免的了。

做手术时，乔伊斯意识十分清醒。[61]护士给他服用了阿托品和可卡因，然后用开睑器把眼睑撑开。医生用固定镊固定住乔伊斯的眼球[62]，眼睛暴露在手术灯的直射下，可以看到手术刀像刺刀一样逼近。眼角膜对刺激做出了反应，片刻之后，手术刀就划开了角膜表面，进入前房中。房水从切口流出。[63]护士取走固定镊，把乔伊斯的眼睛往下转，然后递给希德勒医生一把虹膜镊。镊头探入前房，从切口处像在纸盒里抽纸巾那样把虹膜顶边夹出来。医生接过护士递来的虹膜剪，告诉乔伊斯不要动，然后就从虹膜上切除了一块三角形薄片，再用虹膜铲把切除后的虹膜边缘复位。

手术结束时，乔伊斯精神几近崩溃。[64]这可能是手术过程造成的创伤——托盘里的手术器械叮叮当当地响着，轮番向他袭来。也可能是因为他躺在床上时，可卡因的效用减退，他用另外一只眼睛扫视四周，伴随着阿托品带来的幻觉，房间角落里仿佛充满了鬼魂[65]，他有太多时间来想象余生的可能性，想象自己像老头一样哆哆嗦嗦地摸索着找纸片。还有可能是因为写作造成了沉重的负担，他写了一个极为详尽的故事，故事讲述的是都柏林一天之内发生的事，他坚持要详述这一天的分分秒秒，而故事得直到午夜之后才能结束。他已经写了三年，但故事的发展仍然停留在早晨 8 点，而且写出来的章节没有一
102 个是真正完整的。还可能出于战争、缺钱、养家，以及应付健康时日益增多的、难以解决的日常问题的压力。还可能是因为心怀愧疚。娜拉从洛迦诺赶回来在康复室陪他，但医生在他情绪崩溃好转之前不允许访客探视。这种情况持续了三天。在乔伊斯眼睛流血的两周里[66]，娜拉替他写信并悉心照料他。

手术可能使娜拉看到了一丝希望，因为乔伊斯此前一直躲在自己的私密世界里[67]，留给妻子和孩子的空间少之又少。也许疼痛将他重新带回她身边，也将他带到了《尤利西斯》之外的世界中。自从逃亡到瑞士，乔伊斯就开始把生活变成了写作的给养场。他一度鼓动娜拉对自己不忠[68]，这样他就可能更真切地体会到利奥波尔德·布卢姆被戴绿帽子的感受了。娜拉带着孩子去洛迦诺，是一种把一个一直沉浸在自己作品中的人诱哄出来的策略性撤退，但不论是这次撤退还是疾病，都没能让他出来。

这个家庭面临的更现实的问题是乔伊斯仍然对写作有着

狂热的追求，而他已经孜孜不倦地写了十余年，无力养家。尽管乔伊斯正逐渐获得认可，但靠写作谋生的可能性看起来和以前一样渺茫。到 1917 年年中，乔伊斯总共从《都柏林人》中获得了 2.5 先令（1 磅的一小部分）的版税收入。[69]《画像》于 1916 年年底在美国出版，韦弗小姐说服一个名为本·许布希（Ben Huebsch）的出版商把多出来的书用船运到英国继而出版了英国版。尽管乔伊斯的第一本小说获得了广泛好评，但在几个月的时间里英国版的《画像》只卖掉了 750 册。[70]乔伊斯对此疑惑不解，但庞德提醒他他们到底是什么样的作家："你觉得英国和美国有多少聪明人？如果你的书是写给聪明人看的，你还真指望书能卖出 10 万本？"[71]

乔伊斯指望的无非是有足够的钱来应付战争期间的通货膨胀，但在创造一部流芳百世的艺术作品这个迫切的愿望面前，基本的生活问题（付房租、房间取暖[72]、眼疾）已经微不足道了。在写作《都柏林人》和《画像》第一稿期间，乔伊斯就告 103
诉斯坦尼，他要把"日常生活的面包"变成永恒之物。[73]随着时间的推移，对艺术永恒性的追求演变为用"超越一切语言"[74]的语言——用突破传统的语言——创作一部小说的愿望。乔伊斯从战争中获悉的正是达达主义者、无政府主义者、列宁、弗洛伊德从战争中获悉的：他们都感受到一切即将改变，欧洲的崩溃和帝国的衰落预示了某种真正具有革命性的事物的到来，一部小说如果很有技巧，就可能推动文明的发展。[75]因为作为一个自我主义者和一个艺术家，最重要的事就是纯粹自主的个体终将摒弃自我，回归到对浩瀚的文化、广大的集体意识和抽象事物、帝国传统和民族良心的探究之中，进而改变这一切。

幸运的是，钱从很多渠道汇来。纽约的支持者［包括

《日晷》杂志的编辑斯科菲尔德·赛耶（Scofield Thayer）］捐助了1000美元。[76]约翰·洛克菲勒的女儿艾迪丝·麦考米克（Edith McCormick）在一年多的时间里每月赠予乔伊斯1000瑞士法郎。[77]《画像》出版之后，乔伊斯收到伦敦一家法律公司的来信[78]——那时他还在光线昏暗的房间中休养，信是由别人读给他听的——通知他一个匿名的“崇拜者”赠予他200英镑，这笔资金是他战前一年的工资总额。[79]乔伊斯和庞德都猜不出捐赠者是谁。

战争期间获得的赞助使乔伊斯能够更自如地沉浸在自己的艺术追求中，但雄心壮志也意味着《尤利西斯》几乎占据了他生活的所有空间。他给娜拉读他的手稿，但娜拉始终不感兴趣，他没法跟她谈论《尤利西斯》，也就几乎跟她无话可说了。[80]乔伊斯在苏黎世的一个最亲密的朋友、英国画家弗兰克·巴津（Frank Budgen）想要获悉一切与《尤利西斯》有关的细节，这并非出于巧合。巴津还记得他在1918年夏天初次见到乔伊斯的情景。乔伊斯身材修长，穿着修身长裤，“走起路来像一只苍鹭”[81]，天色渐暗时在花园的桌椅间行走，头微微昂着，变形的眼睛在厚厚的镜片后面打量着四周。乔伊斯和巴津经常在法恩咖啡馆的固定位置喝白葡萄酒（总是喝白葡
104 萄酒，乔伊斯说白葡萄酒喝起来就像电流一样）。乔伊斯常常把头后仰，哈哈大笑，咖啡馆里回荡着他爽朗的笑声。

他们和雕塑家、诗人、知识分子、外国侨民、共产主义者、弗洛伊德的信徒们谈天说地。乔伊斯问巴津：“为什么总是纠结无意识的奥秘呢？意识的奥秘在哪里呢？”[82]一次，为了活跃气氛，乔伊斯从兜里掏出一套玩具娃娃的小内衣裤，把镶有褶边的内衣套在手指上，手指颇有诱惑意味地在桌上游

走，靠近一位诗人，那位诗人尴尬得脸都红了。[83]

巴津急切地想要听听有关《尤利西斯》的事。乔伊斯告诉巴津说："此外，我的书还是人体的史诗。"巴津疑惑地看着乔伊斯，听他继续说下去："在我的书中，身体处于空间之中并在空间中移动，是完整的人类个性的家园。"

"但人物的思维和思想……"

乔伊斯说："如果没有身体就谈不上思想，两者是一回事儿。"[84]

巴津最崇拜乔伊斯的是他的热情和他对于小事表现出的孩子式的兴奋——他可以为两个句子①花费整整一天的时间。[85]他用低沉的、遥远的声音给巴津朗读手稿，旁若无人，好像只是念给自己听一样。他好像慢慢发现了前人从未发现过的事物，就像发现了新大陆或某种可怕疾病的治疗方法一样。

一次，乔伊斯递给巴津一页从笔记本上撕下来的方格纸。[86]"你能读出来吗？"乔伊斯问道。巴津读不出来。"横竖斜每个方向都有大约 12 个词。"[87]乔伊斯拿出放大镜，让巴津试着辨认一下——几个字母就可以了。放大镜把字放大了。这儿是个"e"还是个"c"？这儿是"c－l"？巴津辨认出了几个字母，就像在树林里发现了小鹿，不过这就够了。乔伊斯把方格纸和放大镜拿回去，信步走开。他对 1904 年 6 月 16 日这天的描写又向前推进了一个字。

① 这两个句子是《尤利西斯》第 8 章"莱斯特吕恭人"中的两句话，描写的是布卢姆看到橱窗里的绸缎衬裙时产生的身体和心理感受："拥抱的芳香从四面八方向他袭来。他的肉体隐然感到如饥似渴，默默地渴望着热烈的爱。"（Perfume of embraces all him assailed. With hungered flesh obscurely, he mutely craved to adore.）

# 第二部

在我看来，那就像被绑在火刑柱上一样。我们要小心翼翼地保存乔伊斯的手稿避免遗失；预支经费匮乏之时我们忧心忡忡；对印刷商、装订工、造纸商我可谓用尽了手段——哭诉、祈祷、歇斯底里、大发雷霆——只为了让他们在没有付款保证的情况下不撂挑子；我们填写地址、打包、贴邮票、邮寄；我们兴致勃勃，翘首以待，想知道世界对我们这个时代的文学巨著的反应……但等来的却是邮局的一则通知：烧毁。[1]

——玛格丽特·安德森

# 9 权力与邮资

1917 年 4 月 6 日，美国向德意志帝国宣战。一个星期后， 107
在德国的秘密策划下，一颗炸弹在费城的一家军工厂爆炸，130 人因此丧生。在过去近三年里，美国一直远离战火，但这时，战火已经烧到了家门口。报纸和杂志发出警告：“德国间谍无处不在。”[2]政府公告鼓励居民上报潜在敌人的姓名，甚至在某些情况下可以直接把可疑人员扭送到警察局：“唯一需要的徽章就是你的爱国热情。”[3]

即召女民兵、煽动者监狱、美国男孩间谍等警戒组织在国内涌现，广泛搜寻德国间谍、敌方支持者和逃避兵役者。范围最广的组织名为美国保卫联盟，是一个辅助司法部的半官方机构。会员缴纳 75 美分的入会费后，就可以得到一个“美国特勤局”的徽章[4]，特勤局对此表示抗议，但无济于事。美国保卫联盟成员佩戴着武器巡逻，配合当地政府、州政府和联邦政府官员的工作，还享有拘捕权。联盟成员没有接受过专业训练，也缺乏监管，这种松散的组织结构使他们得以参与敲诈、窃听、入室盗窃、绑架、动用私刑等行动。[5]到一战后期，美国保卫联盟调查了大约 300 万起涉及“品行和忠诚”的案件[6]，但没有发现一个德国间谍。

德国间谍中有一些爱尔兰人。极端狂热的爱尔兰民族主义
者希望英国战败，爱尔兰因此获得独立，一些人策划把爱尔兰 108

当作德国向英国发动攻击的跳板——参与密谋的就包括纽约最高法院法官丹尼尔·科哈兰（Daniel Cohalan）。[7] 1916 年，在密谋败露三个月之后，一艘开往英国的装载着价值 200 万英镑军需品的货船在纽约港爆炸[8]，这次爆炸的威力相当于五级地震。爱尔兰籍码头工人安置了燃烧弹。像科哈兰法官一样，这些码头工人极有可能也是芬尼亚组织成员，这是一个散布于美国多个城市中的半秘密爱尔兰民族主义军事组织。

1917 年 6 月，国会通过了《反间谍法》（Espionage Act），禁止在战争期间从事任何妨碍军务或帮助敌方的活动。公民如果发表鼓吹逃避兵役或违背军令的言论，会被处以高达 20 年的监禁。国会修正法案将“任何对美国政府组织形式的不忠、亵渎、毁谤、辱骂的言论”入刑[9]，在接下来的三年里，政府实施了美国历史上对政治异见最强力的打击。邮政总局局长是执行《反间谍法》的最高政府官员[10]，他指示美国地方邮政局局长审查包括报纸和杂志在内的任何能够开封的东西，搜寻可能使战争“陷入困境或受到阻碍”的材料。[11] 政治管制的主要实施者不是联邦情报局和公民间谍组织，而是 30 万公务人员大军。

尽管现在听起来有点匪夷所思，但邮局在当时确实是主要的联邦执法机构。一战前夕，联邦调查局（当时称作“调查局”）还只是司法部新近成立的附属机构。1917 年《反间谍法》签署时，调查局仅有 300 名探员[12]，特勤局在纽约只有 11 名反间谍特工[13]。但邮政部（那时是一个行政部门）成立已久，员工人数高达 30 万人[14]，其中包括 422 名稽查员[15]和 5.6 万名邮政局局长[16]，稽查员和局长监管着每年 140 亿封信件的流通[17]。邮政部门遍及全国各个角落，数十年来一

贯如此。在高速公路和电话出现之前邮路和邮差就已经存在。 109
一些小城镇甚至还没有公墓就有了邮局。

所以，美国加入一战、政府想要通过一个有着较长历史和宪法权威的全国性机构监察危险言论时，任务就交给了邮政部。政府掌握着流通信件的能力，并由此获得了审查言论的权力，战争——大政府的另一基础——给审查提供了更为合理的理由。政府因此注意到了詹姆斯·乔伊斯。《尤利西斯》的审查纠纷并非始于警戒队员对淫秽刊物的搜查，而是因为邮政部的政府审查员在搜寻外国间谍、激进分子和无政府主义者，至于他们是持无政府主义的政治态度或哲学态度，抑或自认为是艺术家，在政府看来都没有什么区别。

联邦政府的发展历程很大程度上就是邮政部的发展历程，强有力的邮政部是美国审查制度的基石。自 1782 年成立以来①，邮政部就对信件流通拥有合法的垄断权，但直到 1844 年政府才开始行使这项权力，国会宣布邮政系统的作用是“提高国民文明程度，以爱国热情将他们凝聚起来”[18]。邮政系统能够在美洲大陆的多元化人口中造就“美国人”的心理认同。这项政策的实施使邮政系统在半个世纪里大幅扩展，邮政部修建公路、降低邮资、对无视政府垄断权的私营承运人加重处罚。从 1845 年到 1890 年，邮件数量增加了 100 多倍。[19]

邮政部影响力的扩大在很大程度上是通过降低邮资实现的。1844 年，把一封信送到 400 英里以外的地方需要花费 25

① 1792 年，美国总统乔治·华盛顿签署《邮政服务法案》（Postal Service Act），美国邮政部成立，本杰明·富兰克林出任首任邮政总局局长。此处“自 1782 年成立以来”疑指美国政府对邮件业务实现垄断的时间。

美分[20]，如果这封信有两页纸，邮资就会加倍（信封也算作一页纸）。7 年之后，同样一封信从美洲大陆的一端寄到另一端只需要 3 美分。[21]在本杰明·富兰克林出任邮政总局局长之前，报纸和杂志就享有邮资减免权，期刊邮寄费用也大幅下
110 降。到了 1879 年，报纸和杂志被归类到“二类邮件”中，不管邮寄到哪里，每磅都只需要 2 美分。[22]如果收件人和寄件人恰巧在同一个县，寄件免费。从 1885 年开始，邮资跌至最低价，国内邮件每磅只需要 1 美分[23]，这样的低价一直持续到 1918 年。

塑造美国人的基础设施也成就了现代主义者。邮政部使小型杂志能够在预算有限的情况下将读者群扩展至全国范围。如果《小评论》一半的订阅者住在曼哈顿，另一半散居于全国各地，安德森和希普每期寄送 2000 册杂志只需要花费 3.33 美元。她们 1917 年 10 月号的邮资费用是 2.5 美元[24]——这笔钱仅仅相当于一个乔伊斯迷的订阅费用[25]。要控制像《小评论》这样的杂志，邮政部只需要把它从二类邮件中剔除出去。一类邮件的邮资要贵上 8～15 倍[26]——长此以往，小型杂志难以为继——最高法院裁定，禁止邮寄和提高邮资都没有侵犯言论自由，因为即使杂志支付一类邮件的邮资可能导致破产，但出版商还是有其他办法把杂志发放出去。

一战戏剧性地扩大了邮件审查制度。邮政总局局长阿尔伯特·伯莱森（Albert Burleson）宣称，《反间谍法》授予他无须经过法院同意或国会监督就可以评判邮件内的资料的权力。[27]当国会要求伯莱森告知他向全国邮政局局长下达的监视指示时，他一口回绝了。[28]邮政部自行决定谁违反了法律，谁应当支付高价邮资或被彻底禁运，谁应该被提起刑事诉讼。伯

莱森是个不容小觑的人。他总是随身携带一把黑色雨伞，还特意穿着黑色外套与雨伞搭配[29]，总统的一个顾问称他为“内阁中最好战的人”[30]，在1918年这是很高的赞誉。他曾经对一份社会主义性质的报纸“图谋钻法律空子”感到极为不满。[31]

在伯莱森的指挥下，邮政部门的检查员开始翻阅报纸和杂志查找不爱国言论。一年之内，政府就查禁了从各色出版物里找出的400多期发表不当政治言论的刊物，查禁理由也是五花八门，有的出版物是因为刊印了赞美艾玛·古德曼的诗，有的是因为翻印了托马斯·杰弗逊（Thomas Jefferson）有关爱尔兰应该是独立共和国的言论。一战结束前，1000多人被以违反 111
《反间谍法》之名定罪[32]，数百人被判监禁[33]。

建立这种系统性政治言论压制方式，是政府官员在考虑到潜在的叛国言论后所采取的具体阅读策略：跟内在的危险本质相比，初衷和影响都是极为次要的。杂志或宣传手册是否真的会使人们逃避兵役这件事并不重要，只要邮政部认定他们的言论可能带来危害就足够了。政治审查的基础是言论那种显而易见的危害，言论具有激发作用，可能促使接触它的人做出不正当行为。换句话说，政府就像解读色情作品那样解读叛国言论。你看到了就表明你知道了。[34]

事情本不应如此。政府对《反间谍法》的实施已经超出了法律本身的权限。[35]法官授予邮政部以广泛的权力来打压具有腐蚀倾向的激进言论，某种程度上是因为在面对淫秽言论时他们也一直极为习惯进行这样的授权。当1918年乔伊斯的《尤利西斯》在《小评论》上连载时，邮政部以淫秽和宣扬无政府主义为由禁止了小说某些章节的发行。事实上，政府对

《尤利西斯》的反应体现了一点，即 19 世纪对淫秽的认知深刻影响了 20 世纪激进主义思想的塑造。在 1917 年威尔逊总统宣布美国参战后，政治言论对一个脆弱的移民国家的威胁似乎成了至关重要的事，但性话语的威胁——以及对性话语的打压——已经存在了数十年。

美国审查制度的历史从 1873 年正式开始，当时安东尼·康斯托克登上了去往华盛顿的列车，口袋里装着新联邦法的草稿，挎包里塞满了他搜集来的最为淫秽的色情书刊。[36]康斯托克是纽约正风协会的领导人，他懂得言论的力量，因此也懂得
112 邮政部的力量。政府邮政系统的拓展始于康斯托克出生那年，他生活的时代正是大众印刷市场兴起的时代。廉价读物泛滥，因为发行成本和出版成本一样巨幅下降。康斯托克写道：

> 每天日报的发行量以数十万计，墨水还没干，美国邮局、运输公司和铁路公司就迅速跟进，以近乎闪电般的速度把报纸散发到从迈阿密到加利福尼亚的各地。读物的洪流从一座城市倾泻进另一座城市，到达每一个村庄、每一个城镇，甚至这片土地上的每一户人家。[37]

康斯托克希望，政府不仅要禁止淫秽书籍和图片的出版，还要禁止传单和广告的传播，即取缔所有能让色情作品从业者维持运营的事物。《K 勋爵的强奸和引诱》（*Lored K's Rapes and Seductions*）这类书不是问题的全部。政府必须查禁书刊目录，以及刊有告诉公众可以去哪里购买淫秽书刊的广告的报纸。法律还必须规定禁止发表与避孕、流产等话题相关的文章——毕竟

节育也是贪得无厌的性产业的一部分。药剂师和兜售淫秽刊物的小贩从人们对性的幻想中获利却又不承担任何责任。

1873 年 3 月 3 日，经过将近一个月的游说，尤利西斯·S. 格兰特[①]签署了康斯托克提出的法案，禁止制造和传播一切“淫秽、下流、猥亵性图书、宣传册、图片、文章、印刷物和其他不得体出版物”，以及所有意在宣扬避孕和引导流产的内容。邮寄淫秽物品是违法的，不仅如此，不论是谁——哪怕是医生——但凡邮寄有关淫秽物品的信息都是违法的。例如，通过邮件寄送（不管是寄送杂志还是私人信件）避孕套广告或避孕套使用指导手册（或阐释避孕套是什么的手册）都是犯罪行为。该法案被称为《康斯托克法案》，法案规定，仅仅根据某个人（比如康斯托克）言之凿凿的举报就可以得到许可，实施搜寻和抓捕，淫秽罪的刑罚也更重了：罚金的最 113
高额度从 500 美元提高到了 5000 美元，最高徒刑从 1 年增至 10 年。

各州行使的权力甚至更大。纽约的反淫秽法规定，以传播为目的的售卖、制作、宣传、持有淫秽品都是犯罪。警察拥有搜查和没收的权力，法院可以下令销毁书刊和相关财物。东拼西凑来的联邦反淫秽法产生了反常的效应。男人们可以自由出入妓院，但如果写了一个出入妓院的故事就会被逮进监狱——不道德的言论比不道德的行为更应该被处罚。邮寄淫秽书刊的办公室职员比书刊的作者、出版商和售卖商面临着更重的刑罚，因为《康斯托克法案》关注的不是如何突击搜查书店，而是

① 尤利西斯·S. 格兰特（Ulysses Simpson Grant，1822～1885），美国第 18 任总统，任期为 1869 年 3 月 4 日至 1873 年 3 月 4 日。

如何突击这个国家最强大的传播网络。

格兰特总统签署法案后，康斯托克宣誓就任邮政部特别探员。他佩带着手枪和徽章，是极少数被授权可以在全国范围内实施拘捕的特别探员之一。[38] 回想起来，康斯托克特别探员的任命和那个以他的名字命名的法案一样重要，因为他单枪匹马地改变了邮政法案的实施。此前，邮政部特别探员的职权范围仅限于收回债务、监管邮寄服务、拘捕盗信者。[39] 内战后的反淫秽条例要求政府监管的远远比邮件的传播要多得多，政府还要监察邮件的内容。但直到康斯托克宣誓就职，这项权力才被实施。自 1865 年亚伯拉罕·林肯签署第一项邮政反淫秽法案以来，政府大约每年起诉 1 名嫌疑人。[40] 在康斯托克任特别探员后的 9 个月里，他就起诉了 55 人。[41] 这个全国最大的官僚机构突然有了攻击武器，言论的传播也与往日完全不同了。

一战加剧了民众对日益增长的政府权力的憎恨，因为没有
114 什么比征兵更能代表权力的在场了。1917 年的一个征兵登记日，艾玛·古德曼在纽约组织了一场抗议集会。[42] 几天后，8 名警察突击搜查了她位于第 125 大街《大地母亲》（*Mother Earth*）杂志的办公室。[43] 他们要查找的是反征兵制度的支持者、激进主义者和无政府主义者的名单和住址。古德曼和她的同伴亚历山大·贝克曼（Alexander Berkman）被拘捕，理由是密谋阻碍征兵、鼓吹暴力反抗美国政府。

《小评论》是他们最有力的捍卫者之一。玛格丽特·安德森和简·希普发表了一封公开抗议信，信上说，这两位无政府主义者因为“发表自由言论这种可怕的罪名”[44] 就面临着被监禁和被驱逐出境的危险，他们还公布了法官和提起公诉的地方

检察官的地址，这样同情者们就可以要求公正审判了。法官和检察官收到了大量的来信和电报。有些信件带有明显的威胁口气，6 名警察被指派给法官确保他的安全。[45]媒体翻印了这封公开信[46]，还引用了往期《小评论》安德森对古德曼大加赞赏的特写，由此引起了联邦权力机关的注意。

对古德曼和贝克曼的审判，是数十年来第一起引人注目的对无政府主义者提起的公诉。审判过程中，安德森和希普跻身为数不多的未被赶出法庭的古德曼的朋友之列（站起来唱《星条旗之歌》是强制性要求[47]），她们坐在被告席上。[48]古德曼和贝克曼被判违反了《反间谍法》，被处以 1 万美元罚金，2 年有期徒刑。

镇压氛围令整个出版界望而却步。为避免因违反《反间谍法》被起诉，埃兹拉·庞德要求《小评论》对战争三缄其口，但编辑们又感受到一种战时的抵触情绪。1917 年 9 月，一位长期读者抗议“埃兹拉化的《小评论》”[49]，芝加哥的一位读者更是直言不讳：“我希望你们不要对外国人和自我流亡的美国人如此狂热。我想你们恰恰是在自己国家错失了良机……我已经厌倦了那些在我们国家里泛滥的连篇累牍的俄国、法国、斯堪达纳维亚［原文如此］、爱尔兰和印度货色。”[50]订阅量下降了。[51]因为对艾玛·古德曼的支持，《小评 115
论》被迫从位于第 14 大街的办公室搬了出来。[52]她们到处找钱[53]，很多天都靠土豆充饥[54]。不过，发誓要活得漂亮的玛格丽特·安德森哪怕在吃土豆和饼干时也穿着真丝连衣裙，戴着裘皮围巾。[55]

然后，法律问题来了。1917 年 10 月号的《小评论》发表了温德姆·刘易斯的一部短篇小说，讲的是一名英国士兵让一个女人怀孕了，奔赴战场后却对女人的来信置之不理的故事。“当他把德国人的脑壳击碎时，展现出的恶意同他在英国和春日恋人共度良宵时的恶意是一模一样的。”[56]《康斯托克法案》或是《反间谍法》——你自己选。3000份1917年10月号的《小评论》在邮局的称量间里被扣押下来[57]，与此同时，纽约邮政局局长向华盛顿递交了这期杂志，请求政府检查。杂志先是到了邮政总局局长伯莱森那里，后来转到了司法部部长办公室，最后到了威廉·哈芒·拉马尔（William H. Lamar）手里。[58]

1918年，法律规定，邮政部的检察长拥有最终决定权来裁判危险言论、禁止刊物发行，以及对任何通过信件邮寄淫秽物品和叛国材料的人提起诉讼。[59]检察长的职权范围很广，没有人可以提出异议。拉马尔担任检察长期间，通过邮件寄送的出版物以每年3500万磅的速度增长，甚至连法院的自由派都认为，除非“有明显错误”，否则拉马尔对审查制度做出的决定是“最后结论”[60]。

拉马尔并不是一个玩忽职守的人。他原是阿拉巴马的一名牧师，19世纪80年代投身法学领域，对言论的力量深信不疑。他告诉《波士顿环球报》（*The Boston Globe*）说：“语言是所有骗子最初和最后的武器，他们往往空话连篇、华而不实、故弄玄虚。”[61]他说，对付故弄玄虚的办法很简单，那就是“领会言外之意”[62]，他知道激进主义是个什么样子。“你知道对于审查这件事，我不是在瞎摸索，”他在跟一个记者的通信中说，“我要找的是三样东西，也只有三样东西，那就是亲德派、和平主义及故作高深。”[63]

约翰·奎因写了一份案情摘要为《小评论》辩护，还给拉马尔附上了一封信。“国外编辑是埃兹拉·庞德先生，他是著名作家和诗人，也是鄙人的朋友。”[64]他告诉拉马尔他非常 116
熟悉《反淫秽法》，在这方面有丰富的经验：当安东尼·康斯托克对他的朋友米切尔·肯纳利提起诉讼时，他轻而易举就打赢了官司，从他的专业眼光来看，那篇引起争议的短篇小说“并没有违反《反淫秽法》或任何联邦法律。我也认识小说作者温德姆·刘易斯”[65]。奎因礼貌地请求拉马尔尽快给纽约邮政局局长发电报，批准杂志发行。奎因打算到华盛顿拜访司法部部长和外事委员会主席，还计划当面和拉马尔谈一谈。[66]

奎因的影响力没有发挥作用。拉马尔宣布，根据美国刑法（《康斯托克法案》的升级版本）第211条，《小评论》10月号涉嫌传播淫秽信息。奎因向法院请求限制邮政部权力，但奥古斯都·汉德（Augustus Hand）法官否决了这一提议。汉德指出，刘易斯的那篇小说有很多不必要的细节，而很多比《小评论》更淫秽的书刊躲过了政府禁令被认定为合法，“是因为它们属于‘经典’之列”，它们的例外合情合理，“因为它们经过了时间和知名度的检验，而且相对来说，通常只有少数人对它们感兴趣”。换句话说，淫秽的经典著作是合法的，因为它们历史悠久，又鲜有人读。

败诉令奎因尴尬不已。邮政禁令把他和《小评论》同《大地母亲》、《大众》（*The Masses*）等激进杂志关联起来，他封锁了败诉的消息，没让报纸刊登。[67]尴尬感逐渐消退后，他开始怀疑哪里出了差错。刘易斯的那篇小说并不是非常色情，他直接向拉马尔提出请求，却没有产生预期效果，他简单阐述了故事对于未婚女性的道德意义，但被当成了耳边风。奎因断定，肯定有人向邮政总局局长施加了压力，这样一来，很多事情一下子就解释得通了。

他在给庞德的信中写道："哎，我觉得事情是这样的：安德森小姐去年突然在报上声援贝克曼那个又老又差劲的无政府主义者和艾玛·古德曼那个老婆娘；每天都出庭旁听；极其兴奋，无比激昂；觉得古德曼是'伟大的女性'——真是让人
117 讨厌。"[68]奎因在信里告诉庞德，《小评论》的荒唐行为引起了联邦官员的注意，安德森现在是众所周知的和平主义者，这和叛国者几乎没有分别。"我说对了吧！她被盯上了！美国正掀起一阵搜寻间谍的热潮和一阵更高昂的推行'美德'的热潮。"这就是《小评论》被没收的原因。奎因说得没错。刘易斯的那部短篇小说只是个由头。拉马尔宣布禁止邮寄《小评论》1917 年 10 月号，原因不是涉嫌传播淫秽信息，而是它是一本"有无政府主义倾向的出版物"，邮政部以《反间谍法》为依据禁止了杂志的发行。[69]

庞德为此感到担心。他的文艺复兴只推行了几个月就面临着夭折的危险。他之所以担忧，不仅是因为奎因的不满会影响杂志的财政状况，还因为他最近收到了詹姆斯·乔伊斯《尤利西斯》的前几章。这几章写得棒极了。但从纽约传来的消息来看，他不确定这几章能否在搜寻间谍、推行美德的浪潮中幸存下来。他在 1917 年 12 月中旬写信给乔伊斯说：

> 按照现在的情况来看，我估计我们即使印刷了这几章也肯定会被查禁的，但值得一试。仅仅因为安东尼·康斯托克害怕看到他祖父母交媾的场景被吓得裹着遮羞布装疯

卖傻，国家就要坐等在黑暗里，对此我不明就里。……乔伊斯先生，我知道您是一位非常优秀的作家，我就是这么想的。我知道您的作品是关注社会的文学。相信我，我就是法官。[70]

1918 年 2 月，庞德把打字稿寄给了玛格丽特·安德森，他用乔叟式英语警告安德森，在第 3 章里“乔伊斯疯了”[71]——即使跟裹着遮羞布的康斯托克的疯狂不同，那也是疯了。他说，这一章“某些地方写得很好，但基本上读不懂”（后来他改变了这个观点[72]）。斯蒂芬的思绪一直在不断转换、拓展，但不加解释，也没有铺垫——乔伊斯不会调整风格和内 118
容，来降低偷听别人心灵之声时那种内在的难度。在“普罗透斯”中，斯蒂芬独自在海滩漫步，外部行为渐渐消失，他想到了家庭的分崩离析、当天早些时候的谈话、童年时期可笑的祷告、《哈姆雷特》、雪莱、亚里士多德、自己的自命不凡、咏叹调、儿歌、昨晚有关巴格达的梦境、报纸上的一则谋杀报道、谋杀者的想象，以及从海滩走向永恒的可能性。

这一章基本是想象性的，但斯蒂芬的思维是从可见世界出发的（也最终回归于可见世界）：“可见现象的无可避免的形态：这是最低限度，即使没有其他。通过眼睛进行的思维。我在这里辨认的，是一切事物的标志：海物、海藻、正在涨过来的潮水、那只铁锈色的靴子。”读者读到这里还不知道斯蒂芬前一天摔碎了眼镜[73]——他只能看到铁锈色的靴子。他思考观看行为的本质，因为这可以帮助他对抗视力低下的困扰。对于乔伊斯来说，描写斯蒂芬的意识流在某种程度上是通过思考可见世界来超越可见世界的方式。

玛格丽特·安德森早就想一窥乔伊斯这个艺术家的思想世界。她和简·希普花了好几个小时来探索相关问题。“通过怎样的处理可以使事物不朽？人要根据自己的形象进行创造需要什么力量？”[74]安德森很想揣摩人的思想内容，检视“痛苦的人类”[75]，洞悉创造的秘密。这时她最终拿到了开启艺术家实验室的钥匙。收到手稿后，安德森直接从“普罗透斯”开始读，当她读到“铁锈色的靴子”那里时，她停了下来，抬头对希普说：“这是我们收到的最美妙的文章。哪怕破釜沉舟我们也要把它印出来。”[76]

庞德不知道《尤利西斯》是否违反了法律。他建议把发表乔伊斯小说的杂志每期先寄送 300 份，如果没被邮政部没收，再把剩下的寄出去。[77]他向奎因询问，提到撒尿有没有违法。[78]嘲弄变体说又会如何？有法律规定不能亵渎神明吗？他很想知道界线在哪儿，这样他们就不会再次越界了。“碰到宗教狂，这事就难说了。”[79]庞德拒绝让《小评论》在《尤利西斯》印刷之前就垮掉。“看在上帝的分上，”他写信给安德森
119 说，“做点儿什么讨好一下奎因吧！他是我在美国最要好也是最有实力的朋友。”[80]奎因丧失了对《小评论》的信心，庞德试图用《尤利西斯》挽回他的信心。他写信给奎因说，所有的困难都是值得的，“即使乔伊斯的新小说遭到了疯狂打压，我们因此破产也在所不惜”[81]。

世界上竟然还存在查禁乔伊斯这样的作家的政府，庞德对此极为愤怒，这种愤怒激发了他为《尤利西斯》而战的决心。看到《康斯托克法案》时，他打算在每一期《小评论》上都把法案重印一遍，这个法案代表了他们倡导的文艺复兴运动应当克服的那种体制性的平庸。庞德试图说服奎因，使他相信他

们的贵族品位需要新的法律："我认为把文学和堕胎工具归并到一个条款中是为德国人做的绝好的宣传，在战争结束前就发表出来不能算是忠诚的表现。"[82]《康斯托克法案》集中体现了美国的无知。这项法案"荒谬、野蛮、可笑、滑稽、冗长、愚蠢、污浊、邪恶、失败、扭曲、臭气熏天、有害、衰败，是典型的美式的、威尔逊式的、康卡迪亚·爱默生式的、凡·戴克式的、汉密尔顿-马比安式的"[83]。形容词从来都没有显得如此苍白无力。

庞德给拉马尔写了一封"坦率"的信（他写道："我相信您对您的杰作很满意。"[84]），请奎因转交（奎因并没有转交）。他在《小评论》上发表了一篇文章，谴责把艺术与"已故康德姆医生的发明"① 相提并论的法律系统，反对法官关于"经典"之所以得以避开审查是因为读者稀少的观点。[85]这种推论阻碍了文学的发展。任何一个当代作家如果想要创作与陈规旧俗格格不入的经典名著，都得忍受被查禁继而贫苦终老的命运，直到几十年或几百年后被官方解禁才可能重见天日。在那之前，作家们都必须接受像拉马尔这样缺乏文学修养、不负责任的权威的任意摆布。

奎因不想掺和这件事了。庞德在谈起艺术和诗歌时那种大放厥词使他看起来很有气吞山河的魅力，但他用那种口气谈论法律时，便显得狂妄自大了。而且，即使不再遭受联邦官员的连番审查，《小评论》的问题也够多了。奎因告诉庞德，他那篇猛烈抨击《康斯托克法案》的文章"也许是最后一根稻草"[86]

---

① 指避孕套，避孕套英文为 condom，是以它的发明者、17 世纪晚期的英国医生约瑟夫·康德姆（Joseph Condom）的名字命名的。

120 了——他对“已故康德姆医生的发明”的调侃本身就可能是违法的。庞德好像不太了解他的抗议行为在战争期间有多么不切实际。他跟庞德说，政府要是修改法律，唯一的做法是把法律变得更严格。[87]

“反康斯托克这件事毫无意义。人们早就厌倦了。”[88]他警告庞德不要刚在美国出了点儿名就毁了自己的名声。“一听到你的自由文学运动，99.9%的人会立马把它和支持桑格①、华盛顿广场、自由恋爱、反康斯托克宣传、节育宣传、社会主义宣传等同起来。”[89]一旦被划归到这样的群体之中，你就百口莫辩了。

两人日益扩大的分歧是根本性的：奎因偏于现实，而庞德则是个试图把艺术变为权力的理想主义者。意象主义和漩涡主义都是他为消除语言和世界的壁垒所进行的尝试。庞德的艺术复兴运动想把艺术拓展到政治世界中，但他对《康斯托克法案》的反应却证明他不管不顾，深陷于艺术世界之中——他把法律条文当成诗歌来读了。庞德并不害怕淫秽书刊和避孕套都被归为违禁品，他担心的是两者在法律中“被混为一谈”，就好像这些被列出的违禁品条目如同诗歌中的对偶句一样塑造着彼此的意义。奎因没有想着通过他的资助改变社会和国际关系。他仅仅想改变艺术。想到庞德的创造精神、好斗的诚挚个性，以及前往中国或阿拉斯加的自由都与他的无能脱不了干

① 玛格丽特·桑格（Margaret Sanger，1879～1966），美国节育运动倡导者、性教育工作者、护士、作家，著有《母亲须知》《家庭节育指南》《我为节制生育而战的经历》等。她的主张与当时美国政府的人口政策格格不入，她经常面临着被指控的危险。

系，奎因就感到灰心丧气。

但是，他还是认同庞德的艺术观点，乔伊斯的作品更让他加深了这份认同。奎因称《都柏林人》为“有史以来最真诚的现实主义作品之一”[90]。1917 年《画像》发表时，美国出版商本·许布希寄给奎因一本，并称之为“几近天才”[91]之作。奎因心服口服。他买了大约 30 本《画像》送给朋友[92]， 121
并在《名利场》（*Vanity Fair*）上发表了一篇赞美詹姆斯·乔伊斯的文章：“一颗新星在爱尔兰文学界的穹庐上冉冉升起，他是一颗最亮的星。”[93]奎因的乔伊斯就是庞德的乔伊斯。他赞扬了这位爱尔兰作家的诚实和创新，赞赏他摒弃了矫饰、修辞和妥协——他甚至一字不差地引用了庞德信中的部分内容。[94]

民族纽带使他把对乔伊斯的欣赏变成了关照。奎因是爱尔兰移民的后代。他十分敬爱的母亲是科克的一个孤儿，14 岁时坐船来到美国，1902 年去世。奎因在她过世数周后就去了爱尔兰，那是他第一次造访爱尔兰。[95]对于一个失去了双亲、还剩两个姐姐和一群仆人的男人来说，爱尔兰人都可以算作他的亲人。约翰·奎因又没有子嗣，所以他开始考虑资助一些优秀的爱尔兰作家，这既是遗产又是传承。

奎因还怀疑自己将不久于人世。他发现大肠里长了一个恶性肿瘤[96]，需要做手术切除部分结肠。几个月来，只有奎因的助理知道这事儿，但他总得面对现实。他只有 48 岁。“我还热爱生活，”他写信给庞德说，“还可以感受到生活的活力，世界似乎待我不薄，我还不想就此长眠。”[97]他立下遗嘱，又把生意上的事安排妥当，这才住进医院。1918 年 3 月，他寄给庞德 750 美元（他曾许诺支付给庞德为《小评论》工作的报酬）中的尾款，又额外筹集了1600美元的补贴，那是他和三位朋友的资助。他不打算继续扶持《小评论》了。

助理把邮件送到病房，刚从手术中恢复过来的奎因翻阅着1918年3月号的《小评论》，乔伊斯的新小说《尤利西斯》首次亮相——这部让他们期待已久的杰作能够确保他们曾经遭受的所有麻烦都劳有所值——但“鼻涕青”的鼻涕布和“使人睾丸紧缩的海”[98]这样的说法让他觉得恶心。文中还有一首戏谑的歌谣[99]，其中有一句还调侃了耶稣撒尿①。奎因患病所带来的心理负担大概可以使每一个不雅的细节都变得令他难以忍受。他在病床上口述了一封信。“那就是我称为厕所文学、
122 便池艺术的东西，甚至不及闺阁艺术、妓院艺术、卡吧莱酒吧艺术自重。”[100]他可以在不出30秒的时间里就让美国任何一个法官或陪审团裁定《小评论》有罪。

第一个审查《尤利西斯》的人是埃兹拉·庞德。奎因住院期间，庞德收到了乔伊斯寄来的小说的第4章，这章的内容比“鼻涕青”和“使人睾丸紧缩的”还要糟糕。利奥波尔德·布卢姆早晨去了他位于埃克尔斯街的公寓后面的小花园里的厕所。“他感到有些沉重，饱满，然后肚肠有些松动。他站

---

① 这首歌谣为穆利根所唱，调侃耶稣撒尿的诗节如下：
倘有人认为，我不是神明，
我造出的酒，他休想白饮。
只好去喝水，但愿是淡的，
可别等那酒重新变成水。
（If anyone thinks that I amn't divine
He'll get no free drinks when I'm making the wine
But have to drink water and wish it were plain
That I make when the wine becomes water again.）

起身，松开了裤带。猫向他叫。”[101]埃兹拉·庞德拿出蓝色的铅笔，在“肚肠”和“松开了裤带”上画了条线。[102]他画了大约 30 条线，才把文本寄给安德森和希普。

庞德告诉乔伊斯，他们有朝一日可以出希腊文版或保加利亚语版的全译本，但乔伊斯并不觉得好笑。他信誓旦旦地说：“我要看到删减的段落重新复位，哪怕再等上 10 年。”[103]庞德从艺术角度出发证明他的删节合情合理。他在信中告诉乔伊斯，那种写法并不高明。“之所以说不高明，是因为你浪费了力量。你用了一个语气更强的词，其实没有必要，这就不是好的艺术，就像无端使用最高级一样不高明。”[104]庞德不希望奎因再次被不必要的事情激怒，他们如果经常被打压，就会永久被打压。“我无论如何也不会让我们那两位富有尊严的编辑女士因为某篇我认为未达到最高水准的文章去坐牢。”

庞德感觉到，在《尤利西斯》开始为人所知时，《小评论》却在慢慢解体。他连续几个月都没有听到安德森和希普的消息[105]，纽约的情形比他了解到的还要糟糕。她们拖欠着房租[106]，营养不良，病病歪歪。希普给一个堪萨斯州的朋友回信时谈到了她们那间脏兮兮的公寓。“房间很脏——所有东西都是碎的、坏的、弯的，根本派不上用场——我们还遭受着鼠害——老鼠成群结队。房间惨不忍睹，我也没有心思收拾利索。”[107]希普因为痢疾瘦了 15 磅，脸上起了热病性疱疹。[108]安德森染上了西班牙流感[109]，还开始跟另一个女人约会[110]。她把自己锁在房间里校对下一期杂志，希普则远远地窝在公寓 123
的某个角落避免看到另一个女人半裸着从浴室跑进跑出。[111]希普对恋人朱娜·巴恩斯的示好时而感到兴趣盎然，时而又避之不及[112]，但她心碎不已，甚至有了自杀倾向[113]。《小评论》

的麻烦才刚刚开始。

美国政府对《尤利西斯》的审查始于一张随手写的便条，上面说这本小说风格诡谲。1919 年 3 月，一期《小评论》被送到邮政部翻译局里，因为杂志里有好几页法文。翻译局的任务是筛选外文文本，寻找战时犯罪证据，1919 年他们还在继续这项工作。审查《小评论》的官员读了《尤利西斯》，这次连载占了 5 页篇幅，讲的是利奥波尔德·布卢姆扶着盲人过马路，心里琢磨着看不见是什么感觉。这位翻译局官员写信向他的主管汇报说："写《尤利西斯》这东西的人应该被放到玻璃罐里好好观察。他肯定会搞出一个好玩的展览！"[114]

这期杂志合乎法律，但这位主管还是决定更详尽地调查一下乔伊斯这个人，他发现《小评论》1 月号实际上有冒犯之嫌，而不仅仅是有点怪异那么简单。利奥波尔德·布卢姆中午在戴维·伯恩的酒吧点了份戈尔贡佐拉奶酪三明治，喝了杯勃艮第酒。酒的味道使他联想到勃艮第阳光下的葡萄，继而回忆起在都柏林郊外的山坡上那明媚的一天。莫莉嘴里含着香籽糕亲吻他，他咀嚼着莫莉送到他嘴里的香籽糕。

> 豪斯峰高处杜鹃花丛中，一头母山羊正在稳步走过，还掉着葡萄干似的粪粒儿。她藏在野厥间，发出温暖怀抱中的欢笑声。我狂野地伏在她身上，吻着她：眼睛、她的嘴唇、她的伸长的脖子跳动着的、她那修女纱衬衫里面的丰满的女性胸脯、高耸的肥乳头。火热的我伸过舌头去。她吻我。我受吻。毫无保留地委身的她，揉弄着我的头发。她接受了吻，又吻我。[115]

邮政部通知《小评论》说，1919 年 1 月号从此之后被禁 124
止通过美国邮政系统邮寄[116]——对《尤利西斯》的审查开始于这本小说最典型的爱情场景。

因为这一期已经寄送给订阅者了，这项禁令只是一个警告而已。第二次的禁令来得更准时。邮政部通知安德森说 1919 年 5 月号正在华盛顿接受审查，来最终裁定《尤利西斯》第 9 章是否有淫秽、粗俗、猥亵、下流之嫌，是否违反了《康斯托克法案》。约翰·奎因是唯一能够帮上忙的人，他对乔伊斯越来越欣赏——尽管某些细节让他厌恶——这使他觉得自己不能袖手旁观。奎因花了近一个半小时的时间口授了一份为《尤利西斯》辩护的案情摘要[117]，拉马尔出于礼貌请求奎因给他时间让他在周末考虑考虑[118]。星期二上午，奎因听到了这期《小评论》被禁的消息。

奎因准备把违禁的条目列出来寄给庞德，但他无法向年轻的女速记员口述杂志中的违法章节，于是就把她打发走[119]，自己亲自提笔写了封信，列出了各种各样琐碎的反对理由。斯蒂芬·迪达勒斯提到了玷污了“世上的犯罪年鉴”的“乱伦与兽奸”，还宣称“这是一个精疲力竭的淫妇衰老后在寻觅着神的时代”。勃克·穆利根开玩笑说要去斯蒂芬位于红灯区的“夏季别墅”拜访他，他在那里“和两个生梅毒的女人——新手内莉和煤炭码头上的婊子罗莎莉——一道埋头研究《反异教大全》”。勃克为一出有关手淫的戏想了个题目：“人人是各自的妻（由三次情欲亢进构成的国民不道德剧），作者巴洛基·穆利根”。注意，所有这些话都是在讨论莎士比亚时说的——勃克一度兴致勃勃地提到“人们指责那位大诗人有鸡奸行为”[120]。奎因怀疑庞德没有读过被禁的那期杂志。

像之前的章节一样，这章庞德不仅读了，还审查了——他只是没有细究。安德森告知读者，杂志“毁坏了”乔伊斯的作品，因为“一些包含众所周知的自然事实的片段被删除了”。奎因写信跟庞德说，鸡奸、手淫和乱伦是否众所周知并不重要。“事实上，每天都有人在做拉——的事①，所以属于
125 ‘众所周知的自然事实’并不是它应该被印在杂志上的理由。”[121]也许乔伊斯作品中的对话可以被1904年爱尔兰国家图书馆中的学生和馆员所接受，却不应被1919年通过美国邮政系统邮寄的杂志所接受。

庞德还是采取了恭维的办法。他告诉奎因，奎因写的那封案情摘要是他迄今为止读过的为现实主义文学做出的最精彩的辩护之一，他打算寄给艾略特（《自我主义者》的现任文学编辑）发表。[122]艾略特几天之后从伦敦给奎因写信说，《尤利西斯》受到的打压“是一个国家阴谋……《尤利西斯》引起异议的部分在我看来几乎是我读到的最好的文字了：自从读到那些文字我就念念不忘”。艾略特许诺为乔伊斯在英国尽其所能地效劳，但他觉得自己在那个极不友好的国家里只是个孤独的布道者。他从伦敦写信给奎因说：“保守主义和阻碍的力量更具才智，更博学，也更可怕。”[123]

① 此处“拉——”原文为“s-t-g”，“s-t-g”是“shitting”（拉屎，排便）的隐晦写法，奎因这样写可以视为他对自己的一种文字审查。

# 10 伍尔夫夫妇

1918年春天，在《尤利西斯》被美国邮政部注意以前，韦弗小姐就曾尝试着在《自我主义者》上连载乔伊斯的小说。她坐在弗吉尼亚·伍尔夫的茶桌前，把她的灰色羊毛手套整齐地放在茶碟旁。[1]她穿着一套系扣的紫红色套装，习惯性地把领口紧紧系起来围住脖颈。[2]那天阳光短暂地露脸，穿过位于伦敦西南部的霍加斯出版社的窗户，就4月的气候来说，天冷得有些反常。[3]韦弗小姐直视着女主人的大眼睛，审慎地回答她的问题："是的，伍尔夫女士。"[4] 126

弗吉尼亚·伍尔夫出生在诗书世家。她的父亲莱斯利·斯蒂芬（Leslie Stephen）爵士是著名的作家和编辑，母亲茱莉亚·普林塞普·斯蒂芬（Julia Prinsep Stephen）是前拉斐尔画派画家们的模特。她同母异父的哥哥杰拉德·达克沃斯（Gerald Duckworth）是曾经拒绝出版乔伊斯《画像》的出版商之一。伍尔夫是布鲁姆斯伯里团体（Bloomsbury Group）的核心成员，这是一个由伦敦艺术家和知识分子组成的文化团体，成员包括E. M. 福斯特、经济学家约翰·梅纳德·凯恩斯（John Mayhard Keynes）、画家和艺术批评家罗杰·弗莱（Roger Fry）等，罗杰·弗莱在1910年举办的那场声名狼藉的后印象派画展①使布

① 1910年与1912年，弗莱先后两次在伦敦举办后印象派画展，使封闭的英伦三岛艺术界接触到了欧洲现代艺术的气息，但同时也遭到了公众、媒体和批评家的猛烈攻击。弗莱不得不通过写作论文、举办讲座的方式为后印象派画家辩护。这些辩护如今已成为美术史与批评史上最杰出的现代艺术文献。

鲁姆斯伯里团体一下子出了名。[5]那时，伍尔夫活跃于布鲁姆斯伯里团体这件事比她的小说影响更大，当时她才刚刚开始小说创作，但已经为《泰晤士报文学增刊》（*Times Literary Supplement*）写了10多年的评论，1918年之前，她对新老小说家大胆的评论之语几乎每星期都会出现在报纸上。她称当时
127 风头正劲的H. G. 威尔斯“极其让人扫兴”[6]，又称维多利亚时代作家夏洛特·勃朗特是个叛逆者：“她的每本书看起来都是一种高雅的挑衅。”[7]当伍尔夫宣称“1910年12月，或在此前后，人性发生了变化”[8]时，她的长期读者可能会觉得有些好笑，但绝不会一笑了之。

弗吉尼亚·伍尔夫此前只是听说过哈丽雅特·韦弗。虽然她总是在喝茶时主动挑起话头，但她的客人好像无法把谈话进行下去。韦弗小姐是个谜。这位勇敢的《自我主义者》编辑——同时也是社会反对派机构《自由女性》古怪的继任者——正如伍尔夫在日记中描写的那样，很像一只“优雅的母鸡”[9]，是一个戴着羊毛手套来喝茶的女人。

韦弗小姐茶碟的另一侧放着弗吉尼亚·伍尔夫期待的包裹。简洁的棕色包装纸包的是乔伊斯先生《尤利西斯》的第一部分。[10]韦弗小姐解释说她难以在伦敦找到愿意印刷它的人。几个星期以前，《自我主义者》的印刷商已经完成了第1章的排版，但他们又重新考量了一下一些比较鲜活的字眼（比如，“鼻涕青”和“使人睾丸紧缩的”），再回想起从乔伊斯那里通常会得到的那种文章，就拒绝印刷了，甚至连删减版都不行。[11]到1918年，韦弗小姐几乎已经认识了伦敦的所有印刷商，她不愿再经历那种小说被接受后又被退回的令人懊恼的反复折腾了。但艾略特告诉韦弗小姐，伍尔夫夫妇创办了自

己的出版社。他们一时心血来潮就购买了一台小型手动印刷机，外加活字与一本 16 页的印刷基础知识手册。出版社就开在他们家里，他们称之为霍加斯出版社。

韦弗小姐希望霍加斯出版社能够按照章节把《尤利西斯》印刷成很多本小册子。她说，《尤利西斯》可以当作《自我主义者》的增刊[12]，因为要刊登《尤利西斯》，《自我主义者》的规模实在是太小了，杂志已经从 16 页缩减到 12 页或 14 页。她告诉伍尔夫夫妇，乔伊斯还没有完稿，但估计整本小说会有 300 页左右。夫妇二人可以先读读她带来的前 4 章，乔伊斯一旦完成后面的章节，她就即刻送来。[13]

伍尔夫觉得韦弗小姐在做生意方面能力不足[14]——她的增刊计划像是异想天开，对事务的安排也拿不定主意，或者 128
根本没有主意。眼前的这个女人让伍尔夫感到困惑，她头发向后盘成发髻[15]，身体一直与椅背保持着距离[16]。“她是怎么和乔伊斯还有其他人交往的呢?”她在日记中写道，“为什么他们的淫词艳曲要通过她寻找出口呢?”[17]弗吉尼亚和伦纳德·伍尔夫①尽管满怀疑虑，还是同意考虑看一下乔伊斯的手稿。

几天后，布鲁姆斯伯里团体的成员德斯蒙德·麦卡锡（Desmond MacCarthy）——他是位文学批评家，战争期间在海军服役——晚饭后造访了霍加斯出版社。[18]百无聊赖之际，麦卡锡随手拿起了散放在四周的乔伊斯手稿。他看到的是第 4 章的开头：

---

① 伦纳德·伍尔夫（Leonard Woolf，1880～1969），弗吉尼亚·伍尔夫的丈夫，英国政治理论家、作家、出版家。

> 利奥波尔德·布卢姆先生津津有味地吃牲畜和禽类的内脏。他喜欢浓浓的鸡杂汤、有嚼头的肫儿、镶菜烤心、油炸面包肝、油炸鳕鱼卵。他最喜爱的是炙羊腰，吃到嘴里有一种特殊的微带尿意的味道。

实在是太有趣了。麦卡锡开始手舞足蹈地大声朗读起来[19]：

> 这时他正轻手轻脚地在厨房里活动，一面在隆背托盘上整理她的早餐用品，一面就想到了腰子。厨房里的光线和空气都是冷冰冰的，但是室外已经处处是温煦的夏晨。[20]

麦卡锡尤其喜欢模仿利奥波尔德·布卢姆先生的小猫绕着早餐桌的桌腿打转。“喵！”[21]他卖力地表演，语调里还包含着微妙的变化，是典型的猫的语言。麦卡锡叫道：“喵！”弗吉尼亚·伍尔夫对他的表演相当满意。[22]

麦卡锡不是唯一以此打趣的客人。伍尔夫夫妇新近结交了作家凯瑟琳·曼斯菲尔德（Katherine Mansfield）。她来自新西兰，时年 29 岁，她注意到他们有乔伊斯打算出版的新书的片段时，就迫不及待地读了起来。没过多久，她就断定《尤利西斯》令人生厌、极不健康、不堪卒读。[23]她稍后写信给一位
129 朋友说：“我无法忘记湿油布、未倒的便桶和他脑袋里更可怕的恐怖带来的那种感觉。”[24]但她对弗吉尼亚·伍尔夫说：“但小说里有种东西：我想某个场景在文学史上会占有一席之地。”[25]很难说清那种东西是什么。

许多原因使霍加斯出版社像其他出版社一样拒绝了《尤利西斯》的印刷请求。他们面临着很多显而易见的现实问题。彼时，伍尔夫夫妇印刷过的最长的出版物是两部加起来只有31页的短篇小说（一部是弗吉尼亚写的，另一部是伦纳德写的）。[26]伦纳德的手抖得厉害，所以伍尔夫只得自己逐字排版。韦弗小姐来访前不久，她给一份私人记录排版，一页纸就花去了1小时15分钟。[27]1917年他们创办出版社的目的是免受编辑的限制，获得更大的自由。当工作开始时，她在日记中写道，她成了“英国唯一可以随心所欲自由写作的女人”[28]。他们出版出版商们觉得无利可图的文学作品，但霍加斯出版社并不想成为别的出版社的印刷商。

他们也对印刷《尤利西斯》怀有忧惧。伦纳德·伍尔夫把前4章给他认识的两个印刷商看，他们都坚持认为没有哪个声誉优良的印刷商会接手此事。他被告知，出版商和印刷商都会面临一定的处罚。[29]显然，要自由，需要的不只是一家属于自己的出版社。

弗吉尼亚·伍尔夫在打印那封给韦弗小姐的诚挚的信时只提及了一些现实问题：“我们怀着极大的兴趣阅读了乔伊斯先生小说的几个章节，我们希望可以付梓印刷。但书太长了，以当下的条件，对我们来说这是个不可逾越的困难。”[30]她说，他们印一本300页的小说至少要花费两年的时间，因为他们的手动印刷机很小，又找不到帮手。他们为这个决定感到很抱歉，会尽快让仆人送还手稿。

其实还有一个更根本的原因：弗吉尼亚·伍尔夫不喜欢《尤利西斯》。一年之后，她在《泰晤士报文学增刊》上发表评论，先是称赞乔伊斯是一个想要“揭示内心深处火焰闪动

的作家，火焰里携带着大量信息，在头脑中稍纵即逝”。她写
130 道，他甘愿摒弃读者渴望的“连贯性或其他任何凭借”，这一点是很值得赞赏的，但这种言不由衷的赞赏引向了直接的批评：《尤利西斯》“简单来说，是失败之作，因为作者的思想相对贫瘠”[31]。伍尔夫并不是想贬低乔伊斯的才智。相反，她的意思是他的想象力远离了他——《尤利西斯》的规模已超出他能力所及。

弗吉尼亚·伍尔夫正通过乔伊斯的作品在大脑中构思自己的作品，只是她当时对此并无察觉。她不再关注《小评论》每期的连载，一年多以后，艾略特和伍尔夫夫妇一道用餐，席间喋喋不休地对《尤利西斯》大加赞赏。[32]正是在这次会面之后，伍尔夫在日记中坦承：“我在做的事情，可能乔伊斯先生已经做得更好了。”[33]那时，她才开始真正思考她要做的到底是什么。

读者们的洞察力远远不及弗吉尼亚·伍尔夫，他们有权产生疏离感。有时，《尤利西斯》读起来就像是一本不愿与人交流的书。一位政府官员告诉埃兹拉·庞德，英国战争审查员们确信《尤利西斯》每期的连载都是精心编写的间谍密码[34]，芝加哥的一位记者称有些章节稀奇古怪，以至于——用庞德的话来说——因为乔伊斯的作品，“美国市场变得乱七八糟”[35]。

与荷马史诗对应的整个工程——把《奥德赛》的情境嵌入现代都柏林——看起来有点任性，乔伊斯的微妙设计让小说变成了学究们的寻宝游戏。利奥波尔德·布卢姆没有在爱尔兰的爱琴海上航行，也没有在沙湾打败独眼巨人。相反，《奥德赛》的微光在日常行为中闪现——布卢姆的“雪茄大棒”[36]

暗指刺瞎独眼巨人眼睛的烧红的木棍[37]，在《尤利西斯》中，独眼巨人是未被提及姓名的“市民”（“肩宽胸厚，四肢健壮，眼神坦率”[38]）。催促布卢姆去拿广告订单的报社编辑是风神埃俄罗斯。印刷车间印刷《电讯晚报》（*Evening Telegraph*）和《自由人报》（*Freeman's Journal*）发出的震耳欲聋的响声、贯穿于这一章无休无止的修辞手法和虚张声势的新闻标题，暗指被尤利西斯的手下出于愚蠢而打开的埃俄罗斯的风袋。即使是敏锐的读者也不一定能意识到要留意“埃俄罗斯”这一章 131
的“风”（不管是隐喻意义上的还是字面意义上的），因为乔伊斯拒绝印刷对应的荷马史诗的章节名称。为了增加挑战的难度，乔伊斯小说的章节顺序与史诗的章节顺序也并不一致。唯一明示出与荷马史诗关系的就是书名本身了。

有些典故十分隐晦，好像深藏不露正是乐趣所在。读者们怎么能知道布卢姆和斯蒂芬穿过都柏林去《电讯晚报》办公室的方向，就对应着尤利西斯和腓尼基水手们接近埃俄罗斯岛屿的方向呢？[39]即使撇开与荷马史诗的对应不谈，《尤利西斯》也够让人头晕眼花了。每个章节的风格都是不同的。月复一月，另一种实验出现了，如同来自异域的新奇生物。1919 年，韦弗小姐读到了第 11 章“塞壬”的手稿，开头是这样的：

> 古铜伴金色，听到马蹄声，钢铁铮铮响。
>
> 无礼顶顶，登顶顶顶。
>
> 碎屑，剥着灰指甲上的碎屑，碎屑。
>
> 太不像样！金色的脸更红了。
>
> 一声嘶哑的笛音吹响了。
>
> 吹响了。布卢姆黑麦开蓝花。

金发高髻发。

一朵起伏的玫瑰花，缎子胸脯上，缎子的，卡斯蒂尔的玫瑰。

颤音，颤音歌唱：伊桃乐丝。

闷儿闷！谁躲在……那金色角落里藏闷儿呀？

丁零一声，响应古铜怜悯。

又一声呼唤，一声悠长而震颤的纯音。久久方息的呼声。

逗引。轻声细语。但是瞧！明亮的星星消失了。玫瑰呀！清脆的鸟鸣应和了。卡斯蒂尔。黎明来到了。

锵锵锵轻车轻轻地行驶着。

钱币铿锵。时钟咔嗒。[40]

接下来的两页都是这个样子，让人头晕目眩。韦弗小姐开始为乔伊斯担心，但她的回信极为婉转。“我想我能够理解您
132 的忧虑在某种程度上影响了您的写作。”[41]她再次表达了她的愿望，希望他尽快摆脱苏黎世恶劣的气候环境早日康复。庞德的态度就没有那么委婉了。他写信询问乔伊斯是不是因为“被什么东西击中了头或者被野狗咬了才变得这么疯疯癫癫”[42]——乔伊斯已经寄给他一些精彩的文章，随即他又收到了如此狂乱的散文。后来他觉得自己明白了原因。“亲爱的，”庞德在信中写道，“你寄来这一章是因为你觉得有必要按时寄来文章吗？”[43]他劝乔伊斯慢慢来。

其实乔伊斯并没有着急。实际上，他早在1915年就开始创作“塞壬”这一章了。[44]莉迪亚·杜丝（褐发）和米娜·肯尼迪（金发）是奥蒙德饭店的女招待，乔伊斯把她们想象

成了塞壬，塞壬在尤利西斯的船经过她们的岛屿时朝着尤利西斯放声歌唱。这一章本身就是一首歌，效仿的是赋格曲的八部结构[45]，在前几页乔伊斯还加入了序曲，介绍在这一章的展开过程中会不断被重复、被语境化并被赋予意义的乐音和乐句。在“塞壬”的开头，词语的声音是最重要的。随着这一章的展开，这些声音在叙事中逐渐找到了位置：马蹄声暗示着总督一行从饭店门口经过，“久久方息”的声音是盲人乐师音叉发出的颤音，布莱泽斯·博伊兰离开饭店时口袋里的硬币叮叮当当地响着，他要赶在4点钟和莫莉·布卢姆在她的卧室会面——布卢姆对他们的会面心知肚明。序曲要求读者即使读不懂也要读下去，因为词语的意义融入了声音之中；还要求读者暂时不要期待词语能够发挥原本的作用。回头再看时，意义才会显现。

1919年，《尤利西斯》的风格发生了很大变化。[46]在小说的第二部分，乔伊斯开始不再仅仅把目光局限在利奥波尔德·布卢姆和斯蒂芬·迪达勒斯身上。在第10章“游岩”的19个相互交叉的片段中，一只全视之眼在1小时5分钟的时间里（乔伊斯准确地估算了行动的时间）随着27个人物来回移动。每个时刻都包含着对同时发生在都柏林另一个地方的另一个事件的匆匆一瞥。一个求人施舍的独腿水手与赶着回家的迪达勒斯家的两姐妹擦肩而过。5个“三明治人”拖着沉重的脚步沿街为希利文具店做广告（他们每个人的帽子上都写着一个红色字母），与此同时，布莱泽斯·博伊兰的女秘书正在琢磨她读的小说中的一个人物是否爱上了玛丽恩。丧葬承办人合上了他的流水账簿，这时，埃克尔斯街上有一只胳膊（那是莫莉的胳膊）伸出来丢给独腿水手一枚硬币。小帕特里克·迪格 133

南领子翘着，正拿着猪排往家走，边走边回忆最后一次见到父亲的情景，当时父亲还要到酒馆再喝上几杯。他希望父亲眼下在炼狱里。

“游岩”是城市的蒙太奇，布卢姆和斯蒂芬变成了移动摄像机镜头里的背景人物。布卢姆是“一个黑乎乎的背影”[47]，正站在小贩车旁给莫莉找书，这时，博伊兰给莫莉买了一篮子水果，口袋里的硬币叮当作响。11 分钟后，迪达勒斯姐妹在家喝着修女给的豌豆汤，此刻，一张揉成一团的写着“以利亚来了”的基督教青年会的宣传单正沿利菲河顺流而下[48]，这张宣传单是布卢姆在第 8 章时扔进河里的。乔伊斯倾向于不露痕迹地进行视角转换，因为他一向反对使用引号。他认为引号不够自然，是“被误用的逗号”[49]，屏蔽了叙事文本的声音，而他希望语言能够像水一样围绕着人物自然流淌。《尤利西斯》就是一条声音的河流。

其中一个新声音是格蒂·麦克道尔的。1919 年的深秋和冬天[50]，乔伊斯在紫色的线装小笔记本上[51]撰写“瑙西卡”，并不断从不同的笔记中汲取素材。在“瑙西卡”中，17 岁上下的格蒂·麦克道尔坐在教堂附近海滩的岩石上。那时是晚上 8 点，格蒂知道，一个男人（利奥波尔德·布卢姆）正从远处看着她。她把他想象成伤感小说或廉价杂志浪漫故事中的那种绅士。乔伊斯这样描写格蒂的内心：

> 她要想方设法做到和他心曲相通，她将使他的生活放射幸福的金光。其他一切都是无关紧要的。不管有什么情况，她要放任自己、不受羁绊、自由自在。[52]

但是格蒂的幸福注定来之不易。乔伊斯反复琢磨那个时刻，开始想象她的想法可能历经的曲折，想象她和那位神秘的 134
绅士在实现自由、熠熠生辉的共同生活前必须克服的重重困难。格蒂的想法像云一样聚拢起来。乔伊斯在“幸福”这个词后面标注了一个“M”，又在空白的左页边写了个“M”，然后开始奋笔疾书。“一个最最重要的问题是，他是不是已婚。但是，即使——又怎么样呢？说不定他穿丧服是为一个老情人，很早很早以前的。”“最最重要的问题”对于格蒂来说还不够。乔伊斯画了一个向上的箭头，加上一句“她渴望知道”。

她的好奇心使她不只关注那个看她的男人是不是结婚了，还有比结了婚更令人痛苦的障碍。乔伊斯又向上画了一个箭头：“或者是丧妻鳏居，或者是有一个什么悲剧。”是什么样的悲剧呢？乔伊斯又画了一个向上的箭头。“像小说中那位为了仁慈而不得不采取残忍手段把妻子关进疯人院的贵族”[53]那样的悲剧。当格蒂看清海滩上那位贵族的面容时，乔伊斯在纸张的左上角加上了最后一个修饰语。看着她的那个人像“来自歌咏之邦那位名字带异域味”的贵族。

通过这个短语——插入语中的插入语中的插入语——格蒂的想象力捕捉到了利奥波尔德·布卢姆的真实身份。虽然他的穿着与当地人无异，但“利奥波尔德”就不是爱尔兰人的名字，而他的姓则更具异域风情。利奥波尔德的父亲移居爱尔兰时，把姓从“维拉格”（Virag）改成了对应的英文词“布卢姆”（Bloom），“维拉格”在匈牙利语中是“花”的意思。布卢姆的犹太血统在都柏林早已不是什么秘密，但他的外国姓氏却鲜为人知。格蒂在想象中揭示了他的外国身份。他们的脑子里潜藏着许多洞见。布卢姆猜想她快要来月经了，情况确实如此。格蒂猜想他被戴了绿帽子，事实就是这样。这些都是猜想，也都是顿悟。

乔伊斯重新回到了格蒂问题的起点，这个问题写在他笔记本的左下方。“但是，即使——又怎么样呢?”格蒂会继续想象下去。如果他结婚了呢? 他标注了一个“W”，在纸张左下方继续插入内容。“难道会有多大区别吗?”他写了一个原本不打算写的句子，但这个错误为他开启了新方向。他开始在纸张底部继续添加内容来给这个问题一个更完整的答案。

> 135 她秉性高尚，不论遇到什么，只要有一点点粗俗，她都不由自主地要退避三舍。她讨厌那种在道铎河畔的招待街附近跟大兵和粗俗男人鬼混的浪荡女人。她们丢尽了女人的脸，给抓到警察局去了。不，不：那可不能要。他们仅仅是好朋友而已，不管所谓的上流社会有什么样的惯例。[54]

像“塞壬”的序曲一样，格蒂的想法在一次次回顾中变得更加清晰。现在当她对海滩上那个看着她的男人展开想象时，她可以不断地变换可能的场景（婚姻、恋情、可怕的后果），并落脚到道德问题上。不过，对于格蒂来说，友谊也不是最后的出路。“她要放任自己、不受羁绊、自由自在”的决心还在脑海中徘徊，乔伊斯会把她带到那里。

她又发现了一个接近海滩上的男人的办法，这个方法可以避免像在林森德廉租公寓里做生意的堕落女人那样不知羞耻。乔伊斯再次回到了那个“最最重要的问题”和她最初的想法，“也许是为一个老情人”，格蒂会理解他失去情人的痛苦的。

她想象着那个女人的鬼魂站在他俩中间。“老情人还在等着，伸出小小的白手，睁着令人动心的蓝眼睛等着。我的心！她要追随自己的爱情之梦，服从自己的心的命令，而她的心告诉她，他就是她的一切的一切，全世界独一无二的男人，因为爱情就是最可靠的向导。”她特别享受“一切”这样的小词发挥的作用。

“其他一切都是无关紧要的。”格蒂最终到达了目的地，不管跟不跟他在一起，她现在只要“放任自己、不受羁绊、自由自在”就可以。她对那个贵族的幻想使她从他身上挣脱开来。乔伊斯在“使他的生活放射幸福的金光”和“其他一切都是无关紧要的”之间开辟了一条路，路上有疯人院、外国贵族、在廉租公寓里做生意的堕落女人、警察局和死去情人的鬼魂。他从为“瑙西卡”做的笔记中选取了 15 条添加到这个段落里，还有 879 条没用上。[55]乔伊斯没有再对《尤利西斯》做修订，这已经是最彻底的修订了。

# 11 野性的疯狂

136 尽管晦涩，乔伊斯的书与其说是博大精深，不如说是多愁善感，与其说是关乎脑力，不如说是关乎本质。他对《奥德赛》产生兴趣并不是出于什么崇高的原因，而是源于一本儿童读物。乔伊斯 11 岁时，他就读的耶稣会学校的英语老师让学生写一篇作文，讲讲他们最喜欢的英雄。[1]乔伊斯想到了查尔斯·兰姆写的《尤利西斯历险记》（*The Adventure of Ulysses*）。这本书的主角是从特洛伊战场归来的多谋善断的希腊勇士，根据兰姆的说法，他是一个“与妻子和故国伊萨卡分别 10 年，满怀渴望与他们相见”的国王。[2]这是一个有关魔咒、超人的壮举、宴会、宝物、可怕的恶魔、美丽的公主和被打败的恶人的故事。

尤利西斯听到塞壬的歌声（塞壬的歌声很美妙，会让人乐而忘返），就命令水手用蜡封住耳朵，让他们把自己绑在桅杆上。他抓住桅杆，在风暴中坚持了九天九夜，最终幸存下来，而水手们则因为风暴的袭击全部淹死。尤利西斯返回伊萨卡后乔装成乞丐，把妻子的追求者统统杀死，最终与爱妻和独子团聚。老师在读了乔伊斯的作文后皱着眉头对这个年轻人说：“尤利西斯不是英雄。”[3]

但对乔伊斯来说，尤利西斯就是英雄。他是“令世界不安的水手”[4]，是所有文学作品中最全面的人[5]。他是忒勒马科斯的父亲、拉厄耳忒斯的儿子。他是朋友、战士、情人和丈夫。乔伊斯认为他是欧洲第一位绅士，但同时又是一个反抗者。尤利西斯是希腊唯一反对特洛伊战争的人。乔伊斯评论 137
说，尤利西斯知道官方给出的理由“只是希腊商人们的托词，为的是寻找新的市场”[6]，但参战后他又是足智多谋的勇士。乔伊斯推断说，是尤利西斯发明了第一辆坦克——特洛伊木马。然而，除去重重的险阻——除去辛劳、弯路、挑战、计谋、伪装、魔咒、得到和失去的宝物——尤利西斯的故事是有关回家的故事。

1909年，那时距一战爆发还有好几年，乔伊斯带着儿子乔治回到都柏林的家中。在外漂泊了5年，《都柏林人》仍然没有出版，《画像》还是一团糟，《尤利西斯》也只是个想法。乔伊斯还不能真正自称是一个作家，但他可以称自己是一个父亲，他在都柏林四处走动，带着他4岁的儿子招摇过市。一天下午他遇到了文森特·科斯格雷夫，他吹嘘了自己在的里雅斯特地中海边呷着咖啡的生活，还说这次回来要去看望娜拉的家人。科斯格雷夫承认乔伊斯能和娜拉携手生活非常幸运——而他自己，他告诉乔伊斯，曾有幸每周有几天晚上和娜拉在国家博物馆的台阶前见面，他们也去林森德散步。[7]

乔伊斯的心被这些暗示搅得翻腾起来。确实有很多个夜晚她没跟他在一起，芬恩旅馆也不可能忙得脱不开身。当乔伊斯在房间里给她写信时，她可能正和科斯格雷夫沿着同样的街道散步。他怀疑，她也许在科斯格雷夫耳边说着前一天晚上对他说的同样的悄悄话。他们的关系还可能不止于此。

乔伊斯在给娜拉写信前算了算日子。他们初次同房是在离开都柏林三天后，也就是1904年10月11日。乔治生于7月27日。9个月16天（两个星期对于一个嫉妒得发疯的人来说意味着什么呢?）。他还记得旅馆的床单上几乎没有什么血迹，孩子的出生日期也比预产期要早很多。在都柏林他父亲家楼上的房间里，乔伊斯找到纸和笔。“乔治真是我儿子吗?”他写信给娜拉说，“你在跟我睡之前被别人睡过吗?”[8]乔伊斯一贯鄙视暴力，但此刻却想用子弹让某人的心脏停止跳动。[9]

138 大约有两个星期，乔伊斯没有收到的里雅斯特的来信。乔伊斯去埃克尔斯街的排屋找他的朋友约翰·伯恩（John Byrne），他情绪激动，忍不住抽泣起来。[10]伯恩后来写道，他从来没见过有人如此心灰意冷。他听完乔伊斯的讲述，判断说那完全是“无耻的谎言”[11]。科斯格雷夫和戈加蒂这两个游手好闲的人，曾是和乔伊斯一起逛夜市区的伙伴。他们合谋破坏他的幸福仅仅是出于嫉妒。不管伯恩说得对不对，他确实说了乔伊斯想听的话。那天晚上，伯恩言之凿凿，给心慌意乱的乔伊斯注入了强心剂。他当晚在埃克尔斯街留宿，第二天早晨起床时心情大好。[12]

乔伊斯乞求娜拉的原谅，或许这也是人生第一次，他那根深蒂固的优越感消失了。这位急切想要摆脱家庭、国家和教会的个人主义者原本目空一切，却在无助中放下了戒备。他想象着娜拉“像握着鹅卵石一样把他握在手心里”[13]。被她轻视就是在感受某种比他崇高、接近于敬畏的东西。像他在第一篇散文里写到的那个“掀起他内心深处生命洪流”的神秘女人一样，乔伊斯相信是娜拉使他成为作家，他为此更加崇拜她。“指引我吧，我的圣人，我的天使，”他在信中这样对她说，

“我深信，我写出来的所有华美、崇高、深刻、真实、感人的文字都来自你。”[14]他想象自己像胎儿一样蜷卧在她的子宫里，好像是她把他带到了人世间。[15]

这是乔伊斯第一次与娜拉远别，他频繁地给她写信。他给她寄去手套和多尼盖尔粗花呢布料，让她做条新裙子。[16]他给她买了一条象牙项链，还在坠牌上刻了字，一面写着“爱人不在”，另一面写着“爱人不快乐”。[17]他给她寄钱买内衣。他希望她穿上内衣时显出成熟女人的丰满——不要再穿少女那种又瘦又紧的内衣，也不要再穿那种带花边或蕾丝的薄得透明的内衣。他想让她穿那种显得丰满的宽松内衣，上面装饰着“深红色的大蝴蝶结”，从大腿到膝盖处有三到四层褶边。[18]他给她寄了几袋可可，嘱咐斯坦尼务必让她每天早晚都吃，还告诉她要多吃饭，这样等他回到的里雅斯特时，她的身体就会像她的内衣那样丰满且具有女人味儿了。[19]乔伊斯享受着内衣带来的多重隐秘的愉悦，享受着在公共场合瞥见隐私物品时的那 139
种冲动。他想象着自己闻着她内裤散发出来的芳香，那种芳香又和内裤底下身体的浓重气味混合在一起，他想象着她簇新的白色内裤上沾染的小污点。[20]

起先，他不敢说出涌现在他脑海中的那些疯狂的意象，但11月底在给娜拉的信中他提到他希望她能给他写那一类信。[21]他希望她能主动。她照做了。她开始对他发号施令，告诉他如果他不听话她就要怎样处置他。信写得很露骨，以至于我们永远不会知道她到底发布了什么指令。娜拉在几年后销毁了这些信件。[22]只有一封留存了下来——乔伊斯把它珍藏在衬有绸缎的白色皮包里。那是娜拉发来的一份电报，上面只有一个字：是（Si）。[23]

乔伊斯的大多数信都保存了下来。1909 年 12 月，他们开始加大力度。他勇敢地发表爱情宣言，使自己完全陷入狂热和任性当中。“在我对你的这种精神爱恋里面，”他写道，“还有一种野兽般的渴望，渴望你身体的每一寸肌肤，渴望你身体的每一个隐秘而羞于见人的角落，渴望你身体的每一种气味和每一个动作。”[24]他之前隐晦地提到过他脑海中闪现的各式各样的动作和姿势，现在他开始描写它们了。他边幻想边写道：“你火热的嘴唇在咂我，我的头夹在你肥硕的大腿中间，手紧紧抠住你圆垫式的屁股，舌头贪婪地向上舔着你。”[25]

乔伊斯想要尽可能地探索语言的限度，这些信使他能够跨越很多年来一直渴望跨越的门槛。1902 年当他还在巴黎苦苦挣扎时，叶芝写信跟他说，他寄去的那首诗只是业余水平。那是“一个正在练习乐器弹奏，以按不同的音孔发出不同的声音为乐的年轻人”[26]所写的诗。现在，乔伊斯奏出了最深沉的音符。他开始诉说一切，开始写下那些存在于脑海中却从未被写下来的想法。

他写道，他渴望“在你两个玫瑰花蕊般的乳房中间进出，在你脸上闯荡得无法自持，再射到你那热滚滚的面颊和眼睛上”[27]。每一个吐露出来的欲望都迫使他继续写下去，好像他
140 的信会让娜拉感知到他所有的想法。他列出了她进入他时应该进入的所有部位。他想让她骑到他身上，不管是在椅子上、地板上还是沙发背上。他想躺到厨房桌子上，让她把他拉到她身上。他写道：“把我放进你的屁股里。”他想让她骑在他身上，屁股里插上一朵红色的玫瑰花。他想让她把衣服撩起来，蹲在他身上，“像一头拉屎的母猪幼崽那样哼哼，一条肥大的脏蛇

状的东西慢慢地从屁股里出来”。他想让她把他拉进黑咕隆咚的楼梯间，在他耳边呢喃着说出女孩子之间相互分享的所有脏话和淫秽故事。[28]

这些信会让他在第二天感到羞愧难当，几天没收到的里雅斯特的来信激起了他的恐惧，他害怕自己惹恼了她。语言的力量第一次让乔伊斯感到胆战心惊。在他不再担心这些信会使娜拉与他疏远后，他又开始害怕他们狂热的激情会让娜拉因为饥渴难耐而委身别人。娜拉给乔伊斯发电报说“是”，乔伊斯回电报说“要小心”。[29]不过，这些露骨的信引起的兴奋正来自可能一时不慎带来的刺激。他故意冒着被拒绝的危险说一些放肆的言辞，这样她的下一封来信会更具戏剧性地使他感受到那种被接纳的安全感和亲密感。娜拉·巴纳克尔把乔伊斯变得淫秽不堪，继而引导他写出了最华美、最崇高的文章。

娜拉的接纳和鼓励，正是乔伊斯在经历了写作生涯最初几年的孤军奋战之后真正想要的东西，在他的想象中，她具有所有女人的形象。这样，他更感到欢欣鼓舞了。她是少女，是母亲，是女王，是情妇，也是缪斯。当乔伊斯第一次想到一个女人的爱情会释放他“内心深处的生命洪流”时，他刚好理解反了。他内心的洪流都被压缩到了娜拉身上。她既是高尚的，又是下流的，既是天使，又是婊子。实际上，是她先说脏话的。他提醒她，在他们离开爱尔兰不久之后的一个午夜，她“猛地扯掉了”自己的睡衣，爬到他身上，让他进入她的身体，在他身上上下颠，还弯腰靠近他的脸乞求说：“往上，亲爱的！往上，亲爱的！”[30]

娜拉的信同样露骨。一封信写得极为狂热，以至于乔伊斯

说它“前言不搭后语”[31]。另一封信描绘了她要用舌头做什么，那是她以前从未做过的。乔伊斯把她的信放在面前，用纤
141 细的笔迹认真地回信，很少有修改和删除。他盯着上面的一个词。他注视着每个字母的弧度，思忖着她边念边写时嘴唇的形状，想象着她写信时墨水渗入纸张的情形，这些信听起来就像他们所谈论的行为本身一样野性。那个字比其他字都要大，她还在下面画了线。[32]连笔的“f”那纤细的弧线高耸于其他相对平缓的字迹之上，又猛地落了下来，比其他字母还要长。[33]它像她蓝色睡裙上的蝴蝶结那样富于对称的美感，其中一条丝带的末端延伸到了向上翘着的元音上面。乔伊斯把她的信贴到嘴唇上，亲吻着那个词。[34]他还想让她多写一些。

对于一个在写诗歌和小说时字斟句酌、不辞劳苦的人来说，写信时那种无须节制的放纵会带来胜利的感觉。成就感不仅来自信中提到的污秽细节，还来自信本身洪流般的力量。乔伊斯觉得，当他坐下来写信时，“狂热的野性的疯狂”[35]像海浪一样席卷而过，这种疯狂强劲有力，足以使语言脱离那个自我封闭的世界。在他心目中，污言秽语和下流行为没有什么分别。乔伊斯性幻想中的一个典型场景（也是他辉煌时期文学想象的起点）是他听着娜拉口吐脏话，看着她的口型，他写道，他可以“听见闻见那姑娘似的大臭屁，乒乒乓乓地从你那漂亮的姑娘似的光屁股里喷射出来……”[36]。

有关乔伊斯说脏话的最早记录是在他 7 岁时。父母把他送到都柏林 20 英里以外的一所寄宿学校，根据耶稣会学校惩戒簿上的记载，一位神父因为乔伊斯“说下流话”打了他 4 下掌心。[37]乔伊斯是学校里年纪最小的学生。他骄傲地称自己的

年龄是“六点半”①，这三个字就成了他的第一个绰号[38]，也是另一种形式的惩罚。在乔伊斯理解语言的意义之前，语言就是权力结构不可或缺的组成部分。语言之所以具有色情力量，不是因为淫秽，而是因为污言秽语与义正词严并没有太大分别。描绘堕落的字母也能写成法律条文和宗教戒律——同一块 142
布料既可能装饰着天真无邪的褶边，又可能沾染上羞于见人的小污点。这些信让乔伊斯如此兴奋的原因就在于它们在单纯与罪恶、崇高与下流之间摇摆。

摇曳着他的心扉且使他感到痛苦的激情、羞耻、爱恋和嫉妒，在他给娜拉写的那些无所顾忌的信中展露无遗。在不表达爱意时，他会要求她坦诚她的越轨之举。当科斯格雷夫把手伸到她裙子里时，他的手指有没有戳进去？要是戳进去了，戳得有多深？戳了多久？他让她起兴了没有？她又是怎么做的？他让她摸他了吗？乔伊斯试图通过掌握所有细节了解过去。“当你在黑咕隆咚的夜里和他在一起时，你的手指从来、从来没有解开他的裤子像耗子似的滑进去吗？”[39]负罪的暗流仍然如影随形。“我爱你，娜拉，我觉得这也是我爱情的一部分。原谅我！原谅我！”[40]

乔伊斯把道德谴责转向了自己。写给娜拉的信是对自己堕落的忏悔，也是在乞求得到应有的处罚：他想让她用藤条鞭打他。他想象着他做了坏事，她的脸气得通红，把他叫到身边，她乳房饱满，肥硕的大腿叉得很开。他写道：“我感到你弯下腰（像个用鞭子抽孩子屁股的愤怒的保姆），直到你那丰满的

---

① 1888年，乔伊斯进入克朗戈伍斯森林公学，成为那里年纪最小的学生，只有六岁半。有人问他年龄，他却答成了表示时间的“六点半”（half past six）。

大奶子几乎贴到我身上，感到你在我哆嗦的光屁股上抽啊抽啊抽！”[41]详尽地描绘惩罚的细节就是进一步贬低自己，要求被施以更严酷的惩罚——乔伊斯很喜欢打破规则，因为他尊重规则。他野蛮地重复着话语，恳求遭受最下流的性虐待，最后却演变为信中最令人欣慰、最铿锵有力的叠句：“娜拉，娜拉米亚，娜拉娜，娜拉塔，娜拉拉，娜拉西亚……”（Nora，Nora mia，Norina，Noretta，Norella，Noruccia…）[42]任何词语——所有词语——似乎都因为她而变得有力、真实。他写信跟她说，他除了想让她操他、抽他，还想回到的里雅斯特，坐到她身边，一坐就是几个小时，“跟你说话、说话、说话、说话”[43]。但愿这样转瞬即逝的时刻能够无穷无尽。

《尤利西斯》是献给娜拉的。他正在拼贴的书——这本无所不言的小说——是对他们第一次约会的纪念。因《尤利西
143 斯》而不朽的那一天是乔伊斯和娜拉第一次单独在一起的日子，那天他们一直走到了码头尽头。1904 年 6 月 16 日。他手稿上每个字的墨迹都使那些短暂的时刻变得越来越难以磨灭。《尤利西斯》是他的终极情书。

乔伊斯和娜拉互寄的那些色情信件是现代文学的隐秘源头之一。正是从这些信里乔伊斯获得了对语言的顿悟：最寻常字眼的灵魂表明了一个事实，那就是，写作的终极力量使写作能像爱一样让作家变得茫然无助。他最无畏的文字溶为了卑下的恳求（“原谅我”）和对娜拉的名字的反复呢喃。乔伊斯在他最可能从语言中获益时逐渐发现了语言的悖论——他为了成为作家离开都柏林，5 年后归来时却只是一家不久就倒闭的电影院的代理商。在很多年里，他苦心孤诣地创作着一本谁也未曾读过的小说——或许也没有人会读。但是和娜拉在一起，乔伊斯

就有了读者。她不是学者，不是美学家，不是赞助人，也不是文学批评家，但她无比忠诚，仔细阅读着他的来信。在1909年他们隐秘的通信中，乔伊斯花了很长时间学着掌控语言，却突然发现自己被语言所控。这种无助使他在笔耕不辍、精雕细琢之余感到敬畏、恐惧、喜悦、自由、任性和开放，就像要滔滔不绝地说下去一样。

在戈尔韦女孩和艺术家之间存在智识上的差异，但在某种程度上她变成了他所期待的那种可以代表所有读者的典范。很多年以后，乔伊斯这样写道，“理想的读者”承受着“理想的失眠”之苦。[44]他希望人们在读小说时能像读国外的下流来信那样一丝不苟、满怀激情、废寝忘食。这是现代主义最深刻的洞见之一。詹姆斯·乔伊斯对待读者就像对待情人一样。

# 12　莎士比亚书店

144 西尔维娅·比奇已经在书堆里翻找了几个小时，蜡烛都快烧到她的手了。[1]20 世纪 20 年代中期，西尔维娅·比奇——用一个作家的话来说——“也许是巴黎最有名的女性”[2]。她的事业起始于波瓦与夏维列书店那昏暗的地下室。她在伦敦搜集了两卡车诗集，在塞纳河沿岸的书摊上搜罗所有她能找到的英国或美国出版的书刊，但收益最多的地方却是夏维列那杂乱的地下室。在那个昏暗的地方，她抢救出一本吐温的书、一本奥斯汀的书、一本惠特曼的书，还有一摞紧紧捆在一起的亨利·詹姆斯全集。被丢弃的吉卜林和迪金森（Dickinsons）的著作像幸存者似的在纸堆里茕茕孑立。

在贝尔格莱德，西尔维娅·比奇有了开书店的想法。1919 年冬天，她在贝尔格莱德积雪重重的街道上蹒跚而行，那时，一战的硝烟还没有完全消散。塞尔维亚是上演着欧洲最棘手的种族纠纷的巴尔干半岛的要塞。一个混迹于波斯尼亚首府——萨拉热窝的塞尔维亚民族主义者走近大公的车队，点燃了一战的导火索。5 年之后，战争结束，70 多万塞尔维亚人死亡，其中大多数是平民。塞尔维亚的人口减少了近五分之一（一战最高的伤亡率），贝尔格莱德沦为废墟。获胜一方的幸存者们沿着战壕游荡，搜集榴弹和战利品。[3]人们还沉浸在独立的新
145 鲜感中。塞尔维亚在几个世纪里相继被奥斯曼帝国和奥匈帝国

所统治，每一次征服都使贝尔格莱德遭受灭顶之灾。超过两层的建筑少之又少。

当西尔维娅·比奇随美国红十字会来到这里时，她看到路边到处都是马匹的尸骨[4]——她不知道这些马是饿死了、被杀了，还是被实施了安乐死。塞尔维亚一片萧索之景。没有电也没有自来水。没有学校，没有工厂，没有机场，没有桥，在她去市场的路上布满了迫击炮的弹坑。学习当地语言是一件困难的事，但她学会了三个重要的词："请"、"多少"和"奶油泡芙"。[5]

市场上的小贩从巴尔干半岛各地而来。[6]塞尔维亚人、阿尔巴尼亚人、马其顿人、波斯尼亚人穿着民族服装来到城里。在贝尔格莱德的市场上走一遭就是在穆斯林头巾和头饰、土耳其毡帽以及阿斯特拉罕皮帽间跋涉而过。裹得五颜六色的吉卜赛女人叼着烟斗在城里穿行。[7]妇女们挑着扁担，扁担两端挂着装满鸡蛋的篮子。人们喝一种被称为"色利普粉"（salep）的饮料取暖，这种饮料的制作方法是，兰花块茎晒干后装到锡罐里在炭火上烹煮。市面上几乎买不到其他东西。

比奇的姐姐霍莉（Holly）在红十字会当翻译，她给西尔维娅找了一份行政工作。她向光脚站在雪地里的瘦骨嶙峋的塞尔维亚人[8]分发睡衣、毛毯和炼乳[9]——她不知道红十字会为什么不带鞋子来。红十字会让大批德国和奥地利俘虏鱼贯而入除虱房[10]，在那里烘烤破烂的制服，清洗身体。红十字会开设了医院和孤儿院，护士在病房里巡视，记录病人的信息、健康状况和基本需求。[11]比奇在一台轧轧作响的油印机上打出调查表格，每天在护士回来后把记录归档。[12]

女性尽管整日忙忙碌碌，但在战后的贝尔格莱德，她们还是没有掌控权。[13]对于这种情况，一开始比奇觉得有点烦躁，很快就变得怒火中烧了。“红十字会使我成了一个真正的女性主义者，”她写信给住在新泽西的妈妈说，“男人们管理着一切，自顾自地把所有有趣的事都留给自己。”而女人，她说，
146 “就是二等兵，被呼来喝去，被迫无条件地服从安排”[14]。对于一个在普林斯顿和巴黎长大的姑娘来说，这种境遇着实令人恼怒。比奇的父亲是一个长老会牧师（实际上是伍德罗·威尔逊总统的牧师），他们家9代都是牧师[15]，到他则是最后一代。西尔维斯特·比奇（Sylvester Beach）是长老会的教会领袖，支持女性参政，坚决维护妻子和三个女儿的独立人格。他的次女把名字从“南希”（Nancy）改为“西尔维娅”以向他致敬。[16]

西尔维娅·比奇于1914年定居欧洲。1917年，当男人们在战壕里英勇奋战时，她到都兰的一个农场里当志愿者，每天工作12个小时。[17]她自豪地穿着卡其布制服，而和她一起摘葡萄、捆麦子的女人却对她的短发和裤子颇有微词。[18]情况可能比这更糟。1915年在西班牙，村民向她和她妹妹希普琳扔石头，因为她们穿着马裤。[19]但贝尔格莱德的荒凉前所未有地加深了她的思考。[20]环绕着贝尔格莱德的矮山[21]把来自黑海的冷空气[22]和随之而来的暴雨圈在了城内。雪积存在低矮房屋之间的缝隙里[23]，融化后沿着街道的斜坡流到泥泞的萨瓦河里，萨瓦河在城下蜿蜒而过，汇入褐色的多瑙河。[24]

战后贝尔格莱德那种可怕的美使西尔维娅·比奇做了一个新的决定。很多年以来，她都想开一家不单是卖书或是展示书的书店，她想有一个文学界可以聚会的场所[25]，读者和书籍可以在孤独的人群中彼此邂逅，作家们从书中走出来，变成活

生生的人，从门口进来向读者致意。她攒的钱还远远不够，但她想给母亲写信请她帮忙：“我肯定您会同意我尽最大的努力做一些有趣又有意义的事作为我毕生的事业，而不是在别人手下做一些让人提不起劲来的工作——如果摆脱不了观念或艺术上的禁忌，就可能成为车轮上的松鼠①。”[26]她母亲对此持怀疑态度，提醒她那“会是一项艰苦的室内工作”[27]。西尔维娅·比奇身量苗条，父母一直觉得她很柔弱。

她返回巴黎后发电报给母亲：“在巴黎开书店。请寄钱来。”[28]在那之前，她打算把书店开在伦敦，但去了一趟英国后，她确知房租太高而市场又已经饱和了。更重要的是，西尔 147
维娅陷入了爱情之中。1917 年 3 月，在离开巴黎去做志愿者之前，她造访了“书友之家”[29]。那家店很奇特，既是书店，又是借阅图书馆。她走进店里，看到了艾德里安娜·莫尼埃（Adrienne Monnier）那圆润、友好的面庞。她记得，她的眼睛像威廉·布莱克一样生动。

战后，莫尼埃建议比奇在巴黎开一家书店，这样她们就可以在左岸拥有自己的姐妹店。莫尼埃出借、售卖法文图书，比奇出借、售卖英文图书。莫尼埃可以带她了解巴黎的图书业，因为没人指导，在哪个城市开书店都会非常困难。那时莫尼埃在她书店的拐角处找到一家空店面，此前那里是一个洗衣店。西尔维娅·比奇被说服了。她发了电报，几天后，尽管比奇牧师

① “车轮上的松鼠”出自俄国作家克雷洛夫（Ivan Krylov，1769～1844）的寓言《松鼠》。在地主府第的窗口下，一只松鼠在飞快地蹬车轮。枝头上的鸟问它在做什么，它说它在给主人疾驰报信，顾不上吃饭喝水。鸟对松鼠说道：“虽然你跑个不停，但永远都停留在原地。”“车轮上的松鼠”被用来讽喻终日劳而无功、碌碌无为的人。

反对，母亲还是给她寄来了3000美元。[30]

比奇去旧货市场买了一张桌子和几把舒适的古代扶手椅[31]，以吸引人们进店坐下阅读。她还买了威廉·布莱克的画作和奥斯卡·王尔德、瓦尔特·惠特曼的画像。[32]米黄色的粗麻布挂在墙上，硬木地板上铺着塞尔维亚地毯。[33]大部分的钱被用来买书。她在伦敦买了现代文学的必读书籍，她妹妹希普琳也从美国给她寄书过来。当她在波瓦与夏维列书店的地下室里找书时，她其实是在为书店的主体东拼西凑——那些二手书组成了她的借阅图书馆。

艾德里安娜·莫尼埃的书店是法国第一家借阅图书馆[34]，她的成功使比奇相信自己也可以这样做。法郎贬值致使外国图书价格昂贵[35]，很少有人买得起——毕竟，这是在平装书革命①之前——巴黎对英文书籍的需求日益增长，比奇可以通过借阅而不是售卖的方式满足市场需求。会员每月只需支付7法郎（约50美分）[36]就可以每次一本地无限制借书了。为了省钱，书店也成了比奇的公寓。她把折叠床放到里屋，房间很小，隔壁就是小厨房。她在装着铁棍的窗户边睡觉，向外可以看到院子里的厕所。晚上，她望着老鼠“像竖琴上的

---

① 1935年以前，书籍通常精装出版且价格昂贵，阅读主要是有钱有闲贵族阶层的习惯。1935年，鲍利海出版社老板艾伦·莱恩（Allen Lane，1902～1970）在出差期间突发奇想：为什么不将优秀的现当代文学作品以平装书形式出版，让所有买不起精装书的人都能够读到呢？他将原本不成气候的平装书出版汇成一个品牌，以专业的态度对其进行包装、设计和宣传。第一套企鹅丛书有别于雍容华贵的精装书籍，这些平装书出自籍籍无名的小印刷厂，用胶水和纸张简单装订而成——每本只卖6便士3先令。6便士3先令在当时正好能买一包香烟，而与一包烟同样廉价的平装书，却打破了知识垄断，成为普罗大众的一个知识入口，改变了大众的文化生活，也开启了世界出版业的新篇章。

手指一样上下跃动”[37]，但她并不介意。她终于有了自己的书店。

1919年11月一个星期一的早晨[38]，西尔维娅·比奇把一块小小的木头牌子挂到了门面上方，接着拉开了莎士比亚书店的百叶窗。招牌是一幅莎士比亚画像。莫尼埃帮忙宣传，法国文学界的人即刻造访，其中就包括安德烈·纪德、乔治·杜阿梅尔、儒勒·罗曼、瓦莱里·拉尔博（Valery Larbaud）这些著名的法国作家。[39]英国和美国的作家们也不甘落后。1920年，埃兹拉·庞德在搬到巴黎后（他抱怨说英国已经变得过于温顺了）不久就信步走进了莎士比亚书店，到室内参观，询问比奇小姐他是否能帮上什么忙。他对来自萨拉热窝的香烟盒和一把摇摇晃晃的旧椅子发表了一通专业的看法。[40] 148

西尔维娅·比奇时机把握得很好。一战催生了一批跨国主义者。从未想过会背井离乡的青年男女们突然发现他们在为同盟国或敌国效力，所以无不幻想着大都市的生活。美国和英国经济的快速发展和法郎的急速贬值使巴黎成为一个理想的国际大都市。1915~1920年，法郎相对美元来说贬值了近三分之二[41]，巴黎低廉的物价使它散发出势不可挡的魅力。一战前，美国每年只有1.5万人到法国旅游。1925年，美国游客超过了40万人[42]，很多人还在此定居了。1920年，长居巴黎的美国人有8000人，三年之后，这个数字涨到了3.2万。[43]人口的涌入使巴黎似乎变得美国化了。单行道、电子标识和英文报纸一起出现了。街面上还有美国教堂、杂货店，共济会分会和篮球联盟也成立了。[44]夜总会和音乐咖啡馆被大型音乐厅所取代，这些移居巴黎的人听着爵士乐，呷着他们称为“鸡尾酒”的鲜亮的酒水[45]，丝毫不用担心联邦政府的搜捕。①

莎士比亚书店把讲英语的人聚合成了一个团体。事实上，它成了一个收入微薄的团体中心。图书馆的会费几乎入不敷出，书店在1921年只赚了100美元。[46]莎士比亚书店的重要
149 性与钱无关。从开业那年的年底开始，它就成了读者和作家可以相互交流的地方，不同年龄的人可以在此交换看法，西尔维娅·比奇在这里把作家介绍给编辑和出版商认识。如果你从事文学创作或喜欢读文学作品，又恰巧在巴黎——不管是一个星期、一个月还是十年——你肯定知道该去哪儿。莎士比亚书店成了文化大都市的文学枢纽。

文化需要空间。文化不是无缝的背景幕布，而是各地文化现象的拼贴。文化有中心，有特定的场所，在那里，艺术家可以加入某个机构，人们可以彼此影响、相互排斥，可以有计划或无计划地调整活动安排，可以在一天之内接触到来自日本、莫斯科、西非和都柏林的形形色色的人和思想——文化中心之所以存在，是因为它们担任了周遭地区的中继站。如果说现代主义有一个重要的根据地，那就是巴黎：战前在蒙马特区高地，房价飞涨后又移到了左岸地区，那里位于塞纳河南岸，方圆不足两平方英里，布满了狭窄的街道和宽阔的林荫路。

左岸多元、廉价，到处都是咖啡馆。蒙帕纳斯更是如此，

① 自1920年1月17日开始，美国禁酒法案正式生效，自此开启了美国长达14年的禁酒时期。禁酒令规定，凡是制造、售卖、运输酒精含量超过0.5%的饮料都是违法的，与朋友共饮或举行酒宴最高可被罚款1000美元，监禁半年。

在那里，工人、移民、政治避难者、艺术家、资本家、从隔壁拉丁区来的学生混居在一起。蒙帕纳斯[47]的艺术家聚集区紧挨着屠宰场[48]。夏加尔（Chagall）和布朗库西在丹茨格咖啡馆和屠夫们一起喝咖啡。

咖啡馆不只是巴黎文化生活的附属。在19世纪以及20世纪初期，巴黎的欢饮场所比世界其他任何一个城市都要多——大约每300人就有1家店。[49]这是纽约人均数量的3倍，是伦敦人均数量的10倍。巴黎咖啡馆的数量之大方便了人们在宽敞的空间中聚集成堆，自由地谈天说地、讨论计划、争吵辩论。如果争得面红耳赤，咖啡馆文化也提供了解决之道——街边总有别的咖啡馆，人行道使人们很容易彼此邂逅，然后聚在一起、四下走开或重新组合。咖啡馆中结成的关系虽不稳定，却也不轻浮。咖啡馆之所以繁荣，是因为它们是逃离19世纪严苛的议会法律的避风港。[50]从1848年欧洲革命到巴黎公社 150
再到1919年，暴动看起来都像是自发性的，那是因为工人们是在咖啡馆里而不是通过工会集结的。左岸的咖啡馆既利于发展亲密关系，又适于短暂邂逅，既趣味横生，又举足轻重，是远离国家的港湾，为现代主义和《尤利西斯》这样一本城市小说提供了理想的空间。

莎士比亚书店是一个混杂空间，介于开放的咖啡馆和私人的文学沙龙之间，非常适合说英语的顾客。对于他们来说，咖啡馆文化总是隔了一层。西尔维娅·比奇的书店给予英国和美国来客一种咖啡馆无法给予的安定感。很多会员让人把信件寄到莎士比亚书店（对于很多作家来说，这是唯一可靠的地址），比奇用带格的信箱把信件按字母顺序分门别类地放好。[51]迷惘的一代有了家园。

在1920年7月一个炎热的星期日下午，艾德里安娜·莫尼埃邀请西尔维娅·比奇到法国诗人安德烈·斯皮尔（André Spire）家里参加一个早晚餐宴会。[52]比奇不想去。她欣赏斯皮尔的诗，但与他并无私交，也不在受邀人之列。不过，艾德里安娜坚持要她去，并像往常一样说服了她。斯皮尔热情的欢迎让他的美国客人放松了下来，但当他们来到宴会厅时，斯皮尔把她拉到一边，对她轻声耳语道："爱尔兰作家詹姆斯·乔伊斯在这儿。"[53]她不禁为之一惊。

宴会是为乔伊斯举办的欢迎会，他刚刚到达巴黎，在接下来的20年中，他把这个城市称为他的家园。这次搬家并不是事先计划好的。埃兹拉·庞德和乔伊斯前一个月在意大利初次会面，他说服乔伊斯迁居巴黎。庞德洞悉到了这个男人在"脾气暴躁"的爱尔兰外壳下的敏感内心[54]，力劝他搬得离现代主义的中心近一点儿。这是一个做出改变的好时机。乔伊斯刚刚完成了《尤利西斯》第14章"太阳神牛"的写作，故事发生在妇产医院，总共分为9部分，将英语发展史和胎儿的发育联系起来。[55]乔伊斯模仿了几十种风格，从古英语到中古英
151 语，到伊丽莎白时期的小说，到弥尔顿、斯威夫特、狄更斯等，然后又转向了爱尔兰俚语、伦敦东区方言和鲍厄里土语。他花了1000多个小时来写这一章[56]，还预计下一章"喀耳刻"会是个更大的挑战。

庞德在巴黎为乔伊斯提前打点。他把乔伊斯的作品和对他有利的新闻剪报寄送给显要人物。他给《画像》找了个法文翻译，还搞到了一幢带家具的三居室公寓，并且无须支付房租（至少在几个月之内无须支付）。最后一步是举办一场豪华的宴会把乔伊斯介绍给巴黎文学界。比奇看到庞德穿着天鹅绒

外套和领口开得很大的蓝色衬衫斜靠在扶手椅上，他的妻子多萝西·庞德（Dorothy Pound）在和一个红褐色头发的高个儿女士说话。[57]多萝西把比奇小姐介绍给娜拉，西尔维娅·比奇觉得乔伊斯太太很有威严。娜拉很高兴找到一个可以跟她说英语的人，西尔维娅·比奇则很高兴能通过乔伊斯的“反射光”间接接近乔伊斯。

斯皮尔宣布宴会开始，冷切盘、鱼肉和肉饼陆续上桌。[58]沙拉和法式面包在长桌上绕圈传递，主人给客人倒上红、白葡萄酒。只有一个穿着不合身西装[59]的客人不喝酒。这个人一次次谢绝斯皮尔的盛情，吸引了其他客人的注意。詹姆斯·乔伊斯把酒杯扣到桌上以表明他确实不喝。[60]他在晚上8点之前从不喝酒。埃兹拉·庞德开玩笑式地把所有酒瓶摆在乔伊斯的餐盘前以防他改变主意。大家都笑了，乔伊斯却尴尬地涨红了脸。

宴会结束后，当话题转到文学时他悄悄溜到了一边。比奇尾随他走进斯皮尔的书房。当她看到梳着大背头的乔伊斯在两个书架间的角落里弓着背时，她怯生生地问道：“您就是大名鼎鼎的詹姆斯·乔伊斯吗?”

乔伊斯把目光从书上移开，注视着眼前这位娇小的美国女士，显出下巴坚毅的轮廓。他伸出柔软的手，简单地回答：“我是詹姆斯·乔伊斯。”[61]

他审慎地用贴切的词语表达自己的看法，好像在和一个正处于英语学习阶段的人谈话。她欣赏他那柔和的声调和爱尔兰口音。他用“book”来和“fluke”押韵。他把“thick”锐化成“tick”，把“r”发成音调向上的颤音。他正在创作的小说名 152
为《欧利塞斯》（*Oolissays*）。[62]乔伊斯苍白的皮肤中透着红晕。

他留着一小撮山羊胡，额头刻上了岁月的痕迹。她在想，他年轻时候准是个帅小伙。但他的右眼有点不对劲，像是被厚厚的镜片放大或扭曲了似的，几乎称得上是古怪。

莎士比亚书店这个名字可能像“西尔维娅·比奇”一样让乔伊斯为之一笑。他在巴黎寻找好运的征兆，而这些都是吉祥的名字。当她跟他讲到她的书店时，他从口袋里掏出一个小小的笔记本，把本子凑到眼前，记下了地址。[63] 真是让人心碎的一幕。正在这时，路上传来了狗吠声，乔伊斯一下子跳了起来。比奇走到窗前，看到斯皮尔家的小狗正在追着球玩。

“它进来了吗？它熊（凶）吗？”[64]①

比奇跟乔伊斯先生担保说狗看起来一点儿也不凶，也肯定不会向书房冲过来。他解释说，他小时候被狗咬到过下巴，从此对狗避之莫及。大名鼎鼎的詹姆斯·乔伊斯竟然是个容易脸红、弱不禁风、视力低下又很怕狗的人。他实在是很可爱。

第二天，乔伊斯来到了莎士比亚书店。他穿着一套深蓝色的哔叽西装，戴着黑色毡帽，手里拿着一根细长的手杖，举止雍容，但脚上那双脏乎乎的网球鞋跟这身打扮很不协调。[65] 他缓步走到奥斯卡·王尔德和瓦尔特·惠特曼的画像前。在那个短暂的间隙，比奇很想知道他对她的小书店印象如何，当他坐到扶手椅上提出加入她的借阅图书馆时，她的不安缓解了。他可以付一个月的借阅费用。

西尔维娅·比奇觉得乔伊斯敏感而脆弱。让他恐惧的事物包括海洋、马匹、大型机器，他还恐高，不过最怕打雷。[66] 小

---

① 乔伊斯把“fierce”（凶）发成“feerrce”的音。

时候，他在打雷时总会躲到橱柜里[67]，雷雨好像伴随了他一生。比奇记得他在雷雨期间在走廊里瑟缩发抖[68]，抱怨巴黎无线广播势大欺人。[69]比奇鼓励乔伊斯说出他的困难，他谈了一些。庞德给乔伊斯和他的家人找的住处是一套位于帕西区的仆人住的公寓，在5层，面积小，有一张双人床，没有浴室， 153
没有电。[70]在此期间，乔伊斯借了一张书桌、几条床单和毯子，还借了一些钱。[71]当然，他还在写《尤利西斯》，他认为夜晚的紧张创作加剧了他的眼疾。[72]

乔伊斯在书店广告单背面简单画了幅虹膜切除术的图样。[73]他画了两个变形的同心圆，又胡乱画了几根不规则的线条代表虹膜组织。西尔维娅·比奇盯着这幅看起来像是8岁孩子的画作看了又看（毕竟那不是乔伊斯的正常水平）。他又画了5根从眼睛处散发出来的直线（代表疼痛？睫毛?）。在描述瑞士医生怎样切开从虹膜边缘到瞳孔边缘的部位时，他把铅笔芯戳到了纸里。好像是为了说得更清楚，他又把眼睛画了一遍——圆圈、乱线条、斜线等——不过这次他在虹膜上重重地画了一个点。比奇把两张画都保存了下来。

乔伊斯说他在苏黎世做眼睛手术时机选得不对。他们应该等到虹膜消肿后再做手术，医生的草率损害了他的视力。写作不是很困难吗？难道他不能口述吗？他回答说，那是不可能的。他希望跟语言亲密接触，用手写下每一个字母。娜拉发牢骚说他只要一写作就变成了一根筋。[74]早晨睡眼惺忪，他的第一反应就是在地板上摸索纸和笔[75]，然后他一整天都会专注于小说。在娜拉打算上午餐时他会溜达出门，因为他完全忘了时间。“看他现在的样子！”她对比奇抱怨说。“趴在床上胡描乱写！”她希望他做些别的事，而不是当一名作家。[76]

# 13　纽约地狱

154 一战的结束并没有带来和平。生活费用在5年里翻了一番[1]，导致在1919年一年的时间里美国就发生了3600次罢工[2]。五一劳动节那天，无政府主义者把伪装成百货商店玩具的30多个绿色盒子[3]寄给了全国多位知名人士，其中就包括司法部部长米切尔·帕尔默（Mitchell Palmer）、邮政总局局长伯莱森和检察长威廉·拉马尔。[4]大多数人都很幸运。当第一批包裹在收件人手中爆炸时，16枚炸弹因为邮资不够还静静地躺在邮政总局里。

在接下来的一个月里，10枚炸弹在旧金山、密尔沃基、克利夫兰、纽约等城市同时爆炸[5]，这次炸弹不是邮寄来的。在华盛顿，一个拎着大手提箱的人踏上了通往司法部部长家前门的台阶；炸弹在部长家的院子里爆炸。[6]街对面的邻居——一个名为富兰克林·罗斯福的志向远大的海军副部长——踩着起居室里的玻璃碎片，跨过掉落在他门口的残肢，冲到部长家里。许多粉红色的传单沿街飘落。“我们一直在渴望自由，我们谈论着解放，期待拥有更好的世界，然而，你们却可以随时监禁我们、殴打我们、驱逐我们、谋杀我们。”[7]投弹人发誓要摧毁所有暴政机构。“永远别对你们的警察和警犬抱有希
155 望，觉得他们可以成功地为国家消除无政府主义，无政府主义就在我们的血管里跃动。”

第二天，警察在一个街区以外的一幢三层大厦的楼顶发现了投弹人头部的一部分。[8]他们把投弹人和一个叫路易·加利阿尼（Luigi Galleani）的意大利无政府主义者联系起来，在6月的几起爆炸发生后，加利阿尼就被追查到了，然后被驱逐出境。但事情才刚刚开始。在第二次暗杀中侥幸逃脱的司法部部长帕尔默组织了一支联邦打击犯罪搜捕队，人数比一战期间增加了4倍。[9]官方估计纽约住着“两万多名激进分子”[10]。他们大多数是外国人，区分他们是无政府主义者还是共产主义者，是加利阿尼的支持者还是布尔什维克主义者根本没有意义。“我们已经得到了相关建议，在未来的某一天，”帕尔默警告国会说，“这些家伙会引发更严重也可能是更大的动乱，这些疯狂的家伙把动乱称为革命，煽动人们揭竿造反，一举摧毁政府。”[11]

针对接二连三的爆炸事件，政府在全国范围内展开了“红色大搜捕”（Red Raids）。从1919年秋天到1920年年初，当局频繁地彻查办公室，收缴文件，破坏财物，殴打可疑激进分子，拘留了一万多名嫌疑人，把几百名外国人集中驱逐出境。[12]艾玛·古德曼和其他300名激进分子一起被驱逐出境，他们的船安保措施严密，甚至连看守犯人的美国水兵都不知道船要开到哪里去。[13]船长接到指示，必须等到在海上航行24小时后，才可以打开航行指令。

范围最大的一次红色大搜捕开始于1920年1月2日东部时间晚上9点整。[14]特工们在全国35个城市拘捕了3000多人——搜捕范围并不限于沿海可能的飞地区域，而是拓展到了托莱多、得梅因、路易斯维尔和堪萨斯等地。在纽约，100多名司法部特工和便衣警察三两成队，坐着军用卡车和出租汽车

四下散开。如果严厉的问讯也无济于事，调查者们就会虚构出阴谋暴力反对政府的供词，并伪造嫌疑人签名。[15]司法部部长
156 帕尔默宣称这是在按《反间谍法》行事[16]——美国参议院并未认可《凡尔赛条约》，所以从严格意义上讲美国仍处于战时。

红色搜捕队把信息反馈给一个名为“情报总部”的鲜为人知的新机构，该机构隶属于调查局（美国联邦调查局的前身）。特工们在其所到之处收缴把全国激进分子联合成言论共同体的文件、书籍、报纸和杂志（仅共产党就有 25 份报纸）。书店是颠覆活动的枢纽。纽约第 15 大街的基督教女青年会旧址变成了售卖激进文学作品的商店[17]，并成为那个时代的标志。当局查找地下印刷厂的地址，并通过翻阅邮寄的出版物拼贴出作家、出版商、书店、共事者和同情者的网络。

《小评论》跻身遭受搜查的杂志之列，乔伊斯那日渐写就的作品唯一的发表平台正处于岌岌可危的境地。邮政部查禁了《小评论》1920 年 1 月号[18]，因为在那一期《尤利西斯》的连载中，一群聚在酒吧里的都柏林人把维多利亚女王戏称为“已故自负的老婊子”和坐在王位上“吃香肠的”德国人。[19]他们嘲笑她儿子爱德华七世骑的女人比骑的马还多，可能因此染上了性病：“那位花花公子所缔造的该死的梅毒倒比和平来得多些。”[20]只要联邦官员大笔一挥，这些话就足以以诽谤的名义被判定为违法。此前，《小评论》曾对艾玛·古德曼和无政府主义公开表示过支持，几年过去了，审查还没有结束。

截至 1921 年，情报总部已经将约 50 万破坏分子登记在案[21]，事情才刚刚开始。埃兹拉·庞德会被存档待查。[22]欧内斯特·海明威、西奥多·德莱塞（Theodore Dreiser）、朗斯

顿·休斯（Langston Hughes）、约翰·斯坦贝克（John Steinbeck）都会被存档待查。乔伊斯也在此之列。档案被雄心勃勃的情报总部负责人J. 埃德加·胡佛（J. Edgar Hoover）有条不紊地登记分类，交叉对比。他在红色大搜捕前夕接到了任命[23]，那时他刚刚24岁，早前是一名国会图书馆馆员[24]。

但是激进主义不可能轻易被根除。1920年9月16日，一个工人打扮、瘦骨嶙峋、胡子拉碴的人开着一辆敞篷货车驶向曼哈顿市中心，他把车停在华尔街摩根商行对面紧邻纽约证券交易所的街上，在安置了一个连着100磅炸药的定时炸弹后就 157
消失在城市的茫茫人海之中了。[25]冲击波动摇了华尔街多幢金融大楼的地基，人们甚至还没有听到爆炸声就被震倒在地。连百老汇附近的建筑的玻璃都被震碎，像带上了锯齿的雪花一样纷纷掉落到银行家和职员头上。炸弹里还装了500磅状如核桃的铁球。制造者此前用大锤把铸铁的窗户打碎，这样碎片就可以嵌入花岗岩建筑和人的头颅了。数百名受伤的幸存者踉踉跄跄地在大火、掀翻的汽车和残缺不全的尸体之间寻找安全地带。38人死亡，1匹马被炸得四分五裂，模糊的血肉布满了华尔街。

爆炸发生时约翰·奎因正在他位于纳索街的办公室里。[26]他看到一团黄绿色的烟从几个街区之外的埃塞大楼楼顶袅袅升起，摩根商行的玻璃穹顶被震成碎片。[27]几秒钟之后，慌乱的人群涌向了街头。奎因看到人们蜂拥而逃，像风中的长草一样纷纷倒下。[28]

在金融中心发动的这次袭击是对政府搜捕的报复。奎因写信跟艺术家雅各布·爱普斯坦说，这次灾难是“因得罪了无政府主义者（尤其是俄国无政府主义者）和绝大多数俄国犹太人（很抱歉这么说）而付出的惨重代价”[29]。奎因觉得自己被困在一个孤岛上，周围全是世界上不受欢迎的生物，他向庞德抱怨纽约在过去的10年里已经变得不像样了。这个城市满满当当，有“七八十万拉丁佬①，几十万斯洛伐克人，五六万克罗地亚人和七八十万汗流浃背、随地小便的德国人”[30]。这是一个充斥着可恶的噪音和贪得无厌的三教九流的城市。他写信跟庞德说，从东欧各国涌进纽约的犹太人“不过是暴殄天物的行尸走肉罢了”[31]。

威胁纽约的激进分子和反性传统者有些相像。他们攻击婚姻制度，倡导节育，审视、探索、称颂性欲望。无政府主义者、共产主义者和性解放者聚居在一起，他们有着相似的观
158 念、读者群和出版商。本·许布希出版了劳伦斯和乔伊斯的作品，还有像《社会主义的真相》（*The Truth About Socialism*）这种毫不掩饰其共产主义倾向的书。[32]《大地母亲》和《大众》杂志孜孜不倦地倡导进一步的性解放。1917年3月，在美国参战前一个月，《大众》还发表了一篇社论为德国辩护。“军国主义不是任何一个民族和国家的特质，”社论指出，“不要在他们的影响下憎恨德国。要憎恨军国主义。”[33]

紧挨着社论的是一篇攻击约翰·萨姆纳的文章，萨姆纳是安东尼·康斯托克新近任命的纽约正风协会的继任者。文章抗议萨姆纳可以随意审查他想审查的任何刊物，如果哪一期《大众》让他不喜欢了，他也拿去审查。杂志称他为“美国出版界的最高权力”。5个月之后，萨姆纳拘留了杂志的发行经理。[34]他没收了《大众》9月号的所有杂志和奥古斯特·福瑞

① “拉丁佬”（dago）是对意大利人、西班牙人或葡萄牙人的蔑称。

尔（Auguste Forel）医生长达500页的医学专著《性问题：为文化阶层所做的一项科学、心理学、卫生学和社会学研究》。这位瑞士医生的文章不能算是猥亵之作（“性交，或者说交媾，是这样发生的……”[35]），但萨姆纳决定老账新账一起算。

萨姆纳是个戴眼镜的谦逊的律师，时年39岁，已婚，曾连续三次当选长岛圣公会男性俱乐部主席。[36]他的举止与其说是镇定自若，不如说是遵循程式。萨姆纳有官僚派头，他很早就去上班，在办公桌上吃午饭。

他在淫秽文学黄金时期开始时接手了康斯托克的工作。那时，小说家、社会活动家、医生、学者开始更直白地谈论性，美国审查制度遭受到前所未有的考验。到了19世纪末，焚书几乎已经没有必要了。[37]康斯托克用法律威胁和道德劝导相结合的方式对或多或少已经俯首帖耳的出版商进行恐吓。即使普特南（Putnam）和霍顿（Houghton）这些出身名门的出版商甘愿冒着英名毁于一旦的危险出版淫秽小说，不遵守协会的标准也意味着要为一本利润微薄的书支付昂贵的诉讼费用。这就让那些可能存在道德问题的书被迫转入地下，用手动印刷机盗印巴黎的正版，而这样的运作往往不靠谱。只要问题存在一 159
天，这些书就会一直处于边缘地带。

情况正在悄然发生变化。书价的降低和识字率的提高意味着读者群体变得更为年轻、更为贫困，同时也日益城市化和多元化，他们想读的是跟自己周围世界息息相关的故事。书的改变只是时间问题。在20世纪一二十年代，一批新型小说出现了，这在10年之前是不敢想象的事。《哈格尔·瑞沃丽》《“天才”》《尤尔根》《情人故事》《孤独之井》《查泰莱夫人的情人》这些书相继出现在市面上。

一些书被认为伤风败俗，却受到了有名望人士的广泛赞誉，《尤利西斯》就是最引人注目的例证。有些书虽然不合法，但大胆的作者还是可以依靠新生代出版商出书，这些出版商甘愿冒着被起诉、打官司的危险满足城市读者的需求，本·许布希、贺拉斯·利夫莱特（Horace Liveright）、阿尔弗雷德·科诺普夫（Alfred Knopf）、麦克斯·舒斯特（Max Schuster）、贝内特·瑟夫都在此之列。这份名单本身就是出版业日新月异的标志。一位老派图书经销商私下里抱怨："他们都是该死的犹太佬！"[38]

萨姆纳知道纽约正风协会的根基已经动摇了，于是打算利用红色恐慌（Red Scare）重新夺回控制权。他不再把淫秽作品称为魔鬼之作，而是把它们和聚居在城市移民飞地里的无政府主义者、布尔什维克主义者、激进的女性主义者、节育倡导者联系在一起。"就像政治领域存在夸夸其谈的无政府主义者和布尔什维克主义者一样，"萨姆纳在红色大搜捕期间宣称，"文学界和艺术界也有夸夸其谈的布尔什维克主义者，他们同样是巨大的威胁。"[39]

被政府认定为有叛国倾向的危险言辞和被纽约正风协会视为道德败坏的淫秽之语几乎没有分别。换句话说，正风协会也在致力于加强国家安全，调查局的工作量日益增大，正风协会也不例外。在红色大搜捕风头最劲的时期，萨姆纳和他的手下常常突击搜查激进书店，寻找色情作品——福瑞尔《性问题》的意第绪语译本突然就成了宣扬无政府主义的书。[40] 1912 年，纽约正风协会在全国范围内拘留了 76 人。1920 年它拘留了 184 人[41]，是协会拘留人数最多的一次[42]。萨姆纳称，罪犯
160 中"真正的美国股份"不到三分之一。[43]协会的档案清楚地显示，大多数罪犯是德国人和爱尔兰人。[44]

萨姆纳担心外国的性思想会侵浸美国法律体系。在赋予女性选举权的宪法第19条修正案即将在1920年被正式批准前夕，萨姆纳警告说“激进的女性主义者”图谋发展分裂的敌对力量。[45]他们想迫使政府给予非婚生子女合法地位，这会鼓励怀孕女性不结婚，“滥交生子”——美国的家庭生活会因此分崩离析。他指出，这样的女性在当下是被边缘化的，“但她们精明强干，有人发现她们暗中就现代女性自由问题写了很多大众读物，倡导进一步的性自由”。就好像她们现有的自由还不够一样。

约翰·萨姆纳一直在寻找机会对激进主义者和性解放者采取联合打击，很快机会就来了。1920年的一个夏日，纽约地方检察官给萨姆纳打电话讨论某期《小评论》的恼人内容。在《尤利西斯》最新的连载中，格蒂·麦克道尔坐在沙滩的岩石上，附近教堂里传来唱诗班的歌声。她的朋友艾迪和西茜看着西茜的两个双胞胎弟弟汤米和杰基穿着水手服在沙滩上玩，格蒂注意到远处沙滩上的一个男人（利奥波尔德·布卢姆）正在盯着她看。当焰火在远处的天空绽放时，格蒂把身子后仰，布卢姆瞥见了她的蓝色袜带。

> 她看到一根长长的罗马蜡烛式的烟火从树丛后面升上天空，越升越高，人们都紧张屏息地看它越升越高，都兴奋得不敢喘气。烟火高得几乎看不见了，她由于使劲后仰而满脸涨得通红，一片神仙般令人倾倒的红晕，他还能看到她的别的东西，轻柔布的裤衩，这种布能紧贴在皮肤上，比另外那种绿色小幅布的号，四先令十一，因为是白色的，她任由他看，她看到他看到了……[46]

161 女孩这种身体后仰把内裤袒露出来以鼓励男人的方式真是惊世骇俗——这还仅仅是其中的一小部分。这个场景简直是亵渎神明。教堂礼拜仪式的歌声近在咫尺（更不用说还有孩子在远处玩耍），竟然堂而皇之地发生这种事，这样的构想让故事无端变得过于冒犯，既亵渎了那个年轻的女孩，又亵渎了天主教弥撒和童真。萨姆纳一丝不苟地读完了剩下的内容。

> 这时一支火箭突然凌空而起，砰然一声空弹爆炸，然后喔！罗马蜡烛烟火筒开花了，像是喔的一声惊叹，人人都兴奋若狂地喔喔大叫，然后它喷出一股金发雨丝四散而下，啊，下来的是金丝中夹着露珠般的绿色星星，喔，多么美妙，喔，多么温柔、可爱、温柔啊！[47]

这大概是一种全新形式的淫秽。发生在沙滩上这个令人着恼的戏剧性场面的戏剧性就在于，女孩“天真无邪”（“通身刚正不阿的男人”[48]）却又心绪不定，与男人猥亵的念头（“小腿肚子鼓鼓的。透明的袜子，绷得都快裂了。”[49]）相映成趣。如果萨姆纳想要说明道德败坏有多容易——欲望从多愁善感的浪漫沦为色情和滥交——这就是个很好的例子。年轻小姐们不仅需要远离布卢姆，还要远离格蒂，这样才能免受侵害。

萨姆纳在开始调查时肯定就已经把细节串联在一起了。《小评论》是一家屡次因发表煽动和淫秽言论而被禁止邮寄的华盛顿广场杂志。在翻看《小评论》过刊时，萨姆纳注意到上面有华盛顿广场书店的广告，华盛顿广场书店与隔壁那家激进的解放俱乐部关系紧密，以至于他们把墙打通造了个门。[50]

进一步打探发现，约瑟芬·贝尔（Josephine Bell）是书店的店主，她就是在《大众》杂志那件案子里因为写了一首向艾玛·古德曼致意的诗而被起诉的那个人。

这让萨姆纳猛然想起他是怎样听说《小评论》的。《小评论》的编辑在1917年艾玛·古德曼因间谍罪受审时是她的支持者。[51]只要看一眼她们的杂志就可以断定，玛格丽特·安德 162
森和简·希普是最为激进的那类女性主义者。她们不仅要求给予非婚生子女合法地位，还公开支持无政府主义和同性恋权益。[52]她们摒弃婚姻。她们住在一起。杂志有很多外国供稿者。地方检察官交给他的《小评论》7~8月号里有几个非美国化的名字特别醒目：本·赫克特（Ben Hecht）、朱娜·巴恩斯、艾尔莎·冯·弗莱塔格-洛灵霍温（Elsa von Freytag-Loringhoven）都赫然在列。在封面内页，为表崇敬，贴了一张作家詹姆斯·乔伊斯的照片——戴着眼镜、锃亮的大背头、留着八字胡、蓄着山羊须。他厚重的大衣拉到脖颈处，面色凝重，眼睛望着远方，一副爱尔兰的托洛茨基的派头。[53]只要看他一眼，就知道他是个激进分子。

如果能给《小评论》、华盛顿广场书店和詹姆斯·乔伊斯定罪，那在道德上可谓是一举三得：只要一项罪名成立，在与1920年困扰着美国的不道德言论、激进主义和外国思想的斗争中就算取得了胜利。9月华尔街爆炸几个小时之后，数百人连夜清除残骸，给20层的大楼换上窗玻璃，以便第二天这个金融区可以照常运转。第二天早晨，10多万人集结到市中心，在华尔街乔治·华盛顿的雕像附近高唱《星条旗之歌》。约翰·萨姆纳走进华盛顿广场书店去买《小评论》以作罪证。[54]

两个星期之后，约翰·奎因收到玛格丽特·安德森的电报，通知他当局已经以向纽约正风协会便衣探员售卖《小评论》为名，对华盛顿广场书店店主约瑟芬·贝尔下达了逮捕令。逮捕令称，售卖《小评论》违反了纽约州法，因为杂志里含有冒犯性内容，即詹姆斯·乔伊斯的《尤利西斯》的最新连载。奎因听到这个消息时正致力于一个挑战政府战时拘捕权是否符合宪法的案子。[55]他的报酬是17.4万美元，这个案子已经递交到了美国最高法院。

163 所以可以想象，当《小评论》的"女编辑"[56]和她的助手陪同约瑟芬·贝尔及其律师出现在奎因素朴的办公室里时，奎因会耐着多少性子应对。有关华盛顿广场波希米亚主义的消息令奎因发自内心地对移民的身体和体味、对性和死亡感到厌恶。他告诉庞德说，《小评论》非常适合华盛顿广场的氛围，因为它痴迷于"小便、粪便、汗液、腋窝、撒尿、性高潮、手淫、鸡奸、女同性恋和天知道的什么东西"[57]。安德森和希普可以利用这次审判达到自我推广的目的[58]，而他却是在无偿为她们做这一切。

"我是怎么告诉你们的?"奎因说道，"你们这帮该死的蠢蛋，在这个清教徒国家，你们弄了《尤利西斯》那样的东西还想不受惩罚?"[59]因为知道奎因是支持庞德和乔伊斯的，所以她们试图安抚他，提醒他还有更大的目标——当初他赞助《小评论》的原因之一就是为了让《尤利西斯》能够发表，庞德和乔伊斯也都坚持要发表这期连载。奎因回答说，她们的工作就是要运用她们作为编辑的决断力，而不是遵循庞德和乔伊斯的指示。"艺术家可能会画一幅两个女同性恋行苟且之事的画，"奎因说，"但画廊主人如果把这幅画挂出来展示，那他就是个白痴。”[60]安德森和希普觉得只要能发表《尤利西斯》，遇到任何困难都不足惧，她们也强调拓展公众心智的重要性。奎因回击道：“总有一天你会去布莱克韦尔岛①拓展女看守的心智的，你就自作自受去吧！”[61]

奎因想办法让法官把指控从书店转到安德森和希普身上。法官宣布这件案子休庭两周，在离开杰弗逊市场法院时，安德森和希普与萨姆纳吵了起来。[62]她们从不以发表《尤利西斯》为耻。“这是我们的荣耀，”安德森说[63]，“这场审判会使《小评论》名声大噪。”[64]出乎意料的是，萨姆纳十分乐意陪她们沿第 8 大街一路吵下去，当她们走进华盛顿广场书店这个案发现场时，萨姆纳也跟着进去了。

看着他急切地为正风协会的立场辩护，安德森觉得他已臣服于自己的美貌，只要她连续一个月天天跟他一起坐下来喝 164
茶，就能改变他的立场。然而她大错特错。奎因在一次午餐会上竭力劝说萨姆纳。[65]他先让萨姆纳意识到他是怎样的人物（万一他不知道的话），再拼命用《日晷》上一篇盛赞乔伊斯作品的评论给萨姆纳灌迷魂汤。“我才不在乎那两个女人呢，”他跟萨姆纳说，“但我确实想尽力帮助詹姆斯·乔伊斯摆脱创作淫秽作品的污名。”[66]他请求纽约正风协会撤销指控，作为交换，奎因会想办法暂停《尤利西斯》在《小评论》上的连载。

萨姆纳耐心地听完之后，告诉奎因这个案子的起源不在正风协会这儿，而在纽约地方检察官办公室那儿。这年夏天，有

---

① 美国伊斯特河中岛屿，在纽约市曼哈顿区和皇后区之间。1637 年，荷兰省督伍特·范·特维勒从印第安人手中买下该岛。1828 年，该岛划归纽约市，政府在此建立了工作站和监狱。

个叫奥格登·布劳尔（Odgen Brower）的商人在翻看他处于青春期的女儿的杂志时，发现了格蒂·麦克道尔露出她印度薄棉布裤衩的段落：

> 她因为向后仰得那么远，四肢都颤抖起来了，他清清楚楚地看到了她膝盖以上很高的地方，那地方从来没有任何人看到过，甚至在荡秋千或是涉水的时候也没人看到过，而她并不害羞，他也不害羞，就那么肆无忌惮地盯着看，因为他实在无法抗拒这样赫然袒露的奇妙眼福，她差不多接近那些在绅士面前那么不要脸皮地跳长裙舞的女人了，而他就这样死死地盯着，盯着。[67]

布劳尔问他女儿是否听说过《小评论》[68]，她说没听说过，而且她肯定没有订过这本杂志——这是像寄炸弹一样主动寄来的包裹。他父亲震怒了，在4张有淫秽内容的页面上做了标记，又给地方检察官写了封信。

> 如果这么淫秽的东西是违反邮政法规定寄来的，难道就没有什么办法把这种出版物限制在那些购买人或订阅者之间传阅吗？即使没办法禁止，即使为了合乎道德，也肯定有办法让这种“文学作品”无法接近不欢迎它的家庭。[69]

165 这种来自有声望的商人的投诉令检察官脸上无光，因为绝对有办法禁止该杂志的发行；地方检察官办公室向纽约正风协会的秘书长讨教。

萨姆纳不打算撤销指控。他怀疑奎因没有能力结束《尤利西斯》的连载，而安德森“目中无人”[70]的态度也说明奎因的委托人比他想象的还要难以驾驭。但奎因坚持说乔伊斯跟那些编辑完全不同。他是位艺术家，而安德森和希普只是“十足的自我标榜者，太他妈嫩了”[71]。他保证乔伊斯自己会撤销连载。

午餐会结束后，奎因口述了一封信给庞德，好让自己从这件让他烦恼了这么多年的事中解脱出来。

> 如果乔伊斯还想帮助那些不曾帮助过他的人；如果他还想为那些几个月来一直靠他的作品过活又不支付给他稿酬的人做事；如果他想让那期杂志被定罪，然后《尤利西斯》在成书之后自动被定罪；如果他想让《尤利西斯》无法在美国出版；如果他为了这两只小白兔愿意被剥夺1500美元到2000美元乃至2500美元的版税；如果他自认是美国法律专家而不听从我这个经验老到的专家的意见；如果他在萨姆纳不知道他的存在，也几乎不知道怎样拼写他名字的情况下，还轻举妄动因此遭受迫害；如果你想想这已经牵扯到了原则问题或者文学的自由已经岌岌可危；如果你仍然认为《小评论》应该被鼓励，而不应该像其他没冲刷过的散发着腐臭味的“女用便桶”一样关门大吉，那我就无话可说了。[72]

他又继续写了16页。

奎因知道，如果地方检察官不亲自撤销指控的话，《小评论》就会被定罪，而《尤利西斯》有一部分被定罪就会导致

整本书都被定罪。只要媒体得到指控的消息，萨姆纳对《小
166 评论》的攻击就会把乔伊斯与布尔什维克主义者、投弹者、节育支持者联系起来。乔伊斯就会因为华盛顿广场的一片“破布”失去一切。女编辑们的无能危及了乔伊斯的天才，这让奎因大为光火，一个仅有 16 页的片段就可能使乔伊斯奋斗了 6 年的书无法出版。

埃兹拉·庞德收到信后大吃一惊。即使他愿意将美学上的异见转化为对邮政部和《康斯托克法案》愤怒的长篇大论，他也没有料到会碰上被捕、被起诉以及可能坐牢这样的事。“‘瑙西卡’已经被邮（警）局逮到了，”他写信给乔伊斯说，“唯一能使《尤利西斯》成书出版的办法就是同意不再在《小评论》上连载……现在唯一能做的就是把事情交给奎因全权处理。”[73]

庞德第一次跟奎因谈到“瑙西卡”时热情高涨：“可能英语里所有东西都应该被称为过去式了。”[74] 然而在《小评论》被扣押以后，连他都开始与那些过分的言辞保持距离。他告诉奎因，他删除了一些淫秽段落，他怀疑安德森和希普忽略了他的删改（其实没有）。庞德坚称，正如奎因所知，这两位女士即便称不上鲁莽，也算得上任性。乔伊斯也是。每当庞德向乔伊斯建议对手稿做出修改，乔伊斯就会给他寄来一封言辞过激的信，庞德将此归因于乔伊斯长期以来的病痛和“过度紧张的神经”，但庞德言之凿凿地告诉奎因，他对乔伊斯的总体评价是：“他不是一个特别讲道理的人。”[75]

1920 年 8 月 21 日，杰弗逊市场法院前两排的位置上坐满了前来抗议对《小评论》淫秽罪指控的摩登女士。约翰·奎

因穿着三件套西装走了进来，金表链子在马甲前晃来晃去。他环顾四周，看到窃贼与流民被挂着闪亮星徽和纽扣的警察挡在了栏杆外。两天前他还在华盛顿着手准备递交到最高法院的那个案子，现在却身处一个被移民、黑人和意大利人层层环绕的司法代工厂。[76]

奎因从没想过会来这里。这只是初审听证会，但代理这件案子的年轻律师打电话到奎因的办公室说，他发现约瑟夫·科里根（Joseph Corrigan）法官对萨姆纳有敌意。科里根法官已经和正风协会有过几次极不愉快的交涉，他不愿仅凭萨姆纳一人的证词就支持某项罪名成立，而那正是萨姆纳提出的要求。萨姆纳在证词中说，《尤利西斯》“非常淫秽、下流、色情、肮脏、不雅、恶心，哪怕复述一丁点儿就会冒犯法庭，而且并不适合纳入法庭记录”[77]。 167

换句话说，萨姆纳拒绝列出文中的冒犯性片段。《康斯托克法案》规定，任何“创作、印刷、出版、演说或导致他人创作……淫秽的、下流的、猥亵性的、肮脏的、恶心的、不雅的图书、图片、文字、文章”的行为皆为犯罪。[78]这就意味着，如果《尤利西斯》的某些篇章被认定为淫秽之作，那么在法庭上当众宣读这些篇章或是让速记员记下来都算违法。正风协会认为守法就是不去检视任何犯法的素材——指控本身就是证据。萨姆纳的观点并不奇怪。1895 年，最高法院裁定：“在庭审记录中散播色情作品淫秽内容的做法毫无必要。”[79]只要描述出事物的“可恶性质”就足以证明“罪行本身”了。

科里根法官以前就听到过这种说法（这是正风协会的惯用策略），但他坚持亲自检视一下杂志。奎因匆匆赶往法院时[80]，科里根法官正在办公室里阅读《小评论》。科里根进庭后向奎因微笑着打了个招呼——他们刚好是旧交。

这种初审听证会通常都是走个程序，如果科里根法官驳回指控，乔伊斯的法律问题就可以到此为止了——当然只有在认为《尤利西斯》显然完全无罪的情况下他才会这样做，只有个人喜好才能促成这样一个不太可能的判决。奎因对乔伊斯的支持把他铐上了一艘即将沉没的船。埃兹拉·庞德一年前灰心
168 丧气地从《小评论》请辞（离职并没有持续很久），但《尤利西斯》的连载还在继续。奎因可能觉得这样让乔伊斯和《小评论》一损俱损也不错，因为《尤利西斯》和玛格丽特·安德森都既让他觉得厌烦，又难以抵挡其魅力。

他们促使他把人体想象成丰富却又可以造成阻碍的事物。格蒂·麦克道尔拉扯着衣料使之更加紧绷的形象，与奎因想象中安德森那生育受挫的形象很相似。他写信给庞德说，她的童贞（如果她是处女的话）已经“熟大发了，那东西已经自爆了”[81]。格林尼治村盛行的“女同性恋主义”、曼哈顿移民那使人睾丸紧缩的海和詹姆斯·乔伊斯的人体史诗，都在提醒奎因他的身体也在衰退，提醒他那肯定会到来的致命决裂。乔伊斯似乎正在创造一种艺术形式，让死亡和衰退从人体中绽放出来。不管奎因买了多少件艺术品，赢了多少个案子，肉体的消亡依然紧随其后。

法庭里的针锋相对或多或少可以延缓死亡的感受，而在法官面前为艺术辩护使他深感自豪。奎因不得不以 19 世纪中期的英国法律为依据来发表陈词，因为 1921 年英美法系所援用的淫秽定义是一个英国法官在 1868 年阐述的：“我认为淫秽的判定要看被起诉出版物的倾向，即它是否会腐蚀容易遭受其不道德影响或容易得到这种出版物的人并致其堕落。”[82] 这个定义

被称为希克林准则，后来又变成了有关淫秽罪的法律。《淫秽出版物法》的起草者并没有针对从冒犯“正派人心智”的书中获利的色情作品从业者，希克林准则把对淫秽的判定定位到一本书在社会最易受影响的读者（容易受“不道德影响的人”）中产生的效应。法律的监管范围从保护心智正派的人转移到保护心智不良的人。[83]读者中的好色之徒和敏感的青春期女孩都可能因受到最深思熟虑的文学意图的腐蚀而堕落。

希克林准则给了奎因灵感，他辩护道，一本书如果晦涩难懂、令人恶心或者具有私密性质，就不应被划归到淫秽之列。 169
“如果一部文学作品被飞机带上 15000 英尺的高空，让飞行员在没有听众的情况下大声朗读出来，根据法律的规定，就不能认定它违法。”[84]它必须能够“腐蚀”头脑，“致人堕落”，但法官们经常把“腐蚀”等同于“性兴奋”。这就意味着如果格蒂很丑——如果她一点儿也不撩人——那她就是合法的。“如果一位年轻男士爱上了一位女士，他妈妈就应该给他写信说：‘我儿，你为之痴迷的那个女孩并不漂亮……她流汗，有体臭，还胃胀放屁。她的肤色不佳，她口气很臭。她吃饭时发出难听的噪音，还履行其他自然功能。’”[85]这位母亲为了儿子的道德不被败坏会写出一连串丑陋的事实。奎因坚称，格蒂·麦克道尔同样也是在驱使男人走向美德。奎因称，乔伊斯和斯威夫特、拉伯雷有相似之处：这位艺术家不是在描写腐坏的美，而是在揭示丑陋的事实。[86]

格蒂·麦克道尔身上到底哪一点令人厌恶尚不清楚。

> 她向后仰起身子去看高处的烟火，双手抱住了膝盖以免仰天摔倒，周围没有人看见，只有他和她，她的姿势使

> 她露出了腿，优美好看的腿，柔软溜圆的腿，她仿佛听到了他心跳的声音，听到了他的粗声呼吸……[87]

读者会因为格蒂的自作多情讨厌她吗？还是会因为在这章后面的段落里发现了她是瘸子而讨厌她？乔伊斯的神来之笔就是在格蒂露出她优美好看的腿不久之后就让她跛脚离去，现实击碎了布卢姆的幻想。如果这使她变得毫无吸引力，那乔伊斯的故事显然无关色情。

希克林准则中的一个词——一个奎因故意忽略了的词——戏剧性地扩大了法官的权力，使法官可以将言论审查变成一种先发制人的行动。出版商、书商、印刷商和作家不但要为腐蚀
170 读者负责，也要为出版物的腐蚀“倾向”负责。希克林准则通过强调一本书对假定读者的假定效应，使对淫秽作品的裁定变成了一种想象力的壮举，因为法官自己肯定是不会受到“不道德影响的”。正是他能够决定一本书是否会腐化一个跟他完全不同的人。科里根法官必须窥探奥格登·布劳尔那位年轻女儿的内心（她窥探的是格蒂·麦克道尔的内心），想象她可能产生的反应。这项法律要求法官变得有点像乔伊斯。

奎因关于乔伊斯揭示丑陋现实、进行道德教育的说法是对的，但那依然无关紧要。只要还存在具有腐蚀倾向的美，哪怕只有一点儿，乔伊斯的这篇连载就是违法的。格蒂的魅力使《尤利西斯》被以淫秽罪起诉。科里根法官决定让《小评论》的两位编辑受审，奎因反驳说他做出这样的裁决恰恰证明了他内心的肮脏。[88]这是狡辩，几乎算得上是人身攻击。科里根在办公室里读杂志的时候是否被撩拨了呢？科里根只是在签发对安德森和希普的拘禁令时微微一笑，他把她们的保释金定为

25 美元，但奎因不情愿付这笔钱。

奎因本来就没有幻想他的委托人能够无罪释放。他就当前的文化气候警告乔伊斯说："最近纽约已经有多名出版商被捕、被起诉。性爱出版物如群魔乱舞。"[89] 如果乔伊斯想要出版《尤利西斯》的未删减版，书和印版都会被没收销毁，《尤利西斯》还会遭到邮政系统和私人运输公司的禁运，出版商也会面临很重的罚金和徒刑。一旦"瑙西卡"这章被定罪，美国就没有出版商肯出乔伊斯的书了，而萨姆纳下定决心要将它定罪。

# 14 康斯托克的幽灵

171 约翰·萨姆纳在纽约街道上巡逻，如果看到不雅的艺术品或橱窗陈设，就急令店主撤下。[1]他不是康斯托克那样的邮政部特别探员，但他一直行使着半官方权力。他可以打开邮箱，搜查涉案包裹。[2]他和警察一道完成突袭、监视任务。[3]他搜集证据，获得搜查许可后就去查获材料[4]，拘捕嫌疑人，在地方检察官起诉时到法庭上做申诉证人[5]。如果图书被认定为淫秽之作，他就亲临现场监督焚书。[6]萨姆纳撒了一张大网。他拿坐牢来威胁 14 岁的青少年，以便查出他们藏在课桌里的淫秽图书和图片的确切来源。[7]1919 年，他的一个手下和警察联手驱逐了不雅聚会上的 6 名男性变装癖者和几名衣着暴露的女性。那是坦慕尼协会的万圣节舞会。

萨姆纳像一个心无旁骛的情报人员一样拼贴起城市恶行的网络，信息主要来自信件、电话和匿名线索，举报的事纷繁杂乱，从有伤风化的缺德邻居、裸露癖者到淫秽的浴室画作[8]和园林雕像[9]等不一而足。人们请求纽约正风协会追查不忠的配偶[10]、私奔的十几岁的青少年[11]和骚扰离船上岸的无辜
172 水手的变态人士[12]。萨姆纳审查了无数戏剧、音乐、电影作品和滑稽歌舞杂剧表演。[13]他买了所有他能买到的可能有问题的书和杂志。他为规模更小的正风协会和执法人员提供信息[14]，同时在参议员、州长、市长之间斡旋游说，说服他们

制定更严格的法律。[15]

约翰·萨姆纳的最大优点就是他把安东尼·康斯托克的强硬好斗变得更专业化了。“多年以前，必须重视格斗方法，”萨姆纳在就职时说，“现在要靠脑子了。”[16]1913年，纽约正风协会聘请萨姆纳为助理秘书长，因为他们觉得他态度温和，可以与康斯托克的大刀阔斧形成平衡。萨姆纳加入协会之后很快发现他结束了康斯托克和手下的纠纷——他们的会计曾从钥匙孔里向外偷看，生怕步履沉重的老板从走廊里走过。[17]1915年萨姆纳接管了协会，他仍然在和一个人40年的遗产做斗争，也就是和康斯托克的幽灵做斗争。

1872年，安东尼·康斯托克还是一个小镇新贵，他胸宽体阔，留着浓密的络腮胡，抿着上唇。[18]那年他28岁，提前谢了顶，单枪匹马地击溃了纽约的色情文学产业。[19]他在下东区的地下书店费力寻找，向店主索要藏在柜台后面和里屋中的书刊，对每一个接近他的商贩和朋友都装出极大的兴趣，在杂志摊散乱成堆的杂志和小说间来回翻腾。康斯托克宣布他找到了165本无可辩驳的淫秽书刊，然后陪同警察到色情作品售卖商那里一一拘捕他们。他对嫌疑人进行审讯，追查供应链上的中间人、出版商、印刷商、装订商等一系列责任人，以便捉拿罪犯，捣毁存货。一次，他拦路截下一辆装满钢印版和铜印版的卡车[20]，把印版送到了布鲁克林理工学院，让一名教授用酸性物质销毁了它们。[21]在8个月的时间里，康斯托克总共逮捕了45人。[22]1873年，在《康斯托克法案》签署两个月之后，基督教青年会背后的财团成立了纽约正风协会[23]，安东尼·康斯托克成了这个组织的领导人，并很快把它发展成了美国影响力最大的正风协会。他自称是“上帝花园里的除草机”[24]。

康斯托克这样的道德风气改革者亲自处理事务，因为纽约警察系统既腐败又效率低下，根本不具备专业素质。纽约直到1845年才有了第一个警察局，部分原因在于纽约人害怕一个暴君式的市长会在挥舞着警棍的军队的簇拥下胡作非为。[25]到了19世纪70年代，他们的疑虑减轻了。没过多久，康斯托克就可以以邮政部特别探员的身份[26]或副警长的身份拘捕色情作品从业者了，到他事业生涯的末期，他总共起诉了3000多起案件，导致的监禁时间加起来有565年11个月20天。[27]康斯托克喜欢以数字衡量他的正义尺度。他总共烧毁了2948168张色情图片[28]，销毁了28428磅铅印版，没收了318336个“淫秽橡胶制品”[29]，导致了16个人死亡[30]。他销毁的图书数以吨计：共有50吨。

但是销毁色情物品是一项极其危险的工作。纽约正风协会的特工们屡次收到死亡威胁。寄给康斯托克的包裹包括毒药、沾染了细菌的绷带和收集来的痘痂。[31]一天，在打开一个很重的盒子时，他听到了不祥的嘀嗒声。盒子里装着火药罐和硫酸筒，还满满当当地塞着玻璃碎片。一块金刚砂被用橡皮筋绑在火柴末端，盒子打开时就会点燃引信。爆炸会把玻璃碎片炸开，扎到他胸上和脸上，硫酸会腐蚀他的伤口。

1874年，康斯托克第三次逮捕了一个名为查尔斯·康罗伊（Charles Conroy）的独臂男子。马车在监狱门口停下时，康罗伊从上衣口袋里掏出一把三英寸长的刀，挥舞着向康斯托克头上砍去，刀穿破了他的帽子，划伤了他的头皮。康斯托克虽然佩戴警徽，却不知道怎样彻底搜查囚犯。当他笨手笨脚地在门闩上摸索时，康罗伊趁机拿刀向他的脸刺去，割断了一根动脉，他露出了骨头。康斯托克猛地甩开了囚车的门，当罪犯出现在他身后时，他拔出了左轮手枪，顶到康罗伊头上。[32]看守人员跑出来帮忙，看到血从康斯托克脸上的伤口汩汩涌出。

对于恶行搜捕者来说，暴力恰好表明淫秽会不可避免地导 174
致混乱。审查制度是在防患于未然——法官和陪审团查禁色情书刊不是基于它们带来的后果，而是基于它们的危险倾向——因为政府将色情书刊视为对市民社会的威胁。希克林准则的基础是18世纪的一部法律论文，论文中称，禁止“有危险倾向的言辞的传播对于保证和平与秩序、维护政府与宗教都是必不可少的，也是公民自由权力的唯一基石”[33]。审查制度不只牵扯到性，也涉及对脆弱的公共秩序的维护。

执法力度的缺失使淫秽言论看起来更令人忧心，因为官员们仅仅依靠德性来管控城市生活中的越轨行为。色情意味明显的性文本——不管是詹姆斯·乔伊斯写的，还是挥舞着刀械售卖淫秽作品的小贩写的——都会威胁到道德秩序。格蒂·麦克道尔这样的角色可能会诱使年轻女性沦为未婚母亲，继而培养出德行低下的孩子。在杂志上散布格蒂的行为会使更多年轻女性效仿她，如果有一代人变成格蒂·麦克道尔的样子便足以动摇社会基础。康斯托克这样的道德改革者一直把与淫秽文学的斗争视为道德征战，认为那是基本的公民责任。

事实上，英国和美国对淫秽言论的界定很严格，因为白纸黑字的明文规定并不是为了遏制色情作品读者的涌现，而是为了平息维多利亚时代英国大规模的内乱。1857年英国议会通过了《淫秽出版物法》，但法院仍然需要自行断定淫秽的标准。1868年，在审理一个起诉反天主教小册子《忏悔室的真相》

的案件时，机会来了。这本小册子是神学手册的节选，天主教牧师可以以神学手册为参考，针对教区居民在忏悔时可能提出的问题提前做好准备。对配偶流露出猥亵的表情或说下流话有罪吗？（有时是的。）性交时丈夫体外射精是不是莫大的罪过？（如果夫妻双方同意就不是。）跟第二任妻子性交时想着逝去
175 的前妻是否有罪？（有罪。）寡妇通过回忆以前的性交场景来获得快感是否有罪？（有罪，很重的罪。）[34] 丈夫“把他的——置入妻子嘴里”是否永远是莫大的罪过？（意见不一。）[35]

如果《忏悔室的真相》不涉及不正当性行为的话题，恐怕也没有人会费神去读这样的戒律文书：“第二，夫妻双方如果用不正常的姿势性交是否有罪？什么样的方式是有罪的呢？”答案是：“不正常的姿势是指性交的不同方式，包括坐着、站着、侧着或像牛一样后入；再就是男下女上的体位。”[36] 这些姿势都是有罪的。

《忏悔室的真相》凸显了天主教圣礼中的色情元素，其淫秽性质无可否认。在维多利亚时代的人看来，讨论不正常的性行为（哪怕用最没有挑逗性的字眼）是极为邪恶的事。对一些读者来说，这本小册子激发了他们内心的邪恶[37]——它会使人产生一些原本想不到的念头。

当案件提交到御座法庭时，高等法院的法官们很快就判定这本小册子违反了法律。在他们着手细节时，英国首席大法官亚历山大·科伯恩（Alexander Cockburn）精心制定了严苛的希克林准则，尽管他本人根本不是一个保守人士。事实上，科伯恩名声在外，被认为是平庸的法官、社交界的高手和拈花惹草之徒（一次他为了不在幽会时被人抓住，不惜从鲁杰蒙城堡

衣帽间的窗户爬出来溜之大吉)。尽管他终生未婚，却有两个私生子女，所以在 1864 年首相要授予他贵族爵位时，维多利亚女王鉴于他“臭名昭著的德行”而拒绝赐予他这一荣誉。[38]然而《忏悔室的真相》周边那种令人不安的社会氛围甚至把科伯恩大人都变成了道德家。在审判期间，辩护律师尽可能对小册子带来的后果避而不谈[39]，但这并不重要，因为法庭里的每个人都清楚地知道:《忏悔室的真相》带来的是大规模的暴乱。

案件的起源是，一个在英国中部城市伍尔弗汉普顿执勤的警察从一个金属经销商处没收了 252 本卖 1 先令的小册子。销售者是新教选举联盟的成员，该联盟的目标是选举可以“维 176
护《圣经》中的新教主义和不列颠自由”的议员。[40]联盟致力于煽动性宣传，最有名的演讲者是一个名叫威廉·墨菲(William Murphy)的爱尔兰人，他猛烈抨击天主教的堕落行为，凡其所到之处，爱尔兰暴民无不群情激奋。[41]不过，直到 1867 年他造访伍尔弗汉普顿时，英国当局和新闻界才开始密切注意他。在墨菲的第一次演讲中，爱尔兰人朝着演讲大厅的窗户扔石头，多人受伤，在演讲大厅被数以百计的警察、武装骑兵和新近宣誓就职的巡警围起来变成壁垒时，墨菲才得以就《忏悔室的真相》发表演讲。宗派之间存在难以容忍的分歧，所以地方当局一旦发现谁在售卖《忏悔室的真相》，就会搜查他家，把小册子全部没收。

在新教选举联盟对淫秽书刊提起控诉期间，天主教和新教的关系日益紧张。墨菲承诺向伯明翰民众证明“每一个天主教牧师都是谋杀犯、食人怪、骗子和小偷”[42]。在他演讲结束时，天主教徒已经冲进新教徒家里，把家具砸了个稀巴烂。新教徒为了报复，捣毁了一座天主教教堂，还拿着棍子赶到伯明翰爱尔兰人聚居区，一边唱着“赞美，赞美，哈利路亚”，一边冲进爱尔兰人家里把家具洗劫一空。在暴乱发生的那个星期，新教选举联盟卖出了将近三万本《忏悔室的真相》。购买这本小册子成了一种宣示团结的行为。

等到案件提交到御座法庭时，《忏悔室的真相》的确已经对英国中部的安定和秩序构成了威胁。墨菲在阿什顿安德莱恩的演讲激发了数次新教起义，20 户爱尔兰家庭遭到抢劫，1 名爱尔兰人丧生，教派怒火促使一群爱尔兰民族主义者——他们是芬尼亚会的成员——在 1867 年袭击了切斯特城堡，开枪打死了 1 名警官，又制造了克勒肯维尔监狱爆炸事件，致使 12 人丧生，50 人受伤。暴乱和爆炸使《忏悔室的真相》这本小册子的政治意图变得无关紧要了。重要的是它带来的一系列后果。

一本包含着露骨的性内容的小册子能引起如此大的骚乱，
177 令科伯恩对文明社会的所有文本产生了新的认知，他断言：语言是危险的，法律必须在公众受到腐蚀前就提防语言的危害。但如果一本书的影响尚不明确时会发生什么呢？如果街上还没有发生骚乱呢？令希克林案件如此引人瞩目的每一个细节，都增加了科伯恩大人制定广泛的法律原则的难度。墨菲骚乱过后，人们很容易忘记“恶性倾向”难以定义这一事实，也很容易坚持书籍应该在阅读之前就被烧掉这一主张。

科伯恩法官抢先审查的规定与宗教狂热者对罪恶世界纯洁性的担忧完全吻合。安东尼·康斯托克和约翰·萨姆纳之所以热切地投入清除淫秽书刊和影像的战斗，是因为他们相信侍奉上帝最有效的方式是在罪恶的种子被播下以前就先发制人，即在书籍危害家庭和社群之前就摧毁它的恶性倾向。色欲是最危险的罪恶，是将罪人拉入罪恶世界的首要过失。色欲将人引向妓院，妓院又将人引向疾病。色欲削弱了身体，也腐蚀了心灵。它毁坏了婚姻，催生了欺骗、懒惰和鲁莽。它蒙蔽了受害者的双眼，使他们看不到后果，还消泯了使社会远离无政府主义那种责任感。

康斯托克对色欲破坏性的理解是英美法律传统理解的鲜明版本："没有什么力量对社群的影响比色欲更隐秘、更强大，在需求上更持久，在影响上更长远。"他写道，色欲是"其他所有犯罪行为的好友"[43]。色欲对年轻人的影响最大。康斯托克将其想象为俯冲进孩子内心的秃鹫，或站在入睡孩子床边的可怕魔鬼，它们等孩子醒来时就伺机溜进他们的脑子里。到处都是色欲的宣传，而社会最宝贵的居民最容易受到想象的诱惑。

对色情出版物的恐惧既不是愚昧也不是盲目的自以为是。事实上，康斯托克是在将两个世纪以来的智慧付诸实践。自启 178
蒙运动开始，哲学家们就不断强调教育的重要性，强调外部力量对个体塑造的影响。我们的思想和道德习惯来自我们对外部世界的反应。意识像是白雪皑皑的大地，等待着接受哪怕是最轻微的印记。我们并不是一出生就是现在的样子。我们在很大程度上是被塑造出来的。康斯托克引用哲学家约翰·洛克的话，来强调最轻微的印记对"我们纤柔的幼儿时代"的影响。洛克认为人与河流很像，因为源头上的轻微改变就会将他们引向完全不同的目的地。洛克写道："我认为，孩子的心智和水一样容易转向。"他的看法并不令人感到释然，反而让人觉得可怕。当善恶并不只是从心底生出时——当整个社群的影响在每个人的良心挣扎中扮演着重要角色时——人就不再只是对自己负责了，人要为其他所有人负责。这是安东尼·康斯托克的道德负重，这种负重永远不会减轻。

色情出版物最邪恶的一点是它开发了大脑的天赋。记忆和想象折磨着色欲熏心的人。一个罪人重新开始了道德的生活，但几年后，哪怕是最微小的暗示——一个手势、一个名字、一首歌——都可能像定时炸弹一样激发出潜藏在心底的言语和形象。喝醉的人可以清醒过来。贪吃的人可以节食。异教徒可以找到上帝。但人永远无法摆脱淫秽形象和故事留下的印象——一本书哪怕只读过一次，也会永远追随着你。

1915年，康斯托克因为肺炎已经奄奄一息。[44]血伴随着他那干涩刺耳的咳嗽声一涌而出，他虽然觉得呼吸困难（更不用说讲话了），但还是把一个速记员叫到病榻前口述对继任者的最后指示。约翰·萨姆纳在第二天（9月22日[45]他生日当天）早晨被任命为纽约正风协会的领导人，他不顾康斯托克的指示，废除了前任起诉避孕药生产商的政策，把纽约正风协会还原到了它最初的使命上：追查淫秽书籍、杂志和图片。正风协会的领导人必须像他所追寻的色情作品从业者一样锲而不舍，但萨
179 姆纳更愿意略施巧计，而不是莽撞行事。他重视公共宣传，常常给报纸写公开信，还与克莱伦斯·丹诺①这样的人高调辩论[46]，希望达到以理服人的目的。但萨姆纳理智的表面下潜藏了一种与康斯托克极为相似的激情，尽管他永远不会承认这一点。当约翰·萨姆纳在纽约街道上巡逻、威胁高中生、突袭聚会、焚烧书刊时，安东尼·康斯托克的幽灵在他身后若隐若现。

---

① 克莱伦斯·丹诺（Clarence Darrow，1857～1938），被誉为美国历史上最伟大的辩护律师，曾成功代理了多起疑难复杂的经典案件。

# 15 以利亚来了

乔伊斯在一封信中这样写道：“我像个苦役犯、驴子、牲 180
畜似的工作。我甚至都没法睡觉。‘喀耳刻’这章又害我变成了动物。”[1]1920 年 12 月，他在拉斯拜尔街昏暗的公寓里忍受着虹膜炎再次发作的痛苦。手术之后，他的眼疾越来越重，他觉得煤气炉里发出的热气是唯一能够防止青光眼全面发作的东西。乔伊斯在上一个公寓旅馆居住时觉得寒冷难当，他只得披着毯子、头上包着围巾写作。[2]只要没有因疼痛发作而卧床不起他就一直写作；因病卧床时他就一直思考。[3]他在 1920 年 4 月开始创作“喀耳刻”，预计三个月可以完成。[4]12 月时他已经开始了第 9 稿[5]，还在不断向“喀耳刻”插入内容，拓展篇幅，在他熬夜奋笔疾书时，瞳孔在房间微弱的灯光下像要裂开一样。[6]

乔伊斯的书终于进展到了午夜时分。在“喀耳刻”中，利奥波尔德·布卢姆尾随斯蒂芬·迪达勒斯来到夜市区，在他把斯蒂芬从英国士兵手里救出来、掸掉他肩上的土、带他回家之前，在泰隆街贝拉·科恩开设的妓院里上演了一幕错综纷繁的幻想剧。这时就没有内在的声音了——没有思考，没有恐惧，没有记忆，没有梦魇，没有什么不能展现给妓院里的人看，妓院含纳了每一个人。

占据主导的幽灵是荷马史诗中把尤利西斯的手下变成猪的

181 女妖。足智多谋的尤利西斯到喀耳刻的府邸里去救他的手下，随身携带着神祇赫尔墨斯给他的能抵御喀耳刻咒语的香草。拯救尤利西斯于危难之中的香草名为“莫丽”①（这种事情绝非巧合）。乔伊斯猜想“syphilis”（梅毒）这个词也许源于喀耳刻[7]，大概是个希腊词：συφιλισ. Su + philis。“猪之爱”这个咒语会使人陷入兽性的疯狂之中。尤利西斯迫使喀耳刻把他的手下变回了人形，她又设宴招待他们以示庆祝，宴会整整持续了一年。乔伊斯笔耕不辍，在“喀耳刻”上花的时间比原计划多了好几个月。这一章成了一场狂欢，一个梦魇，一种光怪陆离的幻景，一次幻觉，奇迹轮番登场，屈辱也搬演上台。性别可以转换。时间可以跳舞。飞蛾可以说话。

读者在白天看到的每一个人、每一件事都再次梦魇似的出现了。格蒂·麦克道尔斥责布卢姆（“有老婆的肮脏男人！我爱你，我喜欢你对我的所作所为。”[8]）。布莱泽斯·博伊兰扔给他一枚硬币，又把帽子挂在布卢姆头上长的多叉鹿角尖儿上（“我跟你妻子有点小小的私事要办，你懂吗？”[9]）。布卢姆和一个双目失明的小伙子握手（“你比我兄弟还亲！”[10]）。“金发侍女和褐发侍女”成了窃窃私语的妓女。[11]母山羊缓步走过，粪粒儿一路坠落着。多兰神父出现了，责骂斯蒂芬打碎了眼镜，这个场景在《画像》中出现过，那时斯蒂芬只有6岁（“游手好闲、吊儿郎当的小懒虫”[12]）。斯蒂芬母亲的幽灵像乔伊斯的母亲一样显形了，嘴边滴滴答答地流下绿色的胆汁（他请求她告诉他她爱他）。几年前自杀了的布卢姆的父亲伸

---

① 原文为“Moly”，与布卢姆妻子莫莉（Molly）的名字形音相近。在古希腊神话中，“莫丽”是一种生黑根开白花的神奇魔草。

出“秃鹫爪子”抚摸儿子的脸。[13]期盼已久的以利亚终于来了，开始宣读审判词（“请不要吵吵嚷嚷……”[14]）。布卢姆的儿子鲁迪出现了，如果他没有夭折就会长成这个样子。

乔伊斯花了近一个月的时间来回复奎因关于“瑙西卡”被控一事的紧急信件。他发送了一份加密电报。

SCOTTS TETTOJA MOIEDURA GEIZLSUND. JOYCE[15]

奎因的办公室职员沃森（Watson）先生找来一本司各特密码手册，把乔伊斯的电报翻译了出来。“我没有收到你所说 182
的电报。几天之后你会收到有关这个问题的一封信，我会给予你充足的信息并详尽阐释我的观点。我想耽误几天不会使我们处于劣势。”[16]

奎因回复了电报，坚持要求乔伊斯立即停止连载。[17]如果幸运的话，地方检察官可能放弃指控。如果不走运，乔伊斯就可能增加起诉书上的罪状。[18]但乔伊斯想要留住《小评论》的读者，如果说他不愿意向编辑和印刷商妥协，那么他更不愿意向执法官员妥协，不管律师给予他怎样专业化的建议。奎因收到了来自巴黎的另一封电报。

MACILENZA PAVENTAVA MEHLSUPPE MOGOSTOKOS.[19]

沃森先生破译出电报：“已从私人处获悉可靠消息。有争议的那期已经发行了。你信中提到的未解决的问题就此了结。”[20]

但事情远远没有结束，奎因想出了一个计划。案件原定于12月交到由三个法官组成的审判团手里，但奎因打算提交一项陪审团审判申请，这样就能减缓案件进程。[21]转庭需要提交申请并安排听证会，之后日理万机的大陪审团才能考虑签发起诉书。[22]等到12人的陪审团被选出来，杂志经审判被定罪就是1921年秋天的事了，只要司法程序蜗行牛步，他们就可以抓紧时间私下出版《尤利西斯》。[23]也就是说，小说不必在书店里出售，出版商会印刷大约1000本高级版本，直接邮寄给预订的读者。

确切来说，在对《小评论》不利的裁决下发前，这本书就是合法的。奎因估计，相比于流转到毫无戒心的姑娘手中的杂志，萨姆纳和地方检察官不太可能指控一本私下流通的书。一本私下印刷的高级版本可以卖8到10美元，比普通书贵了
183 近4倍。按15%～20%的版税来算，乔伊斯可以挣2000美元。他需要做的只是在裁决下发前把小说完成。

奎恩试图说服本·许布希私下出版《尤利西斯》，但即将到来的判决让许布希心存疑虑。许布希对乔伊斯来说是最直接的选择。他出版了《都柏林人》和《画像》，对于乔伊斯的新书也是赞不绝口。奎因甚至敦促许布希在《小评论》开审前就签订合同，到了1920年12月底，他决定向许布希“摊牌”[24]。他希望许布希能在可见风险降到最低时就《尤利西斯》的出版报个价——许布希需要做的最后一件事是查看报纸上有关判决细节的报道。

摊牌是在奎因的公寓里进行的，奎因首先指出：乔伊斯绝不会同意做任何删减和修改。同时他也告诉许布希：“事实上，如果《尤利西斯》不做修改就在美国出版，肯定会遭到

打压，你也会因此被拘受审。”[25]显然他先说的是坏消息。许布希已经知道了好消息。伯尼和利夫莱特公司出版了好几本私下印刷的反动图书，每次都逃过了起诉。[26]因为这些书没有因为其中的片段遭到指控，奎因向许布希保证说杂志和书在法律上的评判标准是不同的：发行时越谨慎越不会被起诉。[27]对《小评论》的有罪判决可能还是件好事。[28]《尤利西斯》的连载会就此停息，如果有几章没有发表，那么市场需求会更大。

奎因希望用好纸印 1500 本，定价在 10 美元左右，这样乔伊斯就能得到每本 2 美元的版税，他能从《尤利西斯》中赚到 3000 美元，比奎因此前提到的还要多一些。[29]但许布希心存疑虑，奎因感觉到他持有观望态度，想看看判决结果再做决定时，就计划找伯尼和利夫莱特公司尽快签订合同。但在得到乔伊斯的首肯之前，他必须等待。

奎因在 1921 年 1 月提交了陪审团审判申请，在结尾处他夸张地说，指控给《小评论》带来了“严重的经济损失”[30]。 184
他指出，禁令持续的时间越长，《小评论》遭受的损失就越大。《小评论》艰难地度过了 1920 年，从萨姆纳走进华盛顿广场书店之后就每况愈下。奎因和朋友们已经撤回了他们的经济支持，安德森和希普急需订阅者和赞助人。更有甚者，一位资助者在跟安德森吃晚餐时，提出跟她进行钱色交易。[31]安德森怒不可遏。《小评论》也需要稿源。《尤利西斯》或多或少使《小评论》能够维持下去。

简 · 希普第一次给乔伊斯写信。“我们无法为近期的删减向您道歉，”她用绿色墨水写道，“您的痛苦我们感同身受。我们整个 5 月号都被邮政部焚毁了，还被粗暴地告知，如果我们还继续‘拽着那个东西不放’，杂志就别想办下去了。”然后她提到了亟待出版的新一期杂志，并指出：《尤利西斯》的连载供稿太慢了。她们把文本分成了几个小部分，但显然还是填不满版面。他能否寄点短篇小说或诗歌？“目前我们无法支付优厚的稿酬，”她如实相告，“我们能存活下来只是因为我们能像魔鬼那样战斗。”[32]

在遭到淫秽罪指控后，安德森和希普停刊了三个月。1920年12月，在华盛顿广场普城剧场上演尤金·奥尼尔（Eugene O'Neill）的《琼斯皇》（*The Emperor Jones*）之际，安德森和希普打断了演出，请求观众捐款，以作《尤利西斯》辩护之用，并拯救杂志于破产边缘。[33]她们在剧场中筹集的捐款只够出版杂志的12月号。编辑们宣布，由于遭到指控，她们不得不把订阅费用从2.5美元提高到4美元。[34]

奎恩敦促乔伊斯尽快完成《尤利西斯》。萨姆纳和地方检察官对程序上的拖延逐渐失去了耐心，而迟迟不签协议的许布希则需要在秋天前完成《尤利西斯》的出版工作来避免审查。乔伊斯回复了一份加密电报，告知几个月后就能完成小说，但每本赚2美元他觉得不多。“提出以下反对意见：3美元或3.5美元。如未立即接受就撤回报价。”[35]

乔伊斯觉得限量版的《尤利西斯》——已经比大多数作品的私下印刷版本长很多了——可以卖到不止10美元。[36]但
185 没有人会“立即”签订这样的协议——哪怕小说没有遇到法律问题这也是不可能的。[37]不知道是乔伊斯根本不了解纽约的情况还是太专注于自己的创作，他反正是毫不担忧。5天之后他又发了一封加密电报：“遇到经济困难。在合同签署前请尽快电汇200美元。”[38]

奎因大惑不解。这位作家囊中羞涩——都快付不起电报费用了——正在创作一部冗长艰涩的作品，作品的某些章节还面临着刑事指控。发表他小说的编辑们可能因此坐牢，但他既不抓住眼前的出版机会，也不对奎因表示感谢，是奎因迫使出版商签订了一份哪怕没有官司缠身也可能无利可图的合同——乔伊斯要求把版税翻一番，还要求根据一份根本不存在的合同预支 200 美元。庞德是对的。詹姆斯·乔伊斯简直不可理喻。

> 电汇了你要的钱希望在接下来的三到四个星期里抓紧创作不要再给我发电报了已尽力你和庞德应该了解我耐性有限　　　奎因[39]

《小评论》的受审时间极不合时宜。不仅奎因要频繁往来于纽约和华盛顿之间为他一生中最重要的案子奔波操劳，整个美国也陷入了经济危机当中。1920 年，由于战后对美国产品需求的突然下降，批发价格大幅下跌。[40]欧洲农业恢复得很快，这是谁也没有料到的，美国农场主手里积压下大量余货，负债累累，给他们提供贷款的银行也遭到了拖累。商品价格在不到一年的时间里就下降了 46%，1921 年，奎因发现自己也处于灾难之中了。他的一个重要委托人——国家商业银行在数百家农业公司持有股份，而这些公司都濒临破产。[41]奎因本人这一年仅在证券领域就损失了三万美元[42]，而且损失看似永无止境。“委托人、银行、公司都大幅亏损。平整硬朗的表面 186
下软斑悄然滋生。失败，失败，失败！”[43]公司接二连三地破产，经理们近乎歇斯底里。这是奎因经历的第三次金融恐慌，也是到目前为止最严重的一次，可谓“金融领域的恐怖时期”[44]。

奎因的雇员们都束手无策。他的一个副手辞职了[45]，另一个副手无法继续胜任工作，因为他面临着家庭纠纷，又经常在华盛顿广场流连至深夜，而且还和乔伊斯一样，忍受着急性虹膜炎的困扰。[46]奎因周末加班，圣诞节加班，新年前夜还加班。他夜以继日地工作，取消了所有私人约会，放弃了白天抽烟休息的时间。在为《小评论》辩护的时间里，他心力交瘁，更不用说因此少接了其他案子而损失了上千美元[47]，但他无法拒绝。“问题是，”他写信给诗人叶芝的父亲 J. B. 叶芝说，“我的心地太他妈善良了。”[48]

但首先是韦弗小姐的古道热肠，使乔伊斯能够在战争和经济衰退期间专心创作《尤利西斯》，她竭尽所能解决乔伊斯自己惹出的经济困难。韦弗小姐不动声色地开始了对乔伊斯的经济资助。1916 年，她寄给乔伊斯 50 英镑[49]，假称是《画像》在《自我主义者》上连载的稿费，实际上这笔钱几乎相当于杂志一年的总收入[50]。1917 年 2 月，自我主义者出版社从许布希出版社买进印张，出版了英国版的《画像》，但兵荒马乱的环境遮盖了这个事件成功的光芒。乔伊斯在此前三个月的通信中详细讲述了他所遭受的接二连三的痛苦，包括几次昏厥，他自陈昏厥是由精神崩溃引发的。[51]韦弗小姐从乔伊斯寄给她的被庞德称为“有点吓人”的照片中第一次看到了乔伊斯的相貌[521]，但乔伊斯的眼睛并没有让她觉得吓人，反而引发了她的同情。

1919 年之前，韦弗小姐一直在搜集她能找到的所有与乔伊斯有关的剪报，常常因为《尤利西斯》的草稿夜不能寐，但乔伊斯还在苦苦挣扎。[53]自我主义者出版社出版的《画像》

第二版在一年多的时间里只卖出了 314 本[54]，乔伊斯在 1918 年数次眼疾复发，1919 年 2 月又复发了一次[55]。所以 1919 年 2 月末，韦弗小姐匿名捐赠给乔伊斯 5000 英镑的战争债券[56]，每年他可以获得 250 英镑的利息收入。娜拉一收到韦弗小姐委托律师事务所寄来的信就赶到苏黎世见乔伊斯，在有轨电车上下车的阶梯上跳起了吉格舞。[57]两个月之后，韦弗小姐承认自己就是那位资助人，并请乔伊斯原谅她不具备"细心为他人考虑，不愿表现自己"[58]的品质。① 187

从此之后，韦弗小姐的资助就变成公开的了。1920 年 8 月，她又捐赠了 2000 英镑。[59]在《尤利西斯》写作和修改的后期，乔伊斯从韦弗小姐的两次捐赠中每年可以得到 350 英镑（相当于现在的 11000 多英镑）的收入，在这些年里，她还时不时地给予乔伊斯小额资助。[60]她希望她的资助能使乔伊斯获得不受市场约束、像她读到《画像》时感受到的那种创作自由。[61]乔伊斯没有令她失望，因为他正在创作的新小说看起来天马行空，人们可能从来没有读到过如此雄心勃勃的作品。如果乔伊斯量入为出，韦弗小姐的资助足以让他衣食无忧，但他 1920 年 12 月在巴黎租的公寓每年的房租就有 300 英镑[62]，几乎把韦弗小姐给他的钱全都花光了，况且房租还不是唯一的支出。娜拉给全家人置办了时髦衣服。[63]乔伊斯喜欢光顾高级餐馆，

① 收到捐赠后乔伊斯一直在猜测资助人是谁，为此他数次写信给律师事务所询问相关情况。1919 年 7 月 9 日，他给律师事务所写信说他认为资助人是丘纳德夫人。这封信正好和韦弗小姐 7 月 6 日的来信错过了。她在信上半带歉意地挑明是她通过门罗·索事务所和他联系的。但她告诉他真相不是为了邀功，而是为了避免发生尴尬情况。在乔伊斯的有生之年，韦弗小姐一直提供着慷慨的资助，甚至在乔伊斯去世后，他的殡葬费也是由她支付的。

出门坐出租车，当然还贪杯豪饮，给小费时出手大方——喝 1 法郎的酒他会给 5 法郎的小费[64]，好像对钱极不信任似的。加上医疗费用[65]，我们很容易理解他在 1921 年年初为什么那么渴望《尤利西斯》的写作能有所进展。

多年的资助削弱了乔伊斯原本就不强的现实感，这在某种程度上使他觉得在约翰·奎因为《小评论》辩护期间没必要停止《尤利西斯》的连载。乔伊斯有了资助人，埃兹拉·庞德就不那么关心《小评论》的指控案了——在庞德看来，那只会使乔伊斯更容易与杂志脱离关系。事实上，奎因是唯一深知乔伊斯面临的迫在眉睫的法律问题有多严重的人，奎因提出的陪审团审判申请于 1921 年 2 月遭到否决[66]，纽约的情况变得越来越不利。法官对奎因提到的杂志面临的经济困难深表同情，奎因的确巧言善辩，却不料聪明反被聪明误。法官的同情心使他决定帮编辑们一个忙：否决了陪审团审判申请，案件交由三名法官组成的特别法庭审理，这样审判结果就可以早点出
188 来，编辑们很快就可以恢复业务了。奎因提前两天收到通知：《小评论》的案子定于 2 月 4 日星期五开庭审理。

奎因立即赶往地方检察官办公室，找到了这起案件的负责人——纽约南区地方助理检察官约瑟夫·弗莱斯特（Josoph Forrester），用近乎耳语的声音做了自我介绍。[67]在过去的一周中，奎因咽喉发炎，医生禁止他说话。他希望把开庭日期延后，弗莱斯特明确告诉奎因说除非萨姆纳点头同意，否则无法更改。奎因为美国司法部部长帕尔默所器重，定期在国会委员会作证，使国家修改了专利法和关税法，几乎以一己之力在美国最高法院为联邦政府辩护。现在一名纽约地方助理检察官却告诉他，除非某位来自正风协会的公职人员点头首肯，否则无法

调整杰弗逊市场法院的开庭日期。

萨姆纳拒绝了奎因的请求。[68]此前至少6次休庭，每次他都亲临现场。这件案子原本应该在前一年的10月份就反馈回来，但现在已经是2月份了，他早已失去了耐心。而且，萨姆纳告诉奎因，案件一目了然——只要法官们读了杂志就很容易做出判决。所以奎因起草了一份书面陈述证明自己咽喉发炎，直接恳请法官将开庭日期延后，法院同意10天后再开庭。

奎因告诉安德森和希普，要开始物色可以为她们的动机担保的信誉见证人，以此来减轻处罚。[69]她们肯定会被判有罪——他告诉安德森“这件事没有丝毫疑问”[70]——而且因为她们先前就违反过法律，所以会被视为“死不悔改的惯犯”[71]。幸运的是，她们是被根据州法律起诉的，最多会被处以1000美元罚款和1年监禁。如果足够幸运的话，对她们的处罚可能是永久禁止使用邮政系统。但如果她们藐视法庭，奎因说，可能就会坐牢了。

萨姆纳通过起诉将人定期送进监狱，甚至比《小评论》的编辑身份显要得多的违法者也不例外。同年早些时候，他以 189 出版淫秽书籍的名义起诉了哈珀兄弟公司董事长，被告被罚缴纳1000美元罚款或监禁3个月。[72]奎因可以为安德森和希普寄去50美元保释金，但不会支付2000美元让她们重获自由。

表达对《尤利西斯》不满情绪的义愤激昂的信件如潮水般向《小评论》编辑部涌来。编辑们通常置之不理，但有封信特别引人注目，信封上的手写字体非常漂亮，所以玛格丽特·安德森就把信拆开了。芝加哥的一位女士想要分享一下她对布卢姆在沙滩上邂逅格蒂这一情景的看法：

> 出自心灵阴沟的可恶可憎的污言秽语，生于污秽，长于污秽。我不知用什么词去描述（哪怕含糊地描述）我的反感；我不仅厌恶他那污秽横流的泥沼，也厌恶那些重复这些污言秽语、胆敢让思想的脏水污物糟蹋这个世界的腐化的心灵——这些污言秽语被印成了白纸黑字，并可能因此污染年轻人的思想。哦，天呐，太恐怖了……我对美国的幻想遭受到惨烈的破坏。你们怎么能做出这种事呢？[73]

安德森整晚都没有睡觉，想要回一封长信来表达她对来信者“在艺术、科学和生活领域深刻的无知”的激愤之情，但最后她以轻蔑的语气写道：“您喜不喜欢詹姆斯·乔伊斯都无关紧要。他不是为您写的。他是为他自己写的。”[74]

安德森乐于自讨苦吃、受人排斥，正像奎因所怀疑的那样，部分原因是为了自我标榜，但更大程度上是因为她把这些视为通向独立之路的钥匙。安德森脱离了家庭，却发现自己只是把对家庭的依赖变为了对订阅者、广告商、赞助人和外国编辑的依赖。她羡慕乔伊斯和艾玛·古德曼这种为了追求某种超越自己的理想而流亡或坐牢的人。乔伊斯在战争期间忍受着疾病和贫苦的折磨笔耕不辍的身影——对出版商、读者和保守古板的道德警察不屑一顾——在安德森看来，正体现了艺术的本
190 质。既然遭到了刑事指控，她就可以像乔伊斯那样表现出目空一切的无畏态度了，她还希望，能像他一样宣示独立。正如她后来在信中对朋友说的那样，她想成为“生活的编排者、市侩之徒的终结者和资产阶级最崇敬的敌人”[75]。在遭到指控后姗姗来迟的新一期《小评论》上，安德森坚称真正的艺术以

两个原则为基石。“首先，艺术家在任何情况下都不应对公众负责。”事实上，公众应该对艺术家负责。“第二，”她强调说，“伟大艺术家的地位不容撼动……正如你无法吞下星星一样，你也不能限制他的表达自由，不能摆出一副高人一等的派头让他施展才华却单纯为了取悦你。”[76]

《小评论》是为天才而存在的——这就是安德森和希普要“像魔鬼那样战斗”的原因。安德森渴盼一个才华横溢的人可以得到保护的社会。埃兹拉·庞德希望恢复贵族品位，玛格丽特·安德森则想建立专制政权，才华卓越的人将会统治碌碌无能之辈。“如果不这样做，那就意味着才华卓越的人必须和普通大众一样忍痛受罪——因为普通大众而忍痛受罪。”[77]在安德森看来，对《尤利西斯》和《小评论》涉嫌淫秽的审判不是为争取言论自由而进行的斗争，而是为天才的自由而进行的斗争。

# 16 玛格丽特·安德森和简·希普与纽约人的对抗

191 法庭里挤满了为玛格丽特·安德森的美貌所吸引的旁听者，记者们也急切地想得到有关“格林尼治女编辑们”[1]的独家新闻。一周前，法官威胁一位格林尼治村的编辑说要把他送到贝尔维尤医院做精神病检查[2]，所以这周的庭审更令人期待。安德森和希普要为一本据说是极端弗洛伊德主义、疯狂到难以理解、被一位记者称为“紫外线性爱小说”[3]的书辩护。但奎因决定不让这样的事情发生。他告诉安德森和希普她们有两项任务：一是闭口不言，二是让她们周围的人“穿得像橱窗里的模特”[4]。她们带来出庭旁听的华盛顿广场分子必须穿得像娴静端庄、品位出众的女士，不能再像初审听证会时那样看起来像是妓院遭到突击检查后冲到法院的妓女。安德森决定听从他的建议，但这只会使她对诉讼程序更加不屑一顾。

“三位法官进来时每个人都站起来了，”她在《小评论》上描述了当时的情景，“为什么我必须站起来向三个连我最简单的话都听不懂的人致敬呢？”当诉讼程序没让她那么怒不可遏的时候，她就得想办法摆脱庭审的无聊。“也许琢磨琢磨他
192 们能否从宿命般的愚蠢中移出哪怕一英寸的距离，这事儿会让人觉得兴味盎然。”[5]

愚蠢的人指的是特别法庭审判长弗雷德里克·科诺辰

(Frederic Kernochan) 和两位白发法官约翰·麦克纳尼 (John J. McInerney)、约瑟夫·莫斯 (Joseph Moss)。[6]地方助理检察官弗莱斯特只找来一名证人，即约翰·萨姆纳。[7]萨姆纳需要做的就是解释一下打压《小评论》的详情原委——苦恼的女儿，震怒的父亲，以及在第8大街书店（年轻女孩在那里可以轻易买到淫秽图书）的卧底经过——詹姆斯·乔伊斯的淫秽不证自明。

奎因意识到这场审判是爱尔兰人之间一次令人泄气的争吵。三个法官中有两个是爱尔兰人。起诉书是爱尔兰人科里根下达的，起诉的对象是另一个爱尔兰人詹姆斯·乔伊斯，约翰·奎因和地方检察官夹在中间摆出一决胜负的架势，而奎因觉得，地方检察官表现得好像自己正代表着“130%的爱尔兰共和国国民”与国家叛徒乔伊斯和奎因进行对决，维护爱尔兰的国家尊严。[8]

奎因在辩护中称乔伊斯是可与莎士比亚、但丁、菲尔丁和布莱克比肩的杰出艺术家，是与斯威夫特和奥斯卡·王尔德一样的讽刺作家[9]，《尤利西斯》的“污秽之处”可比百老汇的表演或第5大道的橱窗陈设要少得多[10]。奎因起先觉得这个案子毫无希望，他甚至都不想费事找证人来为《尤利西斯》的文学价值辩护[11]，但是当开庭日期日益迫近时，胜诉（或者说减轻处罚[12]）的欲望占了上风，所以他说服法官们听听专家们的证词。证人之一约翰·考珀·波伊斯 (John Cowper Powys) 是一名英国讲师，他作证说乔伊斯把对话和叙事、思想和行动融为一体的手法让文体变得艰深晦涩，难以腐化公众，致其堕落——普通读者会觉得被拒之于千里之外。[13]他在证词中还说，《尤利西斯》“绝不会腐蚀年轻女孩的心灵”[14]。

他曾经在一所女子学校教过课，所以了然于胸。

当奎因的第二个证人出庭作证时，法官们开始对所谓的专家变得不耐烦起来。菲利普·默勒（Philip Moeller）是纽约剧院协会的创始人之一，他向法官们问询自己能否用专业术语来解释乔伊斯对弗洛伊德理论的运用方式。格蒂和布卢姆在海滩上邂逅的一幕事实上“揭开了无意识的面纱”[15]。他在证言中说道，乔伊斯写的这一章“不具催情效果”[16]。

193 “什么意思？”科诺辰法官打断他说，“你在说什么？”

奎因试图帮忙：“法官阁下，请允许我解释一下，aphrodisiac（催情的）是由名词 Aphrodite（阿佛洛狄忒）衍生出来的形容词，阿佛洛狄忒被誉为爱与美之神……”

“我知道这词是什么意思，”科诺辰说，“但我不理解这位先生到底在说什么。他还不如说俄语呢！”[17]

当法官们遣散了奎因请来的其他专家之后，安德森和希普就意识到《尤利西斯》在这个异国他邦身陷泥潭，在美国人看来，技艺精湛毫无意义。其中一个法官甚至宣称：“我们并不在乎谁是詹姆斯·乔伊斯，也不关心他写出的是不是世界上最好的作品。”[18]

但情况并不像表面看起来的那样糟糕。事实上，有证人本身就是个胜利。法院在审理淫秽案时往往对作品的文学价值置之不理，但奎因引述了勒尼德·汉德法官在 1913 年的一次鲜为人知的判决来打开例外之门。汉德是 1917 年对《小评论》做出不利判决的法官的表兄弟，但他不是安东尼·康斯托克的朋友（“如果我想听你说话，”他曾经在法庭上对这个霸道的十字军战士说，“我会让你知道的！”[19]），也不赞同希克林准则。汉德对司法寻找书籍的隐性倾向持怀疑态度，尤其不赞同那些一心关注书一旦“落入某些人的手中”就“可能有腐化作用”的做法。[20]他在1913年写道，希克林准则要求我们“把对性的看法降低到儿童图书馆的标准”[21]。他说，保护有价值的文学作品对政府也有好处，艺术家需要创作自由来描绘广泛的人性，因为“真和美对社会来说太珍贵了，不能随意损毁”[22]。把现代社会维系于维多利亚价值标准之上只会使希克林准则成为伤风败俗的工具。

勒尼德·汉德提出了他对淫秽的定义——在40多年的时间里，第一次有联邦法官质疑盛行标准：“‘淫秽’难道不应该意味着公众当下到达的那个坦率和羞耻相互妥协的关键点吗?”“淫秽”“下流”“猥亵”这些词的意义不是一成不变的，而是流动的、因时因地的，是年复一年被公众讨论重申的话题。

这虽然看起来只是一个微不足道的观点，实际上却预示了 194
一个根本性的转变。暗示腐蚀读者心灵的事物随着时间变化就是在暗示，心灵的自然状态——即未被腐蚀的状态——也是不断变化的。如果仔细读一下，勒尼德·汉德的判决不只让淫秽这个概念有了延展性，也承认了人性的延展性。但没有人仔细读过，所以汉德的判决鲜为人知。毕竟，这只是一项针对一个精明的辩护律师企图规避陪审团审判提出的申请做出的预判。奎因是唯一一个注意到汉德观点的人——他在备忘录中详尽地引用了这一观点——因为奎因本人就是那个精明的辩护律师。

法庭休庭一周，以便法官们有时间亲自读一读《小评论》。再次开庭时，助理检察官弗莱斯特预备当众朗读杂志中某些冒犯性片段，但一个白头发的法官制止了他。[23]法庭里有不少女性。大家都把目光转向一位身穿高领外套的体高貌美的女士，她明亮的眼睛在浓密的睫毛后目不斜视。玛格丽特·安德森的支持者们打扮得规规矩矩，三五成群地围坐在她身后。奎因转身背对着法官，面露微笑。他解释说，坐在第一排的神色专注的女士们无须特殊保护来远离《小评论》的污秽，说话时他一直在盯着一位女士，那位女士正是《小评论》的编辑。

法官对此表示异议。“我相信她肯定不知道她所出版的作品的意义，”他说道[24]，“我自己也读不懂《尤利西斯》——我想乔伊斯在他的实验中走得太远了。”[25]

“是的，”麦克纳尼法官接话说，“在我看来就像是一个精神错乱的人的胡言乱语——我实在想不出有人会愿意发表它。”[26]

审判过程激怒了安德森。即使法官们能够理解乔伊斯的作品，他们还是会坚持奉行那套迥然不同的标准，就好像你的衣着打扮一直在被三个气象预报员品头论足一样。安德森差点儿就朝法官们吼叫起来。“让我告诉你们为什么我认为《尤利西斯》是我们这个时代的杰作，”她特别想说，“还有为什么你们没有权利拿你们那迟钝的脑壳跟我这优秀的头脑分庭抗
195 礼。”极欲避免坐牢的简戳了戳安德森的肋骨，对她耳语道：“别说话。别落到他们手里。”[27]

法官们的不明就里让奎因心下大喜——那正是他辩护的基石。[28]只要乔伊斯的作品让人觉得晦涩难懂，就不能说它是淫秽下流之作。奎因称，《尤利西斯》代表着“文学中的立体主义”[29]，试图在严肃性和晦涩性之间达到平衡，他读了一段布卢姆的内心独白来说明自己的观点：

一支猴谜树形火箭炸开了，噼里啪啦地喷出许多火星向四面八方射去。嗞啦兹又是嗞啦兹、嗞啦兹、嗞啦兹。妹子领着汤米和杰基跑出去看，伊棣推着小推车跟在后面，格蒂也从岩石背后出现了。她会吗？注意看！注意看！瞧！回头望了。她闻到葱味了。亲爱的，我看到了，你的。我都看到了。[30]

乔伊斯让人云山雾罩。这段文字甚至连标点的使用都不规范，奎因说，这正是乔伊斯视力低下导致的不幸结果。[31]地方检察官对这种侮辱法官智商的做法恼羞成怒，忍不住恶言相向，面红耳赤，这时奎因转向控方律师，插话道："这就是最好的展示！这就是《尤利西斯》不会向人们灌输淫秽思想腐蚀读者心灵的证据。看看他就知道了！"[32]大家不由自主地看过去。"读了那章会让他投入妓女的怀抱吗？会让他满脑子都是性欲望吗？一点儿也不。他想杀人！他想把乔伊斯送进监狱。他想把那两位女士送进监狱。他想取消我的律师资格。他内心充满了憎恶、怨恨、愤怒和苛责。但是有性欲吗？在他身体里一丝性欲都没有，一点儿情欲都没有……他鲜明地展示了《尤利西斯》引发的效应。"[33]

在总结陈词中，奎因试图通过逻辑说服原告方。读者或者能读懂《尤利西斯》的这段话，或者读不懂。读不懂的读者理论上是不会受腐蚀的。极少数能读懂的读者要么被作品那"实验性的、尝试性的、革命性的"风格所吸引，要么觉得反感或无趣。[34]不过不管怎样，纽约那些易受影响的年轻女性都 196
因为其天真烂漫而免于受害。乔伊斯的小说除了学问高深的读者外没人读得懂，而学问高深的读者又无须纽约州政府替他们操心。

奎因说："这不过是一则有关女性内裤的故事。"

一个法官回答道："内裤可是穿在那个女性身上的。"[35]

奎因在两个年纪大点儿的法官身上达到了他想要的效果——他们被搞糊涂了，屈服于他的权威，但科诺辰法官就不同了。奎因在事后给乔伊斯的信中这样写道："他是头对文化一无所知的蠢驴，但知晓语言的意义。"[36]

法官们协商之后，科诺辰宣布玛格丽特·安德森和简·希普违反了纽约州的反淫秽法，罪名成立。为了使编辑们免于坐牢，奎因证实说"瑙西卡"是《尤利西斯》最具冒犯性的一章[37]，但法官们还是不确定对两位女士的刑罚到底该有多重。其中一个法官问萨姆纳先前是否有针对这本杂志的投诉。萨姆纳瞟了一眼玛格丽特·安德森，看到了她那殷红丰满的嘴唇。他意识到了这个问题的利害关系，就豪气地把被收缴的几期《小评论》塞到了纸堆下面，回答道："没有。"[38]

不知是因为这是她们第一次被推上被告席还是因为法官们怜悯她们的无知，麦克纳尼法官宣布了一个他认为是"极为宽大"的处罚结果，法官们判安德森和希普 10 天监禁，如不服刑就缴纳 100 美元罚款。[39]几乎可以肯定，她们没有那么多钱。幸运的是，旁听的人群中有一位来自芝加哥的名叫乔安娜·福町（Joanna Fortune）的富有女士，她替安德森和希普缴纳了罚款，使她们免受监禁。[40]

两位女编辑在被带去按指纹时，新闻记者和格林尼治村村民簇拥而来。在拥挤的人群中有一个小伙子喊道："那一章有点恶心。"

简·希普大声回击道："恶心犯罪了吗?"[41]

既然庭审已经结束了，她们就迫不及待地打破了沉默。安德森对记者说，淫秽问题“应该交给我们这些专家”，而不应该交到萨姆纳这种色情作品猎犬的手里。“让艺术家遵循道德就会使他失去艺术。”她又补充说：“《小评论》是艺术家可以 197
享有至高无上地位的唯一媒介。”[42]

安德森暗自下定决心，如果法律坚持把她当作一个纤弱的人来看待，那么男士们就必须在纤弱的人按手印时侍奉左右。安德森小姐检查了印泥盒。她说，她想多要几条毛巾，一个男士急匆匆地给她取来。她说，她想要块好些的肥皂，他们的确拿来了一块更合适的。她说，她想要个指甲刷，他们灵机一动，竟然成功地把指甲刷找来了。玛格丽特·安德森小姐极不情愿地把手伸向了印泥盒，男士们则在一旁向她保证印泥不会在她手上留下污迹。[43]

在美国出版《尤利西斯》的希望非常渺茫，奎因为此深为自责。他写信给安德森说：“我想到乔伊斯，想到他急需用钱，他身在他乡，不了解这儿的情况，也许身体也不好。我不会忘记，在近些年、近几个月、近些天，严肃作家们的生活有多艰难……我已经尽我所能了，但我失败了。”[44]有传言说，邮政部把收缴来的《小评论》送到了救世军[45]，在那里，接受改造的堕落妇女根据指导把杂志撕成碎片。

安德森和希普非常幸运。莅临《小评论》受审现场的人都没有注意到“瑙西卡”最见不得人的一面，也是这一章最隐晦的地方：当坐在岩石上的格蒂·麦克道尔往后仰时，利奥波尔德·布卢姆在对着她手淫。法官们、记者们、单纯女孩的父亲们还有萨姆纳本人都没有注意到这一点[46]，这是可以理解的。即使有人刻意去寻找这种稀奇古怪、匪夷所思的冒犯性情节，也很不容易找到。当格蒂一瘸一拐地走远时，布卢姆“动手整理他那湿了的衬衫”，但是庞德把“湿了的”一词删去了。几页之后，原稿这样写道：“啊甜妞儿抬起你的少女白我看见脏束腰带是我做爱黏的。”[47]庞德删除了“抬起……我看见”，为慎重起见，还删除了“做爱黏的”，所以发表在《小评论》上的版本虽然不连贯却更谨慎：“啊甜妞儿你的少女白使我做了我们这两个淘气鬼。”[48]只有心思极为缜密的读者才会把这句话与几页之前布卢姆“粗声粗气的喘息”和“流露出炽热激情”[49]的脸联系在一起，但蓝色袜带和印度薄棉布裤衩又喧宾夺主，把读者的注意力都吸引过去了。

198 即使安德森和希普意识到了其中的隐含意义，她们也假装一无所知。[50]如果没有庞德的提示，奎因本人可能也注意不到这一点。庞德告诉奎因，乔伊斯一心想提及“每一种可能的身体分泌”[51]。唯一发现这个秘密的是出席初审听证会的科里根法官。尽管认识奎因，他还是对两位编辑进行了审判，他说，那是因为“这一章写到那个男人在裤子里走火了”[52]，发表这样的作品无疑是违法的。奎因嘲笑科里根思想龌龊，他的意思是一个心地单纯的法官是不会发现这一点的[53]——毕竟，只有心存邪念的人才会在爆裂的罗马蜡烛中发现性高潮的痕迹。

在“瑙西卡”被定罪后，乔伊斯随即决定把这一场景写得更直接一些。毫无疑问，他恢复了“做爱黏的”这个词，并再次提到了布卢姆衬衫上的湿渍，还在格蒂后仰的情节后面又加了一句话：“他的双手、他的面部都在动，她也感到全身一阵震颤。”[54]乔伊斯所有的修改都是在重新校准：他希望故事细节既模糊隐晦，又刚好能被人洞悉。他心存一种孩童般的渴望，想要让人到处寻找，最后是在沙发后面或壁橱里找到了他。有人看不到《尤利西斯》和荷马史诗的对应，乔伊斯就把两者的关系用图表明示出来。但当他提供的这一线索几乎变得人尽皆知时，他又拒绝把图表印出来。

乔伊斯在离开爱尔兰之前向娜拉提出的问题萦绕了他一生："有没有人能理解我?"博伊兰口袋里叮当作响的硬币、格蒂对布卢姆的外国名字的幻想、暗示着戳瞎独眼巨人的雪茄大棒和布卢姆粗声粗气的喘息都是待解的秘密。《尤利西斯》的意义带着一种欲说还休的兴奋感，为了拉近读者而故意语焉不详。《尤利西斯》很晦涩，因为乔伊斯很孤独。他多愁善感，耽于幻想和沉思，他通过小说中的戏谑来一步一步地吸引读者。如果说乔伊斯像沙滩上的某个人，那这个人不是利奥波尔德·布卢姆，而是格蒂。

# 17 “喀耳刻”着火了

199 1921年4月的一个晚上，乔伊斯听到一阵狂乱的敲门声。这位不速之客是哈里森（Harrison）太太，“喀耳刻”的第9位打字员。[1]上回一位打字员按响了门铃，还没等乔伊斯开口就把手稿扔到他脚下逃之夭夭了。[2]打字员们想要的是誊清稿，是整齐的重抄稿，但乔伊斯一完成“喀耳刻”就把誊清稿寄给了约翰·奎因。奎因一点一点地购买手稿，乔伊斯也需要这笔钱。打字员拿到的是将近100页的手写稿[3]，字体遒劲，布满了箭头和插入的内容。[4]4位打字员一看到手稿就断然拒绝了这份工作。乔伊斯告诉西尔维娅·比奇，一位打字员“在绝望中威胁说自己要跳楼”[5]。

西尔维娅觉得乔伊斯是在委婉地求她帮忙，所以她把手稿给了做默片演员的妹妹希普琳。希普琳天不亮就起床，逐字辨认乔伊斯所写的内容，然后再去摄影棚工作。[6]拍摄转场时，她把手稿给了瑞曼达·利诺西耶（Raymonde Linossier）[7]，巴黎唯一的女律师。[8]利诺西耶的父亲是著名的医生，他禁止女儿跟左岸艺术家走得太近，利诺西耶为逃脱父亲的管制，保密功夫练得跟她的才华一样出众。她到法律学校就读的部分原因是以此为借口参加书友之家和莎士比亚书店的文学聚会。[9]她在《小评论》发表了她化名写的一篇5页的“小说”[10]之后，就把文章
200 藏了起来，再也没有动笔写作。[11]希普琳·比奇给了她“喀耳

刻”的手稿，当她打出那些稀奇古怪的发生在妓院里的场景时，她那突然病倒的父亲就在隔壁房间静养。她仰慕《尤利西斯》，但在打了45页之后，连她也干不下去了。

几经易手的手稿后来到了哈里森太太手里，她是利诺西耶的朋友，丈夫是一位在英国大使馆工作的绅士。哈里森先生看到妻子书桌上乔伊斯的手稿，就拿起来读了读这部发生在都柏林红灯区的幻想剧。人物角色包括“一个妓女”“患淋病的女仆”“坎蒂·凯特”等。[12]丁尼生爵士身着美国国旗图案的鲜艳运动上衣和打板球的法兰绒裤子突然冒出来。爱德华七世嘬着红枣主持一场角斗，不久他又冉冉升起。一个士兵勒紧腰带威胁说：“哪个操蛋家伙敢说我那操蛋国王半个不字，我就拧断他的脖子。”

几页之后，都柏林就着火了。玛拉基·奥弗林神父在魔窟（战争、临终悲鸣、硫黄火）中主持黑弥撒。

**玛拉基·奥弗林神父**

我登上魔鬼的祭坛。①

**可敬的洛夫先生**

走向使我年轻时过上快乐日子的魔鬼。

**玛拉基·奥弗林神父**

（从圣餐杯中取出一块滴血的圣饼，举在空中）我的

① 原文为拉丁文。在正规弥撒上神父会说“我登上天主的祭坛”。而离经叛道者做“黑弥撒”祭的是魔鬼，所以说“我登上魔鬼的祭坛”。

身体。

**可敬的洛夫先生**

（将祭司的衬裙从后面高高撩起，露出毛烘烘的灰色光屁股，屁股里插着一根胡萝卜）我的身体。[13]

士兵再次大吼："我来收拾他，操蛋基督助我！看我把这操蛋杂种的倒霉操蛋臭气管拧断了！"[14]

201 哈里森先生勃然大怒。他把手稿撕了，扔进火里。[15]他妻子听到动静就冲进房间阻止他，接着把"喀耳刻"剩下的手稿藏起来以防被他烧掉。乔伊斯向奎因解释说："接下来是发生在房间里和街上的歇斯底里的场景。"[16]乔伊斯请求哈里森太太尽快归还剩下的手稿。她第二天早晨就把手稿送了过来，乔伊斯发现，被她丈夫烧毁的不仅有他妻子的打字稿还有原始的手稿。唯一一份完整的"喀耳刻"手稿在开往纽约的汽船上。

约翰·奎因正在为与本·许布希签订《尤利西斯》的出版合同做最后的努力，尽管《小评论》被判罪，许布希还是不想放弃自己的权益。[17]奎因催他马上做决定，许布希说除非乔伊斯同意删改，否则他拒绝出版《尤利西斯》，不管是公开发行还是私下发行都不行。奎因认为这是一个明智的决定。虽然乔伊斯的小说极为出众，但奎因还是提醒许布希："放弃20本《尤利西斯》也比为了1本《尤利西斯》而在布莱克韦尔岛上待上30天好。"[18]乔伊斯不是唯一一个从刺痛诚实之心中获得乐趣的人。

奎因打电话给贺拉斯·利夫莱特，想要尽快敲定私下印刷《尤利西斯》的事宜，利夫莱特没有让他失望。4月21日，伯尼和利夫莱特公司给出了奎因大半年以来一直在努力争取的条件，但几个小时之后这场交易就付诸东流了。[19]这天，从巴黎寄来的一个包裹被送到了奎因的办公室，里面装着他期盼已久的“喀耳刻”的手稿，但他读后大吃一惊。其中一个场景详细描述了布卢姆的受虐倾向和被虐待情况，贝拉·科恩妓院里的妓女把他按住（厨娘也出来帮忙），而在此前的文本中变成男人的贝拉则一屁股坐在他脸上，压得他透不过气来。[20]布卢姆随即接到命令，要他或者把妓院那些尿罐刷得一尘不染，或者“像喝香槟那样把它舔干净”[21]。随后布卢姆变成了女人，被当成性奴拍卖。[22]不论由谁出版——公开出版也好，私下出版也罢，哪怕在离地面 15000 英尺的飞机上出版——这个人都会被判罪。奎因给利夫莱特回了个电话，告诉他让他忘了《尤利西斯》这档子事。[23]这本书就是个法律噩梦。利夫莱特虽然深感失望，但在给奎因的信中他这样写道：“我想你是对的，只能出版一个删节得不成样子的版本，如果照原样出版我们肯定都得立刻去蹲监狱。”[24]

几天之后，奎因听说“喀耳刻”的原稿被烧毁了，他非 202
常高兴。他希望哈里森先生那歇斯底里的举动可以使乔伊斯清醒过来。“我非常欣赏那位丈夫，”他给乔伊斯写信说，“他做得很对，他挡在她身前，保护她，守卫她，了解她在做的事，对注定引起异议的事表达他的反对意见。”[25]如果说纽约法院对《尤利西斯》做出的淫秽罪判决还没有阻断它的前景的话，那么喀耳刻的咒语则真的把它的前景阻断了。许布希和利夫莱特避而远之，伦敦的印刷商连“得体的”章节都不愿印刷，《尤利西斯》在美国和英国都没有切实可行的出版选择。然而，最坏的情况还在后头。

西尔维娅·比奇的邀约其实极为偶然，就好像两人在安德烈·斯皮尔的书房握手那一刻就已经在等待这一天的来临，现在在起航之前他们需要做的只是打破瓶子。郁郁寡欢的乔伊斯来到莎士比亚书店，告诉了比奇小姐“瑙西卡”在纽约被判罪的事。他说：“我的书永远出不了了。”[26]她接下来问的问题是对乔伊斯未说出口的提议的回答。“您愿意让我来出吗？”

“当然愿意。”[27]

西尔维娅·比奇甚至连小册子都没出版过。她对新书的营销和宣传一窍不通，跟发行商和印刷商也没有什么联系，更不熟悉什么印版、校样、活字盘。她手头拮据，只能大概推测需要的花用和经费。广告只得依赖传单、印刷商的善心和口口相传。她对法国和世界其他地方出版业复杂的法律规定都一无所知，更不用说在一本小说成书前就对其做出淫秽罪判决的那些烦冗条文了。她知道“喀耳刻”这一章比《小评论》里其他任何文字都更具冒犯性，她也知道更具冒犯性的情节会接踵而至。

尽管困难重重，她还是决定，莎士比亚书店——唯一的员工，一位34岁的美国侨民，迄今还睡在书店里间的折叠床上，
203 书店很小，坐落在一条不为人知的街道上——要发行数十年来无人出版过的最晦涩难懂的书。这本书篇幅巨大，价格昂贵，无法校对。这是一本没有家园的书，一本用谜语般的英语写成，创作于的里雅斯特、苏黎世和巴黎，即将在法国出版的小说，书商则是新泽西人。乔伊斯的读者群十分分散。这本书时而晦涩，时而骇人，它的美感和乐趣是隐秘含蓄的，它的柔情隐藏在旁征博引的字里行间，以至于读者不是被拒之千里，就是被彻底激怒。《尤利西斯》还没有创作完成，就已经在纽约

被宣判为淫秽书籍了，在巴黎也让人在一怒之下付之一炬。

但这些都不重要。西尔维娅·比奇想近距离接触乔伊斯和现代文学的中心。她想一举成功，偿还母亲给她的钱款。她想让世界多彩纷呈，而不只是关注睡衣和炼乳。比奇和乔伊斯亲力亲为，商定了相关细节。莎士比亚书店会出版一个私下发行的高级版本，发行量为1000册。她会在出版前事先发出公告，并通过邮件搜集订单，订金一到，就以分期付款的方式支付给印刷商，印刷完毕再把书以挂号邮寄的方式寄到世界各地的读者手中。

比奇借用了奎因提出的私下发行的方法，但定价却显得更有野心。莎士比亚书店没有拘泥于出版10美元一本的那种版本，而是提供了三种不同规格的版本供读者选择。最便宜的定价150法郎，合约12美元。另外150本纸质更高级，售价250法郎，合约20美元。价格最高的版本选用荷兰手工纸张，并附有乔伊斯的亲笔签名，共计100本，每本售价350法郎，合约28美元。虽然这是一个首次私下发行、篇幅超长的高级版本，但价格定得也够高的，相当于今天380美元左右。[28]他们的总收入可达14800美元，乔伊斯会获得66%的利润。[29]两人都没有想过要签个合同。

西尔维娅·比奇面临着很多超乎寻常的问题。在距公之于众的出版日期仅剩6个月时，小说还远远没有完成，一部分手稿此前被烧毁，而要回唯一幸存的手稿也困难重重。她多次写
信、发电报给纽约的约翰·奎因。能把遗失的那几页寄给乔伊 204
斯吗？不能。能让人去他的办公室把那几页手抄下来吗？不能。西尔维娅的母亲从普林斯顿给奎因打电话，说明她5月份要乘船前往巴黎，询问他能否好心让她带上此前遗失的手稿——她

女儿会尽快归还的。奎因拒绝了。在渡轮起航的那天，她给他打了几次电话，几乎声泪俱下。回答还是不能。“他会拿回少的那几页手稿，”奎因写信给朋友说，“但要在我方便的时候。”[30]这就是他传递出的信息大意。比奇回忆说，他“使用了那种不应该对我母亲这样的女士说出口的语言”[31]。

事情一波三折（奎因拖了6个星期才把遗失手稿的副本寄来[32]），但西尔维娅·比奇已经为《尤利西斯》的宣传忙得焦头烂额，几乎没有精力理会手稿带来的麻烦。她起草了一份传单，宣布了出版计划。

> 连载期间4次被禁的《尤利西斯》将由**莎士比亚书店**足本出版。[33]

根据这份传单，乔伊斯的书将长达600页，将于1921年9月面世。她的姊妹和朋友在美国招揽订单。[34]莎士比亚书店的常客们立即预订，还提供了其他可能购买的顾客的名单和地址。刚到巴黎不久的美国作家罗伯特·麦卡蒙（Robert McAlmon）从巴黎的夜总会搜集订单，在大清早回家的路上顺道送到了莎士比亚书店。[35]比奇几乎无法辨认某些订单上的字迹。乔伊斯来到莎士比亚书店等待订单的到来，比奇把预订者的名字一一记在一本绿色笔记本上。[36]哈特·克莱恩。威廉·巴特勒·叶芝。艾弗·温特斯。威廉·卡洛斯·威廉斯。华莱士·斯蒂文森。温斯顿·丘吉尔。约翰·奎因预定了14本。尽管约瑟芬·贝尔身陷囹圄，华盛顿广场书店还是订购了25本，是数量最大的单笔订单。[37]

消息传播得很快。莎士比亚书店挤满了闻讯而来的人，收入是平时的两倍多。[38]西尔维娅向母亲吹嘘说，书店开张还不到两年，她就要出版“这个时代最重要的书了……我们也会 205 因此名声大噪，啦啦啦!”[39]有关比奇和莎士比亚书店的文章也出现在报纸上。《巴黎论坛报》（*The Paris Tribune*）报道：“美国女孩在此地经营小说书店。”文章附了一张比奇的照片，还称，有传言说《尤利西斯》的出版“可能意味着比奇小姐被禁止返回美国”[40]。

也有人不愿听到这样的消息。乔治·萧伯纳在回复中说，他已经读过一部分《尤利西斯》。“它是关于文明进程中一个可憎阶段的叛逆的记录，”他这样写道，“而同时它也是真实的记录。”[41]萧伯纳本人是安东尼·康斯托克早先的受害者之一。1905年，他的《华伦夫人的职业》（华伦夫人是一家妓院的鸨母）在纽约上演期间，剧组人员曾经被警方拘捕。据此人们大概会想到，既然是“真实”的记录，不论它可憎与否，都有许多值得推荐的地方。事情并不是这样。萧伯纳推想西尔维娅·比奇只是“一个被艺术煽起的狂热迷惑住了的野孩子”。他写道：“对我来说，这真实是丑陋的。”他已经幸运地逃离了那个丑陋的岛屿，来到了美好而明媚的英格兰（尽管他的戏剧在这里也同样遭禁）。萧伯纳觉得应该让所有爱尔兰的年轻男士都去读《尤利西斯》，作为对他们的一种“浸没式”的惩罚。这当然并不意味着他会去花钱买这本书。“我是一个上了年纪的爱尔兰人，”他提醒比奇说，“如果你认为会有爱尔兰人（尤其是上了年纪的爱尔兰人）愿意掏150法郎去买一本书，那你就太不了解我的同胞了。”[42]埃兹拉·庞德读过这封信后，在《日晷》上称萧伯纳是“九等懦夫”[43]——他太害怕直面真相了。

1921 年，乔伊斯极大地加快了写作步伐，但《尤利西斯》想要收尾还是遥遥无期。1917 年他计划在 1918 年完成。[44] 1918 年他计划在 1919 年夏天完成。[45] 把围巾缠在头上写“喀耳刻”时，他计划在 1921 年年初完成。[46] 1921 年 1 月，他计划在 4 月或 5 月完成。[47] 到了 10 月份，他预计只需要三个星期就能完成。[48] 到了 11 月底，只需要 50 个小时到 60 个小时。[49] 尽管传单也发了，新闻也报道了，
206 《尤利西斯》还是不可能在秋天按时面世。不过，乔伊斯最终赶在 1922 年 2 月 2 日他 40 岁生日那天出版了《尤利西斯》。

乔伊斯在 1921 年春夏两季双管齐下，同时创作最后两章“伊萨卡”和“佩内洛普”。行文至此，小说有了多重视角和叙事声音，与荷马史诗的对应关系也更加鲜明，都柏林那 6 月的一天已经成了文明的地图，人物有血有肉，融入了神话之中。在布卢姆凌晨 2 点回家时，事件以问答的方式展开，语气冷静疏远，好像出自俯视都柏林的奥林匹亚山众神之口。

他们到达目的地后，布卢姆取何行动？

在埃克尔斯街第 4 个等差单数即 7 号门前台阶上，他习惯性地将手伸至后面裤袋摸大门钥匙。

钥匙在袋中否？

> 在他前日所穿裤子的相同位置口袋中。
>
> 他为何感到双重不快？
>
> 为他的忘记，又因为他记得自己曾两次提醒自己不要忘记。
>
> 既然如此，则在一对事先（各自）想到而又疏忽大意以致没有钥匙的人面前，有何抉择余地？
>
> 进还是不进。敲还是不敲。[50]

秘密已经不是慢慢展开的了。这一章的客观风格隐含着情绪和内容。一个没有父亲的儿子和一个没有儿子的父亲在一天中数次相遇，最终回到了父亲的家，在没有钥匙的情况下想方设法进了家门。他们谈论巴黎、友谊和斯蒂芬的职业前途。布 207
卢姆为斯蒂芬泡了可可，并鼓励他低声吟唱一段故事诗，斯蒂芬照做了。布卢姆回想起，斯蒂芬在 10 岁时曾邀请他去家吃饭，他礼貌地谢绝了。现在，经过这漫长的一天，布卢姆邀请斯蒂芬在他家过夜，斯蒂芬也礼貌地谢绝了。在年轻人离开后，斯蒂芬的手的触感和他渐行渐远的脚步声使布卢姆有那么一会儿感到极为孤独。然而，所有这些都像是在白色的空旷房间里对着墙壁讲话然后回音反射回来一样。

最后一章的风格截然相反。“佩内洛普”是抒情性的、流动性的。乔伊斯原计划以莫莉的几封信作结尾[51]，他请一位的里雅斯特的朋友把他创作所需的手提箱寄过来。1921 年 3

月，他收到了用橡皮筋绑着的手提箱，里面装着他和娜拉在1909年互寄的信件（娜拉还没有把她的信件烧毁）。[52]看到它们——信封上歪斜地贴着大大的红色邮票[53]，折叠了两次的厚厚的信纸把信封都塞满了，还有娜拉那整齐的不带标点的字迹——足以让他回想起他们分隔两地的那些夜晚。

她告诉他她很喜欢“被从后面操”[54]。她描绘了他们共度的一个特殊的夜晚，告诉他让他随心所欲[55]。“是的，”他回信说，“现在我也记起了那天晚上，我从后面操了你好长时间。亲爱的，那是我操你操得最淫荡的一次。我在你身体里连续挺了好几个小时，在你撅起的屁股蛋子下面来回抽插。我可以感觉到我肚子下面你那汗津津的肥屁股，还看到了你那潮红的脸和疯狂的眼睛。”[56]他列出了娜拉那晚放的各式各样的屁，告诉她“操一个操一下就能让她放个屁的女人”实在让人兴奋得难以自持[57]。

时隔12年重读这些信，不只是再次与他们遗失的档案重逢，而且也重新回到了他甘愿冒着比政府审查还要大的危险的时刻——他冒着被拒绝的风险，一口气写出了那些超出他们权利的发自肺腑的永恒的信。在其中一封信中，乔伊斯意识到，终有一天身体会消逝，唯一可能留下的可能是他们的言语。
208 1909年，乔伊斯送给娜拉一册自己诗稿的装订本作为圣诞节礼物，还想象着将来他们的孙子孙女会翻阅这些纸张。[58]也许他们的言语比其他任何事物留存得都要长久。

污言秽语影响多多，不过，他们还是把语言变成了白纸黑字。“操”这个词不仅意义具有冒犯性，单单把这4个字母写到纸上也是一种冒犯。这就是在印刷物上“f＊＊k”比它那意义明晰的补足形式更常见的原因。我们一直坚持认为，看到这

4 个字母比做一个隐晦的手势来影射这个词和它所传达的意义更出格，因为这个词作为一个词，本身就举足轻重。“fuck”是一个标志，它的外形就是一道奇特的景观，一个以星号为遮羞布的裸露的身体。娜拉的话语是神圣的，因为它们是身体性的。“把那些淫荡的词写得大一些，”乔伊斯告诉娜拉该怎么做，“加上下划线，亲亲它们，把它们在你甜滋滋热烘烘的屄上放一会儿，亲爱的，再拉起你的裙子，把它们贴到你那可爱的放屁的小屁股蛋子上。”[59]

《尤利西斯》结尾的语言是莫莉那不断流淌的意识流。凌晨 3 点，莫莉·布卢姆躺在床上，尚未入睡，布卢姆与她头脚相对在她身边沉沉睡去。与小说先前出现的断断续续的内心独白不同，莫莉的意识由 8 个乐章组成，连绵不绝，没有标点。乔伊斯把她的声音想象成饱满的、持续的、满不在乎的[60]，与其说是人性的，不如说是地质性的[61]。她的身体像某个在他脑海中隐现的维特鲁威女人那样四下伸展开来，她的思绪和记忆如同起伏的浪潮。从 1915 年的里雅斯特附近遭受轰炸开始，故事的视角就一直在拓展变化，当在巴黎小说即将收尾时，“佩内洛普”完成了乔伊斯设想的小说的宇宙二分体。“伊萨卡”是在星际边缘讲故事，“佩内洛普”又返回到莫莉身上，就好像回到了在寒冷星际中旋转的温暖的地球。

莫莉对午夜来到她家的斯蒂芬·迪达勒斯的想象，同数年前与丈夫谈话的记忆混杂在一起：

> 我会把他弄得有些迷迷糊糊的只要没有旁人我可以露出我的吊袜带给他看那副新的弄得他满脸通红我的眼睛望着他引诱他我知道那些脸上长细绒毛的男孩子心里是怎么

> 回事把那玩意儿拽出来整小时地摩弄问答式的你愿意这样那样另一样吗和送煤工人吗愿意的和主教吗愿意的我愿意因为我告诉过他我在犹太庙堂花园里织那件毛活的时候有一个教长或是主教坐在我旁边从外地来都柏林的净问那些纪念性建筑物这是什么地方呀等等的他问雕像把我都问烦了越是搭理他他越起劲你心里有个什么人呀你告诉我你心里在想谁呀是谁呀你告诉我他叫什么名字吧是谁你告诉我是谁吧是德国皇帝吗是的你就想象我就是他吧你想他吧你能感到就是他妈他想把我变成个婊子这是他永远办不到的他现在已经活到这个年纪就应该放弃了简直是叫任何女人都受不了的而且一点儿痛快劲儿也没有的假装喜欢知道他来过我才好歹自己对付过去[62]

如果把词语看作身体的话，那么莫莉·布卢姆的独白就像一群人蜂拥而至，涌进了乔伊斯的小说。

创作的压力使乔伊斯变得越来越迷信。[63]在屋里打伞、把男士礼帽放到床上、两个修女沿街散步都意味着厄运。看到黑猫和希腊人预示着好运。[64]他穿某些颜色的衣服来避免眼盲。[65]数字和日期就像是雷区，可以预测凶吉。一次，乔伊斯夫妇请客吃饭，没想到有两个人打电话说他们一会儿就来，宴会人数正好增加到 13 人，乔伊斯一面惊慌失措地寻找临时客人，一面央求某个人离席。[66]“瑙西卡”毫不意外地成了第十三章，乔伊斯记下了那一年厄运的总数：1 +9 +2 +1。[67]

迷信给予乔伊斯一种操控感，一种可以手握幸运之船的舵柄在撞上厄运前就改变生活航向的虚幻感——壁橱空空如也，钱适时来到；还有几天就会无家可归，正好又找到了一幢公寓；眼疾毫无预兆地出现，又毫无预兆地消失，在废纸片上正好看到某些巧合的细节。世界的细节就像小说的细节，自有其意义，也可以像换顶帽子、临时叫来第 14 名客人那样通过边 210
缘性的修整而改变，这样的想法实在让人深感安慰。

瓦莱里·拉尔博是带来幸运的人之一。拉尔博是法国著名小说家，也是莎士比亚书店的朋友。1921 年 2 月，西尔维娅·比奇寄给他几本连载《尤利西斯》的《小评论》。他熬夜阅读。“我为《尤利西斯》感到痴狂，”他告诉比奇说，“我没法读其他东西了，甚至都想不起其他东西了。”[68] 拉尔博在离开巴黎外出避暑度假期间，把他位于左岸的公寓免费让给乔伊斯住，这样乔伊斯就可以有一个更舒服的环境来写作了。乔伊斯和娜拉带着孩子搬进了拉尔博的豪华公寓，里面诸事完备，有树木茂密的院子，有佣人，还有抛光的地板。[69] 这是接待乔伊斯那日益增多的手稿的第 22 个地址[70]，也是航行过程中最舒适的港湾。在拉尔博的奇珍异玩和皮面精装书中间[71]，还有数以千计的士兵[72]——都是从世界各地搜集来的手工涂装的玩具士兵，组成了连、营、师。

罗伯特·麦卡蒙是另一个带来幸运的人。他是莎士比亚书店的常客，他为《尤利西斯》做的也不只是从夜总会搜集订单。他为乔伊斯提供资助（大约每月 150 美元），使乔伊斯在《尤利西斯》创作后期能够安心写作。乔伊斯把钱大部分花在了喝酒上，他常常和麦卡蒙一起买醉，酒吧里放着庸俗的爵士乐，妓女环绕[73]，两人通宵达旦地畅饮，直到清晨被赶出来[74]。麦卡蒙回忆起娜拉的抗议：“吉姆，你一晚又一晚喝得醉醺醺地被送回家让我照顾，这事儿怎么说？你现在怎么像个牡蛎一样不开口了？上帝啊，救救我吧！”[75]

一天晚上，在一家法式餐馆里，乔伊斯显得心神不宁，他从每件事里都看到了厄运的征兆——桌上刀叉的放置方式、麦卡蒙斟酒的动作。一只老鼠从楼梯上窜下来，这是很不吉利的。麦卡蒙原本不以为意，把这状况当成乔伊斯式的怪癖，不料却发现坐在桌旁的乔伊斯身子都软了——他晕倒了。[76]第二天乔伊斯眼疾复发。眼压在几个小时内剧烈上升，疼得他在地上打滚。[77]一个星期以后，麦卡蒙来到乔伊斯床边探病，当他俯身望着乔伊斯时，他看到的是一张皮包骨头的脸，乔伊斯受罪的样子让他惊骇万分。[78]他发誓再也不和乔伊斯一起喝酒了。

211 乔伊斯 1921 年的虹膜炎发作继续了一个多月的时间。他的眼睛缠着绷带（遇光就疼），无法写作。[79]乔伊斯卧床期间，拉尔博的女仆常常在隔壁跟他女儿窃窃私语。“他现在怎么样了？”“他在干什么？”“他说什么了？”“他要起床吗？”“他饿不饿？”“他还疼吗？”[80]乔伊斯听得一清二楚。

眼盲也可能是个好事。它迫使乔伊斯远离小说的细节，进入想象的世界，从远处审视小说。他虽然目不能视，小说的总体结构却变得越来越清晰。他躺在昏暗的房间里——周围是拉尔博搜集来的小小的骑兵，这些骑兵如同在向陈列柜边缘发起冲锋，刺刀像牙签似的向上举着[81]——察觉到某些主题太弱，某些主题太大。到了 8 月份，疼痛可以忍受了，乔伊斯就开始着手同时修改 10 章。[82]他扩写了《阴间》。把斯蒂芬说的“Agenbite of inwit”（中古英语，意为“内心的苛责”）[83]这个词散置于小说各处，使之成为小说的叠句之一。他怀疑每天工作 12 个小时会加重他的眼疾，但他没法停下来。[84]

乔伊斯在“喀耳刻”中添加了一个详尽的新场景。[85]布卢姆变成了国王，披着镶白貂皮边的深红色斗篷，既引起过公愤，也受到了拥戴——甚至连玛格丽特·安德森都现身了。乔伊斯注意到了安德森在面对约翰·萨姆纳对《小评论》的查禁时那挑衅性的自夸，决定把它改头换面用到小说中：“我是布卢姆的信徒，并且以此为荣。”[86]一个蒙着面纱的女巫大声疾呼，说完后就用短刀刺胸自尽了。她的死引起了一波宗教仪式般的自杀浪潮，有自溺的，有服毒的，有绝食而死的。漂亮的女士们纵身投入蒸汽碾路机轮，还有用“时髦的袜带”自缢的。[87]当有人暗示布卢姆就是弥赛亚时，他为了让众人高兴就显现了神迹。他“穿过几道墙，爬上纳尔逊纪念塔，用眼皮勾住塔顶突出部悬在塔外，吃下十二打牡蛎（带壳）”[88]。布卢姆皱缩面部模仿摩西、拜伦勋爵、瑞普·凡·温克尔①和夏洛克·福尔摩斯。仅仅在几页之后，他就被狗群起而攻之，然后被处以火刑。

① 瑞普·凡·温克尔为美国作家欧文《见闻札记》（1820）中一部同名小说的主人公。

# 第三部

“我可以亲吻您那写出《尤利西斯》的手吗?”

“不，它也做过其他事情。”[1]

# 18　放逐者的《圣经》

第戎市的印刷大师莫里斯·达郎季埃（Maurice Darantière） 215
是旧时代的老艺人。他的老印刷机坐落于一个覆满葡萄藤的印刷房中[2]，这个印刷房从他父亲作为印刷大师的那个时代起就几乎没有变化[3]。在周日的下午，达郎季埃在一个古老的椅子上缝补袜子[4]，与此同时，他的印刷伙伴和住在同一房子的友人在准备午后餐点，这顿由糕点、咖啡和利口酒组成的下午餐将持续到夜晚。1921 年秋天，达郎季埃就这样一边用餐一边工作。[5]西尔维娅·比奇警告他印刷《尤利西斯》可能面临的特殊挑战，但是他也无法事先做好准备。数十年来，印刷工早已使用铸造排字机去铸排整行整行的文字，然而达郎季埃印刷厂的排字工人们却要花费好几个小时将细小的金属块从浩大的排版架中抠出来。他们正在一个字母一个字母地手工组装《尤利西斯》。

来自巴黎的打字稿看起来很匆乱，一些行数重复，一些印得超出页面，还有一部分由于打字员将字母打印重合而字迹难辨。[6]排字工人不得不在无法辨认的地方留下空位，而麻烦才刚刚开始。1921 年 6 月，达郎季埃开始给乔伊斯寄去前几章的排版校样。这些排版校样是最后可以分成 8 页的大张纸样，并留有宽边距以便修改。校样未标页码，这会比之后的清样更
容易进行修改。印刷工预料到排版校样上会有少量改动，然而 216

乔伊斯却在上面画满了箭头和符号，插入了新的从句和段落。乔伊斯不是在校对，而是仍在写作。达郎季埃反复警告西尔维娅·比奇：乔伊斯的增补会因太过耗时而使成本增高。[7] 如果作家希望插入一个句子，其后的几行或几页可能都需要移动，一个增补可能导致雪崩般的变化。

达郎季埃开始寄来更多的排版校样而非印样，这意味着一张排版校样的修改会导致三四次的重复修改——比奇让达郎季埃把乔伊斯需要的全部排版校样都寄给他。[8] 而乔伊斯则要求得到多个副本，并在每一本上增添不同的内容。排字工人早乔伊斯一步，开始在行页间和段落底部插入空白打字空间，以便乔伊斯能够在排版草稿的有限空间内完成增补[9]，而不是溢出到另外一页和正文混合在一起。

达郎季埃开始寄来校样，通常作者会在校样上做例如增添标点符号或调换字母顺序的小修改。当乔伊斯归还校样时，达郎季埃目瞪口呆，页面上充斥着潦草的"数量巨多的修订"[10]。然而，即使在那时，乔伊斯仍然在写作。修改一章的排版草稿会牵扯到之前章节的校样——这就像投掷一个运动的物体。达郎季埃的小印刷间被这文学史上最具实验性的作品的繁重校订工作所围困，那些组装《尤利西斯》的排版工人甚至都不会说英文。[11]

不断攀升的成本让达郎季埃焦虑。他最初同意在书籍订单费到了再付款，如此慷慨的条件，一方面是基于他与艾德里安娜·莫尼埃的友谊，另一方面是源自这本书背后不同寻常的故事——耗时多年的写作，纽约的审判，印刷工以及愤怒的丈夫们的抗议。达郎季埃对这本书多舛的经历充满好奇，也对这位美国女性对它的热爱和奉献感到好奇。然而，他并不准备成为这一创造过程的一分子。

12 月，达郎季埃索要 5000 法郎[12]，这已经超过莎士比亚书店每个月的通常收入，但是在韦弗小姐的帮助下[13]，比奇支付了这一金额。《尤利西斯》的每一页都经过乔伊斯 4 次排 217
版校样和 5 版印样。[14]他几乎在校样和印样上又写了三分之一[15]的内容，这包括几乎一半的“佩内洛普”[16]。在年底前，仅仅是修订就花了将近 4000 法郎。[17]《尤利西斯》能够有如今的面貌，部分是源于西尔维娅·比奇心甘情愿地遵从乔伊斯的愿望。她所做的不仅是出版了这本书。她给了这本小说成长的空间。

娜拉向朋友抱怨这些修订。“他为此狂热，修订起来没完没了。”[18]乔伊斯的要求越来越不合理，他要求封面底色为纯蓝色，上面印着白色字母，并且那种蓝色要和希腊国旗一致。[19]达郎季埃不得不去德国寻找这种蓝色。乔伊斯直到 1 月 31 号[20]才寄来了小说最后的印样。为了信守对西尔维娅·比奇的诺言，达郎季埃不得不在两天内重新排版和印刷最后两章内容。当达郎季埃印刷厂所做的最为艰辛费力的工作接近尾声时，达郎季埃收到了来自巴黎的电报[21]：乔伊斯先生希望再加上一个词。

1922 年 2 月 2 日清晨，西尔维娅·比奇前往里昂火车站[22]，在第戎－巴黎特快列车站台上等待火车进站。车厢门打开后，她看见售票员拿着一个大包裹，艰难地穿过早晨匆忙的旅客。那天早上稍晚时刻，当乔伊斯打开公寓大门，西尔维娅·比奇自豪地站在他的面前，带着生日礼物——最先印好的两本《尤利西斯》。

比奇将一套《尤利西斯》放到莎士比亚书店的玻璃橱窗中。由于报纸对这本即将发行的小说进行了报道，有关乔伊斯的《尤利西斯》终于到来的消息迅速流传。第二天早晨，一群人[23]挤在橱窗前凝视着那本巨著。这是一本宏伟的著作：绚丽的蓝色封面，732 页，3 英寸厚，重量将近 3 磅半[24]（不算其硬版封面）。人们只能推测最后几章中传言的场景。当比奇打开书店开始营业时，人群涌进书店去领取他们等待良久的书。然而，比奇解释道《尤利西斯》还未出版——现在只印
218 制出来了两本。于是每个人都向她要那一套展示品。当他们越来越执拗坚持时，比奇担心人群会将这本书撕扯散架，并将散页瓜分掉。因此，她取出乔伊斯的小说，将它藏在后面的房间中。

在 2 月到 3 月间，印刷本不断从第戎运到巴黎，乔伊斯亲笔签名了 100 本作为豪华版，并帮助比奇和其他工作人员打包、写地址。他想在当局意识到书籍正在流通之前，就尽快将《尤利西斯》邮寄给他的爱尔兰读者。他给比奇写信道，因为在都柏林道德高尚的治安委员会和新晋的邮政总局局长的管制下，"你永远不知道第二天可能会发生什么"[25]。匆忙中，他将胶水涂到了标签上、桌子上、地板上，还有自己的头发上。[26]

1922 年 3 月 5 日，星期日，伦敦《观察家报》（*Observer*）刊载了《尤利西斯》的第一篇评论。西斯利·赫德尔斯顿（Sisley Huddleston）评论道："詹姆斯·乔伊斯先生是一个天才"，"按普通标准，这本书在所有文学中是最恶俗的，然而这种淫秽却有一种美感，将灵魂拧出一丝同情"[27]。接下来的 6 个星期保持着静寂（乔伊斯认为有一场针对他的抵制运动），直到《民族与雅典娜报》（*The Nation and Athenaeum*）上出现

一篇评论，说乔伊斯如赫拉克勒斯般充满力量、追求自由，但是评论者也有很多担忧。J. 米德尔顿·默里（J. Middleton Murry）称《尤利西斯》是“一个半疯状态的天才异常的自我撕裂”，乔伊斯对世俗之美和精神之美非常敏感，但这本书包含了太多。“乔伊斯先生历尽超人般的艰辛将自己的全部思想意识注入这本书。”《尤利西斯》包含一个人所拥有的一切思想，它是焊接处的爆裂，它的内容破坏了它的形式，在《都柏林人》和《画像》的紧凑文风后，乔伊斯已成为“他自己的无政府状态下的受害者”[28]。

接下来的一个星期，阿诺德·贝尼特（Arnold Bennett）发表评论，称乔伊斯“具有令人夺目的原创力，如果他没有看尽生活，也是看透了生活”[29]。而他曾读过的任何东西都无法与最后一章相比拟。贝尼特强调《尤利西斯》不是色情图书，然而“比绝大多数自称是色情书籍的书更下流、更淫秽、更肮脏、更放肆”。贝尼特同意《尤利西斯》是一部天资过高以至于失去掌控的艺术家所著的杰出作品，这使得意见达成一致。贝尼特惋惜地说，如果乔伊斯可以驾驭好他的力量，“他 219
原本有可能成为有史以来最伟大的小说家之一”。

评论所产生的反响空前地好。在第一个批评家发表评论一个星期后，比奇收到了近300笔新订单，其中一天的订单就高达136笔。到了3月底，12美元版本的《尤利西斯》就已经售罄[30]，其他版本也在接下来的两个月售罄[31]。曾经因为西尔维娅·比奇的定价而退缩的巴黎各大书店，现在都疯狂的搜集进书，但是为时已晚。乔伊斯小说的紧缺也加固了它的传奇地位。也许你没能拥有《尤利西斯》，但你知道某个人拥有，也许你读了它的一部分，也许你只看到它高高地端坐于某人的书架上，就像一只蓝色的鸟从苍穹降落——即便这样，在同友人喝酒时也可以成为谈资。詹姆斯·乔伊斯已成为巴黎最新的文学名人。他刻意避免去他常去的餐厅用餐，因为人们会盯着他看。[32]

距离评论的反弹不远了，整个伦敦《体育时报》（*Sporting Times*）的头版头条是：**《尤利西斯》的丑闻**。甚至之后写出了无法印刷的淫秽小说《查泰莱夫人的情人》的 D. H. 劳伦斯也说，最后一章是“有史以来最肮脏、最下流、最淫秽的文字”[33]。记者们想知道比奇小姐的父亲[34]是如何看待这本书的（她从未问过）。一份报纸上给《尤利西斯》贴上了“怪胎”的标签[35]，另一份报纸将乔伊斯对莫莉·布卢姆潜意识的再现称为“魔鬼般的洞察力，黑魔法”[36]。而有的人称《尤利西斯》是“我们这个时代或任何一个时代最疯狂、最下流、最令人作呕的书——毫无艺术，语无伦次，无法形容的肮脏——一本只能被认为是来自疯人院的书”[37]。疯人院的形象成为针对乔伊斯的评论的主要旋律。

对于那些最受不了《尤利西斯》的人，这件丑闻与被孤立的疯子无关。5 月，伦敦《周日快报》（*The Sunday Express*）的著名主编[38]詹姆斯·道格拉斯（James Douglas）写出了他所能写出的最辛辣的批评之语：

> 我执意认为，无论是在旧时代文学中还是在现代文学中，这都是最臭名昭著的淫秽小说。所有罪恶的秘密下水
> 220 道都在此汇聚泛滥，形成无法想象的思想、图像和色情文字。这种肮脏的疯癫夹杂着令人震惊的、反胃的亵渎神明，它反基督教，反耶稣——与撒旦教中最下流的欲望以

/ 詹姆斯 · 乔伊斯在都柏林，1904 年。//

/ 娜拉 · 巴纳克尔，1904 年。尽管知道乔伊斯并不想结婚，这一年她还是和乔伊斯私奔离开了爱尔兰。《尤利西斯》将时间设置为 1904 年 6 月 16 日，这是两人第一次约会的日子。//

/ 詹姆斯 · 乔伊斯，1919 年。苏黎世的一些女人称他为“撒旦先生”。//

/ 在庞德的安排下，《尤利西斯》开始在《小评论》上连载，乔伊斯声名鹊起。《小评论》因此惹上了官司，庞德仍然坚持连载，称“即使遭到疯狂打压，我们就此破产，也在所不惜”。//

/ 玛格丽特 · 安德森，《小评论》创刊人、编辑。1918 年到 1921 年，《小评论》连载了《尤利西斯》的大部分篇章。//

/ 朵拉 · 马斯登，《自我主义者》创刊人、编辑，1909 年因组织妇女参政论者采取激进行动在伦敦被捕。//

/ 艾略特和弗吉尼亚 · 伍尔夫，1924 年。1918 年，伍尔夫婉拒了《尤利西斯》前几章的印刷请求。后来，在艾略特的坚持下，她通读了全文，改变了对《尤利西斯》的看法。艾略特说：“这是一本我们都心怀感激、无法回避的书。” //

/ 约翰·萨姆纳（戴帽子和眼镜者）在纽约焚毁淫秽书籍，1935 年。1921 年，萨姆纳和纽约正风协会推动了针对《小评论》淫秽罪的司法诉讼。//©Bettman/CORBIS

/ 安东尼·康斯托克，纽约正风协会创始人。他左脸颊上的伤疤是一名传播色情作品的罪犯拿刀造成的。//

/ 纽约正风协会的印章。//

/ 约翰 · 奎因，一位富有的艺术品收藏家，纽约律师，1921 年。《尤利西斯》被控犯有淫秽罪，奎因为之辩护。//

/ （左起）詹姆斯 · 乔伊斯、埃兹拉 · 庞德、福特 · 马多克斯 · 福特、约翰 · 奎因，1923 年。庞德把作家和赞助人聚到一起。//

/ 西尔维娅·比奇，莎士比亚书店创始人，《尤利西斯》的第一位出版者。//

/ 莎士比亚书店于 1919 年开张，西尔维娅 · 比奇就住在书店后间的小床上。//

/ 詹姆斯·乔伊斯和西尔维娅·比奇在莎士比亚书店。//

/ 1921 年，22 岁的欧内斯特·海明威来到莎士比亚书店。第二年，他从中斡旋，使《尤利西斯》得以跨越加拿大边境，走私到美国。//

/ 哈丽雅特·肖·韦弗，乔伊斯的赞助人，也是《尤利西斯》在英国的首位出版者。第一版被部分烧毁，第二版被全部烧毁。韦弗和乔伊斯的关系使她虔诚的家人义愤填膺。//

/ 西尔维娅·比奇和詹姆斯·乔伊斯（眼疾日益加重）在莎士比亚书店，1922 年。//

/ 阿奇博尔德·博德金爵士，英国检察长，《尤利西斯》的审查者。//

/ 莫里斯·厄恩斯特，美国民权同盟创始人之一，兰登书屋法律顾问。厄恩斯特为《尤利西斯》辩护，称其为“现代经典”。//

/ 1933 年，兰登书屋创始人贝内特·瑟夫和厄恩斯特共同策划了一起案件，即从英国挟带一本《尤利西斯》入境美国，该案件由联邦法院审理。瑟夫将《尤利西斯》称为兰登书屋“第一本真正重要的商业出版物”。//
© Bettman/CORBIS

/ 约翰·伍尔西法官在纽约，1931 年前后。伍尔西 1933 年那个著名的判决有效地促进了《尤利西斯》在美国的合法化。//

/ 娜拉·巴纳克尔和眼部手术后的乔伊斯，1930 年。为避免失明，乔伊斯先后忍痛接受了至少 11 次手术。//

/《尤利西斯》的合法化使乔伊斯声名日盛。//

/ 詹姆斯·乔伊斯，1922 年前后。//

及黑弥撒相关。[39]

道格拉斯声称他有证据表明，《尤利西斯》已然成为“被我们乃至所有文明国家所放逐的流亡者的《圣经》”，并且它激励着这些人。

乔伊斯让人感到惊奇的是，那些文学界人士在令人敬仰的刊物上称赞他是天才。道格拉斯说，“我们的批评家为他的无政府主义而道歉”，他们把读者抛给“文学的豺狼虎豹”以逃避社会责任。对于道格拉斯这样的人来说，《尤利西斯》的到来是西方文明主要冲突的凝结体，是一场撒旦无政府主义和上帝的文明影响之间的冲突。

> 我们必须在魔鬼的门徒和上帝的门徒之间做出选择，在撒旦教和基督教之间做出选择，在道德的制裁和艺术的无政府主义之间做出选择。艺术家触犯了基督教教义，也必须与其他罪犯一视同仁。因为这是一场必须斗争到底的战斗：我们不能放心地将欧洲的灵魂寄托给警察和邮局去监护。

《尤利西斯》中令人反感的部分的总和超出了“淫秽”这个词的范畴，很难找到一个合适的字眼去形容。有两个批评者倾向于称乔伊斯的小说为“文学布尔什维克主义”[40]，但一些读者或许是灵光乍现，认为它是无政府主义。伦敦《每日快报》（*Daily Express*）的编辑称乔伊斯是“一个携带炸弹的人，可以将欧洲的残骸炸飞……就他的社会意图而言，完全是无政府主义的”[41]。埃德蒙·戈斯（Edmund

Gosse）曾在战争期间给予乔伊斯经济资助，他认为这个爱尔兰作家在《尤利西斯》后成了极端主义者。他说，这是“一部无政府主义的作品，品位低俗不堪，风格臭名昭著，整个就是声名狼藉”[42]。

221 来自爱尔兰的反馈也不尽如人意。《都柏林评论》（*The Dublin Review*）谴责小说“邪恶透顶”[43]，并敦促政府销毁该书，责令罗马教廷将其列入教廷禁书目录中——仅是阅读《尤利西斯》就相当于违背圣灵，唯一一个让上帝无法宽恕的罪恶。一位前爱尔兰外交官在《季度评论》（*The Quarterly Review*）中声称《尤利西斯》将迫使爱尔兰作家憎恶英语，他预测一些作家会将这本文学书与克勒肯维尔监狱爆炸案（维多利亚时代著名的芬尼亚党人攻击案）相媲美，并且在“严密防卫、精心建造的英国文学的经典监狱”[44]上凿了一个孔。但那些文学恐怖分子认为自己已经太迟，因为他宣布，《尤利西斯》一出版，“炸弹就已经爆炸”。

甚至连乔伊斯的家人也不支持。约瑟芬舅妈一收到书就将它藏了起来，并嘱咐她女儿这本书不适合阅读。她最终把书送了出去，这样它就不会污染她的房子了。很多年没见到哥哥的斯坦尼预言“喀耳刻”将成为文学史上最可怕的时刻（他似乎还没有读过“佩内洛普”），他劝哥哥转回头去写诗。“我认为你在观察完马桶后需要一些东西来恢复你的自尊。”

最让乔伊斯痛苦的是娜拉的冷漠。为彰显娜拉的重要性，在一个晚宴上，乔伊斯将刻印着编号1000号的第1000本《尤利西斯》送给了她，而她立即提出要出售它。11月，乔伊斯抱怨娜拉“算上封皮”也只读了27页。当修订版问世时，乔伊斯为娜拉缩减篇幅，希望这点便利能鼓励她打开这本书。在某一时刻，她读了最后一章，引出了她对乔伊斯文学批评的专属贡献："我猜这个男人有点天赋，但是他的思想多么肮脏啊！"

对《尤利西斯》最重要的回应来自其他作家。某种程度上，威廉·福克纳的小说《喧嚣与骚动》是乔伊斯技艺的演绎，他建议"你应该像一个未受教育的浸信会牧师接触《旧约》的方式去接触《尤利西斯》：拥有信仰"[45]。F. 司各特· 222
菲茨杰拉德同意这一观点，他在见到西尔维娅·比奇时送了一本《了不起的盖茨比》给她，而在这本书的封面内页，他画了一幅自己跪在乔伊斯身旁的简笔画，画中的乔伊斯被描画成在一个光环下的超大眼镜。[46]菲茨杰拉德在1928年终于见到了乔伊斯，并让乔伊斯在他的《尤利西斯》上签了名。为了证明他的敬仰之情，菲茨杰拉德提出，只要乔伊斯让他跳楼，他就立即从窗口跳下去。"那个年轻人一定是疯了，"[47]乔伊斯说，"我害怕他会弄伤自己。"

朱娜·巴恩斯被《尤利西斯》所震撼。她宣布"我从此再也不写作了"，"谁能够在它之后有勇气去写作呢？"[48]这似乎表明小说的时代结束了。庞德认为文明时代结束了。当乔伊斯在1921年10月底的某个午夜时分完成最后两章的初稿时，庞德在《小评论》中声明，"基督教时代已经**结束**了"[49]。他通过改写恺撒日历去庆祝这一划时代的变化。《尤利西斯》纪元(P. S. U.)① 元年开始于11月1日，即现在的赫菲斯托斯月。12月是宙斯月，1月是赫耳墨斯月，等等——时间的标志从罗马

① 英文为Post Scriptum Ulysses。

政治家转为罗马神明。他告诉玛格丽特·安德森，从 1922 年起，每一个秋季刊都要重印日历。[50]

《尤利西斯》的辉煌迫使庞德对他的人生进行了盘点。自从 1914 年冬天叶芝第一次提到詹姆斯·乔伊斯的名字并将他视为意象派的同侪起，乔伊斯已经写下了一本改变时代的小说——庞德认为这部小说刺穿了“欧洲精神的脓疮”[51]——而那时庞德刚刚开始他的长篇诗歌《诗章》（*The Cantos*）的创作。[52]他一直以来都非常无私地帮助其他作家，但这也是避免自己写作的一种方法，所以庞德决定伪造自己的死亡。[53]安德森和希普收到一封看上去是庞德妻子写来的信，信中通知《小评论》，庞德已经不在人世。这封信包括了他的死亡面具照片和一个请求，请求他们把照片刊印在杂志上。庞德在耶稣受难日当天将这封信寄出，这预示着他的二次降临。他希望后《尤利西斯》纪元成为庞德时代。

T. S. 艾略特也谈到了新时代。他在《日晷》上写道，《尤利西斯》“迈出了使现代世界成为艺术世界的一大步”[54]
223 （重要的并非让艺术世界服从现代世界），因为它创造了一种秩序，展现了“当代历史无意义与无秩序的广阔前景，并赋予这一前景以形态和意义”。在其他人认为《尤利西斯》不可理解的地方，艾略特却看到了一种新的理解模式。叙述方法已经过时，乔伊斯用“神话方法”取代了它。

弗吉尼亚·伍尔夫惊叹于 T. S. 艾略特在造访她时对乔伊斯的盛赞，她从来没有见过他这样。艾略特说道：“一个人在最后一章展现了巨大的天才后，该如何再去创作？”[55]多年以来，艾略特一直在说服她承认《尤利西斯》的重要性。“它摧毁了整个 19 世纪，”他告诉她，“它让乔伊斯从此再也没有其他东西去写，这本书显示了所有英语文体的无用之处。”[56]尽管《尤利西斯》让现代性连贯清晰，但艾略特认为它带来思想解放又让人望而生畏。他写道：“这是一本我们都心怀感激、无法回避的书。[57]

弗吉尼亚·伍尔夫并没有像艾略特一样留下深刻的印象。这距她拒绝为哈丽雅特·韦弗印刷《尤利西斯》前几章已经4年了，她仍持怀疑态度。然而，在1922年夏末，她决定自己找出答案。伍尔夫把普鲁斯特的第二卷放在一边，开始阅读她花了4英镑买的《尤利西斯》。到了8月，在读了200页后，伍尔夫在日记里写道：她起初觉得“有趣、亢奋、着迷”，继而感到“疑惑、厌倦、愤怒、失望，如同看到一个令人反胃的大学生搔抓脸上的粉刺”。[58]她的反感超越了审美的厌恶或内心的震惊，而是纯粹的个人反应。“在我看来，作者似乎没有经过语言训练，还缺乏教养，倒像个自学成才的工人。我知道这类人很伤脑筋，自私固执，粗鲁刺眼，并不可避免地令人作呕。”乔伊斯好像没有意识到读者和作家之间的礼节，乔伊斯先生来到饭桌前，用手抓饭吃。[59]她为他感到遗憾。[60]

乔伊斯的实验已误入歧途。伍尔夫私下写道：“我觉得有无数微小的子弹喷射、飞溅，但都没有直击面门，一弹致命。”[61]然而，《尤利西斯》慢慢地影响着她的思想，仿佛成千上万颗坚硬的粒子在她的睡眠中开始组织在一起。伍尔夫以为她已经将《尤利西斯》抛诸脑后，但许久以后她发现自己还在想着这本书，如同凯瑟琳·曼斯菲尔德所说，“就像人的 224
心灵在事情过后依旧保持着颤抖”[62]。W. B. 叶芝1918年在《小评论》上读到了《尤利西斯》，他的第一个想法是：“一本疯狂的书！”后来他向一个朋友承认：“我犯了一个可怕的错误。

这大概是一个天才的杰作。”[63]著名的瑞士心理学家卡尔·荣格感受到了相同的逆转，当他第一次读到《尤利西斯》的某些章节，他认为乔伊斯是精神分裂症患者[64]，但在数年后重读它时，他宣布这是一个炼金实验室，在其中“一个崭新的、普遍的意识被蒸馏出来！”[65]

弗吉尼亚·伍尔夫的看法也发生了变化。在她看完《尤利西斯》的第二天，伦纳德给她看了一篇评论，该评论将这本书描述为对《奥德赛》的戏仿，由三个截然不同的主人公的思想意识编织而成。她在日记中写道：“我必须再次阅读一些章节。”[66]也许现代文学不是脸上的致命伤，也许那些微小的子弹正中目标。事实上，她在几年前读过乔伊斯之后就说过，她的思想感受到“无数连续不断的如雨水般降下的原子”，“如同钢铁一样锋利”。[67]但到了1922年，在全部读完《尤利西斯》后，那些钢铁般的原子由于数量过多以至于很难稳定连续。要最终站在心灵的原子雨中，只能抛开一切组成思想或现代小说的原则。

如同艾略特和庞德，伍尔夫在《尤利西斯》的影响下工作。几个月后，她重新审视她在阅读乔伊斯时写的一则短篇故事，她开始把它变成一部小说。她意识到她可以更加雄心勃勃，她可以接近现实“低劣”的一面以及生活中的“主要事物”[68]，即使这些事物不能被写得很光彩也无妨。两年后的1924年，她完成了一部探究三个人物思想意识的小说，故事发生于伦敦，时间跨度为一天。她本来构思的书名是《时时刻刻》（*The Hours*）。最终，她把它命名为《达洛维夫人》（*Mrs. Dalloway*）。乔伊斯的小子弹已经进入了伍尔夫的血液，将她从内部击倒。

近一个世纪之后，《尤利西斯》反响过大——就像志趣相同的朋友们的鼓吹以及努力卖报纸的记者的夸大言辞。在那个时候，《尤利西斯》看上去似乎并不是在改变时代，而是离经叛道。而且我们很难发现乔伊斯的小说（或者任何小说）可以具有革命性，这是因为所有的革命性从另一面看又 225
都是驯服的，它们彻底改变了我们的观点，以至于它们的革新已经成为陈词滥调。我们忘记了旧世界是什么样的，甚至忘记了事情原本可能是另外一种走向。事实正是如此。要了解乔伊斯是如何彻底打破惯例的，我们不妨记住以前的习俗曾多么严苛。莫莉·布卢姆夜不能寐，想着她被布莱泽斯·博伊兰“操过了，而且是狠狠地操得快顶到脖子这儿了”[69]。10 年之前，《都柏林人》无法出版的部分原因就在于使用了“bloody”这个词。

前《尤利西斯》时代被印刷界的限制层层包围，我们觉得奇怪只是因为我们不再生活其中。印刷是观点进入文化血液的途径，而文学禁令则确保文化永远不会吸收危险的主题和概念。因为禁令的模糊不清（审查从来不是简单地列出违禁的词语），它们对文化的影响力变得宽广得可怕。亨利·维兹特利（Henry Vizetelly）这样的出版商会因出版左拉的作品而坐牢，审查者会向正在创作的作家施加压力，这些都会使尚未著成的书胎死腹中。

《尤利西斯》的革命性在于它不是要求放宽自由，而是要求完全自由，将所有的沉默卷走一空。一个愤怒的士兵在夜市区里的威胁（“我会扭断这混账杂种的该死讨厌混蛋的气管”[70]）、莫莉假想出来的要求（“舔我的屎”[71]）以及布卢姆脑海中关于死海的骇人形象（“世界那干瘪了的灰色阴门”[72]）宣布了从此以后不再有不可言说的想法，不再有思想表达的限制。这就是为什么印出“fuck”一词不仅仅是学生的恶作剧。阿诺德·贝尼特惊叹道：“他说出了全部——全部”，“规范全部被粉碎”。[73]《尤利西斯》使一切成为可能。

脏话只是粉碎规范的解放运动的一部分（毕竟《达洛维夫人》并不像《尤利西斯》一样需要脏话）。《尤利西斯》所粉碎的是概念性的规范。除了从沉默中解放出来，《尤利西斯》还让我们从可被称为风格专制的事物中解放出来：从我们几乎不曾意识到的支配文本的方式、习惯和框架中解放出来。这部小说作为一种艺术形式早已打破了风格专制，但是
226 《尤利西斯》也移除了人们认为无法移除的叙事元素。引导读者了解全部故事的单一叙述者消失了，引导读者了解事情发展脉络的上下文机制也消失了，区分内部思想和外部世界的差别也不再存在，引号消失了，句子不见了。代替风格的是借来的声音和临时的模式，所有这些都是短暂的，所有这些，正如艾略特告诉伍尔夫的那样，将风格减少到“无用”。

但风格为什么就该是重要的呢？风格的终结与芬尼亚炸弹和文明的瓦解之间似乎还有很长的距离，但是批评家以此类比，来捕捉小说那显而易见的任性妄为。将风格转变为无用之物，似乎是在所有地基上堆上垃圾。1922 年 10 月，著名诗人阿尔弗雷德·诺伊斯（Alfred Noyes）在英国皇家文学会上发表演讲，他对《尤利西斯》史无前例的淫秽发出了类似的抨击之辞。但最激怒诺伊斯的是，乔伊斯的出现象征着大英帝国核心价值观的堕落。文学评论家们为了一群自称为现代派的疯子而抛弃了英国文学最优秀的传统。好像整个文明社会都步入自我遗忘的流程中。

对诺伊斯而言，遗忘英语准则这件事对他的打击并不是源

于丢失过去，而是源于丧失了对现实的把握。他告诉皇家文学会，“文学应当包含着现实、标准和持久的根基，这一信念的缺失已经造成了致命的影响”[74]。毫无根据的文学批评将“混乱元素”引入年轻人的头脑中。

他说得不无道理。叙述是我们认识世界的方式，我们将存在打包成事件，再以因果联系将它们串起来。化学家对控量和变量的比较，以及孩子被火炉烫伤，都是通过叙述而去了解世界。小说之所以很重要，是因为它们将基本的概念框架变成了艺术形式。得体的叙述使我们相信周围发生的莫名其妙的事件是有意义的，这就是为什么《尤利西斯》看起来像是一个混乱的工具，一个无政府主义者的炸弹。扰乱叙事方法就是扰乱
事物的秩序。乔伊斯似乎并不致力于现实，他似乎在将现实驱 227
走。

如果你是一个现代主义者——如果你相信事情的秩序已经消失——那么你的想法与众不同。T. S. 艾略特为《尤利西斯》辩护，反对其批评者的预设。在世界大战时期，生活不再服从叙事方法，《尤利西斯》告诉我们叙述不只是创造秩序的唯一方式。存在可以分成多种层次。世界不再是序列，而是顿悟；文明不再是传统，而是浓缩于一天之中。当代世界的混乱要求一种新的概念方法去阐释意义，去挖掘生活的艺术潜质，而这正是《尤利西斯》给予我们的。

# 19 书籍走私者

228 写作8年后，《尤利西斯》终于可以环游世界，而那时没有人知道接下来会发生什么。它一年前已在纽约被判淫秽，而其在巴黎的出版成为英国各大报纸头版争相报道的丑闻。如果说美国当局对格蒂·麦克道尔出现在昂贵的书籍中而不是廉价杂志上尚且睁一只眼闭一只眼的话，那么莫莉·布卢姆的独白和“喀耳刻”中的骇人场景则使乔伊斯的小说成为越界之作。反淫秽法的执行标准混乱不堪，以至于人们无法断定第一批出版物的安全运送是意味着《尤利西斯》被心照不宣地认可，还是当局压根没有注意到它。如果当局无意于认可乔伊斯的小说，所有人都在猜测当局将在何时、何地、做出何种处理。官员们可以通知读者一本书被没收，或者在法律缺席的情况下销毁该书，或者他们可以起诉一个倒霉的书商。在春天可以自由售卖的书，到秋天却要被没收。即使美国当局并无动作，英国当局也可能下禁令，并且各地都有管制行动——无论其执行者是爱尔兰的海关工作人员，还是俄亥俄州的警官，或是伦敦的邮政检查员——这些行动都可能触发世界各国的禁书令。西尔维娅·比奇和乔伊斯都没有资源在法庭为《尤利西斯》辩护，而韦弗小姐没有为之辩护的意愿。

无论如何，1922年春天，詹姆斯·乔伊斯这本大部头蓝色小说的包裹上印着“一本书”的标签，从巴黎成功运到美国。

约翰·奎因在第14大街上的德雷克书店看到了他的第一本《尤利西斯》。奎因几个月来一直分批收到手稿，他抚摸着精美书页上的细腻纹理，不无嫉妒地承认西尔维娅·比奇成功出版了一本美丽的书。这本书的需求量史无前例。德雷克书店将莎士比亚书店12美元的版本卖到了20美元，然而这不足为奇，纽约的重要书店之一布伦塔诺书店将售价提高到35美元。[1]3月底，奎因听说一本书卖到了50美元，而到了10月，传言更昂贵的版本在纽约卖到了100美元[2]，在伦敦卖到了令人瞠目结舌的40英镑[3]。每个人都在谈论《尤利西斯》。 229

这就是问题所在。约翰·萨姆纳和纽约正风协会将很快发现《尤利西斯》正登陆美国各大口岸。[4]安德森和希普在《小评论》的一整页上为《尤利西斯》打广告。[5]而在几乎可以确定萨姆纳和邮政部正严密监控杂志的情况下，这个广告看上去像是一个嘲讽。纽约正风协会正在将反淫秽运动扩大到全国范围——尤其是从海外进口来的“极端淫秽物”[6]——萨姆纳与美国所有重要港口的检查员和海关人员通话，勒令他们尽可能没收他们所能找到的全部《尤利西斯》。奎因钦佩西尔维娅·比奇这样的人竟然能出版《尤利西斯》，他写信给乔伊斯说，“她运用她鲁莽的胆魄——如果不是业余者的无知的话——完成了一项棘手的任务”，“我说的任务就是击败美国联邦和各州的法律”。[7]但是出版乔伊斯的小说只是第一个障碍。将《尤利西斯》送到读者手中的战斗才刚刚打响。

约翰·奎因联系到了米切尔·肯纳利[8]，一个他曾在1913年为其淫秽罪指控辩护的出版商。肯纳利认识一个愿意走私书本入境的大西洋运输航线上的船长，但如果这名走私者要接手像《尤利西斯》这样的走私活，他们不得不运送得非常

缓慢——一个月 20 本或 30 本——以避免检查。莎士比亚书店将把大量的书从巴黎运到伦敦，而肯纳利则收取买家的钱，把
230 书通过私人货运（绝不经过邮递员之手）送到读者手中，再把钱给比奇。考虑到书的大小，要想不引人耳目是非常具有挑战性的。计划的关键是让这些书通过货运途径入关，这样海关人员容易忽略它们。肯纳利说，这些书如果被发现了，可能会被送回伦敦而不是被烧毁。他将只收取这本书零售价的 10% 作为酬劳——算是帮奎因一个忙。

在正常情况下，奎因不会考虑这样的计划，但对《小评论》的审判和这本书的出版遭受了非常大的压力，他别无选择。奎因写信劝说比奇小姐，向她强调该计划不可抗拒的好处：肯纳利愿意违反联邦和各州的法律，承担被逮捕的风险，这样她就不必承担这种风险，如果被捕，“肯纳利绝无可能被无罪释放”[9]。事实上，奎因告诉她先不要把他的 14 本《尤利西斯》寄给他，直到他能想出自己的走私计划。

奎因试图用他认为比奇能够理解的语句去解释发行一本违法书的复杂性。走私，他写道：“我想说，颇为耗神，跟量身定制一条裙子差不多”[10]。奎因的剪裁类比很有启发性，比奇已经意识到了各种挑战。到了 1922 年 8 月，她将《尤利西斯》安全地运送到了除纽约之外的所有目的地，她认为“萨姆纳 S. P. V. 怪兽的爪牙”[11]正在纽约等待她［她将“镇压”(Suppression) 看成了“预防”(Prevention)］①。但她还没有弄清楚如何运送剩余的书，从 4 月份开始，她就已经收到纽约

① 即比奇把 S. S. V. ［Society for the Suppression of Vice（正风协会）］看成了 S. P. V. (Society for the Prevention of Vice)。

人愤怒的来信了。[12]

位于市中心的一家书店一直在等待 17 本《尤利西斯》。[13]朝晖书店[14]是位于耶鲁俱乐部下面的一个高端书店，它内部的木质装修颇为精致，是军械库展艺术家们设计的。它的服务对象主要是收藏家——旧书和珍本由艺术家专门设计的包装纸包装后才呈献给顾客——它的商业模式依赖于 50 个可靠的赞助人每年花 500 美元买书，而提供一本像《尤利西斯》这样题目就引人注目的书对书店的生存和声誉是至关重要的。5 月份，朝晖书店又写信提醒莎士比亚书店它早已在 2 月支付了
3000 多法郎，但既没有收到收据也没有收到书，“我们很不 231
安”[15]。为备不时之需，他们随信附带了一份愿意作为中间人接收货物的个人名单。这些人全部都是女性。

截至 7 月，朝晖书店向莎士比亚书店寄送了至少两封书信和一封电报，却没有收到任何回应。书店老板之一玛丽·莫布雷 - 克拉克（Mary Mowbray-Clarke）非常恼怒。“我们完全无法理解在《尤利西斯》上你们对我们的态度。”[16]在多本《尤利西斯》已经抵达纽约数月后，她的书店依然两手空空。有谣言说西尔维娅·比奇卷走了订阅者的钱[17]，并将所有第一版《尤利西斯》卖给了伦敦的一个中间商。朝晖书店希望这些传言只是空穴来风。

西尔维娅·比奇知道出版乔伊斯的书迟早有一天可能会涉及非法活动，她甚至联系了米切尔·肯纳利，但出于一些原因（可能是费用），她也在寻求其他帮助。8 月，她将 10 本最昂贵版本的《尤利西斯》委托给伊利诺伊州的一位老朋友[18]，大概那里的海关当局警惕性不高。月底，6 本《尤利西斯》从伊利诺伊州抵达朝晖书店。莫布雷 - 克拉克说经过两次投递，包裹在抵达时

“像电话簿，封面已经剥落，几乎暴露在邮递员眼前”[19]。

但是，邮递员的眼睛已经不再是首要问题：海关人员没收了 10 本书中的 2 本。[20]到了夏末，美国境内的官员都在搜寻《尤利西斯》，可是依然有 40 本需要运送到纽约。这时，西尔维娅·比奇决定联系欧内斯特·海明威的隐秘伙伴。

海明威在 1921 年年底到达巴黎，时年 22 岁，尽管他的新婚妻子哈德莉（Hedley）在横渡大西洋的轮船上教了他点儿法语，但他还是不会说。[21]海明威把一只兔子脚放在他的右口袋以求幸运。[22]他告诉芝加哥的每个人，他要成为一名作家，而巴黎是成为作家最好的地方。[23]海明威为《多伦多之星》（*Toronto Star*）这家报纸写了大量文章，为他的小说搜集了绝佳的素材。他把在巴黎的花费合算起来[24]：酒店房间大约每
232 天花费 1 美元（租金占全部花费的一半）。他知道一家餐馆的牛排和土豆只需 2.4 法郎（约 20 美分），他可以找到 60 生丁（5 镍币）一瓶的酒。他计算出，1000 美元可以维持一人在巴黎整整一年的生活。对海明威而言，讨价还价更像一项运动而不是维生必需。报社给了他体面的薪水，并且哈德莉还有每年大约 3000 美元的信托基金。[25]他们拥有给他们做饭的女佣人[26]以及在瑞士阿尔卑斯山的滑雪假期，这种生活并不完全具有波希米亚风格，但海明威认为，苦难会使他成为一名更好的艺术家。他认为他在两腹空空时能够理解塞尚[27]，而无性生活则促进了他的写作[28]。

为了防止兔子脚所带来的运气不够，海明威还携带了多封舍伍德·安德森写的介绍信来帮助他和适当的巴黎人取得联系。[29]其中一封信是写给西尔维娅·比奇的。海明威来巴黎还

不到一个星期，就从卢森堡公园走到了狭窄的费罗大街。[30]他绕过石头教堂，路过木门旁施洗者圣约翰手指天空的雕塑。右转到奥德翁大街时，就能看到半道上有一块画着莎士比亚头像的招牌，招牌悬挂在一间新粉刷的店面上方，这个店面和修鞋铺、音乐商店、喷鼻剂制造作坊挤在一起。[31]莎士比亚书店已经在去年夏天搬到了奥德翁大街 12 号，这家英语书店兼借书铺的对面就是莫尼埃的书友之家。奥德翁大街上行人更多，并且可以为西尔维娅·比奇不断壮大的图书馆提供更大的空间。

走进莎士比亚书店的感觉就像走进别人家的客厅。[32]那里铺着怪异的地毯，挥放着风格不一的家具，还养着金鱼。大门边的橱柜里立着一堆拉尔博收藏的背着武器的玩具士兵，而挂在墙上的作家照片看起来就像直接从家庭相册中扯下来的一样。这让海明威感到害羞。西尔维娅·比奇的魅力加深了他的羞涩。她波浪般的卷发垂荡在天鹅绒外套的衣领处，她穿着一条量身定做的裙子，海明威恰好可以欣赏到她的小腿。

对话很自然地开启了，不多一会儿海明威就开始谈论战争（他最喜欢的话题）[33]，以及他在意大利一家医院的康复过程 233
（另一个他喜欢的话题）。当炸弹在海明威旁边爆炸时，他正在壕沟中分发巧克力。200 多块弹片穿进了他的下半身[34]，这使他右腿和脚布满了疤痕。“你想看看吗？”海明威脱下他右脚的鞋和袜子，把裤腿卷到膝关节。比奇小姐看到他刚刚愈合有如大理石般的皮肤，印象颇为深刻。[35]

人们认为 1922 年是现代主义发展成熟的一年，因为那一年《尤利西斯》和艾略特的《荒原》先后问世，欧内斯特·海明威也开始名噪一时。后世主要关注海明威在 2 月份见到了格特鲁德·斯泰因（Gertrude Stein），并受到令人疑虑的教导的情形[36]，但相较于斯泰因，莎士比亚书店在引领他进入文学世界方面做得更多。同样是 2 月份，海明威在书店偶遇了庞德[37]，庞德连续一个星期一直在阅读他的手稿[38]，并在巴黎和美国为他扬名。在那一年中，庞德将 6 篇海明威创作的小故事投稿到《小评论》[39]，《小评论》于 1923 年春一一发表。这年晚些时候，比奇小姐鼓励罗伯特·麦卡蒙出版了海明威的第一本书。

海明威在遇到庞德后的几周内就见到了乔伊斯，不久，这个敬仰乔伊斯的美国年轻人就开始和伟大的爱尔兰小说家一起喝酒了。[40]海明威可能讲了他在战争期间驾驶救护车的故事，还半信半疑地听乔伊斯抱怨自己的财务困难。一天晚上，乔伊斯在酒吧被他人过分攻击后十分恼怒，当这个瘦弱的小说家意识到自己几乎看不清争辩的对手时，就转向他胸肌健硕的同伴，并且大喊："解决他，海明威！解决他！"[41]海明威决定先解决乔伊斯，把他带回家交给娜拉。娜拉站在门口说："瞧，作家詹姆斯·乔伊斯回来了，又一次和欧内斯特·海明威喝醉了。"[42]

《尤利西斯》甫一出版，海明威就见到了现代主义的万神殿。他很有可能目睹了在莎士比亚书店里争夺订单的场景，左岸所散发出的热情推动了他的野心。他也订了几本《尤利西斯》，并写信给舍伍德·安德森说："该死的，乔伊斯的书太棒了！"[43]他似乎在第一次访问莎士比亚书店时就已经购买了乔伊斯的《都柏林人》[44]，乔伊斯的短篇小说深刻地影响了
234 他。《都柏林人》教他惜字如金以及对最重要的事情保持沉默。[45]海明威于 1929 出版了《永别了，武器》，他送给乔伊斯一本[46]，并在书上写了一句可爱的感叹句。"吉姆·乔伊斯是我所尊敬的唯一在世的作家，"海明威后来说道："他有他的问题，但他比我认识的人写得都好。"[47]

海明威有学习天分。他没有大学文凭，所以通过莎士比亚书店来得到高等教育，在那里，他在短短几个月里学到的写作知识要比大多数学生在4年内学到的更多。他从图书馆里选的第一批作家是D. H. 劳伦斯和伊凡·屠格涅夫，尽管借书的限额是两本，比奇小姐允许他多借几本，他选择了托尔斯泰的《战争与和平》和陀思妥耶夫斯基的《赌徒和其他故事》。几年前，海明威最喜欢的作家是英国作家鲁德亚德·吉卜林和欧·亨利。[48]作为莎士比亚书店的会员，他发现了福楼拜和司汤达。海明威可能在来到巴黎之前甚至没有听说过詹姆斯·乔伊斯和埃兹拉·庞德，而在他走进莎士比亚书店的两个月后，西尔维娅·比奇使他们成了海明威的导师。

友善使海明威成为一个更好的学生。当格特鲁德·斯泰因给他一些精辟的建议时（“重新开始，集中注意力”[49]），西尔维娅·比奇给他提供伙食。和其他人一样，比奇小姐的书店成了他的邮局以及建议和八卦的主要来源。她聆听他的难处并借给他钱。他后来声称，“没有人比她对我更好了”[50]。庞德也同样慷慨，海明威认为他有着极其强大的能量储存（“如果他吃饭不那么快，他会活得更长。”海明威写道[51]），但最让他吃惊的是庞德对其信任的作家的善意。“当他们被攻击时，庞德会为他们辩护，他把他们带进了杂志并送出监狱，借钱给他们，帮他们卖照片，为他们安排音乐会，写关于他们的文章……”[52]还有其他许多事迹。庞德非常无私、有原则，并像圣人一样满腔愤慨。[53]他的头发如同鬃毛一样坚硬狂放，他的话语坚定有力，他是旷野里的声音，他是施洗者圣约翰。

庞德教海明威不轻信形容词[54]，而乔伊斯则教他如何省 235
略。他回报乔伊斯的方式是陪他喝酒，回报庞德的则是教他拳击。

温德姆·刘易斯记得当时在庞德的工作室中，海明威将衣服脱到腰间[55]，他苍白的躯干闪烁着汗水。海明威平静地用拳击手套抵挡了庞德的左刺拳，尽可能地减少体能损耗，他躲闪而不是反击，敏捷地避开了国产家具和日本画作。这位诗人曾在英式农舍里教过叶芝击剑，丝毫不担心在左岸工作室向年轻的海明威学习拳击。庞德需要加宽他的站立间距，并且练习他的左半身。[56]他疯狂冲上去，大步摇摆，快速分散出拳——海明威不得不在每一回合间来回躲闪、迂回作战才能维持战况[57]，这很快就成了他的习惯。他会在巴黎的人行道上跳来跳去[58]，出拳，闪躲，并默默低语，似乎在试图激怒一位看不见的对手。

海明威几乎比周围所有的人都年轻，他的受教育程度是最低的，而他的男子气概则是一种弥补。他知道自己永远不会学习拉丁语和希腊语（他连法语都学不会），于是培养自己其他的街头兴趣。有一次，他带西尔维娅·比奇和艾德里安娜·莫尼埃去郊外一个治安不太好的区域看拳击比赛。[59]海明威带她们通过别人的后院来到拳击台边，场上的两个拳击手正在不停地重击对方，鲜血从他们胸膛滴落，这是海明威的回报方式。[60]他去瑞士滑雪，去西班牙看斗牛，他也去钓鱼，玩小型竞赛雪橇或长雪橇。作为一名记者[61]，他报道了夜生活、政治会议、希土战争后的严峻形势，还采访过墨索里尼两次。当他不再为《多伦多之星》写文章时，他在咖啡馆写短篇小说，并和佩戴法国英勇十字勋章的毁容男子聊战争。[62]他喝酒，他给儿子换尿布[63]，他赌马也赌自行车比赛。[64]他似乎无所不做。

西尔维娅·比奇突然意识到海明威可能知道一些关于走私

的事情。约翰·奎因提议可以从加拿大成批走私《尤利西斯》到底特律或水牛城[65]，这些地方远离萨姆纳的眼线。海明威是否认识同意从加拿大走私禁书的芝加哥人？是的，他认识。

海明威说，“给我 24 个小时”[66]。当他回来时，他说他在 236
芝加哥有一个朋友，与加拿大有联系，而这个人正是可以帮忙的那类人。海明威给了她这个人的名字和地址，以便他们可以直接沟通细节——他想让自己的名字完全脱离干系。[67]比奇小姐给走私者巴尼特·布雷弗曼（Barnet Braverman）写信说他们有共同的芝加哥友人，她有几十本詹姆斯·乔伊斯的最新小说需要跨越加拿大的边境，送到像阿尔弗雷德·科诺普夫（Alfred Knopf）这样重要的美国读者那里，还有像本·许布希[68]这样的没有勇气自己出版和发售这本书的出版商手中。布雷弗曼也要负责完成最大一笔订单：华盛顿广场书店的 25 本书。[69]正是在那里，此书的犯罪史正式开始。

布雷弗曼并不如海明威所想的那么容易联系。比奇小姐等了几乎两个月，才收到了他简短的电报回复（“把书寄过来，提前付款”[70]）以及一个加拿大地址。她没有回应。布雷弗曼几周后写信澄清他的计划。[71]他现在住在底特律，他经常过境去安大略省的温莎出差。她应该将书成批地寄到加拿大的地址。由于不可能将书存放在他工作的地方，他将在温莎租一个小房间，为期一个月，并把书一本一本地带到河对岸的底特律，这样的话，两边的边境人员就不太可能注意到。这个方法非常费力，但布雷弗曼认识可以“加快”进程的人。一旦这些书到了美国，布雷弗曼会将它们打包并通过私人快运公司寄出，来避免邮政部的审查。比奇小姐需要支付运费、关税和房间租金。他将免费提供服务。

西尔维娅·比奇等了4个多月才回应，但自从书被芝加哥海关第一次扣留后，她决定信赖一个陌生人将《尤利西斯》偷运过界，这是她最好的选择。所以她同意了。但如果他被抓住，她回信说，他将孤立无援——她无法付钱去为他遭受的州或联邦的指控辩护。[72]被逮捕的概率很大，虽然布雷弗曼的计划可以减少图书被焚烧的风险（边境工作人员只能没收他在
237 某一天携带的那本书），但这也要求他每次过关都带一本《尤利西斯》，一本要发往密歇根州并通过邮轮跨越国界的书，这触犯了法律。他要承担遭受5000美元罚款和5年牢狱的风险[73]，但他都愿意去做。布雷弗曼找到了温莎市租金为35美元的房间，并含糊其词地告诉房东他在做一些出版业务。[74]

加拿大海关是布雷弗曼面临的第一个挑战。他并不担心书被扣押（加拿大还需几年才禁止这本书，尽管它到1949年才解除禁令[75]），而是担心高昂的进口税。进口图书的关税为其零售价格的25%[76]，西尔维娅·比奇承担不起。他运输物品所欠的关税应为300美元，但是零售价无论多少都是由检察人员估算，布雷弗曼开始忽悠——不要在意这本书的尺寸和手工纸，这本书基本上没什么价值。

讨价还价增加了对这本书本身的审查风险，虽然还没有一个加拿大人禁止《尤利西斯》，但审查往往开始于这样的常规检查。然而布雷弗曼赌赢了，加拿大海关同意将这些从巴黎运来的大部头图书定价为65美分。布雷弗曼不用支付成百美元的关税，他只付了6.5美元。[77]来自莎士比亚书店的货物寄到后，他用卡车装运图书并将它们堆积在空房间里。在那里，这些违禁品等待越过边境。

几天后，布雷弗曼打开在温莎的房间，看到一堆堆他已经

同意走私的书。当他发现他面临每次只能偷运其中一本的时候，这大量的违禁书开始将他淹没。为什么他要为从未读过的《尤利西斯》冒着一个多月每天都会被逮捕的风险？

在某种程度上，是这个世纪的潮流变化引发像布雷弗曼的人接近像《尤利西斯》这样的书。19 世纪早期的政治抗议已经逐渐消失，取而代之的是 20 世纪 20 年代的文化抗议，战前的叛逆者在乔伊斯的反传统、亵渎神明和性越界中得到灵感。《尤利西斯》融入了反抗情绪大军。当政治变革失去可能性之时，将一本艺术作品走私到一个貌似自由但实际拒绝售卖和传播它的国度，这是一种文化攻击，对布雷弗曼这样的人而言， 238
这样的机遇是无法抵抗的。他并不是走私犯，也不是私酒贩子和罪犯。他是广告文字撰写人和推销员[78]，他在业余时间是艺术家，而且还很激进。

当年在芝加哥布雷弗曼认识了海明威，那时他是一本叫作《先进女性》（*The Progressive Woman*）的杂志的编辑。他发表关于应征社会主义者的演讲，并发布紧急传单（“妇女参政论者，小心狼!”）。[79]他揭露女性的贫困状况以及她们成为工资奴隶的现实，妇女在工厂中辛勤工作，但每周工资只有 6 美元。[80]“女人，”他写道，“是工业市场中最便宜的商品。”[81]他抨击对英国绝食抗议的妇女参政论者们进行监禁和强行灌食的暴行，并且谴责在威尔逊总统的就职典礼上对选举权游行者进行攻击一事，这残酷的攻击是全国范围内妻子和女儿们在家所受虐待的公开展示。[82]他谴责资本主义和它衍生的畸形政府，“美国宪法是由一群商人、银行家、律师、走私犯和有文化的骗子设计并应用的，他们对大众制度一点儿用都没有”。[83]

对于布雷弗曼而言，正风协会是资本主义虚伪的典范。它们是系统的代言人，选择性地惩治社会弱势群体的恶习。即使他们有合法的打击目标，他们所打击的恶习背后的真实原因是贫穷。根据布雷弗曼统计，在这个国家，有30万名持证妓女及超过100万名无证妓女。[84]如果道德主义者真的想让人们过上道德的生活，他们关注的不应该是年轻妇女们阅读不良书籍，而应该是帮助那些因为饥饿和剥削而不得已出卖身体的年轻妇女。布雷弗曼写道：“注意这正风十字军！好家伙！”[85]康斯托克和萨姆纳看不到恶习背后的经济基础，要么是因为他们被资本主义意识形态所蒙蔽，视野狭隘、无忧无虑，以至于完全没有意识到这一点；要么是因为背后支持他们的大金融家——J. P. 摩根（J. P. Morgan）、塞缪尔·科尔盖特（Samuel
239 Colgate）、范德比尔特（Vanderbilt）家族和卡内基（Carnegie）家族——命令他们去忽略它的存在。商人们想制止情欲，却拒绝支付他们的女性雇员维持生计的工资。

在1910～1920年的躁动时期，布雷弗曼的文章源源不断地产出，到了1922年，美国宪法第19条修正案平息了妇女参政运动，红色大搜捕使劳工运动举步维艰，布雷弗曼的生活也趋于平凡。他从一个激进杂志的编辑转行成为资本主义企业的工作人员——为一家广告公司撰写标语，这并不意外。他穿梭往返于柯蒂斯公司横跨美加两国边界的工作室，与此同时，他年轻时的激情消失已久。所以当一个巴黎女人来信让他偷运一本资本主义社会抵制的书时，他告诉比奇小姐，他急于打破“可怕的美国”的法律。他说他已经准备好“欺骗共和国的策略以及愚弄其侦查犬的诡计”[86]。

布雷弗曼从出租屋内拿了一本书，走到位于奥莱特大街尽头的木制码头，像他每个工作日下班一样，登上开往底特律的游轮。在他生命中搭乘游轮最长的10分钟内[87]，底特律上空的烟囱愈来愈近[88]。布雷弗曼被人群裹挟着通过海关报关处，一个穿制服的工作人员让他拆开所携带包裹的包装，警卫人员瞥了一眼书，递给布雷弗曼并示意他通过，这很容易。但第二天，他将不得不重复这一切。接着是之后一天，再一天，这种不断的重复让人着实紧张。随着底特律海关警卫人员一次又一次地打量他携带的可疑的大部头书[89]，布雷弗曼的轻度焦虑不断加深。他们会不会对乔伊斯的《尤利西斯》感到好奇？布雷弗曼认为他们开始用怀疑的眼神看他[90]，这使他更加紧张，然而最让边防警卫警惕的就是紧张。

1922年，边防警卫尤为警惕，因为这段时间很多私酒贩子会横跨底特律河走私威士忌和杜松子酒。而最新的温莎-底特律游轮“拉萨尔”号可能是禁区范围内走私禁酒的最主要的游轮。[91]这艘新游轮有3000名乘客的承载量，远超旧游轮，酒类走私犯很容易藏匿于人群中。“拉萨尔”号甲板下可以承 240
载75辆汽车，这更增加了走私犯的机会。他们在油箱里建造了储酒层，并给所有东西都安装了夹层——汽车座椅、动物笼子和午餐盒。[92]有的人用热水瓶走私酒，把瓶子紧紧地绑在身上，或是缝在大衣的夹层里。

布雷弗曼感到坏运气开始降临了，当在温莎租用的储藏室只够他再撑几天时，他招募了一位朋友帮他尽快偷运最后几本书。[93]他们把两本《尤利西斯》藏在裤子里，把腰带紧紧地扣进平日不用的皮带孔内，然后装作无事地拖着脚步、慢腾腾地走上了游轮跳板，晚秋的天气也使他们鼓鼓囊囊的夹克看起来合情合理。走私进程加快了，尽管布雷弗曼和他的友人用风险换风险。警卫们不能检查他们找不到的书，但如果这些夹克和鼓鼓囊囊的裤子可以藏一本《尤利西斯》，那也当然可以藏一两瓶酒。如果工作人员查出他们其中任何一人腰上鼓囊囊的地方是一本三磅半的书，他们应当怎么解释？

幸运的是，边防警卫从未阻止过他们。布雷弗曼举止害羞[94]，男孩气的脸上头发向后梳着[95]，根本不像一个走私犯。他看起来也不像是一个激进派，然而他是一名激进分子，他是《尤利西斯》的第一名走私者，他成功地走私了每一本托付给他的书。第二年，他去巴黎拿到了属于他自己的乔伊斯签名版的《尤利西斯》。

# 20　国王的烟囱

创作完《尤利西斯》后，乔伊斯的生活一团糟。1922 年 241
4 月，娜拉带着孩子们去戈尔韦看望她的家人，她没有说她什么时候会回来，他们离开巴黎之时，爱尔兰正卷入战争。1921 年，爱尔兰和英国议会签订条约，确立爱尔兰成为大英帝国体制内的自由国家（爱尔兰议会将宣誓效忠女王）。该条约将爱尔兰共和军分裂成不同派系，一方支持自由国家协议，而另一方要求爱尔兰的完全主权。娜拉和孩子们就陷入了这不断升级的暴力之中。[1] 自由国家部队征用他们的酒店房间，并在室内架起了机关枪，这迫使娜拉、乔治和露西亚匆匆路过戈尔韦，搭上下一班火车来到都柏林。

乔伊斯在巴黎感到无助，他觉得自己被遗弃了。娜拉似乎想待在爱尔兰，他写了极其渴求的信件希望能使她回心转意。是她要离开他了吗？她需要钱吗？“哦，我最亲爱的，”他写道，“如果你这时回到我身边，读一读那本伤透我心的可怕的书，把我带在身旁，任意处置，该有多好！”[2] 娜拉觉得吉姆的一部分一直停留在 1904 年，而她和孩子们一直向前。前往爱尔兰是娜拉将他从那本统领他生活的、可怕的书中抽离的方法。她在提醒他，她不仅仅是莫莉的声音。

乔伊斯一个人过得很糟糕，他睡眠和饮食都很差。他在莎
士比亚书店晕倒[3]，有多颗牙齿脓肿[4]，而他的虹膜炎变得 242

比以往任何时候都更糟糕。娜拉和孩子们回来后不到一个星期（她再也不会离开他了），乔伊斯的左眼就成了青光眼。当疼痛变得难以忍受，乔伊斯的眼科医生就派助理去乔伊斯左岸公寓旅馆的小房间。年轻人打开了门，发现这位著名的爱尔兰作家裹在毯子里[5]，蹲在地板上，身后有一个盛着鸡骨头的炖锅。娜拉蹲在他对面，整个房间一片狼藉。两间房间里堆满了风格不一的家具和半空的酒瓶，衣服和洗漱品散落在桌子、壁炉和椅子上。破旧的箱子敞开着，还有一半行李在上次旅行归来后还没收拾。乔伊斯从鸡的残骸转向了客人。

医生的助手告诉乔伊斯他需要做手术，而乔伊斯则回应医生坚决不要再派这个助手来。几天后，医生检查了乔伊斯的左眼，并证实他需要立即进行虹膜切除术。[6]等待时间越长，他的视力将会越糟糕，前景非常可怕。乔伊斯的左眼是他的“好”眼睛——那只还没有做手术的眼睛，那只他读书写作所需要的眼睛。即使虹膜切除手术成功，他的视力也会受损，而手术失败则会导致他左眼失明。乔伊斯仍然沉浸在5年前在苏黎世做眼睛手术的创伤中，因此他决定寻找一位不那么热衷手术刀的医生。他给韦弗小姐发了一封惊恐的电报，她可能会帮上忙吗？她的医生会飞往巴黎吗？他认为这次手术会结束他的文学生涯。那封电报哀求：“快速回复，分秒必争。”[7]

西尔维娅·比奇急忙赶过去，发现娜拉正在给乔伊斯的眼睛进行冷敷以减少肿胀。她已经重复了好几个小时，她说：“当他痛苦不堪时，他会站起来在房间里走来走去。”[8]比奇小姐带乔伊斯去看路易斯·博尔施（Louis Borsch）医生，他是一位美国医生，在舍尔什－米蒂大街和荷加得大街的拐角处开了一家廉价诊所。[9]这个位置无疑就是一个好兆头，但诊所本身并不让人放心，外观简陋，候诊大厅里挤满了木质长凳，而后面的办公室非常狭小，肥胖的医生几乎没有转身的空间。医生凝视着灾难现场般的眼睛说：“你的眼睛太糟糕了。”乔伊斯被他的美国北方口音逗乐了。[10]然而，医生认为他可以通过 243
“从系统中排除毒素”来缓解乔伊斯顽固的虹膜炎。他开了眼药水（很明显是可卡因[11]）、更多的冷敷包、一些可以帮助睡眠的镇静剂以及一种可以“净化血液”的药物[12]，用以取代手术。西尔维娅这样向韦弗小姐描述：博尔施医生敦促乔伊斯改善他的整体健康，并且采用“一种更舒适和有益健康的生活方式”[13]。

1922年，乔伊斯决定去见另外一名使《尤利西斯》成为可能的女人。韦弗小姐在几个月中一直在等待他病情好转，而博尔施医生的治疗看上去颇有效果。到了8月，乔伊斯认为自己恢复得足够好，完全可以进行跨海旅行，然而如同之前多次的康复过程一样，病情突然复发。他将眼睛浸泡在大量的眼药水中，并且抗拒那些和巴黎医生一样认为他一定需要做手术的伦敦医生。[14]医生们似乎在细节方面意见统一，韦弗小姐的医生告诉她：“乔伊斯先生在巴黎的生活方式是非常不健康的。”[15]夜复一夜，他都在痛苦中度过，大汗淋漓，无法入睡。[16]每天早晨，在旅馆里，娜拉会将冷敷毛巾浸泡在一桶冰水中[17]，并将它们和小枕头一样大的棉团一起覆盖在乔伊斯的眼睛上。冷敷完，乔伊斯盯着他床脚的铜把手[18]，这是他唯一可以看到的穿透永恒黑暗的微弱光芒[19]。

作家和赞助人终于见面了。为了迎接乔伊斯先生下午来她公寓参观[20]，韦弗小姐专门准备了刚刚剪下来的鲜花。7年来，乔伊斯是一个狂热的通信者，是照片中那个忧郁的人，是在《画像》中长大成人的敏感男孩，是《尤利西斯》中声音城市的作者。而现在他成为一个实体，衣着整洁，举止得体[21]，戴着深度近视眼镜。但眼镜后面的情景让韦弗小姐惊诧，这使她不愿意直接看她的客人——不是出于害羞，而是出于尴尬。詹姆斯·乔伊斯的左眼没有瞳孔[22]，他眼睛中心黑暗的窗户以及虹膜上的网状物被一层雾所遮盖。眼睛从天然的蓝色腐化为蓝绿色。[23]只听他说话就让韦弗小姐无法集中精
244 力，即便乔伊斯为了让她轻松专门准备了玩笑话，他依旧是用脸上那镶嵌着大理石珠子一样的东西呆望着她。

韦弗小姐这些年来一直通过乔伊斯的信件想象他所经历的苦难，她现在才面对它可怕的存在。无论是什么引发乔伊斯虹膜炎反复发作，这都导致他眼部血管扩张直至破裂，血液渗透进眼内液[24]，并与死细胞和脓液混合，这些混合物在他的眼睛里积留了几个月，血液和渗出液长时间混合后开始“成为组织”——黏性混合物开始凝结成固状膜覆盖了他的瞳孔。只是看着乔伊斯先生就能感受失明进程的恐惧[25]，了解眼睛的脆弱以及视觉可怕的复杂性。

韦弗小姐决定，自我主义者出版社将出版《尤利西斯》的第一个英国版本。她决心要修正达朗季埃的印刷错误，并且增加乔伊斯的收入——他将获得90%的纯利润。[26]该版本将印刷2000册，并像莎士比亚书店一样，尝试直接销售给读者而非书店，借此规避当局。西尔维娅·比奇协助编辑和分发宣传资料，但是她在巴黎所能做的工作有限。韦弗小姐仅联系了一家伦敦印刷商——鹈鹕出版社，在看完前10章《尤利西斯》

后，鹈鹕出版社口头同意出版，然而该社在检查剩余部分时改变了主意。[27]

韦弗小姐不知道她所承担的法律风险。她的律师告诉她[28]，如果出售或散播被认定为淫秽的书籍，书籍可在任何地方被没收（在书店，在她的办公室，或在家里）。[29]尽管韦弗小姐别出心裁地提议通过代理商或经销商进行分销，但这不会有什么区别。私人版本唯一的法律优势，就是能在法官面前展示出版商想限制购买这本书的可能性，或者依据希克林准则中的语言，出版商将限制图书落入那些使书的内容“下流”的人的手中。

但这并不是一个很大的优势，如果莎士比亚书店版有任何被定罪的迹象，各书店无论如何也会开始转卖书，如果有一本 245
书在警察突袭检查中被查获并开始法律诉讼，那么这会影响所有的书。无论“私人”与否，《尤利西斯》现在已家喻户晓，《尤利西斯》已经全本发售，愤怒的评论在英国流传，隐私性已经被完全剥夺。韦弗小姐和比奇小姐一直在权衡是否有这样的可能性：一个敌对的读者可能会订购一本《尤利西斯》，然后将其交给警方。而《周日快报》的一名编辑似乎下决心要将这本“放逐者的《圣经》”[30]烧毁。

韦弗小姐找到另一种解决方案。《自我主义者》曾经的一名捐助者约翰·罗德克（John Rodker）会以奥维德出版社为名出版限量版书籍，她是在埃兹拉·庞德在战争期间举办的晚餐见面会上记住了罗德克[31]——当时他因为拒服兵役而被捕入狱[32]，又因绝食抗议而获得自由[33]。罗德克一直留在庞德的圈子内，并且他显然愿意为了信念而打破法律桎梏。韦弗小姐问罗德克是否愿意当她的巴黎代理商[34]：自我主义者出版社将会出版这一版本并提供相应经费，但是这版书将会在巴黎宣传、出售和散播。罗德克必须从第戎的达郎季埃那里收集2000本书，发出通告宣布这版已出版，并且收集订单，将书本包装并运输到世界各地的读者那里。韦弗小姐将支付给他200英镑的工资[35]，工作很简单。

罗德克立即意识到了他的第一个问题：《尤利西斯》的高价吸引了盗版书商。[36]他听到谣言说有人计划伪造莎士比亚书店的初版书，这个版本将被印刷在便宜的纸张上，并流传给急于贩卖像《尤利西斯》这样的稀有商品的各大书贩，这些书贩并不在意书籍合法与否，而那些罪犯则搜刮了全部利润。奎因在纽约听到了同样的谣言，他写信警告韦弗小姐某一“团伙”将要在市内某一出版社印刷1000本《尤利西斯》，并将这一盗版版本卖到30美元。他告诉韦弗小姐，打击盗版活动十分耗资，并且最后会徒劳无功。如果禁止了某一个团伙，罪犯们会将印刷版和其余印刷品传送到另外一个州的某人手上。而你则不得不在全国各地追捕盗版商贩，不停地发放禁令。事情将会没完没了。

246 奎因解释道，还有一个更有效的办法，但这使他畏缩：他可以找约翰·萨姆纳帮忙。纽约正风协会将会很乐意追踪和逮捕任何邮寄《尤利西斯》广告的人。这当然违反了《康斯托克法案》，萨姆纳将有可能在他们的版本出现前阻止盗版。奎因写信给韦弗小姐说：“这有点讽刺，不是吗？——如果我在法庭上为《尤利西斯》辩护，抵抗萨姆纳对其淫秽罪名的指控，那么我将要以淫秽罪名指引萨姆纳镇压新的盗版书籍。”[37]无论讽刺与否，奎因毫不犹豫地利用法律来阻止盗版。

盗版最糟糕的问题是它的时机，如果它在自我主义者版本出版之前发售，顾客群将丧失。罗德克不得不尽快卖掉自我主义者出版社的版本，这意味着他们没有时间来纠正第一版的印刷错误。[38]因此，自我主义者版其实是莎士比亚书店版的再次印刷，并附带了一个勘误表。这种匆忙也意味着罗德克收订购款时需要另外一个人运送书籍。幸运的是，韦弗小姐在庞德晚餐席上找到了另外一个帮手。艾丽斯·巴里（Iris Barry）那时22岁，曾是一名妇女参政论者，在空袭中前来参与相关会晤。她成长在伯明翰附近的一个农场，也是《自我主义者》的狂热读者，一定程度上是在庞德的敦促下，她在1915年搬到了伦敦。1922年，巴里丢了她在邦德街上的秘书工作，而韦弗小姐给她提供每周的洗澡以及健康饮食的机会。[39]当韦弗小姐和罗德克请她帮助詹姆斯·乔伊斯在英国出版第一版《尤利西斯》时，她欣然应允。

罗德克不到一个月就做好了一切准备，他借了一位朋友书店后面的房间[40]，在那里发出广告并接收订单。他在一家简陋的左岸宾馆租了一个地下室，在那里，艾丽斯·巴里将接收、储存、散播《尤利西斯》。罗德克和巴里乘船前往巴黎，1922年10月12日，达郎季埃的货物抵达了。罗德克放话说《尤利西斯》每本2基尼，与莎士比亚书店最便宜的版本价格相同。这些书4天售罄。当罗德克处理订单时，艾丽斯·巴里 247
正坐在韦尔讷伊酒店那拱顶地下室的小房间里，桌子上堆满了棕色的包装纸和成百个邮签。她周围堆满了等待她去打包、捆绑和写邮寄地址的蓝色书[41]，她一次只能处理一本。她每次拿着4本或5本书去最近的邮局。

随着盗版谣言的扩散，萨姆纳的爪牙在纽约等待着《尤利西斯》，运往美国的书必须在官方意识到另外一版正在流通之前被运走。巴里匆匆将第一批 100 本美国订单寄走，但是，海关正在留意带有巴黎邮戳的书，这些书被检查的风险也随着每本书的邮寄而增高。美国订单数量众多，韦弗小姐拒绝一些人的订单，唯恐被查获。她在伦敦给自己保留了几十本。[42]

最大的订单来自美国的中间商[43]，他们计划转售给那些急求《尤利西斯》的书店。那些订单不能被拒绝，也不能被单独装运。数百本书肯定不能整批装运，它们会被那些没有被贿赂或是称职的海关人员查获。它们必须走私入境，但这项工作对于布雷弗曼这样的人来说都太过宏大。罗德克有另外一个计划。他把书从巴黎运到伦敦，在那里，一个批发商将拆解每一本《尤利西斯》，并将拆解好的《尤利西斯》夹杂在报纸里，然后将报纸堆放，一起运输。[44]一艘美国商船的大副同意走私数百份伪装成英国报纸的大型托运货物，假装是为了满足纽约地区突然对橄榄球比赛成绩和国会政治卡通的需求。这个方法奏效了，通过把它们藏在报纸中，英国版的《尤利西斯》免税抵达美国海岸。[45]

当罗德克的大副穿越北大西洋送书时，艾丽斯·巴里也将书寄往美国、法国和其他地方的个人订户，韦弗小姐则亲自处理伦敦的订单。罗德克将书发往一个私人的邮政代理[46]，当有书店小心翼翼地向自我主义者出版社定购《尤利西斯》时，她将从代理处取回书并亲自送书。韦弗小姐会像其他伦敦读者一样出现在书店里，直到她要求见书店的主人并说出他的名
248 字，店员才意识到这个怯懦的、帽子上别着蝴蝶结[47]的女人就是他们一直期待的自我主义者出版社的代表，而她胳膊下夹着的包裹里就是那本书，那本他们很快藏在收银台后面的

书。[48]

韦弗小姐不顾律师的建议在办公室存放了几本《尤利西斯》，尽管这意味着让她自己身处更大的犯罪风险之中，她把几本书带到公寓中并将它们藏在她巨大的维多利亚衣柜后面[49]——如果警察突袭，她可以保护更多的书。这些书在那里存放了几个月，这几个月来，她一直等待着警察出现在门口，搜查她的房间，而她会耐心地坐着，看他们是否会厚颜无耻到去搜查一位女士的私人物品，以便去没收一件艺术品。

她的家人注意到了她的焦虑，尽管他们什么也没说。他们已经习惯了她对自己的文学事业保持沉默，尤其是关于乔伊斯的事情。这样也好。关于妇女参政的长篇大论和对计划生育的辩护，韦弗小姐的兄弟姐妹们尚且在原则上有勇气去容忍，然而她与乔伊斯的牵连却是另一码事。一些家庭成员甚至为此阅读了《尤利西斯》的部分章节，他们只觉得更加困惑，为何哈丽雅特不仅对这个污秽物进行经济补贴，而且还出版了它。她的姐夫的反应是既愤怒又沮丧："她怎么能做出这种事？怎么能？这是一个谜！一个谜！"[50]

第二版似乎进行得很顺利。成百本被拆解并藏在报纸里的书在纽约海关人员眼皮底下通过[51]，批发商们将其重新装订准备出售。但在接近1922年年底时，图书失踪记录开始增加；自我主义者和莎士比亚书店的版本仍然通过加拿大进行走私。大西洋两岸都没有传来任何政府的官方声明，也没有被没收的通知[52]，没有焚书的消息，没有被退回巴黎或伦敦的包裹，没有走私犯或大副被监禁，甚至没有一个来自美国邮政部或海关的

249 警告，而书常常丢失，毋庸置疑，这里面有问题。11 月初，韦弗小姐开始在伦敦市三三两两分发《尤利西斯》，她注意到有个侦探独自一人在窗外盯着她。[53]哈丽雅特·韦弗小姐受到警察监视了。

到了 1922 年 12 月，尽管具体细节模糊不清，但非常清楚的是，纽约当局正在尽全力查缴每一本他们可以找到的《尤利西斯》。如果不是美国政府从未保存记录，那么就是这些记录丢失了。然而显而易见的是，消失的《尤利西斯》实际上已落入执法官员之手。11 月在波士顿的一次突袭行动中搜查出部分进口的《尤利西斯》。[54]其他书都积聚在位于第 34 大街的纽约邮局总部大楼。[55]没有人知道是约翰·萨姆纳和严厉的评论刺激了官方的行动，还是他们根本不需要被刺激。无论怎样，纽约海关人员已经将此事提交给邮政部的检查长进行裁决。当检查长翻阅这本厚重的书，在海关人员标记的段落上停留片刻时，他发现《尤利西斯》与希腊神话完全无关。它是关于爱尔兰人的。检查长宣称《尤利西斯》“明显淫秽下流”，并在办公室里留下一本存档。[56]

检查长的判决下达后，波士顿以及邮政总局的工作人员将整个秋天积攒的近 500 本《尤利西斯》堆积在一起，用小车推进地下室昏暗的走廊，倒入火炉，成堆的书在火炉的黑色灶门前堆积，在炉膛前排成一排[57]，炉膛如同地下墓穴一样狭窄。工作人员打开圆形铸铁灶门，把詹姆斯·乔伊斯的《尤利西斯》抛进炉膛，纸张燃烧起来比煤还要明亮。7 年的写作，数月的修改和排版，数周的印刷，以及数小时的打包和运输，在几秒钟内化为灰烬。

烧毁《尤利西斯》并不是一个艰难的决定。这本书的部分章节在纽约已被定罪，这就足以说服一个宽宏大量的官员判定《尤利西斯》在全国各地皆为非法。我们不清楚韦弗小姐是如何听到书籍被查获和销毁的消息的。联邦法律要求政府出 250
示扣押通知[58]，并且在法庭有提起上诉的机会，但是即使类似通知发送给了任何等待《尤利西斯》的个人或批发商，也从来没有人发现过。我们所知道的是，当书被烧毁，韦弗小姐没有联系约翰·奎因或是要求她的律师进行干预。她没有搬走藏在她公寓里的书，也没有哀叹或问询被烧毁的书。相反，她印刷了更多。几天内，韦弗小姐从第戎的达郎季埃那里又订购了500多本《尤利西斯》——用第三版来代替被烧毁的书。罗德克会将它们运到英国，在那里用曾经使用过的方式将它们偷运走，将书本拆开并伪装成报纸，运往美国的敌方海岸。然而，英国口岸也不再准许《尤利西斯》登陆了。

英国禁止《尤利西斯》的决定始于1922年3月，当时，一个忧心忡忡的市民将这本书的第一篇评论寄到内政部。伦敦《观察家报》问道："淫秽？""是的，这无疑是一本淫秽书。"[59]内政部是英国政府的主要分支机构[60]，它对所有的执法事务负责。继这条投诉后，内政部工作人员联系了政务次官，索要所有出售《尤利西斯》的书贩的名字和地址[61]——那个窥视韦弗小姐的侦探很可能正在执行政务次官的指令，跟踪她去伦敦各处的书店。

官方对《尤利西斯》一直保持沉默，直到1922年11月底，政务次官看到了刊载在《季度评论》上长达16页的文章，这篇评论将《尤利西斯》比作炸掉英国文学城堡的芬尼亚炸弹。政务次官对这篇评论进行解读，他称这本书"不可读，不可引用，不可评论"[62]。两天后，他发出指令：查获邮政系统中发现的任何《尤利西斯》。这个决定是临时的——毕竟只是基于一个市民的投诉和一些评论（其中有一则评论是持肯定态度的）。政务次官并没有去翻阅那本书。让他怎么看呢？《尤利西斯》不易获得，且价格高得离谱。一旦给这个案件定性，政务次官请求检察长阿奇博尔德·博德金给出官方意见。

251 阿奇博尔德爵士作为检察长，统领着英国皇家检察署。在1920年阿奇博尔德爵士接管办公室时，一切都还未定型，但是他在1930年卸任之时已为继任者建立了一套规则。阿奇博尔德爵士起诉所有重大犯罪行为，并且为中央政府部门、警察局和所有皇家检察署提供建议。他发起并监管一系列重大刑事犯罪的诉讼流程，包括煽动暴乱、造假、阻碍司法公正、公众腐败和淫秽罪行。他每年指挥审理案件多达2300起。[63]

政务次官关于《尤利西斯》的报告可能并没有引起这个日理万机的人的注意。但是随着这个报告不断在行政系统中向上汇报，工作人员在伦敦克里登机场查获了一本《尤利西斯》。[64]12月，一个海关工作官员注意到一本尺寸过大的书，是一名旅客从巴黎带回来的。他翻了翻最后几页那挤满了没有标点符号的文字，最后把目光固定在第704页[65]：

> 真的我觉得他那么样的嘬奶把奶头都嘬得硬一些了他嘬了那么老半天弄得我都口渴了他把它叫作奶子我忍不住要笑真的至少这一边的硬些这奶头有一点什么就发硬我得让他接着嘬下去我要喝用马沙拉白葡萄酒调的鸡蛋把乳房为他养得肥肥的这上面有这许多血管什么的是怎么一回事

造型真有意思两个完全一样的有双胞胎正好人们认为它是美的象征摆得高高的像博物馆里那些雕像其中有一个还假装用手遮着真是那么美吗当然啰和男人的模样比起来他是两满袋加上另外那一件玩意儿耷拉在下面要不然就像挂帽子的木栓似的直挺挺地冲着你立着怪不得他们要用一张菜叶子挡住它[66]

海关人员告诉那位乘客，海关税务局将依照 1876 年《海关联合法令》第 42 条以淫秽罪名没收《尤利西斯》。但是书的主人反对[67]，坚持认为《尤利西斯》是一位卓越作家的重要艺术作品，他在伦敦附近的一个书店买到这本书，并且有关它的评论曾在包括《国家报》（*The Nation*）、《英语评论》和《季度评论》10 月号等知名期刊上刊载。

鉴于这位市民的抗议，海关将这本书转交给了内政部并要求对其合法性迅速做出裁决。悉尼州的代理政务次官哈里斯仔细读了第 705 页："他是我第二次来的时候他一面还用手指把我背后弄得痒痒的我把腿盘在他身上来了差不多有五分钟光景玩了之后我不能不紧搂着他天啊我只想喊出各种各样的话来操啊拉屎啊什么都行［。］"哈里斯重新调回内政部不断增长的关于《尤利西斯》的文件。即便有人怀疑这些段落是淫秽的，他们也会被事实驳回，即这位市民引用相同的《季度评论》上的文章为《尤利西斯》辩护，而内政部也将这篇文章留为证明《尤利西斯》是淫秽书籍的证据。哈里斯亲自与检察长讨论此事。 252

阿奇博尔德爵士是一个冷酷的律师[68]，他因为战前起诉妇女参政论者而声名鹊起。一位妇女参政论者在一场备受瞩目的起诉后说：“他是一个畜生。”妇女参政论者在法庭上向他投掷腐烂的水果[69]，当他收到绑架和纵火威胁时，伦敦警察厅派遣警官保卫他和他的内室。但是阿奇博尔德爵士不为所动，他是一个有着坚定的维多利亚式感情的男人（甚至在20世纪50年代，汽车对于他来说还是面目可憎的[70]），他不知疲倦地工作，以至于脸色变得蜡黄，还有了眼袋。[71]他难得讲下流笑话，在抖包袱时他会不满地瞪着眼睛[72]，这让幽默感荡然无存。

阿奇博尔德爵士读了《尤利西斯》的最后一章，并在1922年12月29日提交了他对这本书是否符合英国法律的意见：

> 正如所料，我没有时间，或者说，我没有意向去读完这本书。然而，我从690页读到了732页。我完全无法理解这些页是如何与这本书的其余部分相关的，或者，这本书到底讲的是什么。我读不出什么故事，它也没有提供线索对其目的进行介绍。而我上述提到的章节，好像是由一个没多少文化的粗俗妇女写的，形成了与这本书完全分离
> 253 的篇章。我认为，这本书不仅仅是庸俗或粗糙，它充斥着污秽和猥亵。

他宣布海关有权没收和焚烧《尤利西斯》。如有公众抗议事件发生，他建议说：“可以回答：这本书十分肮脏，而肮脏的书不被允许进口到这个国家。”

1923年1月1日，阿奇博尔德·博德金爵士的意见成了英国的官方姿态，哈里斯转发博德金的建议给内政部，确保该决议被执行。如果《尤利西斯》成为潮流该如何是好？用哈

里斯的话来说，内政部担心“其他喜欢臭名的病态作家将会尝试写相同的作品”[73]。他们不能再让类似书籍淹没英国港口。他们必须防患于未然。

1月份，在阿奇博尔德爵士下达决议几天后，500本《尤利西斯》正在发往伦敦的路上[74]，等待被拆解并走私到纽约，用来顶替被烧毁的版本。载满图书的货船正穿越英吉利海峡，而福克斯通港口的海关人员正等待它落网。海关税务局人员正式通知自我主义者出版社，根据1876年《海关联合法令》第42条，其财产已被扣押，因为内政部初步认定该材料淫秽[75]，自我主义者出版社有机会对政府的决定进行上诉[76]。但是韦弗小姐无法忍受公众的眼光，并且她的律师强烈反对。[77]能否在法庭上赢得上诉有些令人怀疑，即使自我主义者出版社可以再次印刷，但成功走私书到纽约港的机会降低到冰点。上诉机会一旦错过，海关官员们就会将这些书放进“国王的烟囱”[78]里焚烧[79]。然后，他们烧毁了焚书记录。[80]

# 21 药典

254 20世纪20年代对乔伊斯是残酷的。对于那些欣赏他作品的人来说，在英格兰和纽约的焚书暴行巩固了乔伊斯作为20世纪异端受害者的地位，他是一个因言说赤裸真相而被政府迫害的人。其他现代主义者的作品也遭到审查或删节，但没有人会对一部劫数难逃的艺术作品如此投入。焚书浇灭了美国版本的最后一丝可能性，英国不会有出版商愿意步哈丽雅特·韦弗的后尘。消灭一本书的整个版本，而不仅仅是阻止其流通或对出版社进行罚款，这一惊人行为向出版商、作者和图书销售商发出了一个明确的信息。焚烧一本书——即便是秘密执行命令——足以扼杀一本书的流通。一个强烈渴求的读者仍然可以找到《尤利西斯》，但昂贵的价格和相对稀缺的状况意味着只有一小部分潜在读者能接触到它。

焚书最野蛮的一面是，它使乔伊斯更加孤立。审查可能增强了他在信徒心中的光晕，但这徒增的名气使他沉默和谨慎。他让人拍照，但从不接受媒体采访，在一个逐渐紧密的朋友圈子中，他也很难放松地随意聊天了[1]——疯狂跳舞的日子已经结束了。乔伊斯在社交和文学方面的孤立，增强了他在整个20年代就一直忍受的更根本的孤立：他迅速恶化的视力。

255 乔伊斯承受着一系列痛苦的眼疾（如青光眼、白内障、角膜云翳）以及繁多的眼部手术，这本可能使人们更加同情他，却衍变为一种难以形容的折磨，在他和其他人之间裂出了一道鸿沟。逐渐失去视力增强了他无法处理的名气，记者们定期打电话去询问乔伊斯先生眼睛的状况。他戴着黑色的术后保护眼罩的形象已经家喻户晓，如同一位在巴黎孤立无援的落魄海盗。他的失明成为他隐藏自己的另外一种方式，乔伊斯在1922年11月戴上他的第一副眼罩不是因为手术[2]，而是为了遮掩他瞳孔上让人不适的云翳。他所遭受的审查不止一种。

1923年4月，在眼疾几个月的突然好转继而复发后，乔伊斯终于投降，同意去做一个拖延已久的手术。在接下来的几年里，他会对手术程序非常熟悉。博尔施医生的助手——普尔护士会将他的下眼睑从眼角拉开[3]，露出肿胀的血管脉络。她会让可卡因浸泡整个组织直至眼睛麻木[4]，并注入几滴莨菪碱和一种更有效的阿托品。[5]她会合上他的眼睛，并用棉签擦干睫毛。15分钟内，收缩瞳孔的肌肉会扩张。在几个小时后，他的眼睛会失去焦点。病人准备好了之后，博尔施医生粗大的手指会抓住柳叶刀的刀柄，并将刀锋压向乔伊斯的角膜。他会很快使刀片离开，以防止虹膜与金属黏合并通过伤口和刀锋一起脱离。这个切口有大约3至4毫米。

博尔施医生要了背齿形虹膜镊子[6]，将它滑入切口。那细小的齿尖与乔伊斯阻塞的瞳孔边缘的虹膜相咬合，然后医生将内部环状边缘拽出来。普尔护士将虹膜剪递给他。他将封闭刀锋悄悄贴近镊子，并将它塞入刀口，尽量不让移动的器械拉大伤口。他剪了两下，切掉虹膜内边缘一小块并把它拉出来，留下的空间成了乔伊斯的新瞳孔。[7]之后，博尔施医生将一个钩状仪器插入眼后室，然后慢慢地、费力地，将虹膜与它后方水晶体上黏合的物质分离，有时这些组织立即重新黏合在一起。

256 虹膜切除术是外科手术中最难完成的操作[8]，而乔伊斯的病情比大多数人的都要复杂。在乔伊斯的左眼虹膜受到第9次攻击后[9]，博尔施医生于1923年4月第一次对乔伊斯的眼睛进行手术。在1924年，他又完成了两个手术：6月的完整虹膜切除术[10]和11月的白内障摘除术。1930年，乔伊斯计划做第12次手术。[11]

几十年的虹膜炎引发眼部的一系列问题：青光眼、虹膜粘连、白内障、结膜炎、巩膜炎、睑缘炎。[12]他的视网膜已经萎缩[13]，他的双眼出血并且玻璃体液化[14]。1924年，乔伊斯告诉西尔维娅·比奇，他感到他的视力“缓慢濒临灭绝”[15]，他并没有夸大其词。大多数戴矫正镜片的人都熟悉正负二或三的屈光度。1917年，乔伊斯的度数是+6.5。[16]1932年到了+17。[17]乔伊斯并不近视，他远视——阅读和写作极大地损害了他的视力。

如此严重的远视也只是他视力衰退的一部分。更大的问题是，他的远视增加了闭角型青光眼的机会，每一次眼疾发作都将他的视野缩小到一个更窄更黑暗的隧道，而渗出的分泌液硬化，形成了云翳，这使隧道尽头的人和物体看起来像是在穿越一层乳白色的薄雾。手术可以减轻云翳、白内障和青光眼导致的失明（切断一部分虹膜，做一个人工瞳孔，去除晶状体），同时也降低了他的视力。[18]不管他忍受了什么样的手术，无论他的矫正镜片如何强大，他的视野变得朦胧、布满斑点，并且暗淡。1930年，乔伊斯的右眼有1/30的正常视力，他的左眼几乎失明：只有1/800到1/1000的视力。[19]乔伊斯在手术后尝试去阅读大字体的儿童书[20]，让自己感到安心。在这样的情境下，他只要能看到东西就意义非凡。

乔伊斯的生活节奏随着疼痛和舒缓起伏，每个人对他的复发性虹膜炎的成因都有着自己的看法。韦弗小姐在她医生的建议下，将病因归咎于乔伊斯的“生活方式”[21]，尤其是他的酗酒。西尔维娅·比奇认为他需要很好的食物[22]、户外运动以及离开家人的时间。报纸上则说乔伊斯是因为写《尤利西斯》过于紧张而失明。[23]乔伊斯自己说他是因为天气而失明。[24]他 257
指责气候，巴黎、尼斯、苏黎世、伦敦和的里雅斯特每一个季节都有雨和风——欧洲各地的天气都非常糟糕。

治疗方案和对病因的怀疑一样多。乔伊斯忍受了蒸汽浴、泥浴、出汗粉、冷敷和热敷。[25]他接受了一个月的碘注射[26]，也接受了用一种叫作合成醇的法国营养品进行太阳穴按摩[27]，庞德的一个朋友通过刺激甲状腺对他进行“内分泌治疗”[28]。他多次接受电击治疗[29]——大致是将电极连接到他的眼睑[30]，他们也曾把很多水蛭放在他眼睛周围[31]。

乔伊斯尝试过多种治疗方法——仅仅是各种各样的眼药水就非常让人震惊。他服用乙基吗啡来驱散云翳[32]，使用水杨酸、硼酸来消毒眼睛[33]，服用可卡因麻痹消毒剂与青光眼带来的疼痛，用阿托品和莨菪碱去扩张瞳孔解除粘连，用毛果芸香碱[34]去抵抗阿托品和莨菪碱多年来引发的谵妄和幻觉[35]。他曾在 1924 年写信给韦弗小姐说他的房间闹鬼[36]——他周围的东西不断滑动翻滚。他口服莨菪碱来稳定情绪[37]，尽管过量服用会产生相反的效果，导致欣快症和焦虑。1928 年他不止一次声称受到“眩晕袭击”[38]。一天晚上，当娜拉准备叫出租车从小酒馆出发回家时，乔伊斯跑到空荡荡的街道上，抡起胳膊大声喊道：“不，我是自由的，自由的!”之后他又在阴暗的街道像一个被操纵的狂野木偶似的跳舞。[39] 1933 年，继火车上的惊恐发作和一个出现幻觉的夜晚之后，他在清晨跑到大雪覆盖的街道上，告诉朋友他身陷危险。[40] 乔伊斯只能喝酒、吃安眠药[41]，将它们作为药典中最后的避难所。

20 世纪 20 年代初期，医生们一致认为乔伊斯的眼疾与他的牙齿有关。当时通行的感染理论认为，细菌会从一个受感染的身体部位转移到另一处。[42] 口腔被认为是一种常见的感染源，而乔伊斯的口腔确实是一个灾难重地。[43] 很可能，除非牙
258 医能够止住乔伊斯口腔中的细菌流，否则任何对眼睛的关注都无法帮他治愈眼疾。约翰·奎因对此十分肯定，如同他对韦弗小姐所说，乔伊斯对天气比对他的牙齿更加在意，因为“许多爱尔兰人缺乏科学思维”[44]。奎因的意见成为共识（关于牙齿，而不是爱尔兰）。1923 年 4 月，一位医生拔掉了乔伊斯 10 颗牙齿[45]，除掉了 7 例脓肿和 1 例囊肿。几天后，他又被拔掉了 7 颗牙齿。[46]

痛苦的生活和不断减损的视力如何深刻地改变了乔伊斯对意识的理解，这点我们无从估计。疼痛使世界崩溃，使一个人的注意力集中在痛苦的身体上。乔伊斯无法让视觉分散他的痛苦，取而代之的是睁开眼就是永无止境的模糊的视野，这不断提示着他的痛苦。他的思想是痛苦的涨潮上唯一的救生艇，乔伊斯眼内释放的压力使每一秒钟延长，阅读《尤利西斯》就让人感觉时间在膨胀。我们在小说人物的思想中缓慢前行，因为即使是最艰苦的思维历程，也是他仅仅可以抓牢的东西。乔伊斯撰写了一部人体史诗，部分是因为超越自己的肉体在他看来极具挑战性。然而他做到了。

乔伊斯躺在床上，一只眼睛或双眼被绷带包扎，从药效朦胧

中召唤记忆。他习惯性地路过都柏林奥康内尔大街上的店面[47]，就像回到了1904年。他写信给韦弗小姐说，“我几乎每天晚上都梦到我的眼睛有着超群的视力”[48]。当他看不到时——当医生告诉他写作会使他的视力更糟糕时——他开始像孩子一样用炭笔[49]在一张大纸上画大字母。这是《芬尼根的守灵夜》的缘起。乔伊斯为了说服自己不会瞎掉，不断数着壁纸上的条纹[50]以及协和广场[51]上的灯。他背诵了上百首诗。西尔维娅·比奇带来沃尔特·司各特（Walter Scott）爵士的《湖畔少女》（*Lady of the Lake*）[52]，她任意读一行诗句，抬起头，乔伊斯会丝毫不差地背出接下来的两页诗句。如同迷信一样，死记硬背让他觉得在掌控自己的生活。然而他无法掌控。当弗兰克·巴津1923年来巴黎探望乔伊斯时，他发现他这位战时老友脸色煞白、喘不过气。乔伊斯紧紧抓住巴津[53]，好像这样可以让他的身体不会散架。

1923年手术完成后，乔伊斯住在博尔施医生诊所楼上的 259
一个小房间里养病。那里弯曲的窗户和扭曲的墙壁以奇异的角度会合[54]，大蒜种在窗台的海绵上[55]。普尔护士一天中给他更多的莨菪碱，并在大厅对面一间狭小的厨房里做饭。娜拉住在乔伊斯隔壁，帮忙把水蛭放在他眼睛周围。[56]护士用一张折叠的纸巾抓住一个扭动的虫体，并将它的嘴放在乔伊斯的眼角[57]，也就是与眼睑相连的皮肤处。罐子里有若干水蛭，每条水蛭都懒洋洋地挂在他的脸上，直到从他的前眼房里吸满鲜血。当这些水蛭掉到他床旁边的地板上，娜拉协助放回这些“生物”——她这样叫它们。[58]从傍晚至整个夜晚，再到黎明，詹姆斯·乔伊斯都清醒地躺在床上，大声尖叫。[59]

# 22 地下诱惑

260 尽管美国和英国没收、烧毁了《尤利西斯》，西尔维娅·比奇又出版了8个版本的《尤利西斯》。无论是官方与否，乔伊斯的著作几乎被全世界英语国家所禁止，这导致莎士比亚书店在9年中只卖出了2.4万多本《尤利西斯》。即使对一本文学书来讲，这个销售量也很小。尤其当F. 司各特·菲茨杰拉德的《了不起的盖茨比》在头一年就卖掉了接近2.4万本[1]，《尤利西斯》的销量更是令人失望透顶。

乔伊斯的粉丝很少，但很狂热。莎士比亚书店成为新生的乔伊斯迷的朝圣地，其中有许多人询问比奇小姐他们是否可以搬到巴黎来为她工作。有一天在回家路上，她发现一个醉醺醺的年轻人坐在莎士比亚书店门口[2]，头埋在臂弯中，他正在寻找乔伊斯，当他发现书店关门时，便试图找到西尔维娅·比奇的住址。奥登大街上所有的看门人都将他赶了出去，并迅速插好门闩（显然他在阶梯上撒尿了）。西尔维娅坐在这个年轻的美国人身边，看见他在哭。他被位于中西部的一所高中勒令退学，因为他被人发现在桌子里藏了一本《尤利西斯》。他感到被他所在的小镇所排斥，因此来到巴黎，想要成为乔伊斯的助手。但当到了巴黎，想到即将见到乔伊斯本人时，他有些不知所措，所以喝酒以平复心情。

261 《尤利西斯》对某些人有强烈的吸引力。阅读它也表明了你的身份和特质。它是美学、哲学和性开放的标志。它带领你进入现代主义的新时代，如果它真是一本放逐者的《圣经》，阅读它会使你成为遍布全球的被放逐群体的一员。西尔维娅·比奇收到了从美国南部、印度、巴尔干半岛、南非和婆罗洲发来的订单[3]，北京的一家图书馆订购了10本。对包括美国的高中生在内的许多人来说，仅是拥有一本《尤利西斯》就是反叛，让它通过海关就是犯罪，而印刷、销售和散播则会带来牢狱之灾。协助进口《尤利西斯》——就算仅仅一本——的工作人员，也会受到5000美元的罚款和上至10年的监禁。[4]风险催生献身——当你不得不把一本书从政府眼皮底下隐藏起来时，你和它的关系会发生改变。

读者将乔伊斯的小说装订在诸如《儿童欢乐故事集》[5]、《莎士比亚全集》或《圣经》的封皮内进行伪装。有一本书被伪装成尤利西斯·S. 格兰特（Ulysses S. Grant）总统的传记。[6]法律带来的良心谴责使西尔维娅·比奇没有勇气亲自将《尤利西斯》寄去美国，但当她在加利福尼亚的姐姐霍莉想要一本送给朋友时，她勉强同意。她回信说："告诉布利斯夫人[7]，如果她收到书，要对从哪里以及如何得到《尤利西斯》绝对保密。"布利斯夫人没有收到书，只收到了一封简信：

夫人[8]：

寄给你的那个包裹包含一本淫秽图书《尤利西斯》，因违反《关税法案》第305条"禁止进口任何淫秽或不道德的文学"而被没收。（没收编号5217号）

如果你能签名并寄回附件中的没收同意函，本处将不会采取进一步行动。

美国财政部关税征收员

L. H. 施瓦贝

1926 年 12 月 16 日

262 约翰·奎因思考了好几个月如何把他的 14 本书偷偷运入美国，他决定与其将书藏起来，不如故意引人注意。一个巴黎的艺术品商人会把每一本书都进行包装，放在特制的盒子中，用螺丝拧紧箱盖，再把盒子放在一个更大的艺术品装运箱中。当装运箱抵达纽约时，这批货物的货运清单上有一栏模糊的标题“14 本书，3400 法郎”[9]，奎因要求海关检查员对其公寓内的装运箱进行检查。检查员和奎因有私交（他似乎和所有人都有私交），他打开装运箱发现在几幅画当中还有几本包装好的书。这几幅画是一个沉思的小丑，一个母亲和孩子，还有似乎是用石头刻出来的三名女性，以及一个山景遮蔽的村庄图景。奎因将《尤利西斯》和三幅毕加索的画作[10]、一幅塞尚的画作[11]放在一起进行走私——这些奇特的画作是用来转移对文学禁书的注意力的。这一招数是约翰·奎因最后的胜利之一，因为两年后，他因肝癌逝世。[12]

环绕《尤利西斯》的犯罪光环确实存在。在英国，内政部竭尽全力避免刑事诉讼，却想阻止《尤利西斯》的流通。避免刑事诉讼只是因为审判会给这本书带来更多的曝光率。英国海关官员收到通知要没收所有进入国内的《尤利西斯》。英国主要城市的警察局局长受命追查辖区内所售的每一本《尤利西斯》[13]，而国务大臣则授权搜索包裹[14]，搜索令一直延续到1933年，这个授权实际就是官方禁令。1908年颁布的一部法律允许英国政府无须搜查令就可以打开可疑包裹——所有工作人员只需做的就是给收件人一个旁观的机会。[15]

监视范围不限于邮政和港口。一本著名的书籍目录《派系》（*The Clique*）[16]将《尤利西斯》纳入其中，内政部则命令删除条目，并在之后的几期中向订阅户发出警告。阿奇博尔德·博德金曾经要求伦敦大学学院将乔伊斯的名字从校图书馆的文档中删除。[17]1926年，伦敦东区的劳工聚集区斯特普内 263
镇的书记[18]写信给内政部，要求允许在斯特普内图书馆收藏一本《尤利西斯》。伦敦警察局助理局长派遣专员进行调查，并在秘密调查后，查出了斯特普内镇那名提出要求的乔伊斯狂热粉丝的名字和地址，原来他是“一个狂热的红色社会主义者”[19]。

1931年前英国外交官哈罗德·尼克尔森（Harold Nicolson）为英国广播公司策划了一个名为“变化中的世界”的广播节目，在节目中探究20世纪新兴的文学技巧。英国广播公司董事长敦促尼克尔森把即将播出的关于乔伊斯的讨论改为约翰·高尔斯华绥，而后者完全不是那个变化中的世界的标志性人物。几天后，节目导演告诉尼克尔森，如果他不提及《尤利西斯》就可以讨论乔伊斯。为了绕过英国广播公司的禁令，他计划提及一本关于乔伊斯小说的书。在录制当天的早晨，英国广播公司董事长拒绝尼克尔森直播，当他威胁要完全停播这一系列节目时，董事长允许尼克尔森简单地对乔伊斯进行讨论。然而，尼克尔森告诉他的听众：“英国广播公司不允许我提到乔伊斯先生最重要的著作。”[20]

在自由社会中，审查制度最诡异的部分是，政府的目标不仅是禁止令人反感的图书，而且是当这些书从未存在过。只要有可能，禁令仍然被秘密执行，因此审查制度成为一种沉默的循环。哈罗德·尼克尔森从此被英国广播公司封杀。

内政部认定剑桥大学的年轻讲师 F. R. 利维斯是这种沉默的最大威胁。利维斯将成为 20 世纪最杰出的文学批评家之一，到 20 世纪中叶他催生了一整个学派的学者，他们自称为利维斯学派。当利维斯在 1926 年夏天走进盖洛威和波特书店并要求为他新开的课程“文学批评的现代问题”订购一本《尤利西斯》时[21]，他只是一个刚毕业的博士，他想把这本书放在
264 大学图书馆以供学生参考。利维斯确定这家书店一定可以从巴黎获得《尤利西斯》，而波特（Porter）并不这样想。当利维斯离开时，店主联系了国务大臣询问内政部是否允许《尤利西斯》进入本国。

5 天后，来自剑桥的一个警察造访了波特，要求他提供预订《尤利西斯》的人的名字。警察局局长皮尔森（Pearson）汇报了利维斯的名字，并询问内务部如何处理，政务次长声称这本书不适合“本科学生”，并建议内政部“采取积极措施避免讲座举行”。

他将此事传达给助理政务次官哈里斯，哈里斯还记得几年前调查《尤利西斯》的事情。哈里斯在卷宗中写道：“这是一个奇异的命题”，“这个剑桥的讲师建议让这本书成为本科生男女混合班的教材，他一定是一个危险的怪人”。为保险起见，内政部再次征求了总检察长的意见，阿奇博尔德爵士表示同意：“如果这本书的最后 40 页可以被称为‘文学’的话，那么布罗德莫（即布罗德莫精神病犯人医院）

的空地里每天都有许多文学被丢进了垃圾堆。”一名教授真的会准备开设有关《尤利西斯》的课程吗？阿奇博尔德爵士写道，当然不会，可怜的书商已成一场骗局的受害者。他告诉剑桥的警察局局长，禁令绝不能被解除，而且，必须停止所有关于乔伊斯的课程。阿奇博尔德爵士要求剑桥警方对“伊曼纽尔学院的利维斯博士其人其事”进行调查[22]，并将结果反馈给内政部。

几天后，剑桥大学副校长将利维斯叫进他的办公室。在唐宁学院主会客厅，西沃德副校长坐在办公桌前，递给利维斯好几页打字稿。这个文件是对乔伊斯著作的评估以及利维斯自己的信息，内政部清楚地知道弗兰克·雷蒙德·利维斯博士的住址以及他在学院所住房间的细节。[23]其中也包括了犯罪证据：“文学批评的现代问题”课程目录的复印件，标明该课程“向男女生皆开放”的通知，以及书店老板代他进口《尤利西斯》
的订书单。剑桥警察一直在监视利维斯，并且他们发现他购买 265
《尤利西斯》的请求完全不是骗局。[24]

阿奇博尔德爵士给副校长写了一封非常微妙的信。“我并不是要假扮为监视者”——他划掉了“监视者”。[25]

> 我并不是要假扮为一名文学批评家，但 732 页的《尤利西斯》是一本非常特别的书，通俗点说，我完全摸不着头脑，但其中有许多段落不得体，完全不适合任何性别的任何人给予关注。这本书以回忆作为结束，我想，这些回忆可被称为一名爱尔兰女佣的回忆，其中多处出现了粗劣和猥亵的片段。

阿奇博尔德爵士预料副校长对这本书并不熟悉（毕竟他研究的是侏罗纪时期的植物），于是借给副校长他在克罗伊登机场查获的上面做满了标记的《尤利西斯》。

阿奇博尔德爵士威胁剑桥大学，他们如果发现剑桥大学有任何人提供《尤利西斯》，将会采取“紧急刑事手段”。书商们被再次警告不准出售乔伊斯的书，并且当地的警方也一直在戒备中。但是阿奇博尔德爵士希望副校长所做的不只是阻止《尤利西斯》的散播，还希望剑桥大学取缔关于这本书的任何讲座——只要这本书的存在被学生知道，就会引诱学生得到此书，这让他非常恼火。

利维斯告诉副校长，他认为只要学生有意愿，那么他们就有阅读的自由。如果检察长认为他正在大义凛然地保护剑桥女子学院的纯洁，那么他就错了。利维斯说：“我恰好知道在格顿和纽纳姆学院都有几本《尤利西斯》在流通。”而利维斯实际上在为文学与道德服务，他想消除大学生中“秘密参加邪教的荣光”，“因为已经成立了一个邪教”。利维斯之后坚持认
266 为，任何一个愿意联系地下书商的人都可以买到《尤利西斯》。“我很高兴你没有这样做，”副校长说，这比利维斯预料的更不妙，“信件会被拦截。”[26]

利维斯离开后，副校长向检察长保证剑桥不会有人教授《尤利西斯》。为了以防万一，西沃德问了几个关于利维斯博士的问题，谣言传到了英语教师群体中。尽管 F. R. 利维斯日后令人敬重，可他坚称，谣言从未消散过。几十年后，剑桥的新教师们会问及关于利维斯教授“不利”的传闻，他们会得到同样的答案：“我们不喜欢他给大学生推荐的书单。”[27]

# 23　现代经典

出版现代派作品的人，要么是品味古怪而又慷慨大方的 267
出版商，要么是愿意追随年轻作者和猥亵作品的赌徒。贺拉斯·利夫莱特就是一个赌徒。尽管《尤利西斯》对利夫莱特来说风险过大，但他已出版过几本大胆的书，其中包括《阿佛洛狄忒》（*Aphrodite*）、乔治·摩尔的《讲故事的人的假期》（*A Story-Teller's Holiday*）和 D. H. 劳伦斯的《虹》。他成了战后出版业变化的范例。利夫莱特高中辍学并酗酒成疾，但他聪明且富有冒险精神，有预先慧眼识珠的能力。利夫莱特在 1920 年就开始出版庞德的相关作品，并且出版了海明威、福克纳以及多萝西·帕克（Dorothy Parker）的前期作品。[1]与其他人不同，他会做大量广告宣传，并邀请好莱坞明星进行推广[2]，广告上的字体像告示牌上的字体一样闪闪发光。[3]

20 世纪 20 年代，出版业靠近美国新兴的明星文化的核心，利夫莱特也参与其中。他发起了新书发布派对。[4]有名气的作者可以吸引人群；伯尼和利夫莱特公司的作家们——性情乖戾的西奥多·德莱塞（Theodore Dreiser）和狂野人士尤金·奥尼尔（Eugene O'Neill）[5]——与挤满办公室的女演员们、表演者们以及走私者[6]融洽地聚在一起。办公室的鸡尾酒会在下午早些时候开始，主编汤米·史密斯（Tommy Smith）认识

镇上的每一个人[7]——演员、慈善家以及妓院老鸨。他会在法国绿茴香酒中掺入走私的辣眼的烈酒[8]，这种混合酒非常
268 强劲，杯子边缘那层糖霜都无法帮人把酒吞下去。会计师亚瑟·佩尔（Arthur Pell）会交给贺拉斯·利夫莱特虚假账目[9]，希望这种触目惊心的账目数字能够抑制他挥霍金钱。伯尼和利夫莱特公司没有节制。

公司副总裁贝内特·瑟夫当年24岁，他对一切都十分好奇[10]，而伯尼和利夫莱特公司的兴奋刺激正是他希冀在出版界寻找到的特质。他1919年从哥伦比亚大学毕业后，成为华尔街的股票经纪人，但一直想进入出版界。当瑟夫大学时代的朋友理查德·西蒙（Richard Simon）要离开伯尼和利夫莱特，开始与麦克斯·舒斯特合伙创办出版社时，他表示他可以把瑟夫弄进公司。

利夫莱特并不是因为贝内特·瑟夫的商业经验而收留他，而是想要他的钱。瑟夫的母亲继承了一笔烟草厂的遗产，瑟夫16岁时她就去世了，并留给他12.5万美元。[11]另外，瑟夫通过投资股市也小赚了一笔，而利夫莱特需要更多资金。公司已经支付不起版权费用了[12]，并且利夫莱特又投资制作了一部百老汇戏剧（他糟糕的商业赌博之一）。当他1923年遇到瑟夫时，他对年轻人说这个产业还有快速发展的空间，“如果你想成功起步，你可以投资一点儿钱”[13]。瑟夫投资了2.5万美元，并作为伯尼和利夫莱特公司的副总裁开始了他的出版生涯。

对瑟夫而言，伯尼和利夫莱特公司的意义在于“当代图书馆”书系，这几个字就印在他大学时代发现的《白鲸》（*Moby-Dick*）、《红字》等书上。“当代图书馆”是阿尔伯特·伯尼的主意[14]，他和利夫莱特希望通过降低版权成本出版一套平价书，

伯尼的解决方案是将无须版权费的经典书籍与即将二次印刷、销售量减少并且可以用折扣价获得版权的高质量图书相结合。在1917年“当代图书馆”出版的12本书中[15]（其中包括鲁德亚德·吉卜林、弗里德里希·尼采、奥斯卡·王尔德和罗伯特·路易斯·史蒂文森的作品），只有4位作家在世，而大多数书都没有美国版权，他们寻找的是可以多年进行少量但稳定销售的书。结果证实，这样的书有很多。战争结束后，他们每本书的零售价格从60美分飙升至95美分[16]，而“当代图书馆”仍然是读者最经济的选择。时至20年代中期，该系列是伯尼和 269
利夫莱特公司利润的中流砥柱。

当瑟夫开始他的新工作时，利夫莱特忽视了“当代图书馆”[17]，而是关注那些潜在的畅销书，这些创造头条的作家包括赞恩·格雷（Zane Grey）、彼得·凯恩（Peter Kyne）以及亚瑟·斯图尔特-门蒂思·哈钦森（Arthur-Menteth Hutchinson）——你找不到更棒的作家了。“当代图书馆”书系随着时间的推移不再引人关注，当利夫莱特拒绝出版《尤利西斯》后又敷衍地想要收购《一个青年艺术家的画像》时，约翰·奎因非常犹豫。[18]《画像》太现代了，而被收录在“当代图书馆”则预示着作家的衰退，“像在文学灭绝的黑夜来临前的日落时分”[19]。利夫莱特被激怒了，他提醒奎因[20]，“当代图书馆”包括一些优秀的当代作家：麦克斯·比尔博姆（Max Beerbohm）、古斯塔夫·弗伦森（Gustav Frenssen）、安德烈亚斯·拉兹克（Andreas Latzko）以及亚瑟·施尼茨勒（Arthur Schnitzler）。这一名单证实了约翰·奎因的观点。

贝内特·瑟夫成了这个书系的实际编辑，没过多久，他开始考虑拥有这个书系。机遇来的时间比他预计的早了很多。1925年5月，瑟夫预订了去伦敦和巴黎的旅行，以庆祝他26岁生日，正如他在日记中所写的那样，“一次我梦想了多年的旅行”[21]。临行前，贺拉斯·利夫莱特在市中心一家地下酒吧与瑟夫见面。利夫莱特之前喝了几杯酒，他焦虑地紧握着苏格兰威士忌酒杯。瑟夫后来回忆，那时利夫莱特的岳父正在向他施压，因为出版社的一部分启动资金是他岳父的钱。利夫莱特还包养了几个情妇，他显然是担心怨恨的岳父可能会以此勒索他，“哦，我多么想和他两讫，然后摆脱他”。[22]

“一个非常简单的摆脱他的方法是，”瑟夫说，“把‘当代图书馆’卖给我。”瑟夫预料利夫莱特会大笑并继续抱怨，但真实的情况是，他问道：“你会给我多少钱？”当其他高管得知利夫莱特在一个地下酒吧半醉后与人达成协议要卖掉稳定收入的主要来源时，他们面色铁青。利夫莱特坚持认为他是在巅峰时期（1925年卖了27.5万本[23]）卖掉了这个书系；瑟夫需要在凌晨1点[24]轮船启程之前对抗整个董事会，来确保他
270 的协议生效并签署合同。最终，利夫莱特获胜，“当代图书馆”属于贝内特·瑟夫了。[25]

他们商定好成交价是20万美元，这是有史以来翻版印刷系列的最高成交价。唯一的问题是，瑟夫没有钱，合同要求他在三个星期内付清钱款，也就是他旅行归来时。临行前的时间越来越少，瑟夫打电话给哥伦比亚大学的一位朋友唐纳德·克洛普弗（Donald Klopfer），正值唐纳德在父亲的钻石切割公司工作得不顺心。瑟夫提出，他会拿出他所继承遗产的全部剩余部分，只要唐纳德可以付给利夫莱特另外一半的收购款。

“见鬼！我到哪儿去找10万美元啊？”[26]

“那是你的问题，”瑟夫说，“而且必须是现金。”

贝内特·瑟夫和唐纳德·克洛普弗在第45大街上的一栋高楼里设立了一个六人工作室。[27]他们的办公桌面对面，并在几年中共用一个秘书。瑟夫是个有魅力的交易伙伴，而克洛普弗则既挑剔又耐心——瑟夫认为他是“史上最善良的人”[28]。他们两年中马不停蹄地继续在“当代图书馆”上下功夫，亲自拜访东海岸的书商，寻找新的买家，重新设计封面、装订、版权页等全部细节。[29]他们每个月都给书目增加一个新的条目[30]，包括1926年添加的易卜生和乔伊斯的作品。在书目越来越有冒险精神时，“当代图书馆”作为一个整体实际上却在老化。[31]这个书系在10年内增加了一倍的条目，这是因为它在新旧两个方面都增加了。

但瑟夫和克洛普弗想要的不仅是再版书目。他们希望能够拥有一家出版社，像伯尼和利夫莱特出版社那样可以收购手稿。在著名商业艺术家罗克韦尔·肯特（Rockwell Kent）面前，他们先提出了比较保守谨慎的想法，瑟夫突然说他想好了一个名字：“我们刚说我们要随意（at random）出版几本书，就叫它兰登书屋（Random House）吧。”[32]

肯特喜欢这个名字，他画了一个简陋的房子作为版权页，这幅画后来成为在世界各地流通的数百万本书的装饰。在最初
几年，兰登书屋重印“当代图书馆”书系精装版，从而进入 271
正在蓬勃发展中的限量豪华版图书市场。[33]梅尔维尔（Melville）的《白鲸》和伏尔泰的《老实人》可以配置插图并印在高档纸上，用昂贵的方式装订，将书从1到1000进行编号，并且由译者或像肯特这样的知名插画家签名。豪华版图书

将以高利润卖给书籍收藏家——初版《尤利西斯》成为一种新的商业模式。在华尔街繁荣时期，这种模式成为出版界的主流，而此前它只是淫秽书籍逃避警察搜查的权宜之计而已。

截至 1929 年，兰登书屋已经发行了几十本豪华限量版书。1929 年，惠特曼的《草叶集》刚一出版，就立即以 100 美元一本的价格售罄。然而即便在那时，瑟夫和克洛普弗都没意识到他们占据了如此有利的地位。当股市崩盘时，“当代图书馆”书系中 95 美分的经典书不但帮助兰登书屋走过大萧条[34]，也帮助瑟夫和克洛普弗增加了市场份额。他们在 1930 年卖出了 100 万本书（是第一年销售额的 4 倍），并且每年都盈利。[35]他们用 20 万美元收购的公司，在 1965 年以 4000 万美元卖出。[36]

在 20 世纪 50 年代的平装书革命之前，“当代图书馆”主宰着图书市场。[37]它使高高在上的书变得平易近人，因此书系得以兴盛。瑟夫为它做广告：“最重要、最有趣、最引人深思的现代文学集锦”[38]。这一语调是为美国正在变化的读者群量身制作的。从 1890 年到 1930 年，美国大学的入学学生数量每 10 年就增加一倍[39]，而学生通常购买便宜又耐用的“当代图书馆”版本的书。这不仅是因为大学生数量的变化，也是因为他们阅读方式的改变。瑟夫在哥伦比亚大学读书的时候，大学英语系正在酝酿着“名著运动”（Great Books mouvement），约翰·厄斯金（John Erskine）等教授设想了一个为期两年的对西方正典的调查。当调查在 1920 年开展时，学校将调查描述为“阅读诗歌、历史、哲学和科学的杰出著作”。[40]阅读书单
272 包括荷马、柏拉图、但丁和莎士比亚的作品。这听起来十分寻常，但是在 1920 年前，让生物专业的学生不受文学规范约束

而阅读名著，这在大学是非常罕见的。

厄斯金的想法是“把《伊利亚特》《奥德赛》这样的经典著作当成最近出版的著作去读”[41]——它们穿越几个世纪，直击当代生活。经典著作告诉读者，现代生活的混乱也是宏大的人类文明的一部分，换句话说，“名著运动”就是《尤利西斯》的音节分解版本。在大学内外，人们开始认为某些书照亮了人类生存状态的永恒特征，阅读它们并不要求具备专业知识——即使不懂古希腊语、不阅读柏拉图全集也能从《理想国》中受益无穷——只需要，正如厄斯金所说，“一把舒适的椅子和良好的光线”[42]。贝内特·瑟夫在大学时代就吸收了用当代视角阅读经典文本的思潮风气，他的灵感来自大一时期的课程“英国当代作家”（鲁德亚德·吉卜林、阿诺德·贝内特和 H. G. 威尔斯）[43]，这门课程将伟大文学的脉络扩展到了当代。在一定程度上，“当代图书馆”的书目是在对瑟夫的本科教育致敬。

更好的是，对于正在努力提升社会地位的一代来说，他们或是对大学时代抱有怀旧情绪，或是希冀受到大学教育的恩泽——正如贝内特·瑟夫和贺拉斯·利夫莱特他们自己——而“当代图书馆”提供了一个现成的课程教材。“当代图书馆”使知识特权商品化，让人产生可以自学成才的错觉，读者无须进入学院，就可以获取学院派的好处，他们通过购买十几本便宜的书就可以超越大众文化。瑟夫改变了“当代图书馆”的版权页标识，将其从一个带着斗篷的和尚伏案工作的形象，变成一个手中高举火炬、跳跃在半空中的轻盈形象。阅读经典不是为了学识，而是为了自由，为了让个人的光芒照亮整个世界。

阅读名著对战后大众有吸引力，他们对西方文明的未来焦

虑不安，并倾向于认为自己就是文明的继承人。美国读者期待
看到美国当代作家进入西方正典，正如他们的国家已经登上了
273 世界舞台。“当代图书馆”使威廉·福克纳、多萝西·帕克和舍
伍德·安德森可以与埃斯库罗斯、弥尔顿和塞万提斯相提并论。
它的书单成功地使文学既凸显出世界性，又兼具爱国情操。

这些都不在原计划中。“当代图书馆”最初只是个噱头。1915 年，阿尔伯特·伯尼给惠特曼巧克力公司寄了一本仿皮封面袖珍版的《罗密欧与朱丽叶》[44]，并建议他们在每盒巧克力里放一本悲剧爱情故事。惠特曼巧克力公司订购了 1.5 万本。袖珍书是一个猎奇物品，当伯尼意识到没有巧克力也可以卖书时，他开始在伍尔沃斯平价百货里以 25 美分一本（一套 30 本，卖 2.98 美元）的价格零售他的“小皮书图书馆”。1917 年，伯尼开始与利夫莱特合伙做生意，他们一起扩大书系[45]，扩展板式，提高价格，并开始称它为“当代图书馆”。这一丛书通过邮政订单进行流通，他们一年卖了超过 100 万本书。[46]

贝内特·瑟夫通过伟大书籍项目的万花筒来审视伯尼的创新，构架这一书系的并不是低廉的版权收购价格，而是这些书共同体现的现代精神。“大多数书都写于过去的 30 年”，[47]瑟夫在书目中这样写道，并且那些老书“本质上非常具有现代气息，出版商认为它们非常适合这套丛书的范围和目标”。无论是老书还是新书，他们出版的书都是“现代经典”[48]。

这一概念无比绝妙。贝内特·瑟夫用“现代”一词唤起了一种思考方式，与全球传统接轨。读者会买一本已经出版几十年的现代经典，而它仍然不过时——任何时候购买都非常适宜。现代主义作家的名言——作家相距千里、时隔百年、相互回应，艺术家复兴古老的形式，经典文学在我们说话

时正在被书写——都被打上了现代经典的印记。贝内特·瑟夫把现代主义转为一种营销策略。庞德、乔伊斯和艾略特并不想迎合大众市场，但是贝内特·瑟夫找到了让市场迎合他们的方法。

在当时的出版界，最奇怪的事情莫过于名望和牢狱之间仅一步之遥。阿尔弗雷德·科诺普夫在面对法院的刑事诉讼 274
后变得更加小心。[49]利夫莱特和许布希告诉奎因他们不能出版《尤利西斯》，实为躲避牢狱之灾。在纽约，监狱同天花病医院和精神病机构设在一起，被隔绝在韦尔弗尔岛（原布莱克韦尔岛）上。那里走廊的设计会让囚犯感到无力，铁栏杆将牢房边的狭窄过道包围起来，迫使囚犯的双眼只能注视如同教堂殿顶一般高耸的天花板。牢房大门有交叉的金属门闩与信箱大小的锁。1928 年，一个名叫塞缪尔·罗斯（Samuel Roth）的男人就在那样的牢房里，构思着继续搭建他的出版帝国。

罗斯在南牢房工作队铲煤，在他未发表的回忆录中，他描述了其他人在听到他是一个出版商时的讥讽：

“你是坐货运马车来这里的，不是吗？”[50]

“还有其他来这里的方法吗？”

“你真的不知道啊！你要是看到梅·韦斯特（Mae West）去年来这里的情景就好了，你的出版社肯定不起眼。”

任何人都估计得到，塞缪尔·罗斯是 20 世纪 20 年代最大的文学盗版商。他生产和销售未经授权的违法或半合法的书，这在当时是一个竞争激烈的生意领域。绝大多数情况下，他从欧洲走私书名具有挑逗意味的书——《巴黎校园生活》（*School*

*Life in Paris*)[51]、《只是男孩》（*Only a Boy*）以及《俄罗斯公主》（*The Russian Princess*）——他用廉价纸张印刷，用低廉的方法装订，然后再以灌水的黑市价格卖掉。时机好的时候（20年代是个好时机），他的假名系统和地下印刷机，让他仅在芝加哥一个地方，每周就能挣到700美元。而且，塞缪尔·罗斯不仅仅针对淫秽书籍，他打劫每一个人[52]——萧伯纳、奥尔德斯·赫胥黎、安德烈·纪德等。罗斯是一个品位极佳的盗版商，他将自己喜爱的现代主义先锋文学与淫秽内容相结合，借此在出版界找到了一席之地。他在窃取T. S. 艾略特的《力士斯维尼》一书的片段时，将其改名为"宝贝，你想回家吗?"[53]。

罗斯最大的成就在于盗版《查泰莱夫人的情人》和《尤利
275 西斯》，他早年在《小评论》上读《尤利西斯》时就读得津津有味。他认为《都柏林人》是诚恳的人物研究，而《画像》是一部奇异的、闪烁着才华的、未完成的作品。但《尤利西斯》，正如他后来所说，"描述了一种变形物，这种变形物集所有男人为一身、所有国家为一个、所有城市为一座、所有日子为都柏林的一天"[54]。他十分欣赏乔伊斯的小说，决定要盗版它。

文学盗版最便捷的地方在于在许多情况下并不违法。一本书除非在美国被印刷制造，否则不受美国的版权保护。罗斯需要做的只是再次印刷尚未找到美国出版商的英国和欧洲版的书。罗斯喜欢钻法律的空子，有时他获得作者的同意印刷他们的作品，并偶尔付给他们微不足道的酬劳。但是，合法授权并没有使淫秽书籍变得不再下流，他已经至少在5个不同的监狱服刑了25年以上。[55]

罗斯在1919年卖出了他的第一本色情书。他在第8大街上开了一家小书店[56]，命名为"纽约诗歌书店"。书店位于一栋公寓楼地下室的一个大房间里，可以通过一扇刚刚高出街道的窗户向外窥探。[57]罗斯一直营业到半夜，他从不打广告。在格林尼治村，他的书店非常不起眼，但因为有几十位可靠的顾客，他可以做他喜欢做的事情，并勉强维持生活。他在曼哈顿四处寻找无人问津的佳作和二手书，建立自己的库存。后来他在帕克街的一间地下室里发现了一家书店，店主是一个瘦高的老人，色情文学与当代诗歌的行家。罗斯定期来访，直到书店关门。老书商因向警方卧底卖了一本约翰·克莱兰德（John Cleland）的《芬妮·希尔回忆录》而被在韦尔弗尔岛上的监狱里关押了90天，罗斯在老人服刑期间每周寄给他2美元。

老人被释后离开了美国，从巴黎给罗斯寄来一个包裹以报答他的慷慨，包裹里有几本用假书名作为封面的禁书。罗斯吓了一跳，把它们塞在无人问津的昂贵初版书后面的书架上，可他仍然对藏匿地点感到焦虑，直到克里斯托弗大街上的一个编辑愿意以每本书5美元的价格收购。当这个编辑说他会以同样的价格收购相似的书，罗斯向那位老人要了更多的书。几笔交易过后， 276
他挣了130美元。[58]这就是卖书如何让一个男人发家的过程。

塞缪尔·罗斯发现仅是卖一小批禁书是远远不够的，他开始自己印刷书。罗斯想在出版市场上占有一席之地，他发现了一个商机，即美国出版商尚未触及的猥亵材料——整个市场都无人供给。但是他没有足够的资金进入图书市场，他开始想其他办法。这个时期有两种商业模式运行良好：不能公开流通的豪华限量版书，以及高级印制的杂志，例如《时尚》（*Vogue*）、《时髦人士》（*Smart Set*）、《名利场》等。罗斯决定将二者结合起来。20年代中期，他创办了一本名为《双重世界季刊》(*Two Worlds Quarterly*)的杂志，这本杂志后来又衍生出《双重世界月刊》(*Two Worlds Monthly*)和《卡萨诺瓦二世故事集》(*Casanova Jr's Tales*)。[59]

这些体积庞大的限量版杂志，是通过特快列车而不是邮局送到订户手上的。路易斯·卡罗尔[60]、薄伽丘[61]和契诃夫[62]的作品与温暾的情色内容共同出现在杂志上，伊夫林·沃(Evelyn Waugh)[63]的木刻作品与卡通画共享篇幅[64]，画上的丰满裸女被妖精包围或是悬挂在魔法师的巨大头颅上方。罗斯的大部分杂志定价为1~5美元——比一般报刊25美分或50美分的价格要高，而又比科诺普夫和利夫莱特10~12美元的《画纱》(*Painted Veils*)或《讲故事的人的假期》私人版本的定价要低。罗斯找到了新价位。为了支撑他的帝国[65]，他推出了自己的豪华杂志，配有照片，还有时尚的艺术封面。他将其起名为《情郎》(*Beau*)，这是美国的第一本男性杂志。

罗斯认为《情郎》是他进入合法出版界的敲门砖。生产成本很高，他需要资金来巩固它在报刊亭的位置。罗斯在《双重世界》里登了整版广告寻求投资者："罗斯先生正在缔造美国最强大的杂志集团。"投资者没有被打动，罗斯决定盗版巴黎最新出版的谢赫·奈夫瓦齐(Cheikh Nefzaoui)的《香水花园》(*The Perfumed Garden*)，如译者所言，这本书描绘了"私密娱乐"的237个体位。罗斯知道他可以找到1000个愿意支付30美元的读者，而这笔资金可供《情郎》运转一年。[66]

277 1927年，罗斯刚寄出《香水花园》广告后几天，两名邮局督察逮捕了他。这是他第一次违法，法官只罚了他500美元，并判他两年缓刑。[67]但罗斯最大的问题是，他已经进入约翰·萨姆纳的黑名单。安东尼·康斯托克教给萨姆纳搜寻淫秽的经济学：搜寻淫秽书籍小商贩是一种昂贵的投资，但一旦发现他们，就可以顺藤摸瓜。在罗斯被审判的四个月后，萨姆纳和三个侦探携带搜查令走进了罗斯的书店。工作人员发现了一包他们一直在寻找的色情画，并且在搜查时毫不费力地搜出了淫秽书。

在法庭上，罗斯辩解这些色情画是萨姆纳的手下栽赃陷害的。助理地方检察官只需提一个问题：被告人不是已经因推广《香水花园》而被判刑了吗？当塞缪尔·罗斯承认后，他被视为一个违反联邦缓刑条律的惯犯，因此被判处在韦尔弗尔岛上的监狱服三个月的劳役。1928 年年底，一个看似新生的出版帝国蒸发了。在被押送到韦尔弗尔岛的时候，塞缪尔·罗斯同时也成为一场前所未有的国际抗议的目标。

自从 1921 年《小评论》审判以来，罗斯一直在打《尤利西斯》的主意，他给乔伊斯写信，提出了他为《双重世界》构思的计划。罗斯写道："其中一件事就是，我们将尝试在每一期上发表一部完整的小说。"[68]他想在《双重世界》创刊号上发表一部乔伊斯的小说（希望是《尤利西斯》，虽然他没有说出来），并承诺会付给乔伊斯 100 美元以及这本厚重的创刊号销售总额的 15%。

罗斯在昂贵信笺的抬头上设计了一个描述性的页眉，表明杂志的目标："服务著名作家，成为他们的意见喉舌和躲避迫害的避难所"。完整的描述溢出了纸张边界，让罗斯原本巨大的野心更加膨胀："每一期杂志都将包含一部完整小说、一部喜剧、一部短篇小说、一篇散文以及这一时段的书和戏剧的评论文章"[69]。韦弗小姐礼貌地代表乔伊斯拒绝了这个邀请[70]， 278

她和西尔维娅·比奇打趣说，他肯定计划用“针尖大小”的字来印刷吧。[71]

但罗斯不想以被拒告终。他在1922年6月给庞德写信[72]，一方面想收购《尤利西斯》的版权（作为乔伊斯《小评论》的编辑），另一方面邀请庞德作为撰稿人。虽然乔伊斯实际上完全无视罗斯，但庞德却为《双重世界》提供了编辑人选名单、几首适合的诗歌、一些翻译作品和一篇文章。不仅如此，庞德还推荐了一些艺术编辑，也为前5期的《双重世界》推荐了几位艺术家作为专题报道对象。[73]

庞德并没有意识到他正在进入罗斯模棱两可的世界，在这里，建议已经成为口头合同，提出建议的作家会发现他们被列入一本未曾见过的杂志的“特约编辑”一栏。当庞德告诉罗斯他同意任何可以规避《康斯托克法案》的计划时，罗斯将其当作允许全文发表乔伊斯作品的准许证。罗斯交给律师4张支票[74]，面额总值800美元，并且告诉律师，要等到乔伊斯正式授权《双重世界》刊载《尤利西斯》后才能给他。罗斯说，他的账户上一有足够的资金，这些支票就可以兑换为现金。到了1925年，在他第一次灵感闪现的4年后，罗斯发行了第一期《双重世界》。庞德看到自己的名字出现在封面上时，便威胁说要起诉罗斯，而罗斯提出每期支付给庞德50美元。他将出版庞德的诗歌和独特论述。“写多长都可以，我们会视如珍宝。”[75]

1926年7月，罗斯开始印刷《尤利西斯》，并删减冒犯性的段落。他略去了对小便、自慰、淋病的描写。他将“大地灰不溜秋的沉屄（cunt）”改为“灰不溜秋的沉坑（crater）”。[76]送报纸的人大喊“她可以来吻我的超级爱尔兰屁股（arse）”，《双重世界》委婉地替换为“超级爱尔兰阿姨（aunt）”。罗斯尽可能地安抚正风协会。如同之前其他的出版商，他试图说服约翰·萨姆纳相信他的良好意图[77]，他想利用《尤利西斯》非法的光环来出售杂志，但不想进监狱。

然而，罗斯的法律问题开始增多，海明威向西尔维娅·比 279
奇讲述了罗斯盗版的细节。1926 年的一个晚上，罗斯在纽约的一个咖啡馆和海明威见面，当时他来城里想要卖掉几部短篇小说。[78]海明威罕见的沉默（他的下巴肿胀）给了罗斯吹牛的机会，他说《双重世界》有 8000 名订阅者[79]，出版的骨干力量是詹姆斯·乔伊斯。罗斯认为乔伊斯的名字可以降低海明威的价格，但他们从未达成一致意见（罗斯还是刊载了他的短篇小说）。

相传在某个阶段，《双重世界》的订阅人数高达 5 万人[80]，这意味着乔伊斯损失了数万美元的利润，然而让人惊讶的是，莎士比亚书店无法起诉罗斯侵犯版权。约翰·奎因告诉所有人，尽管《小评论》多灾多难，但它确保了在纽约印刷的部分《尤利西斯》受到美国版权的保护。[81]奎因的推理存在缺陷，版权法不保护淫秽书籍，在 1921 年败诉《小评论》案件的同时，他也失去了所有包含淫秽段落的书的版权。而塞缪尔·罗斯可以随意转载、删减、修改和切割这本书。就美国政府而言，没有人拥有《尤利西斯》。

奎因对版权的理解是错误的，但他对文学盗版的理解是正确的：针对它的法律行动是徒劳的。庞德告诉乔伊斯，他要么谴责罗斯的印刷，要么就“组织一帮枪手去恐吓罗斯，让他吓得脱裤子，对于这类事件（他过于贪婪，什么都敢做），我想不出除了暴力恐吓之外的其他有效措施”[82]。因为西尔维娅·比奇不能起诉侵犯版权（并且使用枪手也完全不是她的风格），所以她必须创新。比奇先威胁要对罗斯提出诉讼并索赔50万美元[83]，然后让纽约最高法院发出禁令，禁止他在任何广告或印刷物上使用詹姆斯·乔伊斯的姓名。[84]

280 但这并不够。比奇请她的两位朋友（一个小说家和一个律师）撰写了正式的抗议书[85]，反对罗斯未经授权出版《尤利西斯》。如果她不能通过法律途径阻止盗版，她将鼓动文学界排斥塞缪尔·罗斯。比奇认为，大家的抗议可以导致没有作家供稿，没有编辑给他广告空间，有良心的买家也不会光顾这个盗窃他们喜爱的作家的出版商。这封抗议书宣布，塞缪尔·罗斯盗取了乔伊斯在美国的财产，并且盗版的《尤利西斯》被删减得错误百出，他不仅是一个小偷，也是一个屠夫。

羞耻心是抗议的唯一武器，比奇希望它尽可能强大。她找到了欧洲各地作家的地址，并寄给他们每人一封私人信件，呼吁他们签名支持抗议。她获得了压倒性的支持，许多作家都是盗版的受害者，而之前还没有人发起过国际联合抗议声讨窃取作家作品的小偷。比奇收集到了167个签名，这几乎是欧洲著名作家的汇总：叶芝、伍尔夫、海明威、托马斯·曼、E. M. 福斯特、路伊吉·皮兰德娄、米娜·罗伊（Mina Loy）、H. G. 威尔斯、丽贝卡·维斯特、儒勒·罗曼、W. 萨默塞特·毛姆，甚至萧伯纳也同意签名。最让乔伊斯开心的是看到了阿尔伯特·爱因斯坦的签名。比奇将签名抗议书寄了出去，仅在美国就寄给了900家刊物。[86]

当抗议活动在1927年2月（比奇确保第一则告示刊登于乔伊斯生日当天）的报纸上刊登时，支持者的信件涌入莎士比亚书店，很多人义愤填膺。一个书迷写道：“一想到这样一个无耻至极的生意，我就恶心。”[87]《双重世界》的订阅者猝不及防：“我无法表达我对这些人的憎恶……当今世界需要一种新毒药，摧毁使这些懦夫强大的病毒，哦，这太恶毒了!”“如果你如我所想，犯了盗版《尤利西斯》的道德重罪”，一名订阅者写道，“那么我唯一关心的是你可能要上绞刑架了。”[88]罗斯尝试在新闻界进行反击，但为时已晚。邮政检查员，用罗斯的话来说，用“强有力的劝说能力”[89]确保快递公司不受理他的出版物。《双重世界》系列、《情郎》以及《卡萨诺瓦二世故事集》的销量一落千丈，书贩们也把这些刊物 281
全部下架。

我们可以看出，只要多一点儿悔悟，少一点儿精明，在20年代末，塞缪尔·罗斯本来可以建立独特的高雅现代主义和色情文学（中产阶级的特有趣味）的结合体，而不是在一个10块砖宽、14块砖长的牢房里受罪。[90]他的厕所是一个白色的水桶，水桶放在一张《纽约时报》上面。罗斯不得不向他9岁和10岁的孩子解释他的失踪。“我可爱且勇敢的孩子们，”[91]他写道，“我因为难以理解的状况，不得不离家时间更长一些。”他写信告诉儿子，他生命中唯一需要的东西就是忠于好书：“学会热爱书籍，要一遍一遍地读，这样一来，你不仅对故事耳熟能详，也会对它的片段、语句，甚至是用词十分熟悉。”[92]

他从盗版中获取的钱财无法弥补他所失去的东西。尽管有过繁荣的时刻，但他的生意充满危险和不稳定。罗斯对出版帝国向往的原因比索取金钱更为深刻。1913年，罗斯19岁，他白天在纽约公共图书馆读书，晚上睡在公园或公寓走廊里。[93]在哥伦比亚大学，他是一本名为《抒情集》（*The Lyric*）的诗歌杂志的编辑，并在战争期间遇见了一个叫安娜（Anna）的姑娘。[94]安娜和她的家人住在布鲁克林，罗斯会在晚上去她家，爬到她位于二楼的房间，坐在她旁边，而她则躺在床上。罗斯给她读济慈、雪莱和史文朋，有时他读自己的诗。最终，安娜告诉他，她对他一周只有 14 美元的生活充满疑虑。罗斯记得她说过，如果他能一周赚 40 美元，那么事情就会大不一样。最终安娜嫁给了一位一周赚 80 美元的牙医。

罗斯将自己隐居于诗歌的高远呼唤中，将仅存的钱全部用于出版一本薄薄的诗集，这是安娜为了嫁给牙医而拒绝的东西，他称这本集子为《第一次给予》（*First Offering*）。由于依靠诗歌永远不能付清账单，卖书成了唯一使他快乐的事情。[95]许多著名作家和出版商参观过罗斯的书店，他还声称自己认识麦克斯·伊斯门（Max Eastman）、本·许布希、托马斯·赛尔
282 脱兹（Thomas Seltzer）和米娜·罗伊。[96]罗斯在纽约文学界并不出名，但有一席之地。约翰·奎因听说他是一位“疯子诗人”，并认为他“要么是一个傻瓜要么是一个野人”[97]。罗斯将自己诗歌和小说的手稿寄给哈考特（Harcourt）、达顿（Dutton）等著名出版商，他们都发出了拒绝信。[98]1921 年，伦纳德·伍尔夫写信告诉罗斯先生，非常遗憾，霍加斯出版社即将出版的书已经列满计划，无法再增加任务量。

如果罗斯知道伍尔夫也拒绝了《尤利西斯》就好了。在试图发表文章时——《小评论》审判开始前两天——罗斯作为书迷给乔伊斯写了一封信：“在欧洲所有作家中，您对我的吸引力最大。”[99]寄出前他又匆匆添上无济于事的一笔：“为什么《尤利西斯》还不成书出版呢？”

1929 年，读者为拥有一本《尤利西斯》而骄傲。这本书

的扉页上说明，这是 1927 年莎士比亚书店的重印版。这已经是乔伊斯著作的第 9 次印刷，但仍然很难买到。大多数人的《尤利西斯》都是去巴黎买到的，然而，这本书却藏在像哥谭书店这样值得信赖的书店的收银台背后，或是藏在该书店的密室深处。它的售价大约 10 美元，比普通读者买的其他书要昂贵很多，但还是很划算。它有出名的纯蓝色封面，在最后一页角落处还恰到好处地写着第戎－达郎季埃。[100]

但若了解细节，就会发现不对劲的地方。蓝色封面比它应该有的颜色要深一些。字体看上去是对的，但是斜体字和西尔维娅·比奇的版本有着明显的区别。纸张更加光滑，磅数更高。边距略宽。它与巴黎版本的厚度相同，但稍微瘦长一些。此外，这本书的封面没有留下折页以方便装订工人加入硬皮书的纸板，而且看完一遍后感觉书就要散架。列着乔伊斯其他作品的那一页没有了，而列着他的其他出版商的那一页有诸多错别字，例如第一个就出错的“Jonthan Cape”①。然后是书脊，莎士比亚书店的版本上清晰地印着作者名和书名，而这本书的书脊是空白的。

塞缪尔·罗斯不再费心搞杂志了，1929 年第一次出狱后，他就做起了盗版书生意。他 1927 年盗版的《尤利西斯》并不 283
差。罗斯监督细节并付钱请第 17 大街的里奥温格兄弟印刷店重新排版。[101]这意味着如果有任何一版《尤利西斯》可以在美国获得版权，那一定是罗斯这版，这是他针对“西尔维娅·婊子”[102]②——他开始这样称呼她——的完美复仇。

---

① Jonthan 应为 Jonathan。

② 西尔维娅·婊子（Sylvia Bitch）与西尔维娅·比奇（Sylvia Beach）发音相近。

牢狱之灾和文学流放使罗斯前景黯淡。[103]出版商似乎只是一群不择手段、毫无底线并且根本不屑文学的资本家。而从另一方面讲，他很勇敢。在纽约正风协会的压力下，像科诺普夫和利夫莱特这样的既得利益者早已退缩，而罗斯将自己视为愿意为文学而奋勇向前的亡命之徒。除了他，没人有胆量向美国民众呈现《尤利西斯》这样的书。

受在韦尔弗尔岛上服刑以及西尔维娅·比奇抗议的影响，罗斯将他的生意转为地下，远离新闻界和美国邮政系统。他将办公室与存放非法书籍的仓库分开，频繁更换“出版社”名字和印刷厂地址，并时常突然举家搬迁。批发盗版书意味着书店会承担最大风险，并且他可以在消失很久之后——如果他还能出现——榨取每一笔生意的油水。野心勃勃的走私商会雇佣推销员，推销员带着公文包挨家挨户进行推销，或者开一辆不起眼的卡车[104]在书店门前兜圈。司机会走进书店，问店员需要多少本《阿佛洛狄忒》或《婚姻之爱》（*Married Love*），然后在卡车后备厢翻找，以零售价的一半（只限现金）卖给他们。下次卡车过来兜圈时，司机会换成另外一个人。

塞缪尔·罗斯在刑满释放后变得更加行踪不定，所以纽约正风协会想再次逮捕他时，是利用他的弟弟才抓到他的。1929 年 10 月[105]，麦克斯·罗斯（Max Roth）带着装满淫秽书样本的公文包，在老百汇下城区逐门逐户进行推销，但他非常不走运，他将货物推销到了萨姆纳正风协会的盟友那里。当麦克斯第二天下午按照预约时间抵达那人的办公室时，约翰·萨姆纳、一名警察以及一名邮局检查员假装在隔壁办公室工作，并在麦克斯大肆推销时不经意地经过。那名叫赖瑞

（Larry）的警察花了60美元买了《尤利西斯》《查泰莱夫人的情人》《芬妮·希尔回忆录》，在钱易手的一瞬间，他逮捕了麦克斯。当他们发现这个人正是塞缪尔·罗斯的弟弟时，一行人追踪到了第5大道上的“金鹿出版社”，在那里，正风协会的追捕手逮捕了塞缪尔和一名推销员，并发现了300本淫秽书。 284

但是事情还没完。麦克斯恰好带着一大串钥匙，萨姆纳在找到他签署的一个租房合同后，立即前往合同上的第5大道，用钥匙打开大门。这是一个仓库，里面储存着广告材料、包装和运输存货到全国各地的各种设备以及大量的书——大部分是《查泰莱夫人的情人》和盗版《尤利西斯》。他们没有搜查令，一个警察整夜守着仓库，确保证据确凿。

罗斯因参与全国范围内的盗版乔伊斯作品，被判处有期徒刑6个月至3年，他在离开监狱后不到1年又回到了监狱。当罗斯服刑6个月刑满释放，一个侦探手持逮捕证在监狱门口等候逮捕他。他被引渡到宾夕法尼亚州[106]，在那里他又一次因出售《尤利西斯》而被捕。他因为乔伊斯的书在纽约服刑6个月后，又在费城服刑3个月。即便如此，他也没有停止活动。

塞缪尔·罗斯是现代主义的化身。像玛格丽特·安德森一样，他想创办一份大胆的杂志，致力于至高无上的艺术。他坚持认为，艺术家“有权印制自己的作品，只受文学标准评判而无关他者”[107]。他想像庞德一样将分散的作家集结在一起——《双重世界》这个名字代表着新世界和旧世界的联合。[108]

罗斯与贝内特·瑟夫有很多相似之处。他们是哥伦比亚大学 1916 级的同学，并且都不是那种传统的学生。罗斯获得过一年的奖学金，肄业。[109]瑟夫没有高中学历，却费力挤进了大学的新闻系[110]，他没有外语学分，而这个系恰好并不需要外语学分。两人离开哥伦比亚大学时，对学院派文化既存有内
285 部人的敬畏之情，又怀有局外人想要改造它的愿望；二人都声称将推进文学民主化。罗斯使用了瑟夫宣传“当代图书馆”书系的论调，坚称自己的杂志“是诸多艺术家表达诉求的唯一媒介，如果没有它，他们的受众极少”[111]。

这位盗版商对妻子和孩子极为上心，而那位受人尊敬的出版商却不太注重婚姻。多年来，贝内特·瑟夫在他的偷情小黑本里将幽会写成“交易”[112]——“午夜交易”（4 月 22 日）、“与玛丽亚交易”（12 月 8 日）、“与玛丽安交易”（5 月 13 日）。他在 4 月 29 日和 30 日以及 5 月 5 日、6 日、13 日、14 日、28 日和 6 月 4 日都有交易，这些交易都是在周末。他给众多女伴发电报——罗莎蒙德（“你这个天仙般的尤物”）、弗朗辛（“拜倒在你的石榴裙下，看后请立即回复”）、玛丽（“渴慕的性饥渴人儿索求你的归期”）。有许多电报是发给玛丽安的，“想你，亲爱的”，“迫不及待”，“想你念你爱你的贝内特”。而玛丽安就是玛丽安·克洛普弗，唐纳德·克洛普弗的妻子。[113]

罗斯没有如此肮脏，他坦白自己的欲望。想要成为一名坚定的个人主义者、一个文学的十字军战士，希望能够像乔伊斯那样受人爱戴。罗斯想得到詹姆斯·乔伊斯和埃兹拉·庞德的声誉，想要让自己的名字和他们的名字并排印在《双重世界》编辑一栏上。某种程度上，他已经在信笺上这样做了。罗斯不像其他人那样只是渴求声望，他愿意为此偷窃。玛格丽特·安

德森从数十名投稿人身上汲取灵感，庞德和艾略特重新利用旧诗、创作新诗，乔伊斯接受资助、寻求帮助、四处借钱，并且结合诸多作家的作品去创造自己的小说。然而他们都很明白他们所欠的诸多人情，无论是在世的人的还是过世的人的。而罗斯却截然相反，他认为个人主义意味着一切永恒普遍之物都属于他，文化反叛是建立帝国的大好时机。尽管他如此钦佩乔伊斯，但他并没有从《尤利西斯》中学到太多。

# 24 密螺旋体

286 乔伊斯在完成《尤利西斯》后全身心投入一本文字更难懂、内容更晦涩的小说创作中。《芬尼根的守灵夜》是用梦呓般的语言写成的。文字溢出了定义，句法如同河坝决堤般无章，双关语极具破坏性和戏谑性。乔伊斯觉得他好像已经抵达了英语的终点。[1]

> 全世界都在短缺，全世界在写封信。一封某人写给某地点关于某事的信。全世界都希望承运一封信。一封来自一只猫写给国王有关宝藏的信。当男人们想要写信时。十个人、一吨人、笔人、双关人习惯支起一架梯子。并且兽人、讨债人、趣人、母鸡人、匈牙利人想去杀死一位首领。[2]①

---

① "All the world's in want and is writing a letters. A letters from a person to a place about a thing. And all the world's on wish to be carrying a letters. A letters to a king about a treasure from a cat. When men want to write a letters. Ten men, ton men, pen men, pun men, wont to rise a ladder. And den men, dun men, fen men, fan men, hen men, hun men wend to raze a leader." 这段话出自乔伊斯《芬尼根的守灵夜》第二部。此书语言复杂艰涩、行文错综复杂。它打破了英语语法规范，重塑了语言系统，以艰涩程度著称，被称为天书。戴从容教授翻译的《芬尼根的守灵夜》第一部已于2012年由上海人民出版社出版，第二部尚未译出。此处译者仅进行了简单直译，并未探究其中双关语及隐喻的多重意义。

这是《芬尼根的守灵夜》一书中最明晰的段落。这本书让娜拉夜不能寐，她向一位友人抱怨道："吉姆正在写他的书"，"我上床睡觉了，而他在隔壁屋子里因为自己写的东西而大笑不止"。她会起床并大声砸门："现在，吉姆，要么别写要么别笑。"[3]

几乎没人喜欢《芬尼根的守灵夜》。当庞德 1926 年第一次阅读其中一部分时，他回复道："反正我什么都没看懂，至少我现在什么都没看懂，也只有神圣愿景和淋病良药才值得这 287
样拐弯抹角、佶屈聱牙。"[4]这封信中最严重的攻击莫过于庞德对乔伊斯的称呼（"亲爱的吉姆"）。甚至韦弗小姐也不看好这本书。"我丝毫不关心你的安全双关语①批发厂的销量如何，"她吐露，"也对你刻意扭曲的语言系统中弥漫的黑暗和低智丝毫没有兴趣，在我看来，你在浪费你的天赋。"[5]当韦弗小姐坦露她的不满时，乔伊斯浪费了 5 年天赋了。"可能庞德是对的，"乔伊斯在 1927 年 2 月写道，"但我回不去了。"[6]他继续写作《芬尼根的守灵夜》长达 12 年之久。

乔伊斯被他自己的优点打败。专注和固执加深了他的孤立，他蔑视一切的自我主义已经衍化为自我沉溺，而他的写作失去了隐蔽和暴露之间的平衡。17 年中，他一直对《芬尼根的守灵夜》这部小说的名字保密，而他最喜欢的游戏是让人们猜小说名是什么——写作变成了伪装。他投入写作，意味着他生命中的每个人都成了他实现文学目标的工具，而这些工具到最后不幸地成了他扔不掉的拐杖。《尤利西斯》之后，乔伊斯完全依赖于韦弗小姐的赞助生活，审查的禁令没起丝毫作用。

---

① 原文为 Safety Pun。此外韦弗小姐也使用了双关语，即将 Safety pin（别针）改动了一个字母，来对应《芬尼根的守灵夜》中出现的大量双关语。

乔伊斯 1923 年的手术之后，韦弗小姐又捐助他一笔巨款，1.2 万英镑。[7]这时她的捐款累计达到 2.05 万英镑（相当于今天的 100 万英镑）。每年的税后利息有 850 英镑[8]（大约相当于今天的 3.8 万英镑）。但是这远远不够。1927 年，乔伊斯开始从委托人那里少量取款[9]，从而减少了他的利息所得，当大萧条袭击全国时，他取的钱更多了。

使乔伊斯成为一位优秀作家的特性也使他成为一个无情的人，而西尔维娅·比奇深受其害。她有写不完的信、付不完的账单、收不完的书、帮不完的医疗救助，还有提前几个月就要付的《尤利西斯》印刷费用。当罗斯的盗版事件开始时，乔伊斯认为比奇代表他组织一场声势浩大的全球抗议是远远不够的，他希望比奇亲自去美国阻止盗版。比奇优雅地承受着他的诸多要求。但是，当比奇正处在《双重世界》盗版事件的漩涡中，她出乎意料地收到了乔伊斯一张 200 英镑的账单，她的承受力
288 终于决堤了。她写信给乔伊斯："事实是，因为我对您有无穷无尽的喜爱和崇敬，您在我肩上也堆积了无穷无尽的任务。当您不在时，您对我说的每一句话都是命令，而我为您永不停歇的劳动所换来的回报，就是看着您作茧自缚、不停抱怨。"[10]他无情地派给她工作，好像在测试她到底能够承受多少。"这还是人吗？"

几个月后，1927 年 6 月，比奇的母亲因无视入店行窃的控告而在巴黎被捕，保释后，她服用了过量的洋地黄。比奇一生都在向父亲和姐妹们隐瞒母亲自杀的事实。她退出了控告罗斯的官司，开始从乔伊斯的事务中脱身出来。[11]

乔伊斯的生活四分五裂了。《芬尼根的守灵夜》之所以耗时如此之长，其中一个原因是，女儿生活中不断增加的麻烦消耗

了他太多的精力。1932 年，在乔伊斯 50 岁生日当天，露西亚向娜拉扔了一把椅子。[12]几个月后，露西亚与一个她不爱的男人订婚，在订婚仪式上（她那时爱上了从 1929 年开始拜访乔伊斯的塞缪尔·贝克特[13]），她变得神经紧张。[14]她被诊断为精神分裂症[15]，这拉开了她一生与精神病治疗机构打交道的序幕。乔伊斯坚称露西亚没有病，她那些神秘的语句能够通灵[16]，而且她是家族中更了不起的天才。“我拥有的所有灵感火花或是天赋都传给了露西亚，这激起了她脑子里的火。”[17]乔伊斯说露西亚在创造她自己的语言，并且他理解其中的绝大多数。乔伊斯的治疗方案是给她买貂皮大衣[18]，而这同露西亚医生的药方（其中一位医生建议她喝海水[19]）一样不起作用。在她 1922 年第二次住院治疗时，乔伊斯偷偷把她带了出去。[20]当他没能来探望露西亚时，露西亚给他传达讯息：“告诉他，我是一个字谜，如果他不介意看到一个字谜，他要来［见我］。”[21]当事实不可避免时，他责怪自己。

露西亚的病让乔伊斯和娜拉的关系紧张起来。她这几年更难接受他的过度行为和挥霍行为，他们之间的争吵变得非常激烈，娜拉甚至威胁要离开他。一个朋友记得在帮娜拉收拾东西时乔伊斯恳求娜拉不要离开的场景[22]，乔伊斯只是说他不能没有她。随 289
着越来越可能失去娜拉，乔伊斯对娜拉的依赖也越来越深。1928 年，娜拉因子宫癌住院，进行为期两周的放射治疗[23]，乔伊斯坚持待在隔壁的房间。[24]几个月后，当娜拉要进行子宫切除术时，乔伊斯在她的病床前支起一张床，以便在她恢复期间陪伴左右。[25]娜拉对疾病的忍受力比乔伊斯要强，乔伊斯在娜拉治疗期间写信给韦弗小姐，告诉她抢救室传来的护士喊叫声以及窗外呼啸的风暴声让他整夜不眠，刺激了他本已紧绷的神经。[26]

乔伊斯在四十六七岁时，看上去已经像一个老人了。他年轻单身时在都柏林为了装腔作势拿着的梣木手杖，变成了巴黎一位盲人的拐杖。陌生人会帮助他过马路，他在自己家闲转时会撞到家具[27]，娜拉得帮他给茶里加牛奶和糖。[28]过马路时，乔伊斯会紧紧地抓着她的手臂。[29]他无法在1931年拜访韦弗小姐，因为他觉得着色眼镜让他看上去是在故意掩饰自己所犯下的滔天罪行。他写信给韦弗小姐说："这些都是我罪有应得。"[30]

乔伊斯并不是在表演，而是在试图忏悔。人们不得不近距离审视他病痛的源头，然而源头是显而易见的，寄居在乔伊斯虹膜褶皱处的，是柔软的、不到一毫米宽的肉芽肿病变物，而寄生在病变物中的是苍白的螺旋状细菌，它们盘绕、突进他的虹膜的肌肉和纤维组织中，这种入侵乔伊斯眼睛的细菌被称为梅毒密螺旋体。詹姆斯·乔伊斯逐渐失明的原因是，他染上了梅毒。

这种导致梅毒的细菌所到之处皆被大肆破坏。最开始的病变出现在皮肤上，几周后得以治愈，但梅毒密螺旋体通过血液循环寻找宿主。这种细菌可以栖息于血管和骨骼、肌肉和神经中。[31]它可以入侵心脏、肝脏、脊髓或大脑。梅毒密螺旋体如此神通广
290 大，这意味着梅毒可以导致一系列问题，而这又取决于它寄生在哪个器官上。不像其他性病，梅毒可以引发各种疾病，从关节炎、黄疸到动脉瘤、癫痫。但让那些逛过妓院的人格外恐惧的，是被确诊患上一种难以察觉的病症，并且这种病症将导致"麻痹性痴呆"。梅毒细菌如果侵入中枢神经系统，可能引起精神病、妄想症和剧烈的情绪波动，并会造成瘫痪或半瘫痪。乔伊斯从小到大一直活在对梅毒后果的恐惧中，他在晚上会低

声对自己说“瘫痪”[32]这个词语，这个声音像鬼故事一样让人汗毛竖起。

梅毒和眼睛有着紧密联系。乔伊斯患有梅毒引起的多种疾病——结膜炎、巩膜炎、睑缘炎[34]，但梅毒引发的最常见和最具破坏力的眼疾是虹膜炎[35]。他的眼疾经常复发，主要是因为梅毒会在细菌生长和休眠的起伏中恶化。眼疾突然发作之后会消停一阵，但那个仁慈的健康期只是为新一轮的发作做准备。疾病的症状、持续时间和严重程度在每个人身上的表现极不相同——几乎可以肯定娜拉从乔伊斯那里染上了梅毒，但是她的病症非常轻微，可忽略不计。只有三分之一[36]的梅毒患者会承受所有三个阶段的病症，不幸的是，乔伊斯就是其中一员。他第一次有记录的虹膜炎发作是在1907年，那年他才25岁，在接下来的14年里，他又经历了12次发作。[37]到了20世纪20年代末期，他的双眼已经被20年来的传染病毁坏。

如今，梅毒可以被一剂盘尼西林治好，这种药物在1942年才应用到临床上，即乔伊斯去世一年后。在盘尼西林之前还有几种针对严重梅毒感染的药，然而它们对乔伊斯这样一个难对付的病人毫无用武之地。乔伊斯不遵医嘱，忽略医生约诊，而且他只找那些告诉他想要的答案的医生。博尔施医生从1922年治疗乔伊斯起，就竭尽全力安抚他[38]，为了让乔伊斯同意做1923年的括约肌切除术，博尔施医生告诉他这只是一个小手术[39]，尽管它本质上与虹膜切除术相同。

更大的问题是，乔伊斯拒绝服用当时唯一能够有效击退梅毒的撒尔佛散。[40]他有充分的理由拒绝，因为撒尔佛散实际上是改良版的砒霜——砷凡纳明——的商用名，本质上是一种低 291
剂量的毒药，一些患者因服用它而死亡，还有患者服用后耳聋或陷入昏迷。对于乔伊斯，撒尔佛散最大的威胁是其他问题：作为一个不愿意通过口述写作的作家，他不顾一切地保护他仅存的一点儿视力去继续工作。而博尔施医生有责任告诉他的病人，撒尔佛散的副作用之一是可能导致失明[41]：该药物有四十分之一的概率损伤视神经。在乔伊斯拒绝使用撒尔佛散后，博尔施医生不得不采取治标不治本的治疗方案，而乔伊斯的眼睛变得越来越糟糕。

到了 1928 年，博尔施医生已经无计可施。乔伊斯走进他的诊所，体重过轻到令人害怕：身高 5 英尺 10 英寸的他只有不到 125 磅。[42]①看到乔伊斯日渐消瘦、眼疾缠身、疲乏不堪，以及右肩上被他称为“大疖子”的东西[43]，博尔施医生急需撒尔佛散的代替物，即一种抵抗梅毒的治疗方案，这一方案可以减缓密螺旋体对病人身体的感染和破坏，并且不会危害视力。

他碰巧知道有一种叫作加利耳的不知名的法国药。[44]博尔施大概是想起了他在战争期间当法国军医的经历，法国军队分发了数千剂的加利尔给患有梅毒的士兵注射[45]，因为比起使用德国生产的撒尔佛散，用加利耳是一种爱国的表现。加利耳是砒霜的另一种改良物——它不是砷凡纳明而是砷磷纳明，是砷和磷的化合物[46]。砷和磷都是剧毒的，而作为化合物，砷磷纳明要比撒尔佛散的毒性小很多。博尔施医生越这样想，越意识到加利耳是治疗乔伊斯的不二之选，这种药还未出现过损坏视神经的迹象，而加利耳的副作用之一是一种幸运：它可以提高病人的食欲。[47]这将有助于乔伊斯增加必要的体重。

---

① 换算为厘米和千克计量单位即为乔伊斯身高 177.8 厘米、体重 56.82 千克。

因为加利耳的药性比撒尔佛散弱，医生推荐注射多剂加利耳[48]，所以在1928年9月和10月，乔伊斯走上了博尔施医生的诊所那通往痛苦的后楼梯，卷起了袖子。博尔施医生打开一个装有灰绿色粉末的玻璃安瓿[49]，掺入不到半克的加利耳，再加入碳酸钠和水，将这个混合物注射进乔伊斯的血管，每隔一天注射一次，连续三周。[50]结果毫无疗效。一战后，医生们 292
很少使用加利耳，因为这种药物根本没有效果。但它唯一的好处就是，乔伊斯在注射后食欲大开[51]——他开始吃太妃糖、奶油甜食和土耳其软糖。[52]不幸的是，他的梅毒继续横行。

肯定有一些人猜到了乔伊斯眼疾的成因。在盘尼西林出现之前，梅毒是复发型虹膜炎最常见的病源。[53]约翰·奎因和庞德有过怀疑[54]，但他们什么也没说。博尔施医生从未怀疑，因为他本就知道，一个没患梅毒的人在几十年内间歇性复发虹膜炎的概率又有多少？极小。[55]博尔施医生误诊梅毒的概率——在用检眼镜检查乔伊斯双眼时，看到一个梅毒病变而不知道它是什么的概率——又有多少？事实上绝无可能。几乎所有的梅毒病变都是独特的——它们的形态、所包含的物质、所产生的大量的分泌液以及在虹膜上的位置。博尔施医生完全知道该检查什么。

1928年，当博尔施医生为乔伊斯治疗梅毒时，他已经在巴黎行医20年了，而梅毒在巴黎十分常见（仅一家巴黎医院在1920年就治疗了一万例梅毒[56]）。除此之外，确诊梅毒根本不困难，尤其是对他这样的人来说。他获得了两个医学学位[57]——第二个学位来自巴黎医学院，其眼科专业被认为是世界一流的。即便最终博尔施医生还是不太确定，那他可以进行血清测试，虽然乔伊斯可能做过的任何检测的结果都已遗失。事实上，几乎所有乔伊斯的就诊记录，不是丢失了，就是被销毁了。[58]

乔伊斯和娜拉对此保密，但乔伊斯希望人们就像猜《芬尼根的守灵夜》的书名那样来发现真相。他向韦弗小姐和西尔维娅·比奇的抱怨（他详细描述各种病症，即将发生的失明、疖子、脓肿、云翳、疼痛，他还讲述了他第一次参观莎士比亚书店时所描述的眼病发作和手术）貌似是在恳求她们的同情——某种程度上他确实需要她们的帮助，毕竟同情可以确保被帮助——而乔伊斯的抱怨也是他散播线索的方式。

293 “我罪有应得”——这样说尽管有些夸张，却道出了实情。如果你对乔伊斯已经失去耐心，那听起来是耸人听闻，但他是在促使韦弗小姐将多年往来信件中的信息拼凑起来。当他告诉韦弗小姐他正在接受为期三周的砷和砒霜的注射，他又增加了一个暗示，毕竟加利耳是符合这个描述的唯一药物，而梅毒是加利耳唯一治疗的疾病。磷可能对她没有什么意义，但是对于那些对当前性病的治疗方法有大致了解的人来说，砒霜意味着一切。而韦弗小姐完全与这种知识隔绝。当乔伊斯透露他纷繁复杂的病症时，她却在《布莱克医学词典》上查询“青光眼”这个条目[59]，并且阅读关于酒精作用的小册子。

乔伊斯终于在 1930 年提到了这个词。“一位年轻的法国医生，”他写信给韦弗小姐，“说我的病症唯一可能的解释就是，它由先天性梅毒引发，可以治愈，他和我讲了最适合的治疗方案，但我已经忘记了。”[60]这是乔伊斯罕见的遗忘时刻。然后他说，博尔施医生的助手“强烈劝我接受这项治疗”，并且助理和医生“已经讨论过了病因的可能性，不过基于发病的性质、治疗的方法和眼睛的总体反应，博尔施医生断然排除了它”。

对于韦弗小姐来说，此刻不能随意略过，她的重要问题是：

医生到底讨论和排除的是什么治疗方案？或者，更加明确地阐释一下——我们来咬文嚼字一下——提及博尔施医生那句话中“它”的先行词是什么？医生完全排除的是诊断结果还是治疗方案——是“先天性梅毒”还是“治疗方案”？韦弗小姐可能已经排除了那个更沉重的选项，将它作为一个尴尬的误读，因为当乔伊斯吐露他无辜的诊断结果（他的梅毒是后天所得，不是先天性的——这在病理学上是完全不同的）时，他立即用一个笑话把之前的话推翻了，他在嘲讽法国人对梅毒的专注。

但这不是一个玩笑。乔伊斯躺过数不清的病床，有时候双
眼都蒙着绷带[61]，他不得不与他一生的记忆相抗争。他的一生 294
充满了疼痛，手术、药物、滴眼液、电疗和水蛭，那破坏他口腔的脓肿和肩上的疖子很有可能都是梅毒所致。1907 年，梅毒“废”了他的右手[62]，当时斯坦尼把盐混合在一种发臭的乳液中给哥哥擦洗身体，可能就是在治疗梅毒病变。乔伊斯没有感染上神经梅毒，但他接受的治疗和疾病的心理影响很有可能导致了他周期性的晕厥[63]、失眠以及“神经崩溃”。

经历这一切，乔伊斯一定想过：为什么是我？娜拉显然幸免了。也许他在都柏林和的里雅斯特实在是营养不良，导致梅毒可以轻而易举地统治他不断衰弱的身体，而他很可能是被夜市区的一个女人传染上了梅毒。乔伊斯知道他 1904 年染上了淋病。他可能同时染上了梅毒。在梅毒潜伏期早期，他可能把症状的消失误解成为已被治愈。那年夏天他遇到了娜拉，并在秋天和她一起离开爱尔兰，然而当症状重新出现甚至恶化时，现实已经自明。无论他何时感染上梅毒，当 1907 年他的疾病恶化时，真相清晰可见。乔伊斯倾向于把梅毒这样的疾病看作“性交坏运”[64]而不是上帝的审判，但是他在 20 世纪 30 年代

回首人生时，一定很难想象这几十年的痛苦和失明是由与一个错误妓女不幸的一夜造成的，也一定很难想象这样一名可以“洞悉所有事物的本质核心”的艺术家一辈子却要为细菌所困。甚至归因于上帝的审判似乎更加合情合理。

无论天主教对乔伊斯来说多么可憎，它有令人羡慕的解释能力。梅毒可能是上帝对他超出夜市区游览范畴的惩罚，也可能是对他拒绝娶娜拉的惩罚，对传染娜拉梅毒的惩罚，对他不可言说的性癖好的惩罚，对亵渎神灵的惩罚，对他奉异教徒为英雄的惩罚，对他拒绝在母亲临终前祷告的惩罚。乔伊斯顽固不化，终身拒绝忏悔，他不仅冒犯上帝，而且在《尤利西斯》中颂扬亵渎和淫秽，他所承受的惩罚和这种种行为是相符的。这数不尽的疼痛时刻，缓慢侵入的失明，本来至少应该有一些重大的道德意义。

295 但乔伊斯并不接受惩罚人类的上帝，而且拒绝承认可能的神灵的愤怒，这迫使他面对一个更是毁灭性的事实：他就是染病了。如果这种巨大的痛苦不属于宇宙道德秩序的一部分，那就是空洞的平庸。乔伊斯一生都在向无意义让步，让他的自我主义与细菌帝国相互妥协——或许对于顿悟来说，这一堂课太过深刻。虽然他永远不会接受一个愤怒的上帝，但他也不会完全失去上帝。在某种程度上，斯蒂芬·迪达勒斯和利奥波尔德·布卢姆身上的缺陷和丑陋的真相是荒诞形式掩盖下的个人忏悔，他们表达自己的悔悟，希冀得到赦免。定义了乔伊斯写作生涯的个人主义从来没有逃脱天主教的阴影，天主教是他心目中最僵化、等级分化最严重的权力组织。在多年写作《尤利西斯》后，乔伊斯在出版前几天匆匆发电报告诉达郎季埃的那个词语是：“赎罪”。

# 25 搜查与没收

美国宪法第一修正案不能保护《尤利西斯》，也不能保护任何美国政府在此之前已经烧毁的书。在进入20世纪之前，被美国人视为民主基石的言论自由从任何意义上说都不是真正的自由。当《权利法案》（Bill of Rights）通过时，第一修正案被认为是在保护公民不受“事前限制”——它禁止联邦政府在出版物正式出版之前进行任何干预。政府有权制止任何具有“不良倾向”的语句在民众中传播，并且，如果一个容易惹事的想法（包括事实陈述[1]）被出版或公开谈论，就可以宣布为违法。即使该言论并不招惹麻烦，像纽约和俄亥俄这样的州也会禁止它，因为法官相信第一修正案仅适用于联邦政府。直到1925年[2]，“宪法保障言论自由，并且该权利不受联邦和各州政府的干预”这一概念才开始发展起来。 296

为了回应《反间谍法》，第一修正案开始转变。在1919年最高法院对反战宣传册的两个决议中，奥利弗·温德尔·霍姆斯大法官间接扩大了第一修正案的范围：他将不受保护的言论范围从模糊的“具有坏倾向”[3]的言论明确为对公众产生“显而易见的当下危险”[4]的言论。霍姆斯在

“艾布拉姆斯诉美国案”① 中提出异议，这是他一个更加有力的决定。

297 > 当人们意识到时代已经颠覆了许多人为之奋斗的信仰，人们可能会开始相信那些超越他们自认为是行为准则的信念，即所追求的至善可以通过思想的自由交易而更容易获得——检验真理的最佳途径，就是让思想的力量在市场竞争中被接受，只有在真理这个唯一的根基上，人们的愿望才能被安全实现。[5]

言论自由是宪法赋予的自由，因为它创造了发现真理的条件——一个自由的思想市场，但霍姆斯并不认为这个市场包括所有的想法。第一修正案所关心的思想交流是明显涉及社会至善的政治言论。社会动乱动摇了奋斗信念，而言论自由是在该时期寻找稳定的最佳途径，然而言论自由本身并不是一个奋斗信念，而是一种应对政治疑虑的方法。引用第一修正案来捍卫一本像《尤利西斯》这样的小说——即使不是淫秽小说——似乎很荒谬。

在少数认为《尤利西斯》可以在美国合法化的人中，有一位名为莫里斯·厄恩斯特的民权律师。不过，在没有第一修正案的帮助下，厄恩斯特认为，他需要做的远远不只是说服联邦

① 1918年，以雅各布斯·艾布拉姆斯（Jacobs Abrams）为首的4名俄裔犹太人因印刷并散发反战传单、公开指责美国政府向俄国派军以及阻止俄国革命活动而被判罪。被告对判决结果提起上诉，美国最高法院支持原判，而法官霍姆斯明确提出异议，认为所发传单的广泛性和严重性并未对美国造成实质性影响，而法律应该尽可能缩小其监管范围，以维持自由的思想市场。

政府《尤利西斯》在思想市场中有一定的价值，他还必须使政府宣布《尤利西斯》是一部经典之作。

厄恩斯特是一个捷克犹太人，他移民到美国时脖子上挂着一个牌子——某个亲戚的地址。[6]厄恩斯特家族的命运跌宕起伏。[7]19 世纪 90 年代，莫里斯在纽约下东区度过了他的部分童年时光，那个年代正是该区最狂野彪悍的时期。后来他们全家搬到了哈勒姆地区，之后去了上东区。在家族繁荣的那几年中，厄恩斯特就读于贺拉斯·曼中学，为考大学做准备，在申请哈佛大学失败后（他一直留着拒绝信以激发灵感[8]），他进入了威廉姆斯学院。毕业后，他一时兴起，一边在纽约法学院上夜校，一边卖家具以维持收支平衡。同样是一时兴起，厄恩斯特和两个朋友创办了一家小型法律事务所，这种伙伴关系持续了几十年。

相较于书本，厄恩斯特更信赖直觉。其他合作伙伴主要做 298
法律研究，而厄恩斯特是个出色的律师，他行动敏捷、口才极佳，并且受理想主义驱动。布兰代斯（Brandeis）法官将他在最高法院的台灯留给了厄恩斯特[9]，厄恩斯特在灯下工作时，就会想象台灯在对他说话。20 世纪 20 年代，他成为美国民权同盟的共同法律顾问，并无偿接手民权相关案件。当厄恩斯特收到加入美国律师协会的邀请信时[10]，他想知道他们是否认可非裔美国律师，该协会回信了，为他们没有意识到厄恩斯特先生是个黑人表示道歉。

厄恩斯特混乱的成长岁月塑造了他的法律哲学，他认为在霍姆斯的自由市场中，人和思想的任意混合是一个国家最宝贵的财产。[11]霍姆斯认为自由言论是稳定的来源，而厄恩斯特将其视为一种保持文化生机的方式。厄恩斯特认为，审查制度是当权者的一种策略，用来压制伴随民主而来的动荡[12]，纽约正风协会这样的组织正是他们使用的道德工具。道德家坚信社会将永久处于崩溃的边缘，而权力掮客从现状中获得利益，当他们联手时，审查就出现了。

为书籍的自由而战，也就是为激发美国大革命的自治原则而战。对于厄恩斯特来说，政治观念和性观念之间并不存在严格的区分——焚书行动给整个文化界带来寒意。他写道，审查制度对“个人思想的潜意识有着普遍的影响”。[13]它改变了美国对待科学、公共健康、心理学和历史的方式。厄恩斯特认为，只有一个眼界狭窄的维多利亚人，才会认为罗马帝国是因为其道德堕落而衰落的。

审查制度最糟糕的部分是令人抓狂的独裁。流传多年的书可能会在没有任何预警的情况下被禁。海关工作人员放行一本书，可能只是为了邮政部能够发出禁令。法官或陪审团可以在某天宣判一本书合法，而另外一天宣布其违法，法律文本本身会引发困惑。纽约州法令中描述违法文学的词语，被厄恩斯特称为“6个致命的形容词”[14]：淫秽（obscene）、猥亵（lewd）、淫荡（lascivious）、肮脏（filthy）、下流（indecent）、
299 恶心（disgusting）。国会在修订法律时会成倍增加形容词，这是为了掩饰既有名称意义的飘忽不定。“下流”和“淫荡”之间的区别是什么呢？如果一个法官发现认定为“猥亵”略显勉强，检察官会辩解说这很“恶心”——每一个形容词都是主观的。不可预知的标准扩大了反淫秽法的权力，而这种权力远远超过了法律被执行的程度，因为它让那些不愿冒被起诉风险的作家和出版社稳稳地站在不会引起争议的安全范围内。思想市场这一观念在不确定性的暴政下被彻底粉碎。

厄恩斯特对抗暴政的开端，是为节育倡导者辩护。1928年，厄恩斯特为玛丽·韦尔·丹尼特（Mary Ware Dennett）所著的教学手册《生活中的性》（*The Sex Side of Life*）一书辩护。[15]这本书在全国有着极大的需求量，丹尼特收到了学校、公共卫生部门以及基督教青年会的订单。1926年，邮政部依据《康斯托克法案》查禁了《生活中的性》一书，而这本书在此之前已经流通了近10年。丹尼特怀疑这是对她公开批判邮政权威的报复，她找到了美国公民自由协会的联合总顾问亚瑟·加菲尔德·海斯（Arthur Garfield Hays），请求他进行干预。海斯急于扩大司法机关对宪法第一修正案的审读，但是一战时期的判决明确显示，法院是不会驳回邮政部的禁令的。

两年后，美国公民自由协会唯一一名愿为“非政治”言论而战的成员无偿接手了丹尼特的案子。莫里斯·厄恩斯特想让人们将玛丽·韦尔·丹尼特看成被审查人员欺凌的对象，而政府使他的工作更容易。厄恩斯特接手案件不久，一个邮局检查员给丹尼特寄了一封诱捕信，索求一本《生活中的性》。而这本书通过邮政系统刚一抵达，政府就起诉她犯有猥亵罪。丹尼特在联邦法庭被定罪，追随她的民众对此强烈抗议。厄恩斯特在1930年上诉成功，那时，公众意识已经被完全唤醒，美国公民自由协会为保护自由言论开辟了新战线，而莫里斯·厄恩斯特是这一战线的领袖。

第二年，厄恩斯特在两起联邦猥亵罪案件中获胜，辩护对象是玛丽·斯托普斯（Marie Stopes）博士的两本著作，一本
是婚姻援助手册《婚姻之爱》，一本是医生手册《避孕法》 300
（*Contraception*）。他运气非常好，唯一的问题是没有赢得宪法规定的自由。每当厄恩斯特声称第一修正案保护个人流通与性相关的材料的权利时，法官就会直截了当地否定他的观点。[16]

关于怀孕和生殖系统的书与第一修正案无关，厄恩斯特对宪法的辩论还间接破坏了联邦和各州的《康斯托克法案》，而这个法案在禁书后的几十年来已然神圣不可侵犯。

因此，厄恩斯特不得不以另一种方式开拓思想市场。相较于扩大第一修正案的范围，他通过削弱“淫秽”一词的法律意义来对抗审查制度。这些早期的胜利虽然不多，但很重要，因为它们确认了一点：国家开始认为性教育并不淫秽。厄恩斯特一点一点地削弱国家的审查制度，但是他真正想要的，是一招制胜的大手笔。

1931 年 8 月，在赢得《避孕法》一案仅仅几周后，厄恩斯特找到了机会。亚历山大·林迪（Alexander Lindey）在厄恩斯特的法律事务所工作，当时他听说乔伊斯正在寻找《尤利西斯》的美国出版商，于是他联络到了西尔维娅·比奇的姐姐霍莉。[17]厄恩斯特和林迪找到了好时机，当时乔伊斯急需钱，西尔维娅则听到传闻说塞缪尔·罗斯即将出售另一个版本的《尤利西斯》，并且这次将发行两万本。未经授权的书将会淹没市场，一想到收入会被盗版商窃取，就让人大为恼火。[18]

然而，尽管《尤利西斯》在《小评论》案件的 10 年后仍然违法，但几家美国出版商愿意在法庭上捍卫这本书，莫里斯·厄恩斯特的公司也渴望参与其中。林迪写信给厄恩斯特：“这将是法律史和文学史上最伟大的猥亵案，为了开展这个案件，我已做好了准备，愿意为它做任何事情。”[19]

然而，展开这一案件并不容易。厄恩斯特不愿无偿接手，
301 而愿意支付诉讼费用的出版商发现，阻碍这件事的人，竟然是
西尔维娅·比奇。1930 年，乔伊斯将《尤利西斯》的全球版权

给了比奇，这样他就不用支付塞缪尔·罗斯盗版事件相关的法律费用。[20]然而，当出版商开始追逐《尤利西斯》时，他们却毫无顾虑地忽视了她的合同。[21]他们报价时将西尔维娅·比奇视为乔伊斯的“代表”而不是《尤利西斯》的所有者和出版商，而且没有人提出要付版权费。

比奇变得愤愤不平，在询问过海明威的意见后[22]，她的回应也夹杂着他的傲慢。她要让乔伊斯得到20%的版税以及5000美元的预付款[23]，对于《尤利西斯》的版权，比奇要求支付2.5万美元，她说：“以《尤利西斯》对我的意义而言，这是一个保守的估算。”[24]这十分荒谬。即便是一本未曾出版过的书，出版商也无法支付一半金额，更别提这本书已经流传近10年，官司缠身，犹如噩梦。柯蒂斯·布朗公司是其中最认真报价竞标的出版社，它将版税还价到10%——如果乔伊斯写一篇前言则增加到15%。[25]它提出预付1000美元而不是5000美元。然而，它完全忽略了西尔维娅·比奇所要的版权费用。

众人一听说比奇提出的条件，就不敢再报价了。1931年10月，厄恩斯特见到了最有可能的出版商——本·许布希，他愿意推进这一官司。厄恩斯特坚持要求1000美元的预聘费[26]，并警告许布希，如果这个案子诉讼至最高法院，那么诉讼费用可能会高达8000美元。到了12月，当许布希非常确信西尔维娅·比奇对她所提条件坚决不让步时，他放弃了《尤利西斯》。[27]美国各出版商都没再讨价还价，他们拒绝支付给比奇一分钱，乔伊斯发现自己被自己要求的合约困住了。

然而，还有最后一个出版商愿意踏入泥潭：兰登书屋。许布希一撤，贝内特·瑟夫就联系厄恩斯特讨论可能的诉讼案件。瑟夫认为，如果他能第一个出版美国合法版的《尤利西斯》，这会是兰登书屋的一大成功——如他所说，这将是他们“第一本真正重要的商业出版物”[28]。自从政府开始焚烧从巴黎运来的《尤利西斯》，关于《尤利西斯》的争论就从未停止过。乔伊斯的书具有瑟夫想拥有的一切：能保证获得商业成
302 功，还具备极高的文学造诣。广泛宣传的审判和制造头条的图书不仅能刺激销量，还能提升兰登书屋的品牌，帮助这个开业6年的公司在业界巩固地位。

莎士比亚书店是唯一的问题。贝内特·瑟夫写信给厄恩斯特：“如果西尔维娅·比奇坚持她荒谬的要求，我不知道我们能做些什么。”[29]瑟夫可能会支付给她微薄的费用当作版权费，但他从交涉数月的许布希那里听到数额后，得出的结论是，和她打交道是不可能的。所以他从未尝试。

结果变为：瑟夫根本不必尝试。本·许布希的退出让乔伊斯由绝望转为愤慨，他想让比奇拿到钱，但她过分的要求使他的书成为出版界性别歧视的牺牲品。花了6个月去等待事情有所转机后，乔伊斯觉得他有正当理由收回这本书，但他不能自己去做。乔伊斯在都柏林的老朋友帕德里克·科勒姆（Padraic Colum）开始频繁造访莎士比亚书店，并劝说比奇小姐放弃版权。她在回忆录中重述了谈话细节。

“你对《尤利西斯》有什么权利？”他问。[30]

“但是我们的合同呢？”她问，“那是虚构的吗？”[31]

“那不是合同。你的合同，它不存在。”

她告诉他合同肯定存在。

科勒姆最后告诉她：“你挡住了乔伊斯的利益。”

她做了10年的奉献，但这一指控让她无言以对。当科勒姆

走出书店时，她拿起电话打给乔伊斯[32]，告诉他可以如其所愿，自由处理他的蓝色大书。她放弃了对它的所有权利。西尔维娅·比奇退出《尤利西斯》的方式和她进入的方式相同：迅速、非正式、服从乔伊斯含糊其词的要求。

1932年3月，兰登书屋和乔伊斯签署合约[33]，乔伊斯将获得1000美元的预付款和15%的版税。那时，对《尤利西斯》的未来十分关键的是，该书的继任出版商与其律师之间的关系。在某些方面上，贝内特·瑟夫和莫里斯·厄恩斯 303
特的关系非常自然，他们都是雄心勃勃的冒险家，也都明白宣传的重要性。然而，他们的关系也有些紧张。厄恩斯特怀疑瑟夫对他暗藏敌对态度[34]，可能是因为他的提议有点太过精明。为了打消瑟夫对淫秽官司成本的疑虑，厄恩斯特提出，如果兰登书屋给他版税，他愿意免费为《尤利西斯》辩护，他想要全部销售5%的版税以及2%的再版销售版税。[35]这对于他们双方都是一场赌博：如果失败，厄恩斯特会损失惨重；如果成功，兰登书屋将损失惨重。他们谈成了这笔交易。

厄恩斯特做好了准备工作。在他挑战政府权威之前，联邦政府必须没收一本《尤利西斯》。尽管他最近胜果连连，但时间似乎加固了《康斯托克法案》——最高法院反复肯定政府有权[36]控制通过邮政系统跨州流通的材料。针对《尤利西斯》的禁令已经超过10年，任何与它有些许相似的书都未曾获得邮政部的解禁。

所以厄恩斯特决定不去挑战《康斯托克法案》。兰登书屋与其在美国境内邮寄《尤利西斯》，不如简单地去做乔伊斯的读者从1922年就开始做的事情：他们可以通过从其他国家进口《尤利西斯》来违反联邦法律。他们不碰触《康斯托克法案》，而是违反禁止进口淫秽物的《关税法案》。[37]瑟夫和克洛普弗不必承担自己出版《尤利西斯》继而被焚书的危险，他们需要做的只是从巴黎进口一本《尤利西斯》，等待政府没收它。他们的目标是使这本书被联邦法庭批准合法，而1本和1000本有相同的作用，同样可以测试其合法性。

违反《关税法案》这个战略缓解了几个问题，其中最重要的是，兰登书屋没有人会进监狱。这项法律规定对物诉讼，这意味着被审判的是这本书，而不是进口书的人。这也存在法
304 律优势。《康斯托克法案》禁止任何“淫秽、猥亵、淫荡、肮脏、下流、恶心”的事物，而《关税法案》只禁止“淫秽”材料。厄恩斯特不用对付6个致命的形容词，而只需要抵抗1个。

然而，这个计划实为孤注一掷。即使《尤利西斯》依据《关税法案》合法，邮局仍然可以依照《康斯托克法案》对它进行起诉，政府可以依据两种不同的法律起诉同一本书，这种情况已经存在相当长的时间了。厄恩斯特是在打赌：一个法院将《尤利西斯》合法化的裁定将使乔伊斯的书免于联邦和各州的淫秽罪名。胜诉是不够的，他们要赢得漂亮。

厄恩斯特论点的基石是：《尤利西斯》是“现代经典”，而经典不会是淫秽的。[38]厄恩斯特不准备去为猥亵的片段辩护，而想去改变辩论的条件——他要将对淫秽的审判转变为对文学价值的审判。但要做到这一点，就必须让法庭同意将文学评论家的意见作为证据，而这几乎是不可能的。美国法院一直

以来的共识是：书的文学价值和其淫秽与否无关。书在法庭上应该被独立看待，如同在市场上一样。

厄恩斯特认为一本书的价值判断不能离开专家的意见，但法院不会听取，厄恩斯特为此付出过惨痛代价。1927 年他第一次辩护淫秽案件时，法官禁止他传唤所有为被告图书辩护的证人。厄恩斯特只被允许念出那些原本可以当场辩护的人的名字，他败诉了。第二年他又试验了一次，在为《生活中的性》辩护时[39]，他找到了十几位教授和社会工作者作证。法官再一次驳回了所有的人。[40]

在某一时刻他突然想到：为什么不把文学评论放进那本书呢？如果赞美的评论与政府没收的那本《尤利西斯》无法分开的话，那么它就可以成为兰登书屋的海关没收行为争议案当庭证物的一部分。即使法官没有读这些意见，厄恩斯特也可以将它们作为辩论的基础，而不是让它们被彻底排斥。他可以在案件开始前认真设计评论内容，贝内特·瑟夫将详尽的指示传 305
达给乔伊斯在巴黎的助理保罗·莱昂（Paul Léon）[41]：购买一本最新版的《尤利西斯》，找到知名评论家们对这本书的赞美之词，并将这些评论粘在这本书的封面内页上。

载着违法书《尤利西斯》的“不来梅”号轮船将于 1932 年 5 月 3 日抵达[42]，在书抵达前一天，厄恩斯特的事务所给纽约市海关大楼寄去了一封警告信[43]，通知他们一个违法的包裹将从法国抵达纽约。他们应该仔细检查包裹，来决定包裹内容是否违反《关税法案》。然而，一封信也许并不够，瑟夫担心，如果《尤利西斯》无法在两周内被没收，案件就无法在夏天来临之前立案，那么他们又要浪费一个出版季了。在“不来梅”号预计抵达纽约港码头的前一天，亚历山大·林迪给海关法律部的汉德勒（Handler）先生打电话[44]，明确告诉他们“不来梅”号有什么违法物。汉德勒感谢他提供信息，并且向他保证，工作人员会严加防范。

但“不来梅”号非常庞大，所有的乘客都一起下船，瑟夫在回忆录中描述，海关工作人员工作量过大，根本无心检查。他们只想尽快打发掉包裹和乘客，在眼前所有的包裹——旅行箱、手提箱、手提袋——上盖章，向愉快的旅客说“快走，快走”。[45]像那天绝大部分包裹一样，《尤利西斯》通过了海关并安全抵达第57大街的兰登书屋。[46]

当厄恩斯特从瑟夫那里得知这个消息时，他勃然大怒。他们已经计划了好几个月，故意用《尤利西斯》设计，让它因违反《关税法案》而登上联邦法庭。所以，厄恩斯特带着未拆开的包裹返回纽约海关大楼。[47]他在走向港口的路上不知所措，汉德勒怎能允许这种事情发生？而且究竟怎样才能让海关工作人员搜查财物呢？

厄恩斯特走向一个工作人员，坚持要求相关官员检查他的包裹。检查员没有听清他说了什么，厄恩斯特提高声音：“我想这里面有违禁品，我坚持认为你们应该搜查它。”[48]

好吧，这是一个新情况。包裹上清晰地标记着它来自前几天抵达的“不来梅”号。[49]检查员瞥了一眼站在一旁等待他打开包裹的厄恩斯特。

306 “啊哈！”厄恩斯特欢呼道，想象着美国的齿轮现在开始转动了。乔伊斯的《尤利西斯》！感谢上帝，我们检查到它了！然而海关检查员不为所动。

“啊，拜托，每个人都带它入境，我们不管它了。”

厄恩斯特有些歇斯底里：“我要求你们没收这本书！”

这有点过分了。检查员示意他的主管过来："这家伙要我没收这本书。"主管扫了一眼这个不停流汗的穿着微皱西装的男人，又低头瞥了一眼那本有问题的书，它因为夹着的纸张鼓了起来。[50]有一些英语、法语和德语的宣传册和文章，还有传单以及国际反罗斯盗版的抗议信，信上有一排排的签名。纸张被唐突的折叠起来或者从侧边戳了出来，层层的苏格兰胶带把这些纸张紧密地贴在封面及封底的内页，像一本匆匆做好的假期剪贴簿。检查员决定没收这个人的书、纸张及所有一切。

贝内特·瑟夫和莫里斯·厄恩斯特得到了他们的联邦法院案件。

几天后，这本被没收的书出现在海关助理征收员的书桌上，他知道自己并不想读这本书，幸运的是，他也不必去读。他翻阅财政部记录查找相关资料时发现，1928 年明尼阿波利斯市海关官员查获了一批货，共有 43 本书，包括《女人之恶》（*The Vice of Women*）、《阿佛洛狄忒》和 7 本乔伊斯的《尤利西斯》，海关法院的裁决毫不含糊："只需随意浏览图书，就可以找到足够的证据支撑我们的判断，这本书充斥着来自最腐败、最恶劣人物的淫秽内容。"[51]征收员已经做了决定，他将按照规定把这本淫秽书寄送到纽约南区地方检察官处，这样联邦政府就可以根据 1930 年《关税法案》第 305 条 a 款对这本书展开"没收、充公和销毁"[52]工作。一旦被认定是淫秽物，法律规定，"该物应被责令销毁，并即刻销毁"。

山姆·科尔曼（Sam Coleman）也不急于读这本书。他是纽约南区的首席助理检察官。科尔曼天资聪颖、性情平和，时 307

年 38 岁，是检察院最年轻的检察官。他有权决定政府是审理乔伊斯《尤利西斯》一案，还是一并撤销相关上诉。一个月后，科尔曼读了不到一半的《尤利西斯》[53]，他告诉厄恩斯特和林迪，他读这本书比较困难，他们二人给他寄来了一些学术书帮助他理解[54]，但科尔曼喜欢亲自探索《尤利西斯》，近 6 个星期后，他读到了最后一章。

> 他们什么都要用嘴这些男人从一个女人身上所获得的全部快乐我到现在都能感觉到他的嘴巴呢主啊我必须伸展一下身子了我恨不得他在这儿才好呢或是别的什么人也行好让我痛快一场再像那样来一次我感到身子里面净是火要不然能梦见也行那是他使我第二次来的时候他还用手指把我后背弄得痒痒的我把腿盘在他身上来了差不多五分钟完了之后我不能不紧搂着他主啊我只想喊出各种各样的话来操啊他妈的啊什么都行只要不露丑象就行要不那些用力过度的纹路谁知道他会有什么看法你对一个男人得找对路子才行他们并不是人人都像他一样感谢天主他们有的人要你在这中间斯斯文文的我注意到了多么不同他就是只干不说话我让我的眼睛放出了那种神情我的头发已经翻滚得有些散乱我的舌头含在两唇中间向他伸过去这头凶猛的野兽星期四星期五一天星期六两天星期日三天唷主啊我等那星期一都等不及了[55]

莫莉·布卢姆有外遇。科尔曼打电话告诉林迪，他认为《尤利西斯》是一本“文学杰作”[56]。他把这本书传给办公室其他同事，并且开玩笑说，这是“我的同事可以获得文学教育的唯一方式”[57]。他同时也下了结论，依照联邦法律，《尤利西斯》确实淫秽。但鉴于这本书在文学上的重要性，他认为这场诉讼事关重大，他无法独自做出决定，他希望他的上司——美国地方检察官乔治·梅达利（George Medalie）做出最后的决定。[58]

当时梅达利正在准备由共和党提名参选纽约州的总统候选人。[59]他通过追捕骗子和走私者在选民中赢得声誉。然而，在大选前对一本著名的书的淫秽部分提出诉讼，这是一个困难的 308
任务，厄恩斯特的参与使他更加谨慎。一年前，厄恩斯特为斯托普斯博士的《避孕法》辩护，这使梅达利的部门看起来像傻瓜。[60]梅达利急于避免再一次的尴尬，所以决定将案件拖到选举之后。兰登书屋一直在发调查问卷，并且已经从图书馆、书店、作家、记者和教授那里收集了数百份关于《尤利西斯》的优点的意见。梅达利声称他要在看完所有材料后才能做出决定[61]，到了11月中旬，全国压倒性地支持民主党，致使参议员梅达利竞选失败。地方检察官办公室通知厄恩斯特，美国政府要把《尤利西斯》告上法庭。[62]梅达利同意山姆·科尔曼的意见：《尤利西斯》非常重要，但无论如何政府还是要起诉它。

瑟夫希望审判能尽快开始[63]，他发出900份问卷收集公众对《尤利西斯》的看法，而邮寄调查问卷给图书馆和书店又顺便向公众进行了宣传。兰登书屋涌进了大量信件询问出版日期[64]，甚至电影工作室也兴奋起来——华纳兄弟联系了乔伊斯，想要获取《尤利西斯》的电影拍摄版权[65]。这正是瑟夫希望达到的效果。早在5月份，被没收的那本《尤利西斯》尚且还在“不来梅”号上航行时，瑟夫就预计会在这年夏天带着他们的版本去印刷[66]，但到了1932年11月，他们仍然没有得到准确的开庭日期。厄恩斯特的预计不确定到令人沮丧，他说，这个案子可能在“现在到 3 月之间”[67]开庭。瑟夫警告厄恩斯特，届时公众的兴趣会降低。[68]

但是如果他们没能胜诉，就会一本书都卖不出去。厄恩斯特不想催促地方检查官，因为当下山姆·科尔曼是同情他们的，他想保持下去。如果厄恩斯特敦促他们尽早审判，科尔曼可能会坚持行使政府权力[69]，将《尤利西斯》整章整章地读给陪审团，而厄恩斯特不想让陪审团读《尤利西斯》的任何一部分。事实上，他根本不需要陪审团。根据他的经验，陪审团会鼓励、激发人们表现出纯洁的一面。[70]一个在街上随意使用脏字的人在 12 个陌生人面前，也会装出被冒犯的样子。其
309 他人的感受将彻底影响陪审团对淫秽的看法，因为陪审员们被要求依据一本书对普通人而不是对自己的影响进行评判。他们只能去想象这本书对一个假想出来的人的影响，而假想出的人总会比他们自己更容易走向堕落。

厄恩斯特希望法官来决定这起案件，他决心要找到一个对他有利的法官。寻找完美的法官导致了长达数月的延迟，他们在纽约南区法院不断调整的日程表上，尽量避开怀有敌意的法官。邦迪（Bondy）法官太保守，卡菲（Caffey）法官也不合适。对此案不利的法官负责整个 1 月和 2 月的案件，厄恩斯特愿意等待一个对他有利的法官——也许是帕特森（Patterson）法官或诺克斯（Knox）法官。

但厄恩斯特真正想要等的是伍尔西法官，过往记录显示他裁决淫秽案件时开明宽大，事实上，正是伍尔西法官让斯托普斯博士的《婚姻之爱》和《避孕法》合法化。在第一项裁决下达后，渴望结交朋友的厄恩斯特送给伍尔西法官一本他自己的有关反淫秽法的签名书[71]——那是一本伪装成礼物的简报拼贴

成的书，即便法官读了它，也不能完全被说服。伍尔西断然拒绝了厄恩斯特对第一修正案的辩护——两次——但是他是一个有文化素养的人，一个读者，一个珍爱文学、热爱文字的人。当他在《婚姻之爱》一案中斟酌“淫秽”一词的含义时，厄恩斯特注意到他压根不屑参阅希克林准则，而是直接去查《牛津英语词典》。[72]

然而，审判的日程表并不配合。1933 年 3 月，地方检察官办公室通知厄恩斯特，伍尔西和诺克斯“这几个月都排不上”[73]。负责 4 月和 5 月案件的法官对形势都不太有利。[74] 5 月末，考克斯（Coxe）法官出于某些未指明的“技术原因”[75]而拒绝听取这个案件。几个月一直停留的坏运气需要的不仅是耐心，还有山姆·科尔曼的合作。这不是他们第一次在法庭上会面[76]，在厄恩斯特辩护斯托普斯《婚姻之爱》的续集《激情永恒》（*Enduring Passion*）时，正是科尔曼代表政府的立场，并且他似乎对厄恩斯特的胜利很满意。到了 1933 年，科尔曼和厄恩斯特几乎成了朋友，而厄恩斯特即将测试他们这份友谊。

6 月上旬的一天，科尔曼碰巧看到了《纽约时报》的头条——“《尤利西斯》的禁令之战即将再次打响”。它重述了 310
一遍此案的基本信息，提及了兰登书屋和贝内特·瑟夫——这都是兰登书屋在审判之前装扮成新闻的宣传材料，也都在科尔曼的预料之内。但是深入文章内部，科尔曼发现了这则新闻的真正价值所在：“昨日获悉，［瑟夫］已赢得了初步的胜利，一本《尤利西斯》被批准入境。这是 1930 年《关税法案》的特例。”[77]

科尔曼狂怒。该法律包含一项规定：如果财政部承认一本禁书是文学经典，那么这本书就可以获准入境。《关税法案》

对经典著作的豁免是厄恩斯特专注《尤利西斯》文学价值的部分原因，厄恩斯特确信，从文学角度对《尤利西斯》的赞美在淫秽案件审理中具有一定作用，因为最新修订的《关税法案》中有相关规定。而厄恩斯特是如何知道最新修订的《关税法案》的呢？因为这是厄恩斯特自己撰写的。[78]

2月[79]，厄恩斯特和林迪将第二本《尤利西斯》运到纽约，请求财政部部长依据豁免条例允许入境。“我们已经认识到，可以有古代经典，也可以有现代经典，而如果当今有任何一本用任何语言写就的书可以配得上‘现代经典’这个称号，那就是《尤利西斯》。”[80]财政部部长同意了，而这又给挤满封面内页的好评添上了政府的声音。科尔曼觉得自己中了埋伏[81]，厄恩斯特和林迪背着他私自请愿，而他的办公室花了几个月的时间帮助被告团队拖延时间，躲过一个又一个法官，厄恩斯特又让地方检察官办公室的人看起来像傻瓜了。

三天后，科尔曼的办公室打电话到厄恩斯特的办公室[82]，说他想再次延期到6月底，并且对延期原因刻意回避。厄恩斯特和林迪发现届时将由科尔曼法官（和山姆没有什么关系）负责案件，但他们都不知道他是谁；谁去听了初步议案，谁就负责该案件。他们四处打听后发现，科尔曼法官是一个“严苛的天主教徒”[83]，可能也是对辩护小组成员来说最不利的法官。

当林迪向联邦法院报告时，他发现不耐烦的科尔曼法官正在等待听取一个已经在审判日程上晃来晃去好几个月的案件的
311 初步议案[84]，并且还断然拒绝休庭两周的请求。科尔曼解释说考克斯法官将在那时主持，然而在考克斯法官两个月前出于“技术原因”拒绝该案件后，他特意告诉其他法官，他不想接手《尤利西斯》案。地方检察官办公室礼貌地建议推后一周，然

而届时主持的法官也不想接手，帕特森法官将负责那一周的案件，这个案件将是他的负担——帕特森刚刚治好肺炎，他的一个孩子病得很厉害。所以科尔曼法官亲自将这个案件推迟到下一个空日，8月22日。[85]林迪问届时谁将主持案件。伍尔西法官。

延期8个月后，莫里斯·厄恩斯特终于等到了他想要的法官。政府同意其放弃陪审团，因此政府控告《尤利西斯》在美国合法性一案，将直接根据在法官面前的论述裁定，伍尔西将自己决定《尤利西斯》的命运。

随着另一个关键时刻的到来，又到了寻找预兆的时候。西尔维娅·比奇最近听说，教皇无意中祝福了一本藏在祈祷书下的《尤利西斯》。[86]不清楚这是吉兆还是凶兆。兰登书屋背运不断。瑟夫和克洛普弗听到传言说，第5大道上"一个臭名昭著的盗版商"[87]即将利用审判所带来的宣传效果，制作快速又廉价的版本，此版本在《尤利西斯》合法化当天就将出现在市面上，甚至比那更早。瑟夫问厄恩斯特："我们能否给他写封信，恐吓要用禁令处置他，并且所有的盗版《尤利西斯》一出印刷厂就会被我们没收?"[88]若是说盗版的威胁还不足以令人不安的话，兰登书屋开始收到可疑信件。

先生们：

请把你们的书单（例如《十日谈》这样的）用私人封面装订寄给我，并将你们出版的其他淫秽书一并寄来。我对你们最精彩、最淫秽的那本书感兴趣，麻烦用私人封面寄过来。

克劳德·J. 布莱克[89]

敬上

312 这封信就像低劣版的康斯托克诱捕信，因为太像淫秽侦缉的陷阱，所以实际上它不可能会是淫秽诱饵。这是在开玩笑吗？还是法律陷阱？回应布莱克先生的清单要求等于承认兰登书屋是一个色情读物出版社，这会加强政府对《尤利西斯》的反对。或许看上去有点被害妄想，但就是很容易让人联想到有人在陷害他们。贝内特·瑟夫立即回信。

> 亲爱的布莱克先生：
>
> 我们手头有您询问的一系列淫秽书，我们推荐如下书目：
>
> 尼采《查拉图斯特拉如是说》
> 本杰明·富兰克林《自传》
> 亨利·亚当斯《教育》
> 路易斯·卡罗尔《爱丽斯漫游奇境记》
> 查尔斯·狄更斯《匹克威克外传》
>
> 贝内特·A. 瑟夫[90]

无论这个人是谁，这个笑话要么他没听懂，要么就没有产生威慑作用。他回信感谢兰登书屋罗列的淫秽书籍名单，并询问他们是否可以寄给他一本用来检阅？[91]瑟夫回复："'当代图书馆'编委会人员越来越怀疑，我们被行家戏弄了。如果这样的信件往来还要继续，你必须下次寄信附带上你的个人照片。"[92]布莱克先生回应说，他没有照片寄给他们，收集淫秽书籍仅仅是他的一项爱好，他希望保密。"我向你们保证，这些书完全是我个人的需求，没有其他人参与。"[93]兰登书屋不再回复布莱克先生的信件。

# 26 美利坚合众国控告《尤利西斯》

伍尔西法官喜欢一边抽着雪茄或烟斗，一边走上坐落在他 313
避暑山庄后面的山顶图书馆。[1] 1933 年，他在马萨诸塞州彼得舍姆待了足够长的时间，看到树叶在格外活跃的季节过后逐渐转黄。伍尔西在休闲时和妻子打网球（他打球时还带着领带[2]），午饭过后，律师们在田间摘蓝莓。[3]法官的山顶图书馆也兼作法庭——在宽敞的大厅尽头有一张长椅，还有咨询用的桌子。

在炎热的几个月里，伍尔西喜欢走出曼哈顿，把他负责的联邦案件集合在彼得舍姆，在那里，他可以在听取双方辩词的间隙听到夏日鸟啼。他那按照原版美国宪法模具雕刻而成的小锤子几乎只做装饰之用。这个图书馆原本是普雷斯科特的市政厅[4]，伍尔西家族将整个建筑物复制到了彼得舍姆，安置在家宅后面的山顶上，并用殖民时期风格的木条装修得焕然一新。当法官不审理案件也不写决议书时，他会坐在壁炉旁铺着软垫的扶手椅上阅读。宽大的地板木条在他沉重的双腿下嘎吱作响，然后，他扑通一声坐了下来。

伍尔西法官可能想喝一杯，他已经有 10 多年没有喝酒了，
因为他觉得把酒贩子关进监狱，而自己又去喝酒，这样太虚伪
了。[5]自打禁酒令开始，曼哈顿公寓里那瓶百年雪莉酒一直诱 314
惑着他[6]，但即便是一个已被定罪的私酒贩子，在得知他这

一年的坎坷煎熬后也会对他喝一杯的愿望难有微词的。伍尔西主持了一宗公司诈骗案件，几百名天主教牧师总共被诈骗了300 万美元，说是要专门投资能够提升道德的好莱坞有声电影。这成了美国历史上历时最长的刑事案件。[7]98 名证人提供了1.5 万页证词。这个案件从 1932 年圣诞节前就开始审理，一直持续到次年 7 月 4 日国庆节之后。审判结束后，伍尔西法官跟陪审团说，他们应该组成一个校友会了。[8]

他 1933 年秋天的彼得舍姆之行原本是准备度假，他打算在那儿住上几周，在空余时间听取《尤利西斯》一案的辩词。那时，伍尔西对审理淫秽案件胸有成竹，所以将法律运用在这本被视为现代经典的书上应该是非常享受的事情。他坐在自己的图书馆里，跷着二郎腿，将书放在他已经过时的灯笼裤上，此刻人生的极大愉悦交汇在一起。这是因为他还不知道他将要面对的是什么。后来他说，阅读乔伊斯是“他人生中最艰难的两个月”[9]。几周后，他还没有读完前几章[10]，因此他把这个案子推后了几个月。莫里斯·厄恩斯特寄给伍尔西他收集来的补充材料，以帮助伍尔西理解《尤利西斯》，这包括保罗·乔丹·史密斯（Paul Jordan Smith）的《解开〈尤利西斯〉之谜》和赫伯特·戈尔曼（Herbert Gorman）的《詹姆斯·乔伊斯的前四十年》。厄恩斯特本来打算寄来斯图尔特·吉尔伯特的《詹姆斯·乔伊斯的〈尤利西斯〉》，但伍尔西法官已经有了。[11]

伍尔西收藏了几千本书，其中当然包括整墙的法律相关书籍——《海事法案例》《不正当竞争法和商标法》《专利权基础法》——他也酷爱诗歌和小说[12]。布朗宁和丁尼生，萨克雷和菲尔丁。他有一本限量版荷马的《奥德赛》，上面还有译者和插画家的签名。他收集了所有能找到的塞缪尔·约翰逊的初版小说[13]，并且他也喜欢安东尼·特罗洛普的小说：《菲尼亚斯·芬恩》(*Phineas Finn*)、《不见天日》(*Kept in the Dark*)、《你能原谅她吗?》(*Can You Forgive Her*?)。法官计划将它们全部读完。[14]

伍尔西是个杂家。他收集殖民时期的家具和白蜡、旧钟表和地图、烟斗和混合烟草。[15]他将自己的生活填满文化饰品也
是为了不辜负他的声誉，就像给祖父的鞋子塞点儿填充物，就 315
能穿上它们走路。约翰·门罗·伍尔西家族第一个来到新世界的祖先[16]，于1623年在新阿姆斯特丹的东河开了一家酒馆。伍尔西一家从1705年起就都是耶鲁校友[17]，法官也不例外，他的先辈包括[18]一名耶鲁创始人、数名耶鲁校长，也包括乔纳森·爱德华兹（Jonathan Edwards），就是那个不断提醒罪人们堕落程度的牧师。这位牧师说："上帝守护你不堕入地狱的深渊，就像保护一只蜘蛛或其他令人恶心的昆虫不掉入火坑，他憎恶你……"[19]

自从报纸报道他将要负责这一案件后，伍尔西收到越来越多的信件。有人说《尤利西斯》"使他的灵魂枯萎"，还有人说乔伊斯的书是"［我］生命中最珍贵的东西"。[20]从法律角度来讲，法官可以忽略一切——信件、关于《尤利西斯》的书、没收的《尤利西斯》封面内页中粘贴的评论。实际上，他甚至没有义务去读整本《尤利西斯》，只需要阅读地方检察官标记的淫秽部分就够了。法官可以仅通过争议部分而不是整本书来评判。只评判片段并不是懒惰，而是法律对淫秽的定义导致的合理结果。希克林法则是为了保护那些最容易受到文字影响而堕落的人群，甚至最开明的勒尼德·汉德法官也指出："尽可能考虑这些淫秽片段，而忽略它们的背景以及它们与整本书的关联，这

样才是最公正的。”[21]法官和陪审团用小孩子的方式读书。

然而，法官和陪审团也不需要在希克林准则的指导下阅读有淫秽嫌疑的书，淫秽物的本质就是鼓励人们对它进行零碎解读。淫秽内容会侵犯人，它读起来像一个单一的、刺耳的瞬间，是从作品的语境下截取的内容——语境具有缓和作用，而这种侵犯正是来自对语境的视而不见。“屄”（cunt）或“操”（fuck）这样的字眼在一页文字中看上去格格不入，受到侵犯的读者们不去思考这些字眼在整个叙述框架中的作用，或者在人物发展中扮演的角色，他们自己深深地沉浸在这些字眼里。审理淫秽案件的法官们就是细读得最仔细的读者。

伍尔西决心把《尤利西斯》从头到尾读一遍。这本书的开始部分就像其他小说一样：“仪表堂堂、结实丰满的勃克·
316 穆利根从楼梯口走了上来。他端着一碗肥皂水，碗上十字交叉，架着一面镜子和一把剃刀。”[22]一个英国人正在造访两个爱尔兰人，他站在海边一个废弃的军用塔楼里，瞭望着爱尔兰海，场景设置很得当。第1章有着强劲生猛的对话，还夹杂着一些内心描述，破折号代替了引号，这很容易适应，但后来你就跟不上故事的发展了。作者不会突然发声来描绘人物，也不会提供背景知识和自己的观点，而是一点一点地给你留下支离破碎的印象，与都柏林大街的细腻描绘——路边的广告，一个年轻的盲人敲击拐杖，河边饥饿的海鸥——完美无缺地融合在了一起。所有事件都融在一起，没有界线。你开始想念引号。

书中出现了上百个人物，你应该注意哪个？谁是关键人物？谁又不是？书中描写了葬礼上有一个穿着雨衣的人，大家连他叫什么名字都不知道。还有一些闲谈，有关于哈姆雷特的奇特理论，也有晦涩难懂的政治争论。大多数读者在读了80页左右就读不下去了。但一旦静下来，并且允许自己不必理解所有内容，就好读多了。有一章的地点是报社，那一章是由报纸头条组成的，而另一章戏仿了数十位作家，其中包括塞缪尔·约翰逊——伍尔西读起来一定很享受——接着开始上演妓院里的离奇剧情。有多少种讲故事的方法？有一整章是两个无形的旁观者的一问一答，好像是在录口供或是在进行一场审讯。深夜，利奥波尔德·布卢姆和斯蒂芬·迪达勒斯从布卢姆的小后院里走出。

> 在出口门边，二人各取何行动？
>
> 布卢姆将烛台置于地上。斯蒂芬将帽子戴在头上。
>
> 有何物将出口之门用作进口之门？
>
> 有猫一只。
>
> 二人默默走出房屋后门，主人在前客人在后双重黑 317
> 影，由门内幽暗处走入花园中朦胧处时，有何景象呈现在面前？
>
> 满天星斗一棵天树，坠着湿润的夜蓝色的累累果实。[23]

这不是特罗洛普的风格，当法官转向最后一章时，他发现了一个未被分割的文本块。莫莉·布卢姆语气连贯、毫无标点，她的思想如同液体流淌，但缺少逗号和句号却带来相反的效果，它让伍尔西法官的阅读速度慢了下来，迫使他将注意力集中在每个词语上，否则他会一带而过。这个文本强迫读者去想象莫莉语句的形态，好帮她停顿换气，帮她把话说出来。

> 真的我把灯点着了因为他来了恐怕有三回或是四回他那玩意儿大得吓人红色的我害怕那血管还是叫作什么鬼名堂的东西快涨破了呢他的鼻子倒并不怎么大我把窗帘放下之后把衣服全脱了花了几个小时打扮哪洒香水哪梳理老那么直挺挺的好像一根铁的或是什么粗撬棍似的他准是吃了牡蛎我想他吃了几打吧他唱歌的嗓门儿也上劲真的我这辈子都没想过有人会有这么大的玩意儿让你感到塞得满满的他后来吃了一整只羊也不知道是什么意思把我们造成这个样子身子中间有个大窟窿像一匹种马似的直捅进你的身子因为这就是他们希望从你身上得到的一切他眼睛里是那种恶狠狠拼命的神色我不得不把眼睛闭上一些可是他东西虽然那么大但也并不特别多我让他抽出去弄在我身上这样更好免得留下一点儿冲不干净最后一次我让他在我那里面来了[24]

淫秽场景毫无征兆地降临又迅速离开。停下来，好像没有明白，再返回重新阅读。法官自认为了解女人的诸多观点和欲
318 望，并引以为傲，这就是他为什么觉得《婚姻之爱》是非常重要的婚姻指南。但是即便是读斯托普斯医生的著作，女人思想的重要性也主要是抽象意义上的，是一种平等，一种为了健康婚姻而存在的思考。而莫莉·布卢姆的思想不抽象，也不像

是为了健康的婚姻而思考。

> 我要换上最好的内衣内裤让他饱一饱眼福叫他的小麻雀挺立起来我要让他知道假如他想知道的话他的老婆让人操过了而且是狠狠地操了快顶到脖子这儿了这人可不是他足有五六回之多一回接一回的这干净床单上还留着他的精液痕迹呢我也懒得弄掉它这一下他应该有数了要是你还不信你摸摸我的肚皮吧除非我使他立了起来自己伸进我那里头去我真想把每个小动作都告诉他叫他当着我的面照样做一做这是他活该假如我成了顶层楼座里那家伙说的那种淫妇的话[25]

页边空白处布满了浓重的像靶子一样的X形标记[26]，像这样的段落只是这本书的一小部分，但当你终于读完了《尤利西斯》并把它看作整体来思考——正如伍尔西打算去做的——伴随你的是莫莉的声音。他把标记的段落读了好几遍[27]，如果它们不淫秽，那什么才算是淫秽？他觉得，《尤利西斯》有些部分是巧妙的，甚至是杰出的，而其他部分则是难以理解或无聊透顶的。他知道如何判断像《婚姻之爱》（无罪）或《芬妮·希尔回忆录》（有罪）那样的书，但《尤利西斯》是一个难题。这本书大部分内容与性无关，可一旦涉及性，就比他遇到的其他印刷物程度严重多了。

伍尔西法官浏览了参考书和粘在封面内页上的评论，他下定决心要看完，因为他关心文学，他不想被愚弄。他后来说，如果他通过新闻报道认定詹姆斯·乔伊斯是一个淫秽作家，而《尤利西斯》是一本用晦涩文字写成的淫秽小说[28]，那将是一个噩梦。伍尔西是在冒险，他要么是把自己的地位、判断力、

名望抛到一个色情书刊的骗局里，要么是在这个以争取自由为
319 傲的国家里禁止一本天才之作。伍尔西被两种残忍的前景所包围：向前看，使伍尔西家族蒙羞；向后看，让子孙后代嘲笑。他需要比雪莉酒更强的东西。

1933 年 11 月 25 日，第 44 大街的律师协会大楼 6 楼，小椭圆形法庭座无虚席。[29]如果伍尔西法官选择周六早晨开庭是为了避免人潮，那么他该失望了。不过，在一个周末的早晨开庭可以使他们不慌不忙。伍尔西在律师协会大楼里审理案件已经有几个星期了（作为法官，他对法庭有惊人的不满），这个设备齐全的空间符合他的品位。[30]一位白发的非裔美国法警在门口迎接法官（他也是伍尔西的司机[31]），当伍尔西走向他的长凳时，人群开始肃静下来。他的领结戴在他黑色法袍领口处，四周有一圈金环。[32]这次审判不会传唤任何证人，双方将以辩论形式发表辩词。法官坐下，看了一眼这个案子的档案：美利坚合众国控告《尤利西斯》。

山姆·科尔曼异乎寻常地慌张，他在正式开庭之前找到厄恩斯特。

“政府赢不了这个案子。”科尔曼说。

“为什么?”

“赢得官司的唯一方式是大量引用乔伊斯的脏话，使法官震惊并抵制这本书，但我不能这样做。”

“为什么?”

“因为法庭上有一位女士。”[33]

厄恩斯特转过身来，在记者群中，他看到坐在前排的妻子玛姬（Maggie），她从学校请了一天假，来听丈夫准备了好几

个月的辩论。厄恩斯特让科尔曼不用担心会冒犯他妻子，她每天都会看到她的学生在学校厕所墙上刻的“盎格鲁－撒克逊式”的语句①。事实上，那些他不愿在玛姬面前说出口的词， 320
都是她帮他解析的词源。

审讯开始了，伍尔西法官明确表示他对《尤利西斯》表示怀疑。“假设一个 18 岁或 20 岁的女孩读到莫莉的独白，”他问厄恩斯特，“难道她的心灵不会被腐化吗？”[34]

“我不认为这是我们应该遵循的标准，”厄恩斯特回答道，“法律没有规定成人文学要被降低为婴儿米粉。”

厄恩斯特论点的核心是废弃希克林准则，他所追求的对淫秽的定义，是保护莫莉·布卢姆不受年轻读者的干扰，而不是相反。为了做到这点，他引用了勒尼德·汉德法官对淫秽的定义：“淫秽”这个词应该表示“此时此刻社会可能达到的、在公正和耻辱之间妥协的当下临界点”[35]。汉德法官让淫秽具有了一个“活着的标准”，如同厄恩斯特所说，成了一个大众能够不断进行修改的判断。即使《尤利西斯》在 1922 年是淫秽的，它仍然可以在 1933 年合法。厄恩斯特指出，毕竟我们周围到处都是改变标准的迹象，妇女们曾经在海滩上穿长袖长裙，20 年前她们开始露出膝盖——他几乎不需要向法庭说明 20 世纪 30 年代所谓的日光浴装是如何不给人们留想象空间的。[36]

为了避免伍尔西不喜欢这种可变的标准，厄恩斯特也引用了固定的法则。汉德法官说过，“真理和美丽太过珍贵”，不能为了头脑简单的读者而牺牲它们，这体现了政府对文学价值的重视。如果《尤利西斯》如财政部所说——如果它是一部

---

① “盎格鲁－撒克逊式”的语句指脏话。

现代经典，如果它呈现的是真理和美丽——那么它就值得在思想市场上被保护。厄恩斯特不敢提出第一修正案，但他立论的焦点呼应了奥利弗·温德尔·霍姆斯：书籍是引领社会走向真理的关键。

不过，只要伍尔西承认文学不可能淫秽就足够了。厄恩斯特引用了《韦氏大词典》对“经典”的定义，并推理说使人堕落和腐化的淫亵内容不可能同时也是一本“公认的杰作”[37]。法官被迫做出选择。

伍尔西法官一直耐心地聆听。“科尔曼先生，”他问检察官，“你认为什么构成了淫秽？”[38]

321 “我认为淫秽是使用普通语言对普通读者产生的作用。”[39]如莫里斯·厄恩斯特所愿，淫秽应该用社会标准来衡量，而不是以容易被腐化的孩童为标准。事实上，科尔曼在为厄恩斯特辩护——他赞扬了《尤利西斯》。它的风格“新颖并令人震惊”[40]，它提供了“人们展现自我的新的系统”。乔伊斯的书既是科学的也是诗意的。“我们知道它是一本百科全书，”政府在其简报中如此说道，“深刻至极又条分缕析，探索了存在的双重本质：它既是生理的，又是心理的；既关乎外在，也涉及内心。我们知道这本书是一项深刻的人物研究，即使最边缘的人物也被刻画得具有鲜明个性。”政府对《尤利西斯》的辩护，比被告还要有说服力。

山姆·科尔曼不是傻瓜。他知道厄恩斯特的辩论在多大程度上是依赖于对乔伊斯文学价值的肯定，他知道厄恩斯特和林迪会携带着从全国的教授、神职人员、图书管理员和作家那里搜集来的成堆的陈述词快步走进法庭。他们会把对《尤利西斯》的溢美之词罗列在一起，这些赞美来自巴黎艺术经销商

(“近乎完美”)、知名作家(“了不起的天才”)[41]、得克萨斯州的女图书管理员(“高超”)和北达科他州的女图书管理员(“经典的高雅之作”)[42]。他知道厄恩斯特会内行地从案件历史中拼凑出一个“整本书”的标准。他也知道厄恩斯特会利用他那公认的巧妙战术——从被没收的《尤利西斯》中黏着的好评，到美国财政部部长对这本书是“经典”的认定。厄恩斯特在案情摘要的第三节小标题A中大肆宣传财政部的认可：“联邦政府已正式向伟大的《尤利西斯》致敬”[43]。厄恩斯特已经超水平发挥，伍尔西法官也会赞同，所以科尔曼不去反驳《尤利西斯》的文学价值，政府很干脆地同意这一点。

“没有人敢攻击这本书的文学价值。”[44]科尔曼说。但在赞扬《尤利西斯》后，他开始将枪口瞄准书上不该印的文字——他间接暗示了这些词，当然是因为考虑到在场那位女士。即便是最开明的法官，也不会认为作者的高超写作技巧可 322
以使毫无底线的淫秽合法化。政府要做的，就是指出伍尔西法官已经知道的事情：《尤利西斯》的淫秽远远超出了任何法院曾经允许的尺度。

科尔曼及其助理尼古拉斯·阿特拉斯(Nicholas Atlas)仔细阅读了最近所有被赦免淫秽罪的书，他们发现这些书的语言远没有莫莉·布卢姆的丰富。无论是《莫班小姐》(*Mademoiselle de Maupin*)还是《卡萨诺瓦归乡》(*Casanova's Homecoming*)，对女性读者都无害处。他们发现“偶尔出现的词对大众来说非常无礼”[45]，但是以现在的标准来说，却并不淫秽。《女人与傀儡》(*Woman and Puppet*)中并没有一个脏字。克莱门特·伍德(Clement Wood)的《肉体》(*Flesh*)是他们发现的最淫秽的书[46]，但其中也没有任何猥亵字眼。而

《尤利西斯》则充斥着淫秽以及他们所加上的“无尽的亵渎”[47]，没有一本书的内容能和《尤利西斯》匹敌。

淫秽可以有一种“活着的标准”，如果厄恩斯特和法官都觉得如此，那么科尔曼的反驳是：这个国家的标准——尽管有令人震惊的日光浴装——还没有改变到足以使莫莉的思想合法化。这个文本成为他的案例：“我要夹紧我的屁股甩两句脏话闻我的屁股吧舔我的便便吧不论想到什么疯话都行［。］”[48]科尔曼回答法官之前提出的问题：“我不认为淫秽仅限于性感官刺激。”[49]如果一本书语言粗俗、令人厌恶，那么它也可以被禁止。如果法官查看《牛津英语词典》，就会发现确实如此。控告《尤利西斯》不仅是因为它的淫秽。科尔曼承认这是一本现代经典，总体上也是一本连贯的艺术佳作，而这也可以颠覆厄恩斯特的论点。他说，《尤利西斯》必须被禁正是因为它是如此巧妙的混合物：它是一本彻底的淫秽杰作。[50]

政府的策略既让厄恩斯特倍受挫败又让他感到兴奋。科尔曼刻意回避了他的制胜招数，使用了他年前在电话上说过的同样论点。虽然科尔曼不愿当着女士的面在法庭上说脏话，但是
323 他所说的超出了厄恩斯特的预估，这或许是因为科尔曼憎恶他的财政部伎俩。地方检察官办公室在最后几个月开始拖后腿[51]——厄恩斯特不得不亲自询问伍尔西，以便定好出庭日期。[52]既然现在他们终于对簿公堂，厄恩斯特不得不回应政府关于“猥亵字眼”的论述，并且他不打算回避重点。

“法官，关于‘操’（fuck）这个字，一本词源学词典提供的一个合理解释为：它来自盎格鲁－撒克逊的农业用语‘种植’（to plant）——农民将种子操进土壤。”[53]厄恩斯特希

望通过将这个词大声讲出来而使它祛魅，他希望通过讲述这个词的历史（即使是错误的历史）而减少它的威胁。厄恩斯特说他很喜欢这个词，他使用时小心翼翼——他承认这并不能帮他交到很多朋友[54]——但是这个单音节蕴涵了力量和率真。“尊敬的法官大人，这个词语要比几乎每部现代小说中都会出现的描绘相同事件的委婉语更加真诚。”[55]

“例如，厄恩斯特先生?”

“哦——‘他们睡了觉’，这意味着同样的事情。”[56]

伍尔西发现这个措辞很好笑。“律师，事实通常不是这样的。”[57]

厄恩斯特花了将近一个小时向伍尔西法官陈述案件[58]，主要是赞美乔伊斯的优点。他这样辩护道，詹姆斯·乔伊斯“过着僧侣般的生活”，如同一位“苦行的奥林匹亚人”[59]，远离书迷与记者。他的文字是煞费苦心建构出来的，不仅每一章都独具风格、与荷马史诗交相辉映，而且每一章都拥有自己的颜色、自己的符号体系和其代表的人体器官。[60]这本书并没有迎合本能——第一个性暗示场景是在好几章后才出现的，而在那个场景出现之前，那些寻找淫秽文字的读者早就放弃了。他辩解道，《尤利西斯》总体上根本不像淫秽作品，它没有一个暗示性的书名，这本书过长，里面也没有任何插图，并且兰登书屋不是出版淫秽读物的出版社[61]——它出版了纳撒尼尔·霍桑、艾米莉·勃朗特以及罗伯特·弗罗斯特的作品。厄恩斯特制作了一张美国地图，上面用红色大头针标记了所有想要获得《尤利西斯》的图书管理员所在的城市。最后，他的论点关于本能反应，人们看到一本淫秽书时，会本能地知道它是，而 324
《尤利西斯》不是淫秽书。

毕竟，《尤利西斯》扑朔迷离。每一个脏字周围有多少高深莫测的词？厄恩斯特和林迪列举了书中数十个令人费解的词语：“四段帆船”（Quadrireme）、“圆极”（Entelechy）、“阴阳人”（Epicene）、“七天一次的”（Hebdomadary）。在他们的认知范围内，其中一些是淫秽词——这就是重点，即便它们是脏字也不要紧，按照定义，淫秽必须要引发堕落和腐败。“不证自明的是，只有可以被理解的文字才可以使人堕落，”厄恩斯特提出论点，“最淫秽的中文对任何不懂这门语言的人完全无害。”对于思想成熟的人来说，《尤利西斯》具有艺术高度；而对于道德感薄弱的人来说，《尤利西斯》完全是胡言乱语。为了让伍尔西法官感到迷惑，他们引用了一些费解的段落［包括斯蒂芬的“不可避免的形态”（ineluctable modality）[62]］。如果约翰·奎因还活着的话，他听到一定会感到骄傲的。

起初伍尔西表示同意。他描述了自己在彼得舍姆读《尤利西斯》的感受。“有一些内容过于晦涩、莫名其妙，根本无法理解，就像行走时脚不着地一样。”[63]他向后坐了坐，利用这个契机，点燃了一根长象牙烟嘴中的香烟。[64]“这不是一个容易判决的案件，”他说，“我认为事物应该在市场上承担风险，我自己是反对审查的。我知道，一旦禁掉一样东西，走私犯就开始行动了。然而……”[65]

他停顿了一下，想到了几个地方检察官画线标记的段落——“我要让他知道假如他想知道的话他的老婆让人操过了而且是狠狠地操了快顶到脖子这儿了这人可不是他足有五六回之多”[66]——“然而，最后一章的独白，我不太确定。”[67]

法官对厄恩斯特先生对这部小说的理解感到好奇：“你真

的读完整本书了吗？这很艰难，不是吗？”[68]

厄恩斯特10年前就试图读它[69]，但他直到去年夏天才读完，他在准备这个案件时，对乔伊斯的写作技巧有了顿悟。厄恩斯特形容它是塑造他们每日精神生活的双重意识流。

“法官大人，当我为此案辩论时，我认为我只专注于这本 325
书，然而坦率来讲，当我在您面前讲话时，我一直在思考您领结上缠绕的环，您的袍子与您的肩宽并不太合适，还有您座椅后面约翰·马歇尔的照片。”[70]

法官笑了笑，轻轻拍了拍面前的椅子。“我一直担心这本书的最后一部分，我刚刚在尽最大可能专注地听，但是我也必须坦白，在我听你讲话的同时，我一直在思考你背后的赫伯怀特式椅子。”[71]

厄恩斯特笑了：“法官大人，这正是《尤利西斯》的精髓。”[72]

当这个戴眼镜的瘦削律师继续论述，谈论“人类思想中正在发生的事物的奇异缩影”时，伍尔西开始思考这种同时性是否确实是这本书独特的魅力之源。就像那对牛角镶边的玻璃杯[73]让利奥波尔德·布卢姆联想到他那在他年幼时服毒自杀的父亲，那把赫伯怀特式椅子的弧度让伍尔西想起了自己的母亲。她坐在南卡罗来纳的家中，透过窗户，可以看到棉花工人那破旧的棚屋。[74]他们离开那栋房子几年后，约翰·伍尔西的母亲离开了他的父亲，从布鲁克林的一扇窗户跳了下去。[75]

伍尔西说，《尤利西斯》中的某些东西让他“受到困扰、内心波动而不安”[76]。即使到现在，一些段落依旧出乎意料地打动着他。莫莉·布卢姆最后的话语——小说结尾处的话语——久久徘徊在他脑海中。

> 哎唷深处的潜流可怕哎唷还有海洋深红的海洋有时候真像火一样红夕阳西下太壮观了还有阿拉梅达那些花园里的无花果树真的那些别致的小街还有一幢幢桃红的蓝的黄的房子还有一座座玫瑰花园还有茉莉花天竺葵仙人掌少女时代的直布罗陀我在那儿是一朵山花真的我常像安达卢西亚姑娘那样在头上插一朵玫瑰花要不然我佩戴一朵红的吧好的还想到他在摩尔墙下吻我的情形我想好吧他也不比别人差呀于是我用眼神叫他再要求一次真的于是他又问我愿不愿意真的你就说愿意吧我的山花我呢先伸出双手搂住了他真的然后拉他俯身下来让他的胸膛贴住我的乳房芳香扑
> 326 鼻真的他的心在狂跳然后真的我才开口答应愿意我愿意真的。[77]

伍尔西法官再次打断律师。“有些段落有感人至深的文学之美，有些段落有价值、有力量，我告诉你，”[78]他继续说，“读那本书的某些内容几乎要把我逼疯了，就是最后一部分，那段独白，它可能代表了那种女人的心情，但那正是困扰我的地方，我似乎能够理解。”

在伍尔西法官开始考虑《尤利西斯》的合法性之时，有几个零星分散且鲜为人知的联邦判决可以为宽大仁慈的审判打下根基。1913 年勒尼德·汉德的判决最有雄心，但在这之间的 20 年内，它没有被任何联邦审议援引。对汉德来说，在赌注如此低的情况下，否定希克林准则去捍卫真和美很容易，他不是在裁定某一本特定的书，而且他根本不用做出判断，莫莉·布卢姆噩梦般的思想是否激起了合适的“公正和耻辱之间妥协”的当下临界点——妥协这个概念，伍尔西肯定觉得很奇怪。在《尤利西斯》中，公正和耻辱的关系似乎更像一场战斗。政府承认这本书的文学价值，但又主张文学价值丝毫不能减轻其污秽，既然如此，伍尔西不得不让文学美德和淫秽败德相互抗争，然后宣布获胜方。他并不打算让莫莉粗俗的语言绝对合法化。如果《尤利西斯》在美国要合法，他就必须声称这本小说超凡脱俗，可以将污秽转为艺术。

《尤利西斯》一案审讯后，伍尔西法官走到拐角处的世纪会①，他习惯每周六在那里吃午餐[79]。他离开律师大楼后可能感到有点孤单。他最为了解的案件类型——专利权、著作权和海事法——都有非常清晰的先例可循。然而，反淫秽法即便已经实行数十年之久，法官在处理案件时也不得不自行推测，鲜有例外。他怎么能知道一本书是否会在普通人身上激起性冲 327
动？他是否需要做一项民意调查？

伍尔西突然想到，他或许可以询问世纪会成员对乔伊斯著作的看法，因此他找到了世纪会文学委员会的两个成员[80]——小查尔斯·E. 美林（Charles E. Merrill）以及亨利·赛德尔·坎比（Henry Seidel Canby）[81]，前者是出版商[82]，后者以前是耶鲁大学的英语教授，还是《星期六文学评论》

① 世纪会是纽约的一个私人俱乐部，由诗人威廉姆·卡伦·布莱恩特（William Cullen Bryant）及其朋友于1829年成立，后演变成一个以推广美术和文学兴趣为主的俱乐部。

(*Saturday Review of Literature*) 的创刊编辑。这或许不是一个“普通的”团体，但是它能提供某种程度的客观性。伍尔西希望他们尽可能客观，他把两人分开，也许是把他们分别带到俱乐部阅读室的壁龛处。《尤利西斯》有没有激起他们的性欲或淫荡的想法？（当然，他是出于法律目的询问的。）

坎比并不欣赏现代主义文学，他是全国知名评论家中仅有的几个仍旧将“清教徒式审查”[83]一词当作赞美的人之一。在20年代，坎比写道，乔伊斯“痴迷于刺激的或变态的性行为”[84]，这让《尤利西斯》毫无逻辑。他曾在另一篇文章中指出，乔伊斯完成此书这一事实是显示他神智健全的唯一证据。然而坎比像很多人一样，已经改变了对乔伊斯的看法。他和美林都分别告诉伍尔西，《尤利西斯》中起支配作用的根本不是性欲——如果有的话，那是“些许悲伤”以及“对男人和女人精神生活的有力的评论”。[85]

感恩节早上8点，伍尔西在剃胡须的同时，还在思考《尤利西斯》一案。他写判决书时存有虚荣心[86]，像乔伊斯一样，他亲手起草并反复修正[87]。当开始草拟对《尤利西斯》的决议时，他试图建立自己的法律传统。伍尔西不会引用汉德法官对淫秽的定义（这两位法官关系不好[88]），而他对于其他决议的引用也是草草带过。“本案中执行的裁决，”伍尔西在决议书的概述中说，“是依照我在‘美利坚合众国控告《避孕法》’这一案件中给予的建议。”伍尔西对《避孕法》的判决宣布，斯托
328 普斯医生的节育手册“依照我在‘美利坚合众国控告淫秽书《婚姻之爱》’一案中所做的判断，并不属于淫秽或不道德的范畴”。通篇都是伍尔西。

伍尔西法官列克星敦大道的公寓中有一组钟表（壁挂式

的钟表，如同9英尺高的红木纪念碑），它们每个整点准时鸣响。[89]所有角落都覆盖着地毯和衬垫，以减弱钟声，而浴室的门又隔绝了一些声音。当伍尔西看着镜中自己布满泡沫的脸时，他也看到了湛蓝天空的映像。他时常想起几年前在新罕布什尔州度过的那个沉闷的感恩节，大雨将他整日困在朋友的房子里，他们在晚饭后探索阁楼。在皱巴巴的报纸包裹的一箱箱废弃物中，他发现了一封信的残片。墨迹已然褪色，但唯一留下来的一句话清晰可辨："先生，我担心您可能会认为我的这些言论有损贞洁，但是我们在自然法则下必须相爱，尽管礼教规范时常强迫我们将它掩藏。"[90]

无论这封信曾经有怎样不贞洁的语言，那些语言都随时间消逝了。伍尔西想象着一个女人用颤抖的双手写下这封信，她从未参与制定礼教规范，但要与它抗衡；习俗的制约力主要来源于习惯，她却需要与之对抗。对伍尔西来说，这是他对法律的顿悟，这一场从阁楼里抢救出来的顿悟激发了他更大的兴趣：法律是与无声的自然法则相对抗的一系列规则，这些规则太过强硬的话，便会被打破。或许法律需要不贞洁的妇女来打破规则。或许法律的形态来自饱含着爱与真诚的不贞洁的声明。他刮掉脸上柔软的胡茬，目光从沾满泡沫的剃须刀转回蓝天，那是如同万花筒般缤纷的回忆。

伍尔西法官匆匆回到桌前，抓起笔，开始写判决书，左手还拿着滴水的剃须刀。[91]

> 乔伊斯向我们展示了——在我看来其成功是令人震惊的——意识的屏幕是如何运载那些如同万花筒般不断变化的印象，就像是写在速写本上一样。他不仅展示了我们每

> 个人对其自身真实事物的观察焦点，也展示了过往记忆中
> 329 模糊界限上的残余物，有一些是最近的，有一些则是潜意识主宰下的联想。

这个判决源于乔伊斯的真诚。[92] 伍尔西法官凝视着文本，想象着詹姆斯·乔伊斯，一个半盲的艺术家[93]，本性让这位艺术家说出一切。一切的一切，包括礼仪，都屈从于他的设计。伍尔西写道，乔伊斯受到了攻击和误解，因为他“一直忠于自己的写作技巧”，并且“试图一五一十、不参半点虚假地告诉我们他所塑造的人物在想着什么”，不计后果。这些想法中有些是关于性，但是，他补充道：“我们必须永远记住的是，他设置的地点是凯尔特语地区，季节是春天。”

伍尔西所做的远远超过将乔伊斯的书合法化，他成了宣传者。“鉴于乔伊斯自我设定的目标之艰巨，且获得了总体上的成功，《尤利西斯》堪称杰作。”他在将山姆·科尔曼的论点弃之不顾前肯定了其说服力。

> 这本书很多地方让我觉得恶心，但是，尽管它包含了一些我之前提到的许多通常被认为污秽的词语，但我还未曾发现任何为了污秽而污秽的地方。这本书中的每一个词语都像一片小小的马赛克，作为细节之一，组成了乔伊斯竭力为他的读者组建的画卷……当如此伟大的语言艺术大师——乔伊斯当之无愧——力图描绘一幅欧洲城市中下层阶级的真实图景时，难道美国民众不能合法地观看这幅画卷吗？

“《尤利西斯》,”他总结道,“因此,可以被批准进入美国。”

这项判决的标题中的关键语句——“政府提出判决没收和销毁的议案被驳回”——并没有捕捉到厄恩斯特的论点胜利得多么彻底,文学价值不仅受到法律的保护,而且这也成了强有力的呼吁。

《时代周刊》宣称,伍尔西的意见是“权威的、雄浑的, 330
对美国图书出版业有着历史性影响”[94]。《尤利西斯》出版后,乔伊斯,连同他的眼罩,成了杂志的封面。

> 上周,美国的天体观察者并没有报道有任何彗星或其他天体的预兆,曼哈顿百老汇大街上办公室窗外没有盛大的彩花飘洒,也没有迎宾人员挤满市政厅的台阶……然而许多清醒的、具有现代意识的市民意识到,他们已经目睹文学史走过了一个新的里程碑。因为上周,一个长途跋涉的旅人——他举世闻名但长期流亡——安全抵达美国海岸,他的名字叫《尤利西斯》。[95]

在巴黎,乔伊斯的电话响个不停,不断有人通报喜讯。“半个讲英语的世界投降了,”乔伊斯说,“另一半也会紧随其后。”因为道贺电话不断涌来,露西亚剪断了电话线。[97]

1933年12月7日上午10点15分,就在这项决议立案几分钟后,唐纳德·克洛普弗打电话给厄恩斯特·莱克尔(Ernst Reichl)说:“去做吧!”[98]当伍尔西法官仍在彼得舍姆读《尤利西斯》时,兰登书屋就委托莱克尔设计了兰登书屋版《尤利西斯》，所以，一旦它被合法化，就可以立即印刷。莱克尔是艺术史博士[99]，他亲自操刀设计一切——装帧、封面、护封、内文——这使《尤利西斯》各个方面保持一致，他花了两个月试验各种字体和格式，直到他做出一本使用巴斯克韦尔字体的样书。

这正是兰登书屋所需要的：大胆、简洁，以及不和谐的现代感。“仪表堂堂、结实丰满的勃克·穆利根”（Stately, plump Buck Mulligan），第一句话以一个不朽的 S 占了整张页面。莱克尔接到兰登书屋的电话 5 分钟后，他的团队开始印刷前几章。他们也收录了完整的伍尔西法官的判决书，如果政府再次控告，伍尔西的赞赏也可以成为证据，因此伍尔西的判决书被印在兰登书屋版《尤利西斯》上长达 10 年之久，它可能是美国历史上最广为阅读的法律判决书。[100]

331 5 个星期后，《尤利西斯》装订好送到出版社，兰登书屋计划首印 1 万本，但是在出版日期之前（1934 年 1 月 25 日），预售量已经高达 1.2 万本[101]。“在这样的时代，对于一本 3.5 美元的书来说，这真是个惊人的数字。”[102]瑟夫说。这是他们原以为需要几个月才能达到的数值。到了 4 月，销量攀升至 3.3 万册[103]，瑟夫去了巴黎，递给乔伊斯一张 7500 美元的支票[104]。《尤利西斯》3 个月内的销量比过去 12 年还多。1950 年，它是“当代图书馆”第 5 大畅销书。[105]只有一个问题，兰登书屋交给莱克尔印刷的版本，不是莎士比亚书店的最新版本，而是塞缪尔·罗斯的版本。[106]美国第一版合法的《尤利西斯》是文学盗版商的错误版本。

# 27 法律

位于伦敦的英国内政部对海外事态的发展保持着密切关 332
注。多年来，英国公民一直要求批准从法国进口《尤利西斯》，在伍尔西决议后，这个要求越来越难拒绝。1934 年 1 月，时任费伯出版社主管的 T. S. 艾略特联系内政部询问出版英国版《尤利西斯》的事宜，而当时英国官方对《尤利西斯》的对策是尽可能地“阻碍发展”。

当月，文学评论家德斯蒙德·麦卡锡——那个近 20 年前在弗吉尼亚·伍尔夫的客厅里讥讽《尤利西斯》的人——要求获批得到一本《尤利西斯》，用于他即将在皇家学院开办的关于乔伊斯的讲座。[1]内政部同意了麦卡锡的请求，但是担心参加讲座的人会询问他是如何得到《尤利西斯》的，这将导致更多的人想获得它。政府人员一定会被质问到底内政部是如何做出决定的，例如一名政府人员提出这样的问题：“我们是否根据一本书的使用者来决定它是不是淫秽书?”[2]而他们恰好是这样做出决定的。

但内政部打算实行获取《尤利西斯》的统一准则，并且希望美国的审判对此有所帮助。英国政府人员仔细研究了伍尔西的判决书[3]，等着看美国政府是否会提出上诉。果不其然， 333
美国政府提出了上诉。伍尔西裁定一周后，富兰克林·D. 罗斯福出乎意料地将乔治·梅达利换掉了，取而代之的是一个叫马丁·康柏（Martin Conboy）的人。康柏是总统的亲密朋友[4]，也是乔治城大学的校友和董事[5]，曾担任纽约天主教俱乐部主席[6]，教皇庇护十一世授予他圣大格里高利爵级司令勋章[7]。康柏恰好也曾是纽约正风协会的律师[8]，他说服罗斯福的新任总检察长，早最高法院一步将此案交到美国联邦第二巡回上诉法院。1934年5月，《尤利西斯》一案出现在马丁·曼顿（Martin Manton）法官、勒尼德·汉德法官和奥古斯都·汉德（勒尼德的表亲）的面前。

与山姆·科尔曼巧妙迂回地处理案件不同，康柏很直接。“这是一本淫秽书。”[9]他告诉法官，“它开始时亵渎神明，通篇充斥着性变态，结尾则是难以置信的肮脏和淫秽。”而莫里斯·厄恩斯特关于淫秽的书《致贞洁》（*To the Pure*）和乔伊斯的书一样让人发指——厄恩斯特认为淫秽根本不存在。[10]这个论断荒谬至极，足以取消他辩护律师的资格。康柏重申希克林准则[11]历久不变的重要性，并且认为，文学价值、兰登书屋的动机以及詹姆斯·乔伊斯的天才，这三者互不相干。[12]乔伊斯的坦诚和真挚与他对都柏林细致入微的精确的马赛克描绘也并无联系。“一本淫秽书不能因为它被诟病的部分属实而猥亵程度有所降低。”[13]伍尔西法官的想法无可置疑地错了，康柏评判道：“任何一个有理智的人，都只会依据适当的法律法规做出《尤利西斯》属于淫秽读物的结论。”[14]

康柏列出了第53页[15]“淫荡和猥亵”[16]的段落，并在法庭上结结巴巴、面红耳赤地朗读。法官们低头持笔，跟随着康柏的朗读浏览着书页上的文字。10分钟后，一个女人喘着气，走了出去[17]，而另一个女人执意要留下来。

“你要读完整本书吗？”勒尼德法官问道。[18]

“嗯，我想给你们一个大概的印象。”午餐后，他又读了40分钟。第二天他继续朗读。

这是美国历史上最广为人知的淫秽案件。[19]奥古斯都·汉德和勒尼德·汉德对伍尔西决议激起的媒体关注感到愤怒。伍尔西认为自己很“文学”，勒尼德·汉德后来说道，而“这对于法官来说是一件危险的事情”[20]。奥古斯都·汉德和勒尼德·汉德希望他们的决议书平淡无奇且不引人注目（“尽可能减少这本书的曝光率”[21]），但是这场审判被广泛引用是不可避免的。在预审备忘录中，评委们一致认为莫莉的独白是“色情的”。勒尼德·汉德又将其推进，他指出无论是对青年人还是正常的成年人来说，这本书的诸多段落都会“激发色欲”，这看起来违背了他自己在1913年的开明审判。曼顿法官这样抨击《尤利西斯》：“在读过提到的这几页后——那些内容如此放荡下流，以至于无法引用到审判意见的脚注部分——谁会怀疑这本书的淫秽性质呢?”曼顿指出，文学的存在是为了“缓解疲惫、慰藉悲伤、振奋精神，让无聊沮丧之人振作起来，提高人们对世界的兴趣，提升生活的乐趣”[22]。而《尤利西斯》毫不具备文学的崇高道德目标。曼顿提醒法庭，一个“无法无天的人”是不会写出杰作的。(几年后，曼顿法官因受贿坐牢。) 334

曼顿持反对意见，而勒尼德和奥古斯都联手推进《尤利西斯》在美国的合法化。尽管他们回避伍尔西的风格，但他们同意他的内容。“我不能说《尤利西斯》在为了淫秽而淫秽。”[23]奥古斯都在预审备忘录中写道。勒尼德也表示同意，但是他们只有在剔除淫秽段落后才能做出如此结论。勒尼德想终结通过片段评判书籍的制度，他认为，法官应该在腐化读者心灵的风险与追求艺术表达自由之间好好衡量，而只有通过评判整本书才能对此做出决定。淫秽罪的法律标准应该是猥亵部分的“关联性”，而不是它本身。

巡回法庭宣布《尤利西斯》“粗俗、亵渎神明、下流”[24]，但是又不仅如此，“色情片段融入全书，成为一个整体，并没有整体效应”。奥古斯都·汉德的判决书谨慎地重申了伍尔西的赞美之词[25]：“乔伊斯是名卓越的工匠。”但他预言，“《尤利西
335 斯》不会持续对文学做出实质性贡献”，虽然“它已成为一本现代经典”。乔伊斯的小说感情真挚、匠心独运，捕获到了世间男男女女那交替循环的特性：“时而困惑糊涂，时而聪敏睿智；时而肮脏下流，时而心怀壮志；时而狰狞丑陋，时而美丽动人；时而满腔愤恨，时而饱含爱意。”两位汉德法官和曼顿在一件事情上达成一致：读完《尤利西斯》，读者们不会得到高尚的抚慰，而是看到了一幅人性“迷惑、悲惨和堕落”的全景图。

在伦敦，检察长［阿奇博尔德的继任者爱德华·阿特金森（Edward Atkinson）］读了巡回法院的判决书以及《纽约论坛报》（*New York Tribune*）对判决书的相关报道。阿特金森对论点以及“论点令人钦佩的表达方式”都颇有兴趣。马丁·康柏决定不再将《尤利西斯》一案上诉到最高法院，一半的英语国家终于投降了，而另外一半直到1936年秋天才有所行动。当时国务大臣收到伦敦警察厅的字条，一个名为史蒂芬·温克沃斯（Stephen Winkworth）的绅士收到伦敦书商的一封信函[26]，上面宣布约翰·莱恩（John Lane）即将出版英国版《尤利西斯》。

温克沃斯将纸条转交给伦敦警察厅厅长，希望得知“你们是否能够让禁令有效”。关于限量版《尤利西斯》的报道开始出现，愤怒的信件涌向海关工作人员。“如果我能在伦敦任何

地方买到这本书，”一个人写道，“你们有什么立场说它被国家禁止……这里难道不存在悖论吗？”[27]媒体透露，出版商已经询问了内政部，但是没有人做任何记录。新版《尤利西斯》是一个不受欢迎的惊喜，政府也没有特权拖延了。

政务次官亨德森（Henderson）与检察长阿特金森进行了协商，并预测到辩护律师的辩词。“佩内洛普”将被辩护为“小说形成的弗洛伊德主义”，并且紧跟莫里斯·厄恩斯特，他们会认为希克林准则是站不住脚的，而且这个国家的阅读水平不能由儿童来决定。约翰·莱恩的昂贵版本有个优势，因为它不太可能落入易受腐化的读者手中。亨德森警告检察长说： 336
“如果这个限量版畅销，那么接下来便是廉价版了。”政府要么不得不接受《尤利西斯》的广泛发行，要么立即起诉出版商。

因此，1936 年 11 月 6 日，政务次官会见检察长和司法部部长。在会议上，司法部宣布希克林准则“不完善”[28]。不能简单地通过检验一本书是否会使人堕落来判别它是否淫秽。政府必须考虑其意图和语境——这都是视情况而定的，规则就是没有规则。因此，政府决定对《尤利西斯》“不采取进一步措施”[29]，并且同时通知海关和邮局停止任何动作。至此，15 年的战斗结束了。没有眼泪，只有无奈。

“有没有人能理解我？”詹姆斯·乔伊斯和娜拉一同离开爱尔兰时，他问她。这个问题在他的晚年变得更难回答。1930 年秋天的一个下午，乔伊斯在助理保罗·莱昂的帮助下静静地走在巴黎街头，拉斯帕尔大道上的一个年轻女士鼓起勇气走近这位爱尔兰作家，夸赞他的作品。那时，乔伊斯的视力非常糟糕，双眼都有白内障。一位瑞士外科医生最近在他左眼上开了一个人工瞳孔，而且还有更多的手术等着他[30]，几个月来，他不能完全看清楚自己在写什么[31]。乔伊斯转过身来背对这位女士，望着天空——几乎看不见阳光——然后看着道路两旁枝干套在铁笼里的树，告诉女士："你最好还是崇拜这片天空，或者是敬仰那些可怜的树。"[32]

乔伊斯迟来的胜利对我们的帮助远远大于对他自己。《尤利西斯》的合法化宣示了文化的转型。一本几年前被英美政府一同焚烧的书，如今成了现代经典，也成了西方文明遗产的一部分。官方对《尤利西斯》的认可，无论是著名的联邦决
337 议书还是低调的秘密判决，都预示了20世纪头20年的文化——实验和激进主义，达达主义和战争，小众杂志和节育——不再是旁门左道。它已经生根发芽。或者更准确地说，它表明"根深蒂固"这个思想才是一场幻想。

比《尤利西斯》迅速从违禁品变成文学经典这一事实更让人激动的是，没有淫秽是永恒不变的。一切事物可以被语境所转变。英美政府批准《尤利西斯》这一行为在某种微弱却重要的程度上，标志着英美当局已成为哲学上的无政府主义者。他们接受了这样一个事实：没有不可变的抽象，没有永恒的价值，在"经典"和"污秽"之间、在传统和堕落之间没有永久的藩篱。没有绝对的权威，没有单一的文化欣赏角度，没有一种整齐划一的思想凌驾于我们之上，因为最精心的设计、最危险的书融合在大量的细节、错误、修改、笔记中的插入语、血液中的细菌里。夜深人静，寂寞的人们在狭窄的后院中仰望宇宙，那宇宙是潮湿的夜蓝色的水果，而摇落这些果子的那个词就是：是（yes）。

# 尾　声

"你说！在你这罪恶的一生里， 338
最丑恶可憎的丑行是什么？不要藏头露尾了。
全倒出来！总算老实一回吧。"[1]

——《尤利西斯》

无论是现在还是1873年，淫秽都是违法的。改变的只是我们对它的定义。从真正意义上来讲，法律改革真正始于伍尔西法官（以及之后的巡回法庭）对善与恶的权衡，他们将工作重心从追查堕落思想转为权衡堕落与美的关系。一旦艺术成为一种国家利益，正义的天平就会逐渐倾向艺术，因此，到了20世纪中期，美国最高法院将淫秽定义为"完全没有考虑社会价值"[2]的"淫乱"作品——1盎司的美德可以让1盎司的恶习合法化。

在《尤利西斯》之前的世界中，一个肮脏的词或一个猥亵的场景似乎是污染物——无论它多么微小，都可以毒害整体。乔伊斯的著作通过探索淫秽的持续性改变了我们对淫秽的理解，也通过改变我们对自我的认知来改变淫秽。根据《尤利西斯》，我们不是一块被世界污染的白板，我们出生在延续几千年的模式和故事中，似乎人们越不纯洁，淫秽的危害就越小。在《尤利西斯》之后，书籍似乎不太可能使我们"堕落和腐化”了。如果有的话，它们让我们相信，最危险的小说是我们的天真。

339 淫秽罪作为法律范畴数量骤减——第一修正案所保护的言论类型扩大——其中所涉及的不只是印刷脏话的自由。它肯定了言语推断真理的力量。淫秽裁决将自身展现为对毫无价值的言论所进行的合情合理的戒严。当曼顿法官在他的反对意见书中拒绝引用《尤利西斯》时，他并不是小题大做，他的判决让他免于命名他想驱逐的内容——沉默既可以评判淫秽，也可以处理淫秽。然而，将曾经公然禁言的事物合法化，是在用辩论和可辩论性替代沉默，这是在迎接深刻的——甚至是系统的——不确定性。改变道德准则就相当于颠覆我们习以为常的事物（服务于权力系统的最佳方式莫过于确信事物不能改变），几乎没有几种表达方式比具有攻击性或淫秽色彩的词语更加自然——更加本能、更无可辩驳、更少受限于逻辑或学术研究。如果淫秽可以改变，那么一切都可以改变。然而《尤利西斯》的出现向我们展示了即使是被断定为自然的范畴也可以随心所欲地变化。伊迪丝·华顿（Edith Wharton）称乔伊斯的书是“一堆浮肿混乱的色情读物”[3]，尽管事实上只有一小部分文本是具有潜在冒犯性的。也有许多读者认为乔伊斯所塑造的空前复杂的人物形象正是这本书品质的证明，E. M. 福斯特在《尤利西斯》中看到了“坚持不懈地用污泥覆盖宇宙的尝试……为了地狱的利益，将人性简化”[4]。

像哈特·克莱恩这样年轻的作家将它视为天启。“我想大喊一声‘我找到了！’① ……毫无疑问，它是当今时代的史

① “EUREKA!”，阿基米德发现浮力原理时的欢呼。

诗。”[5]书中蕴涵的真理刺耳而尖锐，以至于“一些狂热的人不久后会因为《尤利西斯》中精彩的内容而杀死乔伊斯”。[6]无论乔伊斯是否为了地狱的利益，他都为后来的作家铺平了道路。例如，如果没有《尤利西斯》，就不可能有弗拉基米尔·纳博科夫的《洛丽塔》。“哦，是的，”纳博科夫说，“大家尽情地把我和乔伊斯相比吧，不过我的英语水平就是刚会拍皮球而已，而乔伊斯已经是冠军了。”[7]亨利·米勒（Henry Miller）的《北回归线》（*Tropic of Cancer*）参与了20世纪60年代终结美国控告文学淫秽的斗争，他将《尤利西斯》的结束视为天启文学的终结，并写道：“再没有诅咒了！”“从此再没有原罪、再没有愧疚、再没有恐惧、再没有压抑、再没有渴望，也 340
再没有离别的痛苦。终点已经达到，人类回到了子宫。”[8]

仅仅在几十年的时间里，《尤利西斯》从一个反叛转变为一项学术体系。乔伊斯学术工业在20世纪60年代兴盛，并不断繁荣。大概有300本书和超过3000篇学术论文专门讨论或涉及《尤利西斯》，其中有50本书是在过去的10年内写成的。1989年，两名乔学研究者计划重新构建尚未被发现的《尤利西斯》手稿笔记。[9]最终浮现的文本内容一直是争议的焦点。乔伊斯独特的文本、不断的修改和1922年错误百出的版本引发了学者的争论——其激烈程度只有博士答辩可以达到——哪一版的《尤利西斯》才是确定版本。各种版本之间的斗争又引发了关于介词、词序改变、遗漏的重读符号的斗争。[10]20世纪80年代，各种争论如滚雪球般扩大，衍变成指控对方盗窃或是研究不受承认，接下来则是指责对方资格可疑或破坏了编辑协议，所有这些争议都以学术会议上的背叛和诋毁告终。如今，兰登书屋为了绕开学术争端，出版两个版本的《尤利西斯》，而许多乔学研究者对这两个版本都不满意。

不过，乔伊斯小说的非凡之处在于它超越了所有的争论和剖析。正如纳博科夫所说的：“一件神圣的艺术品，尽管虚无的学术将它转变为象征符号或希腊神话的集合，但它将永存。”[11]《尤利西斯》出版 90 年后，其销量大约是每年 10 万本[12]，并且已被翻译成超过 20 种语言出版，包括阿拉伯语、挪威语、加泰罗尼亚语和马拉雅拉姆语。中文译本就有两个。读者聚集在屋内或酒吧一起阅读、讨论《尤利西斯》，这对于一本只有几十年历史的书来说已经非常罕见，而《尤利西斯》的活力远不止于此。

每年 6 月 16 日，世界各地的人聚集一堂庆祝布卢姆日。他们装扮成斯蒂芬、莫莉和布卢姆，早餐吃炙猪腰子，午餐享
341 用戈尔贡佐拉奶酪三明治和勃艮第葡萄酒。他们重演《尤利西斯》中的场景，唱着书中的歌曲（有几百首），在临时搭建的夜市里狂欢。狂欢者欣赏着乔伊斯激发的艺术——诗歌、舞蹈、电影和戏剧——2002 年墨尔本市举办了一场对乔伊斯的模拟审判[13]，东京、墨西哥城和布宜诺斯艾利斯都举办过布卢姆日庆典，巴西圣玛利亚市已经连续庆祝布卢姆日 20 多年。60 个国家的 200 个城市庆祝过乔伊斯的小说。[14]再没有其他文学事件可与此媲美。每一年的这一天，世界各地的人重新上演从未发生过的故事，小说照入现实。

一位利奥波尔德·布卢姆头戴圆顶礼帽、身着黑色丧服，回忆起纽约市民在驶向市中心的一号地铁上向他打招呼的情景：“哟，布卢姆，布卢姆日快乐！”[15]自 1982 年以来，演员们聚集在纽约交响乐中心，朗读《尤利西斯》长达 16 小时

（后台的庆祝活动靠着纽约市历史最悠久的爱尔兰酒吧赞助的啤酒也可以同样长久）。在晚上约 11 点莫莉登台之前，一名组织者会警告全国收听公共电台的听众，要为一些直率的语言做好准备。接着一名女演员登台，开始朗读“佩内洛佩”，读到凌晨 2 点，昏昏欲睡的观众——出租车司机、旅行社职员、从未读过《尤利西斯》的人以及那些研究它多年的人——在昏暗的大礼堂聆听着莫莉·布卢姆思想的流动。[16]

布卢姆日的圣地当然非都柏林莫属。在 1954 年的第一个布卢姆日庆典上[17]，5 名爱尔兰男子（其中 4 名是作家）给自己分配角色，并打算乘坐两辆马车，依照小说中的事件循路而行，探索整座城市。庆祝活动半途终止，人们不知为何最终走入一家《尤利西斯》中并未涉及的酒吧。到了 20 世纪 70 年代，跟随布卢姆脚步行进的庆祝的人群开始导致交通瘫痪。[18]2004 年，詹姆斯·乔伊斯中心为 1 万人提供了早餐。[19]男士们戴着礼帽、穿着条纹夹克[20]，女士们身着层层褶边的上衣和长达脚踝的裙子，拥上通往沙湾塔楼护栏的楼梯[21]，去聆听斯蒂芬·迪达勒斯和勃克·穆利根之间的交流。有一年，庆祝的群众重新举办“阴间”所描写的帕狄·迪格南的葬礼：一辆马车拉着灵柩，乔伊斯的一个侄孙扮演死尸。在通 342
往拉斯内文墓地的路上，他突然从棺材里跳出来确认活动进程，吓坏了围观的孩子。在欢闹中，灵车撞到公墓的一角，将所有人抛了出去，无论是活人还是死人。[22]

人们很容易将《尤利西斯》看作一本描述现代社会中生命如何虚弱的小说。伊萨卡的勇士国王被贬低为被戴绿帽子的孤独的广告兜售员，而写出这本小说的桀骜不驯的天才，则成为一个在异国街道上敲击手杖的可怜身影。甚至这本书所遭遇的审查也展示了一件用心良苦的艺术品是如何被政府工作人员漫不经心的一瞥所摧毁的——这本书历时多年才得以著成，而禁令则在午饭前就可以下达。审查一本书非常简单，只需要增加出版这本书的风险，让其赌注高到出版商无力承担，而出版书本来就是堂吉诃德式的异想天开。文字一旦印刷，产生的悖论就是：无论它有多大的力量和承受力，都摆脱不了天生的弱点。比如对我们文化传承至关重要的《尤利西斯》，如果没有一群创造奇迹的人，它也可能无法问世——它可能在纽约警察法庭上或在世界大战中结束使命。乔伊斯的小说包含着错综复杂的内容和学童式的探险，每一页都精心构思，因而为他们以及我们自己提供了一种路径：启程进入一个更伟大的世界，走入公园，像第一次见到一样，去看星星上的天堂树，并排除万难，去肯定我们微小的存在。正是我们所做出的肯定——无论它们多么不雅——的脆弱性让这些肯定变得如此强大。

乔伊斯小时候，每当甜点时间到了，他都会拉着保姆的手走下楼梯，每走一步都会对父母喊一声："我在这儿！我在这儿！"[23]

# 致　谢

也许我和乔伊斯唯一相像的一点是，我也欠了很多债。我要感谢我的经纪人 Suzanne Gluck，感谢她的支持、力量、信心以及多年源源不断的建议。我欠我的编辑 Ginny Smith 一笔巨债，她为我无休止增长的稿子投入直觉和关注，为这本书奉献了太多。在写作初期，Nick Trautwein 给我信心，让我倍受鼓舞，并且让我看到了这本书成形的可能性。如果没有 Matthew Pearl 从一开始就给予的鼓励、拥护和支持，就不会有这本书，我们在喝咖啡及其他更多样的饮品时进行的谈话让我从诸多挑战中顺利通关。我也欠企鹅出版社的工作人员一份人情，包括 Kaitlyn Flynn、Sofia Groopman 以及提供法律咨询服务的 Marlene Glazer、Emily Condlin 和 Karen Mayer。我还想感谢威廉·莫里斯人才公司的员工，包括总是悉心帮助我的 Eve Attermann 以及 Caroline Donofrio。

很多人非常热心地阅读了我的稿子，并且在我手稿写作过程中提出了意见和建议，对此我非常感激。Bob Kiely、J. D. Connor 和 Alan Friedman 阅读了全稿或摘选，都对我鼓励有加。威廉·莫里斯人才公司的 Eric Idsvoog、Michelle Syba 以及 Samantha Frank 都读完了一版以上的全稿。Louis Menand 在结束对我的指导后很长时间，依然给我提出了无比宝贵的意见和建议。

344 我非常感激众多的图书管理员、档案管理员和策展人在我研究期间给予我的帮助和专业指导，有几个人值得我在此特别指出：Thomas Lannon 和 Tal Nadan 帮助我解决了纽约公共图书馆关于约翰·奎因大量收藏的几个问题，他们都不遗余力地帮助我查找难以寻找的条目；塔尔萨大学的 Alison Greenlee 和 Nicholas Geige 指导我查阅大学里收藏的艾尔曼的资料，没有他们的帮助，我就无法使用艾尔曼的资料；水牛城大学的 James Maynard 花费好几天的时间解答我的问题，并且回复我迟来的请求和疑问；Simone Munson 帮我在麦迪逊市的威斯康星历史协会查阅有关约翰·萨姆纳的资料，她不嫌麻烦，为我复印了上百页的文件；爱尔兰都柏林国家交通博物馆的 Liam Kelly 提供了有关 1904 年都柏林有轨电车的照片和相关信息；Richard Tuske 为我提供了拜恩老纽约城律师协会大楼的房间的细节。以下这些人也给了我无与伦比的帮助：普林斯顿的 Gabriel Swift；伦敦大学学院的 Mandy Wise；英国国家图书馆的 Zoe Stansell；华盛顿特区国家档案研究中心的 William Creech；特拉华大学的 Alex Johnston。哈佛医学院康威医学图书馆的 Julia Whelan 以及医学市中心的 Jack Eckert，帮助我探索药典的神秘世界以及 20 世纪早期的药物。Asim Ahmed 在流行病学和传染病的问题上给予我指导和帮助，Allan Brandt 和 Ariel Otero 针对我稿子中对乔伊斯病史的评价研究提供了医学建议。

富尔布林格暑期教员奖资助我三个夏季在多个档案馆做研究，在秋季和春季，哈佛大学历史与文学系的教师们为我提供研究思路，我们交流对话并一起享受无比需要的欢乐饮酒时光。我在历史与文学系教师座谈会上介绍了这本书的一部分，对于那之后的反馈和指导，我在此表示感谢。Anna Henchman 和 Steven Biel 让我和伍尔西一家取得了联系，其中包括 Mary Woolsey，如果没有他们的帮助，约翰·伍尔西大法官就不可 345
能活灵活现地出现在书中。Peggy Brooks 特意用一个下午的时间和我讨论她对伍尔西法官的记忆，给我提供了我从其他地方无法得到的文件和信息。关于伍尔西法官的信息，给我帮助最大的是法官的孙子约翰·伍尔西三世，他给我提供了数年间数不清的家庭资料，并且（好像这还不够多一样）友善地邀请我去彼得舍姆参观法官的图书馆。2010 年的布卢姆日前夕，我们在《尤利西斯》美国合法化进程开始的小山坡上一起吃三明治庆祝。

这些年来，我有幸和三位优秀而专注的研究助理一起工作：Emma Wood、Rachel Wong 和 Caroline Trusty。她们在这个研究项目的诸多方面提供了很大的帮助，帮我调查不断增多的各种问题，从各州法律、联邦法律到审查记录、货币换算，甚至是一个世纪以前具体某一天的天气。我要特别感谢 Mathilda Hills 和 Jackson R. Bryer 在玛格丽特·安德森的研究资料上给予的意见和帮助；感谢 Julie Ahrens 和斯坦福大学公平使用项目在版权问题上提供咨询帮助；感谢 Erik Schneider 在平装书版本中针对的里雅斯特提出的详细建议；感谢 Miriam Otero 转录字迹难辨的档案信件；感谢 Lisa E. Smith 孜孜不倦地查找一份未出版的档案；感谢 Louis Hyman 和 Katherine Howe 在纽约给予我的友谊和慷慨款待；感谢 Amy Maguire 在我最忙乱的日子中给予我支持和理解；感谢剑桥诸多咖啡师为我不断补充咖啡因；感谢勇敢无畏的《尤利西斯》读书俱乐部成员（Katrin Holzhaus、Eric Idsvoog、Ana Ivkovic 以及 Sean Smith）帮助我探索 1904 年 6 月 16 日之谜；感谢其他诸多友人——人数太多，难以一一点名——让我保持理智；感谢我的学生让我时刻保持警觉，并赋予我灵感，提醒我历史和文学值得所有的投入；感谢我的妈妈成为我的妈妈，感谢我的爸爸，我至今保存着您的那本《都柏林人》。

# 注　释

## 档案缩写词

**BL:** Harriet Shaw Weaver Papers, British Library, London

**BNA:** National Archives, London

**Buffalo:** James Joyce Collection, Poetry Collection of the University Libraries, University at Buffalo, State University of New York

**Cerf Papers:** Bennett Cerf Papers, Rare Book and Manuscript Library, Columbia University

**Cornell:** James Joyce Collection, #4609. Division of Rare and Manuscript Collections, Cornell University Library

**Delaware:** Florence Reynolds Collection Related to Jane Heap and *The Little Review*, Special Collections, University of Delaware Library, Newark, Delaware

**Ernst Papers:** Morris Ernst Collection, Harry Ransom Humanities Research Center, University of Texas at Austin

**HRC:** Harry Ransom Humanities Research Center, University of Texas at Austin

**NARA:** National Archives and Records Administration, Washington, D.C.

**NLI:** James Joyce Papers, National Library of Ireland, Dublin

**NYPL:** John Quinn Papers, Manuscripts and Archives Division, New York Public Library, Astor, Lenox, and Tilden Foundations

**Roth Papers:** Samuel Roth Collection, Rare Book and Manuscript Library, Columbia University

**SBP:** Sylvia Beach Papers, Firestone Library, Princeton University

**SIU:** Gorman Papers, Harley Croessmann Collection, Special Collections Research Center, Morris Library, Southern Illinois University-Carbondale

**Tulsa:** Richard Ellmann Collection, University of Tulsa

**UCL:** James Joyce Collection, Lidderdale Papers, University College, London

**UWM:** *Little Review* Records, University of Wisconsin-Milwaukee

**WHS:** John Saxton Sumner Papers, Wisconsin Historical Society, Madison

**Yale Anderson:** Elizabeth Jenks Clark Collection of Margaret Anderson, Beinecke Rare Book and Manuscript Library, Yale University

**Yale Pound:** Ezra Pound Papers, Yale Collection of American Literature, Beinecke Rare Book and Manuscript Library, Yale University

**Yale Joyce:** James Joyce Papers, Beinecke Rare Book and Manuscript Library, Yale University

## 图书与报刊缩写词

*DMW*: Jane Lidderdale and Mary Nicholson, *Dear Miss Weaver: Harriet Shaw Weaver, 1876-1961*
Ell: Richard Ellmann, *James Joyce*, revised edition (New York: Oxford UP, 1982)
*EP/JJ*: *Pound/Joyce: The Letters of Ezra Pound to James Joyce*
*EP/JQ*: *Letters of Ezra Pound to John Quinn*
*JJ/SB*: *James Joyce's Letters to Sylvia Beach, 1921-1940*
*JJQ*: *James Joyce Quarterly*
*LI, LII, LIII*: *The Letters of James Joyce*, vols. 1, 2 and 3
*LR*: *The Little Review*
*LSB*: *The Letters of Sylvia Beach*
*MBK*: Stanislaus Joyce, *My Brother's Keeper: James Joyce's Early Years*
*MNY*: B. L. Reid, *The Man from New York: John Quinn and His Friends*
*NYT*: *New York Times*
*SBLG*: Noël Riley Fitch, *Sylvia Beach and the Lost Generation: A History of Literary Paris in the Twenties and Thirties*
*SC*: Sylvia Beach, *Shakespeare and Company*
*SL*: *Selected Letters of James Joyce*
*TWQ*: *Two Worlds Quarterly*
*TYW*: Margaret C. Anderson, *My Thirty Years' War: An Autobiography by Margaret Anderson*
*UvU*: *United States of America v. One Book Entitled Ulysses by James Joyce: Documents and Commentary: A 50-Year Retrospective*

## 人名缩写词

EH: Ernest Hemingway
EP: Ezra Pound
JJ: James Joyce
JQ: John Quinn
MCA: Margaret Anderson
NB: Nora Barnacle
SB: Sylvia Beach
SJ: Stanislaus Joyce
VW: Virginia Woolf

## 前　言

[1] Cyril Connolly, *Enemies of Promise*, p. 75, qtd. in *SBLG*, p. 14.

[2] JJ, *Ulysses*, ed. Hans Walter Gabler (New York: Vintage Books, 1993), p. 24 (2: 171-2).

[3] R. J. Morris, "Voluntary Societies and British Urban Elites, 1780-1850: An Analysis," *The Historical Journal* 26, no. 1 (1983), pp. 95-118.

[4] M. J. D. Roberts, "Morals, Art, and the Law: The Passing of the Obscene Publications Act, 1857," *Victorian Studies* 28, no. 4 (1985), p. 621.

[5] Colin Manchester, "Lord Campbell's Act: England's First Obscenity Statue," *Journal of Legal History* 9, no. 2 (1988), pp. 223 – 41.

[6] Anthony Comstock, *Frauds Exposed; Or, How the People Are Deceived and Robbed, and Youth Corrupted* (New York: J. H. Brown, 1880), p. 416.

[7] 17 Stat. 598 (1873). Current version at 18 U. S. C. 1461 (1988).

[8] Anna Louise Bates, *Weeder in the Garden of the Lord: Anthony Comstock's Life and Career* (Lanham: University Press of America, 1995), p. 56.

[9] Comstock qtd. Timothy Gilfoyle, *City of Eros: New York City, Prostitution, and the Commercialization of Sex, 1790 – 1920* (New York: Norton, 1992), p. 188.

[10] EP, "Meditatio" *The Egoist* 3, No. 3 (March 1, 1916), pp. 37 – 38, reprinted in *EP/JJ*, p. 73.

[11] 见 1928 年 12 月 1 日庞德至 W. H. 塔夫脱信，Yale Pound, Box 53 Folder 2418。

[12] Helen Nutting Diary, Tulsa, Series 1 Box 176.

[13] 见 1917 年 6 月 2 日约翰·奎因至埃兹拉·庞德信，NYPL。

[14] 见 1917 年 10 月 16 日约翰·奎因至埃兹拉·庞德信，NYPL。

[15] 请参见其中一例 "An International Episode," *LR* 5, no. 7 (Nov. 1918), pp. 34 – 7。

[16] *LR* 7, no. 3 (Sept. – Dec. 1920), p. 73.

[17] 例如 *LR* 5, no. 3 (July 1918), p. 66 以及 *LR* 6, no. 3 (July 1919), p. 2。

[18] Israel Solon, "The December Number", *LR* 6, no. 9 (Jan. 1920), p. 30.

[19] *LR* 5, no. 3 (July 1918), p. 64.

[20] Else von Freytag Loringhoven, "The Modest Woman," *LR* 7, no. 2 (July – Aug. 1920), p. 40.

[21] 见 1922 年 11 月乔伊斯致弗兰克·巴津信，*LIII*, p. 30。

[22] LR 5, no. 2 (June 1918), p. 54.

[23] Simone de Beauvoir, "*The Useless Mouths*" *and Other Literary Writings* (Urbana: University of Illinois Press, 2011), p. 316.

[24] 见 1924 年 4 月 25 日乔伊斯致西尔维娅·比奇信，*JJ/SB*, p. 38。

[25] 见1928 年 1 月 30 日海明威致乔伊斯信，Ernest Hemingway, *Ernest*

Hemingway, *Selected Letters, 1917 - 1961* (New York: Scribner, 1981), p. 271。

[26] 见 1955 年 4 月 26 日 Myron Nutting 致艾尔曼信, Tulsa, Series 1 Box 176。

[27] Burton Rascoe, *A Bookman's Daybook* (New York: H. Liveright, 1929), p. 27.

[28] 见 1931 年 12 月 28 日 Paul Claudel 致 Adrienne Monnier 信, Berg Collection, NYPL（从法文翻译而成）。

[29] Rebecca West, "The Strange Case of James Joyce," *The Bookman*, Sept. 1928, pp. 9 - 23.

[30] Maria Jolas, "The Joyce I Knew and the Women around Him," *The Crane Bag* 4, no. 1 (1980), p. 86.

[31] 请参阅例如 Joseph Kelly, *Our Joyce: From Outcast to Icon* (Austin: University of Texas Press, 1998); Paul Vanderham, *James Joyce and Censorship: The Trials of Ulysses* (New York: New York University Press, 1998), 以及 Bruce Arnold, *The Scandal of Ulysses* (New York: St. Martin's Press, 1991)。

[32] Ell, pp. 502 - 3.

[33] 见 1906 年 9 月 24 日理查德致乔伊斯信, Cornell, Series IV Box 13; JJ to SJ, Sept. 30, 1906, LII, p. 168。

[34] Frank Budgen, *James Joyce and the Making of Ulysses* (Bloomington: Indiana University Press, 1964), p. 21.

## 1 夜市区

[1] 见 1909 年 9 月 7 日乔伊斯致娜拉信, *SL*, p. 169。

[2] Joseph O'Brien, *Dear, Dirty Dublin: A City in Distress, 1899 - 1916* (Berkeley: University of California Press, 1982), pp. 3 - 4.

[3] K. T. Hoppen, *Ireland Since 1800: Conflict and Conformity* (New York: Longman, 1998), pp. 11 - 16.

[4] O'Brien, *Dear, Dirty Dublin*, p. 6.

[5] Jacinta Prunty, *Dublin Slums, 1800 - 1925: A Study in Urban Geography* (Dublin: Irish Academic Press, 1998), pp. 25, 56.

［6］Ibid.，p. 32.

［7］Ibid.，pp. 36，76。

［8］O'Brien，*Dear，Dirty Dublin*，p. 18.

［9］Prunty，*Dublin Slums*，pp. 25，28，80；O'Brien，p. 8.

［10］Prunty，pp. 46，66.

［11］Ibid.，p. 25.

［12］JJ，"Day of the Rabblement，" in *Critical Writings*（London：Faber and Faber，1959），p. 71.

［13］亨利克·易卜生语，转引自 Michael Leverson Meyer，*Ibsen：A Biography*（Doubleday，1971），p. 274。

［14］见 1901 年 3 月乔伊斯致易卜生信，*SL*，p. 7。

［15］Ell，pp. 88－89；*MBK*，pp. 144－5.

［16］Ell，pp. 98－100.

［17］见拉塞尔致格里高利夫人信，转引自 Ulick O'Connor，*Celtic Dawn：A Portrait of the Irish Literary Renaissance*（London：Hamish Hamilton，1984），p. 208。

［18］拉塞尔语，转引自 Ell，p. 100。

［19］乔伊斯语，转引自拉塞尔私人谈话，Ell，p. 103。

［20］叶芝语，转引自 Ell，p. 104。

［21］乔伊斯语，转引自拉塞尔私人谈话，Ell，p. 103。

［22］乔伊斯语，转引自叶芝谈话，Ell，p. 103。

［23］拉塞尔私人谈话，Ell，p. 103。

［24］见 1902 年 12 月 15 日乔伊斯致玛丽·乔伊斯信，*LII*，p. 21。

［25］Herbert Gorman，*James Joyce：His First Forty Years*（New York：Farrar and Rinehart，1939），p. 90.

［26］见 1903 年 3 月 8 日乔伊斯致玛丽·乔伊斯信，*LII*，p. 34。

［27］见 1903 年 2 月 21 日乔伊斯致玛丽·乔伊斯信，*LII*，p. 29。

［28］见 1903 年 2 月 26 日乔伊斯致玛丽·乔伊斯信，*LII*，p. 31。

［29］Gorman，*James Joyce*，p. 91；*MBK*，p. 214.

［30］Gorman，p. 92.

［31］Ell，p. 123.

［32］见玛丽·乔伊斯 1903 年 3 月 19 日致乔伊斯信，*LII*，p. 36。

[33] 见1903年2月26日乔伊斯致玛丽·乔伊斯信，*LII*, p. 31。

[34] Gorman, *James Joyce*, p. 88; Michael Groden, "The National Library of Ireland's New Joyce Manuscripts: A Statement and Document Descriptions," *JJQ* 39, no. 1 (Fall 2001), pp. 34 – 37.

[35] JJ, "Epiphany 33," *Poems and Shorter Writings: Including Epiphanies, Giacomo Joyce, and 'A Portrait of the Artist,'* ed. Richard Ellmann, A. Walton Litz, and John Whittier-Ferguson (London: Faber and Faber, 1991), p. 193.

[36] James Joyce, *Stephen Hero* (New York: New Directions, 1963), p. 213.

[37] Ibid., p. 33。

[38] Ell, p. 128.

[39] *MBK*, p. 229; Gorman, *James Joyce*, p. 108.

[40] Ell, p. 129.

[41] SJ and George Harris Healey, *The Complete Dublin Diary of Stanislaus Joyce* (Dublin: Anna Livia Press, 1994), pp. 8 – 9.

[42] *MBK*, p. 233.

[43] Ell, pp. 21, 92.

[44] 见梅·乔伊斯1916年9月1日致乔伊斯信，*LII*, p. 383。

[45] Mary Maguire Colum and Padraic Colum, *Our Friend James Joyce* (Garden City: Doubleday, 1958), p. 52.

[46] SJ and Healey, *The Complete Dublin Diary*, p. 123.

[47] *LII*, p. lv.

[48] *MBK*, p. 234.

[49] *Ulysses*, p. 156 (9: 221); Don Gifford, *Ulysses Annotated: Notes for James Joyce's Ulysses* (Berkeley: University of California Press, 1988), p. 206.

[50] Ell, p. 136.

[51] *Ulysses*, p. 156 (9: 224).

[52] Mary and Padraic Colum, *Our Friend James Joyce*, p. 51.

[53] Ell, pp. 131 – 2.

[54] Ulick O'Connor, Oliver St. John Gogarty (London: Jonathan Cape, 1964), pp. 11 – 13.

[55] Oliver Gogarty, *Mourning Became Mrs. Spendlove* (New York: Creative Age Press), p. 52.

[56] Ell, p. 161.

[57] Ibid., p. 367.

[58] O'Brien, *Dear, Dirty Dublin*, p. 191.

[59] 见 1904 年戈加蒂致乔伊斯信，Cornell, Series IV Box 8。

[60] Ell, pp. 367 – 8.

[61] Mary and Padraic Colum, *Our Friend James Joyce*, p. 53.

[62] SJ and Healey, *The Complete Dublin Diary*, p. 27.

[63] Ibid., p. 170。

[64] Ibid., p. 28。

[65] Ibid., p. 24。

[66] Ibid., p. 176。

[67] Ibid., pp. 51 – 52。

[68] Ell, p. 147.

[69] SJ and Healey, *The Complete Dublin Diary*, p. 19.

[70] JJ, "A Portrait of the Artist," *Poems and Shorter Writings*, p. 216.

## 2　娜拉·巴纳克尔

[1] Ell, pp. 140 – 1; Mary and Padraic Colum, *Our Friend James Joyce*, p. 56.

[2] Padraic Colum in Ulick O'Connor (ed.), *The Joyce We Knew* (Cork: The Mercer Press, 1967), p. 70.

[3] Ell, p. 164; Gogarty, *Mourning Became Mrs. Spendlove*, p. 46.

[4] David Pierce, Joyce's Ireland (New Haven, Conn.: Yale University Press, 1992), p. 52.

[5] Liam Kelly, 爱尔兰国家交通博物馆，2011 年 5 月 18 日邮件及照片。

[6] Brenda Maddox, *Nora: A Biography of Nora Joyce* (London: Hamish Hamilton, 1988), p. 5.

[7] Ibid., p. 25。

[8] 见 1904 年 9 月 1 日前后乔伊斯致娜拉信，*LII*, p. 51。

[9] Ibid., p. 9。

[10] Enhanced British Parliamentary Papers on Ireland, http: //eppi.

dippam. ac. uk/ documents/21962/eppi_ pages/616790.
[11] Ell, p. 11.
[12] Ibid., p. 26。
[13] 见 1904 年 6 月 15 日乔伊斯致娜拉信, *LII*, p. 42。
[14] Maddox, *Nora*: *A Biography*, p. 12.
[15] Ell, p. 158.
[16] Maddox, p. 19.
[17] Ell, p. 158.
[18] Maddox, p. 15.
[19] Ell, p. 158.
[20] Maddox, p. 18.
[21] 见 1904 年 12 月 3 日乔伊斯致斯坦尼斯劳斯信, *LII*, p. 72.
[22] Mary O'Holleran 叙述, 转引自 Ell, p. 158。
[23] Maddox, p. 20.
[24] 见 1909 年 12 月 3 日乔伊斯致娜拉信, *SL*, p. 182。
[25] 见 1909 年 8 月 7 日乔伊斯致娜拉信, *SL*, p. 159。
[26] 见 1904 年 8 月 15 日乔伊斯致娜拉信, *SL*, p. 47。
[27] 见 1904 年 9 月 1 日乔伊斯致娜拉信, *SL*, p. 50。
[28] 见 1904 年 7 月底 (?) 乔伊斯致娜拉信, *SL*, p. 44。
[29] 见 1904 年 7 月 12 日 (?) 乔伊斯致娜拉信, *SL*, p. 43。
[30] SJ and Healey, *The Complete Dublin Diary*, p. 57。
[31] Ell, p. 156.
[32] Maddox, *Nora*: *A Biography*, p. 25.
[33] 见 1904 年 8 月 29 日乔伊斯致娜拉信, *LII*, p. 49。
[34] Ibid., p. 48。
[35] 见 1904 年 9 月 12 日娜拉致乔伊斯信, *LII*, p. 52。
[36] 见 1904 年 9 月 1 日乔伊斯致娜拉信, *LII*, p. 51。
[37] SJ and Healey, *The Complete Dublin Diary*, p. 86.
[38] Mary and Padraic Colum, *Our Friend James Joyce*, p. 61; Oliver Gogarty, *It Isn't This Time of Year at All*! (Garden City: Doubleday, 1954), p. 86; Ell, pp. 171 - 2.
[39] Oliver Gogarty, *It Isn't This Time of Year at All*!, pp. 87 - 88.

[40] Ibid., p. 96; Gogarty, *Mourning Became Mrs. Spendlove*, pp. 56 – 57。

[41] 见 1904 年 9 月 15 日乔伊斯致 James Starkey 信, *LII*, p. 42。

[42] Ell, p. 176.

[43] Maddox, *Nora*: *A Biography*, p. 20.

[44] Ell, p. 159.

[45] 见 1904 年 12 月 3 日乔伊斯致斯坦尼斯劳斯信, *LII*, pp. 72 – 73。

[46] Ibid.

## 3 漩涡

[1] Humphrey Carpenter, *A Serious Character*: *The Life of Ezra Pound* (London; Boston: Faber and Faber, 1988), p. 222.

[2] 转引自 John Tytell, *Ezra Pound*: *The Solitary Volcano* (New York: Anchor Press, 1987), p. 96。

[3] Betsy Erkkila, *Ezra Pound*: *The Contemporary Reviews* (Cambridge: Cambridge University Press, 2011), p. 3.

[4] Charles Norman, *The Case of Ezra Pound* (New York: Bodley Press, 1948), p. 19.

[5] Tytell, p. 93.

[6] 庞德语, 转引自 Ernest Rhys, *Everyman Remembers* (Toronto: J. M. Dent, 1931), p. 244。

[7] James Longenbach, *Stone Cottage*: *Pound*, *Yeats*, *and Modernism* (New York: Oxford University Press, 1988), p. 14.

[8] Anthony Moody, *Ezra Pound*: *Poet*: *A Portrait of the Man and His Work* (Oxford: Oxford University Press, 2007), p. 240.

[9] Longenbach, p. 8.

[10] Carpenter, p. 222.

[11] 庞德致 Harriet Monroe 信, 转引自 Moody, *Ezra Pound*: *Poet*: *A Portrait of the Man and His Work*, p. 215。

[12] Moody, pp. 200 – 1。

[13] 叶芝语, 转引自 Marjorie Elizabeth Howes, "Introduction," *The Cambridge Companion to W. B. Yeats* (Cambridge: Cambridge University Press, 2006), p. 6。

[14] Yeats, "September 1913", 转引自 Howes, *The Cambridge Companion to W. B. Yeats*, p. 19.

[15] EP, "The Serious Artist" in Ezra Pound and Ira B. Nadel, *Early Writings: Poems and Prose* (New York: Penguin Books, 2005), p. 235.

[16] EP, "How I Began" and "Vorticism," *Early Writings*, pp. 214 – 5, 286.

[17] EP, "In a Station of the Metro," *Poetry* 2, no. 1 (April 1913), p. 12.

[18] EP, "A Few Don'ts by an Imagiste," *Early Writings*, p. 254.

[19] EP, "Hell" in *Literary Essays of Ezra Pound* (New York: New Directions, 1968), p. 205.

[20] EP, "How I Began," *Early Writings*, p. 211.

[21] 见 1913 年 12 月 15 日庞德致乔伊斯信, *EP/JJ*, pp. 17 – 18。

[22] 见 1891 年庞德写给圣诞老人的信, Yale Pound, Box 46 Folder 2026。

[23] Stephen Inwood, *City of Cities: The Birth of Modern London* (London: Macmillan, 2005), pp. 1 – 9.

[24] Jerry White, *London in the Twentieth Century: A City and Its People* (London; New York: Viking, 2001), p. 177.

[25] George Dangerfield, *The Strange Death of Liberal England, 1910 – 1914* (New Brunswick, N. J.: Transaction Publishers, 2011).

[26] Tytell, *Ezra Pound*, p. 65.

[27] White, pp. 73 – 74.

[28] Les Garner, *A Brave and Beautiful Spirit: Dora Marsden, 1882 – 1960* (Brookfield, VT: Avebury, 1990), p. 78.

[29] Jean Baker, *Votes for Women: The Struggle for Suffrage Revisited* (Oxford; New York: Oxford University Press, 2002), p. 118.

[30] Richard Lloyd George, *My Father, Lloyd George* (New York: Crown Publishers, 1960), p. 122.

[31] "Attacked by Suffragette," *Troy Northern Budget*, Nov. 14, 1909, p. 1.

[32] 见相关文献, 如 Laura Mayhall, *The Militant Suffrage Movement: Citizenship and Resistance in Britain, 1860 – 1930* (Oxford: Oxford

University Press, 2003), p. 107; Inwood, *City of Cities*, p. 158; William Wees, *Vorticism and the English Avant-Garde* (Toronto: University of Toronto Press, 1972), p. 18; "Suffragettes on the Warpath Again," *NYT*, Jan. 29, 1913, p. 1; "Bomb Outrage by Suffragettes," *Daily Express*, Feb. 20, 1913, p. 1; "Gunpowder Bomb," *Evening Post*, May 6, 1914, p. 7。

[33] "Spy Pictures of Suffragettes Revealed," *BBC News Online*, Oct. 3, 2003, http://news.bbc.co.uk/2/hi/uk_news/magazine/3153024.stm.

[34] White, p. 154; Inwood, p. 458.

[35] Garner, p. 43; Wees, p. 17.

[36] "Miss Emerson's Injury Permanent, Say Doctors" *New York Tribune*, April 10, 1913, p. 3.

[37] Inwood, p. 159.

[38] "Suffragette 'plot to Assassinate Asquith,'" *The Telegraph*, Sept. 29, 2006; Inwood, p. 157.

[39] Tytell, *Ezra Pound*, pp. 65 – 66.

[40] Wees, *Vorticism and the English*, p. 21.

[41] Roger Fry and Desmond McCarthy, "Manet and the Post-Impressionists" Exhibition Catalogue (London: Grafton Galleries, 1910); White, p. 341; Wees, p. 22.

[42] Charles Ricketts, "Post-Impressionism at the Grafton Gallery," 转引自 Wees, p. 26。

[43] White, p. 329.

[44] *NY Tribune*, "The English Cabaret," Aug. 11, 1912, p. B3; "The Cabaret Theatre Club" *Times* [*of London*?], June 27, 1912, p. 10; Wees, p. 50; Richard Cork, *Art Beyond the Gallery in Early 20th Century England* (New Haven: Yale University Press, 1985), p. 61 – 105.

[45] "The Aims of Futurism," *The Times*, March 21, 1912, p. 2; Tytell, p. 106.

[46] F. T. Marinetti, "The Founding and the Manifesto of Futurism" in *Modernism: An Anthology*, ed. Lawrence Rainey (Malden: Blackwell Publishing, 2005), p. 5.

[47] "Militant Slashes Herkomer Canvas," *New York Tribune*, May 13,

1914, p. 6.

[48] " 'Wild Women' Damage Paintings" *NYT*, May 23, 1914, p. 2; "Heavy Sentences for Suffragettes," *New York Tribune*, May 27, 1914, p. 5.

[49] "Militant Ruins Sargent Portrait," *New York Tribune*, May 5, 1914, p. 7.

[50] Garner, *A Brave and Beautiful Spirit*, pp. 31 – 32; *Daily Mirror*, April 1, 1909.

[51] Garner, p. 35; *Votes for Women*, Sept. 10, 1909.

[52] Elizabeth Crawford, *Women's Suffragette Movement: A Reference Guide, 1866 – 1928* (New York: Routledge, 2001), p. 379.

[53] Garner, p. 39 – 40; "Budget Battle Rages in Britain," *San Francisco Chronicle*, Dec. 5, 1909, p. 32. 感叹号为作者所加。

[54] Daily Weather Reports for Dec. 1909, National Meteorological Library, Exeter.

[55] Garner, p. 43.

[56] 马斯登语，转引自 Garner, pp. 56 – 57。

[57] 马斯登语，转引自 Andrew Thacker, "Dora Marsden and *The Egoist*: 'Our War Is with Words,'" *Twentieth Century Literature* 36, no. 2 (1993), p. 186。

[58] Marsden, Freewoman, July 1, 1913, p. 25，转引自 Morrisson, "Marketing British Modernism: *The Egoist* and Counter-Public Spheres," *Twentieth Century Literature* 43 (Winter 1997), p. 456。

[59] Marsden, "Intellect and Culture," *New Freewoman*, Jan. 7, 1913, p. 24，转引自 Thacker, "Dora Marsden and *The Egoist*," p. 186。

[60] Marsden, *Egoist*, Jan. 1, 1915, p. 1，转引自 Thacker, ibid., p. 188。

[61] Marsden, "The Growing Ego," *Freewoman*, Aug. 8, 1912, pp. 221 – 2.

[62] 庞德致马斯登信（日期不详），转引自 Bruce Clarke, "Dora Marsden and Ezra Pound 'The Freewoman' and 'The Serious Artist,'" *Contemporary Literature* 33, no. 1 (Spring 1992), p. 100。

[63] EP, "The Serious Artist," *Early Writings*, p. 239.

[64] Bruce Clarke, *Dora Marsden and Early Modernism: Gender, Individualism,*

*and Science* ( Ann Arbor: University of Michigan Press, 1996 ), pp. 129 – 130.

[65] EP, "Vorticism," *Early Writings*, p. 289.

[66] *Blast* 1, June 28, 1914, p. 31.

[67] Ibid., p. 7.

[68] Ibid., p. 151.

[69] Ibid., p. 25.

[70] Ibid., p. 27.

[71] 见 1906 年 3 月 13 日乔伊斯致出版商格兰特·理查兹信，*LII*, p. 132。

[72] Ell, p. 314.

[73] 见 1914 年 1 月 17 日和 19 日庞德致乔伊斯信，*EP/JJ*, p. 24。

## 4　的里雅斯特

[1] Stephen Van Evera, "The Cult of the Offensive and the Origins of the First World War," *International Security* 9, no. 1 ( Summer, 1984 ), pp. 58 – 107.

[2] 参见 *LSB*, p. 49 注释。

[3] Ell, p. 179.

[4] 见 1907 年 4 月 24 日约翰·乔伊斯致乔伊斯信，*LII*, p. 221。

[5] McCourt, *The Years of Bloom*, p. 28.

[6] Ibid., p. 29.

[7] Karl Baedeker, *Austria-Hungary, Including Dalmatia and Bosnia; Handbook for Travelers* (New York: C. Scribner's Sons, 1905), p. 205.

[8] McCourt, p. 33.

[9] Peter Hartshorn, *James Joyce and Trieste* (Westport, Conn.: Greenwood Press, 1997), p. 25.

[10] 见 1905 年 7 月 12 日乔伊斯致斯坦尼斯劳斯信，*LII*, pp. 93 – 94。

[11] Ibid.

[12] Ell, p. 262.

[13] 见 1905 年 1 月 19 日乔伊斯致斯坦尼斯劳斯信，*LII*, p. 78。

[14] McCourt, p. 33.

[15] Ibid., p. 63.

[16] Baedeker, *Austria-Hungary*, p. 206.

[17] Mario Nordio, "My First English Teacher," *JJQ* 9.3 (Spring 1972), p. 324.

[18] Alessandro Francini Bruni, "Recollections of Joyce" in Willard Potts (ed.), *Portraits of the Artist in Exile: Recollections of James Joyce by Europeans* (Seattle: University of Washington Press, 1979), p. 40.

[19] Ell, p. 213.

[20] Francini Bruni, p. 40.

[21] Ell, pp. 267 - 8.

[22] 见 1905 年 7 月 12 日乔伊斯致斯坦尼斯劳斯信, *LII*, p. 94。

[23] Ell, p. 215.

[24] Francini Bruni, "Joyce Stripped Naked in the Piazza," *Portraits of the Artist in Exile*, p. 27.

[25] JJ, *A Portrait of the Artist as a Young Man*, ed. Chester G. Anderson (New York: Viking, 1968), pp. 246 - 7.

[26] SJ, Trieste Diary, April 11, 1907, Tulsa, Series 1 Box 142. 有关乔伊斯无政府主义的更多信息，可参见 Dominic Manganiello, *Joyce's Politics* (London; Boston: Routledge & Kegan Paul, 1980) 及 "The Politics of the Unpolitical in Joyce's Fictions," *JJQ* 29, no. 2 (Winter 1992), pp. 241 - 258。还可参见 David Kadlec, *Mosaic Modernism: Anarchism, Pragmatism, Culture* (Baltimore: Johns Hopkins University Press, 2000), pp. 90 - 121。

[27] Metropolitan Police Act 1839 2&3 Vict. c. 47.

[28] Ibid.

[29] Petrow, *Policing Morals: The Metropolitan Police and the Home office, 1870 - 1914* (New York: Claredon Press; Oxford University Press, 1994), pp. 31 - 32.

[30] Hartshorn, *James Joyce and Trieste*, p. 5.

[31] Hartshorn, p. 109.

[32] Ibid.

[33] McCourt, *The Years of Bloom*, p. 209; Ell, p. 381.

[34] *Ulysses*, p. 3 (1: 1).

［35］见1915年6月16日乔伊斯致斯坦尼斯劳斯信，*SL*，p. 209。

［36］Ell，p. 383；Hartshorn，p. 108.

［37］Gorman，*James Joyce*，p. 229；Philip Nicholas Furbank，*Italo Svevo*；*the Man and the Writer*（Berkeley：University of California Press，1966），p. 101.

［38］McCourt，*The Years of Bloom*，p. 246；Hartshorn，*James Joyce and Trieste*，p. 108.

［39］Franz Stanzel，"The Austrian Subtext of James Joyce's *Ulysses*，" *Anglistik* 16，no. 2（2005），p. 71；Stanzel，"Austria's Surveillance of Joyce in Pola，Trieste，and Zurich，" *JJQ* 38，no 3/4（Spring/Summer 2001），pp. 363 – 4.

［40］Furbank，*Italo Svevo*，p. 101.

［41］乔伊斯语，转引自McCourt，p. 243。

［42］见1915年4月29日格兰特·理查兹致乔伊斯信，Cornell，Series IV Box 13。

［43］Ell，p. 400.

［44］见1906年9月30日乔伊斯致斯坦尼斯劳斯信，*LII*，p. 168。

［45］Rodney Wilson Owen，*James Joyce and the Beginnings of Ulysses*（Ann Arbor：UMI Research Press，1983），pp. 63 – 69.

［46］JJ，*Stephen Hero*，p. 213.

［47］*Ulysses*，p. 160（9：381，383 – 5）.

［48］Ibid.，p. 31（3：1 – 4）.

## 5　心灵的作坊

［1］Garner，*A Brave and Beautiful Spirit*，p. 116.

［2］Ibid.，p. 77；Thacker，"Dora Marsden and *The Egoist*，" pp. 183 – 4.

［3］Garner，pp. 97 – 98.

［4］*DMW*，p. 57.

［5］韦弗小姐语，转引自*DMW*，pp. 53 – 54。

［6］Ibid.，pp. 87，108.

［7］*DMW*，p. 89.

［8］Ibid.，p. 43.

[9] *DMW*, pp. 86, 91.

[10] Morrisson, "Marketing British Modernism," p. 466 注释。

[11] *DMW*, pp. 99 – 100.

[12] Paul Johnson, *Modern Times: A History of the World from the 1920s to the 1990s* (London: Phoenix, 1992), p. 35.

[13] Castle, *London 1914 – 1917: The Zeppelin Menace* (Oxford: Osprey, 2008), pp. 35 – 39.

[14] Captain Breithaupt 语，转引自 Castle, Ibid., p. 44。

[15] 马斯登语，转引自 *DMW*, p. 107。

[16] *DMW*, p. 98.

[17] Ibid., p. 92.

[18] 见 1915 年 7 月 28 日韦弗小姐致乔伊斯信，Cornell, Series IV Box 14; *DMW*, p. 99。

[19] JJ, *A Portrait*, p. 171.

[20] *DMW*, p. 99.

[21] Ibid., p. 103.

[22] 见 1915 年 7 月 28 日韦弗小姐致乔伊斯信，Cornell, Series IV Box 14。

[23] 见 1905 年 11 月 27 日乔伊斯致格兰特·理查兹信，*LII*, p. 128。

[24] 见 1906 年 2 月 17 日理查兹致乔伊斯信，Cornell, Series IV Box 13。

[25] 见 1906 年 5 月 5 日乔伊斯致理查兹信，*LII*, p. 133。

[26] 见 1906 年 4 月 23 日理查兹致乔伊斯信，Cornell, Series IV Box 13。

[27] Ibid.

[28] JJ, "Grace," *Dubliners* (New York: Viking Press, 1962), p. 157.

[29] JJ, "The Boarding House," Ibid., p. 68. 维京版没有把"他的"(his) 变成斜体，但其他版本都加了斜体，在乔伊斯的草稿和校样中也加了斜体。

[30] 见 1906 年 5 月 13 日乔伊斯致格兰特·理查兹信，*LII*, p. 136。

[31] 见 1906 年 5 月 5 日乔伊斯致理查兹信，*LII*, p. 134。

[32] JJ, "An Encounter," *Dubliners*, p. 27.

[33] Ell, p. 329.

[34] 见 1906 年 5 月 13 日乔伊斯致理查兹信，*LII*, p. 137。

[35] 见 1906 年 6 月 23 日乔伊斯致理查兹信，*LI*，p. 64。

[36] 见 1906 年 5 月 5 日乔伊斯致理查兹信，*LII*，p. 134。

[37] 见 1906 年 5 月 10 日理查兹致乔伊斯信，Cornell，Series IV Box 13。

[38] 见 1906 年 5 月 13 日乔伊斯致理查兹信，*LII*，p. 137。

[39] 见 1906 年 5 月 10 日理查兹致乔伊斯信，Cornell，Series IV Box 13。

[40] Ibid.，见 1906 年 9 月 24 日理查兹致乔伊斯信。

[41] *LII*，p. 109 注释；Ell，p. 231；Ell，p. 267。

[42] Mary and Padraic Colum，*Our Friend James Joyce*，pp. 88 – 90；David Gardiner，*The Maunsel Poets*：*1905 – 1926*（Dublin：Maunsel & Co.，2004），pp. 2 – 6.

[43] JJ and Hans Walter Gabler，*Dubliners*：*A Facsimile of Drafts & Manuscripts*（New York：Garland Pub，1978），p. 215（Yale 2. 7 – 18）. 另见 1906 年 5 月 13 日乔伊斯致理查兹信，*LII*，p. 137。

[44] Ell，p. 311；P. J. Keating，The Haunted Study：A Social History of the English Novel，1875 – 1914（London：Secker & Warburg，1989），p. 271. 第一个版本是乔伊斯 1906 年寄给理查兹的草稿，第二个版本是他 1909 年的草稿，1914 年出版的版本写的是“他的老娘”。

[45] JJ，“A Curious History，” 重印于 *Egoist* 1，no. 2（Jan. 15，1914），pp. 26 – 27。

[46] 见 1911 年 7 月 19 日乔伊斯致 George Roberts 信，*LII*，p. 289。

[47] Ell，p. 315.

[48] Mary and Padraic Colum，*Our Friend James Joyce*，p. 97.

[49] McCourt，*The Years of Bloom*，p. 189.

[50] 见 1912 年 8 月 23 日 Roberts 致乔伊斯信，Cornell，Series IV Box 13。

[51] Ibid.

[52] Ell，p. 335.

[53] Mary and Padraic Colum，p. 92.

[54] *LII*，p. 318 注释。

[55] 转引自 Jonathon Green and Nicholas Karolides，*Encyclopedia of Censorship*（New York：Facts on File，1990），pp. 464 – 5。

[56] Roberts，“Morals，Art，and the Law：The Passing of the Obscene

Publicans Act," *Victorian Studies* 28, no. 4 (Summer, 1985), pp. 609 - 629; Colin Manchester, "Lord Campbell's Act: England's First Obscenity Statute," *Journal of Legal History* 9, no. 2 (1988), pp. 223 - 241. 1787 年，英王乔治三世发布公告，宣布淫秽构成犯罪。《淫秽出版物法》阐述了执法权的具体内容，但对量刑没有做出明确规定。

[57] Manchester, "Lord Campbell's Act," p. 227.

[58] Metropolitan Police Act of 1839, 2&3 Vict. c. 47.

[59] Manchester, pp. 229 - 231.

[60] Campbell 语，转引自 Roberts, p. 616。

[61] Roberts, p. 618.

[62] Manchester, p. 239 注释。

[63] *London Times*, Dec. 25, 1820.

[64] Roberts, p. 621.

[65] Manchester, pp. 224 - 5.

[66] Émile Zola, *La Terre* (Vizetelly ed.), 转引自 Edward de Grazia, *Girls Lean Back Everywhere: The Law of Obscenity and the Assault on Genius* (New York: Random House, 1992), p. 42。

[67] William Frierson, "The English Controversy in Realism in Fiction 1885 - 1895," *PMLA* 42 (1928), p. 534; de Grazia, pp. 40 - 42.

[68] 参见 Vizetelly 出版社 1888 年为 George Moore 的 *Spring Days. A Realistic Novel. A Prelude to "Don Juan"* (London: Vizetelly & Co., 1888) 所做的广告。

[69] de Grazia, pp. 43 - 44.

[70] Tennyson, *Locksley Hall, Sixty Years After* (1886), 转引自 Frierson, "The English Controversy," p. 536。

[71] Frierson, pp. 540 - 2; de Grazia, pp. 44 - 51.

[72] 见 1906 年 5 月 13 日乔伊斯致格兰特·理查兹信，*LII*, p. 137。

[73] *DMW*, pp. 4 - 32.

[74] Ibid., p. 27.

[75] Ibid., p. 33.

[76] Ibid., p. 83.

[77] 见 1917 年 5 月 7 日马斯登致韦弗小姐信，转引自 *DMW*, p. 137。
[78] 见 1919 年 6 月 24 日 Monro Saw & Co 致乔伊斯信，*LII*, pp. 444 – 5。
[79] JJ, *A Portrait of the Artist*, p. 253.
[80] *DMW*, p. 23.
[81] 见 1916 年 1 月 26 日 Herbert Cape 致 James Pinker 信，Yale Joyce, Box 2 Folder 49。
[82] *DMW*, p. 102.
[83] 理查兹语，转引自 Ell, p. 384 注释。
[84] 见 1915 年 11 月 27 日庞德致乔伊斯信，*EP/JJ*, p. 60。
[85] 见 1916 年 1 月 26 日 Werner Laurie 致 James Pinker 信，Yale Joyce, Box 2 Folder 69。
[86] Duckworth reader，转引自 *EP/JJ*, p. 64。
[87] 见 1916 年 1 月 30 日庞德致 Pinker 信，*EP/JJ*, pp. 65 – 66。
[88] EP, "'Dubliners' and Mr. James Joyce," *The Egoist*, July 15, 1914, 重印于 *EP/JJ*, p. 29。
[89] 见 1915 年 9 月 8 日庞德致约翰·奎因信，*EP/JQ*, p. 48。
[90] 见 1915 年 11 月 30 日韦弗小姐致乔伊斯信，Cornell, Series IV Box 14。
[91] *DMW*, p. 104.
[92] Billing and Sons，转引自 *DMW*, p. 117。
[93] 见 1916 年 5 月 19 日韦弗小姐致乔伊斯信，Cornell, Series IV Box 14。
[94] 见 1916 年 3 月 17 日庞德致韦弗小姐信，EP, *Selected Letters of Ezra Pound* (New York: New Directions, 1971), p. 122。另见 1916 年 3 月 16 日庞德致乔伊斯信，*EP/JJ*, p. 75。
[95] 见 1916 年 1 月 9 日乔伊斯致 James Pinker 信，*LII*, p. 370。
[96] 见 1916 年 1 月 16 日庞德致乔伊斯信，*EP/JJ*, p. 62。

## 6　小现代主义

[1] Robert Scholes, *Magazine Modernisms: An Introduction* (New Haven: Yale University Press, 2010), p. 6.
[2] Thacker, "Dora Marsden and *The Egoist*," p. 187，引自 EP, *Selected Letters*, p. 259。
[3] 参见 Ell, p. 165。

[4] 见1904年6月30日 William Magee 致乔伊斯信，Cornell，Series IV Box 11。

[5] 参见 LR 1，no. 2 (April 1914)，pp. 44，30。

[6] MCA，"Mrs. Ellis's Failure，" *LR* 2，no. 1 (March 1915)，p. 19（斜体为原文所加）。Bagget 称之为"第一篇出自女同性恋之手、支持同性恋权益的著名社论"。另见 Jane Heap，Florence Reynolds and Holly Baggett (ed.)，*Dear Tiny Heart*：*The Letters of Jane Heap and Florence Reynolds* (New York：New York University Press，2000)，p. 3。

[7] *TYW*，pp. 68 – 69.

[8] Will Levington Comfort 的来信，*LR* 2，no. 1 (March 1915)，pp. 56 – 57。

[9] *TYW*，p. 35.

[10] Ibid.，pp. 28 – 31.

[11] 参见 *LR* 1，nos. 7 – 8 (Oct. and Nov. 1914)。

[12] Eunice Tietjens，*The World at My Shoulder* (New York：Macmillan，1938)，pp. 63 – 69。

[13] 参见 De Witt C. Wing，"Dr. Foster's Articles on Nietzsche，" *LR* 1，no. 3 (May 1914)，pp. 31 – 32。

[14] Wing，"Robins Nests，" *The Auk* 32 (1915)，pp. 106 – 7.

[15] Stansell，*American Moderns*：*Bohemian New York and the Creation of a New Century* (New York：Metropolitan Books，2000)，p. 201.

[16] MCA，"Announcement，" *LR* 1，no. 1 (March 1914).

[17] *TYW*，pp. 11 – 13.

[18] Ibid.，p. 24.

[19] Ibid.，p. 11.

[20] Emma Goldman，"Socialism：Caught in the Political Trap，" *Red Emma Speaks*；*Selected Writings and Speeches* (New York：Random House，1972)，p. 102.

[21] Ibid.，"Anarchism：What It Really Stands For，" p. 74.

[22] Ibid.，"The Individual，Society and the State，" p. 111.

[23] Ibid.，"Anarchism：What It Really Stands For，" pp. 75 – 76.

[24] MCA，"The Challenge of Emma Goldman，" *LR* 1，no. 3 (May 1914)，p. 6.

[25] *TYW*, p. 55.

[26] Ibid., pp. 67 – 74.

[27] MCA, "Editorials and Announcements," *LR* 2, no. 4 (June – July 1915), p. 36.

[28] MCA, "The Immutable," p. 21.

[29] "Christmas Tree Traps 'Anarchy' on North Shore," *Chicago Daily Tribune*, Jan. 21, 1915, p. 1.

[30] "This Chicago Girl at the Age of 24 Smokes, Wears Pants and in Short Is Real Society Rebel," *Washington Post*, Oct. 31, 1915, p. E12.

[31] "Fool Killer Needed," *Daily Herald* (Mississippi), Nov. 3, 1915, p. 4.

[32] Goldman, "Preparedness: The Road to Universal Slaughter," *LR* 2, no. 9 (Dec. 1915), p. 12.

[33] MCA, "Toward Revolution," *LR* 2, no. 9 (Dec. 1915), p. 5.

[34] *TYW*, p. 75.

[35] "Christmas Tree Traps 'Anarchy' on North Shore," ibid., p. 1.

[36] *TYW*, pp. 86 – 91; "Ours Is the Life; Others Are Odd: Miss Anderson," *Chicago Daily Tribune*, Aug. 9, 1915, p. 13.

[37] Linda Lappin, "Jane Heap and Her Circle," *Prairie Schooner* 78, no. 4 (2004), p. 14.

[38] Ibid., p. 12.

[39] 见 1909 年 7 月 20 日简・希普致 Reynolds 信, *Dear Tiny Heart*, p. 38。希普把"God"有时大写，有时小写，此处不做改动，予以保留。

[40] *TYW*, p. 124.

[41] Ibid., p. 110.

[42] Susan Noyes Platt, "The Little Review: Early Years and Avant-Garde Ideas" in Sue Ann Prince, ed., *The Old Guard and the Avant-Garde: Modernism in Chicago, 1910 – 1940* (Chicago: University of Chicago Press, 1990), p. 152.

[43] *TYW*, pp. 126 – 7.

[44] MCA, "To the Innermost," *LR* 1, no. 7 (Oct. 1914), pp. 3, 5.

[45] MCA, "The Artist in Life," *LR* 2, no. 4 (June – July 1915), pp. 18 –

20. 斜体为本书作者所加。

[46] MCA, "A Real Magazine," *LR* 3, no. 5 (Aug. 1916), pp. 1 – 2; *TYW*, p. 124.

[47] Max Stirner (Trans. Byington), *The Ego and His Own* (New York: Dover, 2005), pp. 3, 366.

[48] Lawrence Stepelevich, "The Revival of Max Stirner," *Journal of the History of Ideas* 35 (April – June 1974), p. 324.

[49] Ell, p. 142 注释。

[50] Michael Levenson, *Genealogy of Modernism: A Study of English Literary Doctrine, 1908 – 1922* (Cambridge: Cambridge University Press, 1984), pp. 72 – 74.

[51] MCA, "The Challenge of Emma Goldman," *LR* 1, no. 3 (May 1914), p. 6.

[52] Marsden, *New Freewoman*, Sept. 1, 1913, p. 104。另见 Garner, *Brave and Beautiful Spirit*, pp. 102 – 3。

[53] James Huneker, *Egoists: A Book of Supermen: Stendahl, Baudelaire, Flaubert, Anatole France, Huysmans, Barres, Nietzsche, Blake, Ibsen, Stirner, and Ernest Hello* (New York: C. Scribner's Sons, 1921).

## 7 现代主义的美第奇

[1] *MNY*, p. 165.

[2] Ibid., p. 168.

[3] Ibid., pp. 144 – 7.

[4] Ibid., pp. 144 – 5.

[5] Brown, et. al., *Story of the Armory Show* (Greenwich, Conn.: New York Graphic Society, 1963), pp. 43 – 44; *MNY*, p. 147.

[6] 参见 Altshuler (ed.) Salon to Biennial: Exhibitions that Made Art History, vol. 1。除 1905 年的巴黎秋季沙龙外，自 1863 年以来没有如此大规模的艺术展览。

[7] Roger Fry and Desmond McCarthy, "Manet and the Post-Impressionists" Exhibition Catalogue (London: Grafton Galleries, 1910).

[8] Altshuler, p. 153.

[9] Milton Brown, "The Armory Show and Its After math," in *1915*, *The Cultural Moment: The New Politics, the New Woman, the New Psychology, the New Art & the New Theatre in America*, ed. Adele Heller and Louis Rudnick (New Brunswick: Rutgers University Press, 1991), pp. 166 – 7.

[10] Theodore Roosevelt, "A Layman's Views of an Art Exhibition," *Outlook* 103 (March 29, 1913), pp. 718 – 720.

[11] Brown, *The Story of the Armory Show*, pp. 121 – 3.

[12] *MNY*, p. 209.

[13] EP, "Affirmations," *The New Age*, Jan. 21, 1915, p. 312。

[14] 见 1915 年 2 月 25 日奎因致庞德信，转引自 *MNY*, p. 198。

[15] *MNY*, pp. 157 – 9.

[16] 见 1915 年 3 月 9 日庞德致奎因信，*EP/JQ*, p. 20。

[17] 见 1915 年 5 月 21 日庞德致奎因信，*EP/JQ*, pp. 27 – 28。

[18] 见 1915 年 5 月 21 日庞德致奎因信，*EP/JQ*, pp. 27 – 28。

[19] 见 1915 年 9 月 8 日庞德致奎因信，*EP/JQ*, p. 47。

[20] 见 1915 年 8 月 11 日庞德致奎因信，*EP/JQ*, p. 37。

[21] 见 1915 年 9 月 8 日庞德致奎因信，*EP/JQ*, p. 48。

[22] 见 1917 年 4 月 11 日奎因致乔伊斯信，NYPL；*MNY*, p. 30。

[23] 见 1915 年 8 月 26 日庞德致奎因信，*EP/JQ*, p. 40。

[24] Ibid., p. 41.

[25] 参见 Steven Lubar, "Men/Women/Production/Consumption," in Roger Horowitz and Arwen Mohun ed., *His and Hers: Gender, Consumption, and Technology* (Charlottesville: University Press of Virginia, 1998), pp. 12 – 13。

[26] 见 1915 年 10 月 13 日庞德致奎因信，*EP/JQ*, pp. 53 – 54。

[27] EP, "James Joyce—At Last the Novel Appears," *The Egoist* 4, no. 2 (Feb. 1917), pp. 21 – 22，转引自 *EP/JJ*, p. 90。省略号为作者所加。

[28] 见 1916 年 7 月 27 日庞德致奎因信，*EP/JQ*, p. 79。

[29] 见 1915 年 3 月 9 日庞德致奎因信，*EP/JQ*, p. 23。

[30] 见 1916 年 2 月 9 日奎因致庞德信，NYPL。

[31] 见 1916 年 4 月 8 日庞德致奎因信，NYPL。

[32] 见 1916 年 8 月 26 日奎因致庞德信，NYPL。

[33] EP letter in *LR*, 3, no. 2 (April 1916), p. 36.

[34] MCA, "A Real Magazine," *LR* 3, no. 5 (Aug. 1916), pp. 1 – 2.

[35] 见 1916 年 11 月 29 日庞德致安德森信，*EP/LR*, p. 4。

[36] *LR* 3, no. 2 (April 1916), p. 25.

[37] 见 1917 年 1 月 26 日庞德致安德森信，*EP/LR*, p. 6。

[38] 见 1916 年 11 月 29 日和 1917 年 1 月 26 日庞德致安德森信，*EP/LR*, pp. 4 – 7。

[39] 见 1917 年 1 月 26 日庞德致安德森信，*EP/LR*, p. 6。

[40] 见 1917 年 2 月 8 日庞德致安德森信，*EP/LR*, p. 15。

[41] 见 1917 年 2 月 8 日庞德致奎因信，*EP/JQ*, pp. 95 – 96。

[42] 见 1917 年 3 月 24 日奎因致庞德信，NYPL。

[43] 见 1917 年 5 月 3 日奎因致庞德信，NYPL。

[44] *TYW*, pp. 152 – 3.

[45] Ibid., p. 153.

[46] Clive Fisher, *Hart Crane: A Life* (New Haven: Yale University Press, 2002), p. 80.

[47] *TYW*, p. 154.

[48] *LR* 4, no. 2 (June 1917), p. 26.

[49] *TYW*, p. 157.

[50] *LR* 4, no. 6 (Oct. 1917), p. 42.

[51] MCA, "What the Public Doesn't Want," *LR* 4, no. 4 (Aug. 1917), p. 20.

[52] 见 1917 年 11 月 5 日庞德致安德森信，*EP/LR*, p. 139。

[53] Ibid., p. 141.

[54] Baldasty, *The Commercialization of News in the Nineteenth Century* (Madison: University of Wisconsin Press, 1992), p. 59.

[55] Frank Mott, *A History of American Magazines* (Cambridge: The Belknap Press of Harvard University Press, 1958 – 1968), pp. 1 – 17.

[56] Morrisson, "Marketing British Modernism," pp. 451 – 2.

[57] Ibid., p. 466 注释；Thacker, "Dora Marsden and *The Egoist*," p. 189。

[58] *MNY*, p. 111.

[59] Ibid., p. 91.

[60] Sheldon Cheney, "An Adventurer Among Art Collectors," *NYT Magazine*, Jan. 3, 1926, pp. 10, 23, 转引自 *MNY*, p. 651。

[61] Platt, "The Little Review" p. 139; Lappin, "Jane Heap and Her Circle," p. 7.

[62] MCA, "Collection of Memoires and Private Papers" ("My Collection"), Yale Anderson, Box 12 Folder 236.

[63] 约翰·奎因语，转引自 *MNY*, p. 290。

[64] 见 1968 年安德森致 Solita Solano 信（具体日期不详），Anderson Papers, Box 12 Folder 236。

[65] 见 1917 年 10 月 31 日奎因致庞德信，NYPL。

[66] 见 1917 年 6 月 2 日奎因致庞德信，NYPL。

[67] "'Little' in Butcher Paper," *Chicago Daily Tribune*, Nov. 18, 1916, p. 5.

[68] 见 1917 年 6 月 2 日奎因致庞德信，NYPL。斜体为作者所加。

[69] 见 1917 年 6 月 6 日奎因致庞德信，NYPL。另见 *TYW*, pp. 207 - 8。

[70] 见 1917 年 6 月 2 日奎因致庞德信，NYPL。

[71] 见 1917 年 5 月 17 日庞德致安德森信，*EP/LR*, p. 57。

[72] 见 1917 年 5 月 25 日庞德致安德森信，*EP/LR*, p. 58。

[73] 见 1917 年 6 月 18 日庞德致奎因信，NYPL。

[74] 见 1917 年 9 月 21 日、25 日、26 日奎因致安德森信，UWM, Box 4 Folder 2。

[75] 见 1917 年 8 月 7 日奎因致简·希普信，UWM, Box 4 Folder 2。

[76] Ibid.

## 8　苏黎世

[1] 见 1915 年 7 月 30 日乔伊斯致 A. Llewelyn Roberts 信，*LII*, p. 357。

[2] Budgen, *James Joyce and the Making of Ulysses*, pp. 27 - 34.

[3] Hugo Ball, *Flight Out of Time: A Dada Diary* (Berkeley: Univ. of California Press, 1996), pp. xxiii, 56, 64.

[4] Hugo Ball, "Dada Manifesto" (1916).

[5] Budgen, p. 34.

[6] Austrian government report (July 31, 1916), 转引自 Stanzel, "Austria's Surveillance of Joyce in Pola, Trieste, and Zurich," pp. 361 - 371。

[7] 见 1918 年 7 月 18 日 Rumbold 致 Gaselee 信，BNA，F. O. 395/209/003 - 4。

[8] 见 1916 年 7 月 9 日致蒂罗尔帝国国防总部报告，转引自 Stanzel，"Austria's Surveillance of Joyce，" pp. 368 - 9。另见 Stanzel，"The Austrian Subtext of James Joyce's *Ulysses*"；McCourt，*Years of Bloom*，p. 249；Budgen，p. 34。

[9] Borach，"Conversations with James Joyce，" *James Joyce：Portraits of the Artist in Exile*，p. 71.

[10] Budgen，p. 35.

[11] 见 1916 年 7 月 9 日 k. u. k. Militärattaché 致帝国国防总部信，转引自 Stanzel，"Austria's Surveillance of Joyce，" p. 368。

[12] Ell，pp. 392，406.

[13] Gordon Bowker，*James Joyce：A New Biography*（New York：Farrar，Straus and Giroux，2012），p. 227.

[14] Ell，p. 407.

[15] Marilyn Reizbaum，"Swiss Customs"，*JJQ* 27，no. 2（Winter 1990），p. 213，转引自 Carol Shloss，*Lucia Joyce：To Dance in the Wake*（New York：Farrar，Straus and Giroux，2003），p. 66。

[16] Budgen，p. 190；Carola Giedion-Welcker，"Meeting with Joyce，" *Portraits of the Artist in Exile*，p. 273；C. P. Curran，*James Joyce Remembered*（New York：Oxford University Press，1968），p. 90；Ell，pp. 430，433.

[17] Victor Llona，"Mrs. James Joyce and Her Controversial Husband，" *Cimarron Review* 70 no. 74（Jan. 1986），pp. 55 - 60，p. 56.

[18] Ell，p. 389.

[19] Lucia Joyce，"The Real Life of James Joyce，" Lucia Joyce Papers，HRC，Box 1 Folder 3.

[20] 见 1917 年 7 月 24 日乔伊斯致庞德信（未出版），转引自 Ell，p. 416。此处作者省略了"想啊"之后的一个句子。

[21] Ell，p. 413.

[22] Casey Albert Wood，*A System of Ophthalmic Therapeutics；Being a Complete Work on the Non-Operative Treatment，Including the Prophylaxis*，

*of Diseases of the Eye.* （Chicago：Cleveland Press，1909），p. 807.

［23］见 1917 年 5 月 10 日乔伊斯致 Forrest Reid 信，*LII*，p. 395；及 1917 年 9 月 11 日 Weaver 致 Marsh 信，*LII*，p. 407。乔伊斯描述了虹膜炎引发的虹膜粘连和继发性青光眼。

［24］Wood，*A System of Opthalmic Therapeutics*，pp. 764 – 5.

［25］Ibid.，p. 765.

［26］Ibid.，pp. 766 – 7.

［27］Ibid.，p. 430.

［28］Ibid.，pp. 62，429；Ascaso and Bosch，"Uveitic Secondary Glaucoma：Influence in James Joyce's（1882 – 1941）Last Works，" *Journal of Medical Biography* 2010（18）：57 – 60，p. 60（fn 19）.

［29］见 1917 年 7 月 7 日奎因致庞德信，NYPL。

［30］见 1917 年 4 月 30 日娜拉致奎因信，*LII*，p. 395。

［31］Wood，pp. 59，429.

［32］Jan Dirk Blom，*A Dictionary of Hallucinations*（New York：Springer，2010），pp. 42 – 43；Manuchair S. Ebadi，*Desk Reference of Clinical Pharmacology*（Boca Raton：CRC Press，2008），p. 634.

［33］见 1917 年 7 月 7 日乔伊斯致韦弗小姐信，*LI*，p. 103。

［34］见 1917 年 3 月 17 日庞德致乔伊斯信，*EP/JJ*，p. 103。

［35］见 1917 年 4 月 11 日奎因致乔伊斯信，NYPL。

［36］见 1917 年 5 月 25 日奎因致娜拉信，NYPL。

［37］见 1917 年 6 月 6 日奎因致庞德信，NYPL。

［38］见 1916 年 12 月 20 日庞德致乔伊斯信，*EP/JJ*，p. 85。

［39］见 1917 年 3 月 17 日庞德致乔伊斯信，*EP/JJ*，p. 101。

［40］Ell，p. 420；另见 1917 年 12 月 22 日（?）乔伊斯致 Sykes 信，*LII*，p. 415。

［41］Early Ulysses Subject Notebook for Drafts（1917）（II. i. 1. Notebook），NLI，MS 36，639/3（见网页 http：//catalogue. nli. ie/Record/vtls000357760#page/1/mode/1up）；Myron Schwartzman，"*Ulysses* on the Rocks：The Evolution of the 'Nausikaa' Episode with a Suggested Addition to the Final Text，" *Bulletin of the New York Public Library* 80，no. 4（Summer 1977），p. 646。

［42］Phillip Herring，*Joyce's Notes and Early Drafts for Ulysses*（Charlottesville：

The University Press of Virginia, 1977), p. 83.

[43] Michael Groden, *Ulysses in Progress* (Princeton: Princeton University, 1977), p. 111.

[44] Ibid., p. 43.

[45] 参见 Luca Crispi, "A First Foray into the National Library of Ireland's Joyce Manuscripts: Bloomsday 2011," *Genetic Joyce Studies* 11 (Spring 2011)。

[46] 见 1920 年 11 月 24 日乔伊斯致奎因信, *LIII*, p. 30。

[47] 参见 Proteus-Sirens Notebook (II. ii. 1. a Notebook), NLI, MS 36, 639/7A. http://catalogue.nli.ie/Record/vtls000357771 # page/1/mode/1up。

[48] August Suter, "Some Reminiscences of James Joyce," *Portraits of the Artist in Exile*, p. 61.

[49] Budgen, *James Joyce and the Making of Ulysses*, pp. 171 - 2.

[50] Maddox, *Nora: A Biography*, p. 150.

[51] *Ulysses*, p. 45 (4: 25).

[52] 见 1917 年 8 月 4 日娜拉致乔伊斯信, *LII*, p. 401。

[53] 见 1917 年 8 月 10 日前后娜拉致乔伊斯信, *LII*, p. 402。

[54] 见 1917 年 8 月 12 日前后娜拉致乔伊斯信, *LII*, p. 403。

[55] Budgen, p. 11.

[56] Budgen, p. 27.

[57] Liam Kelly, 爱尔兰国家交通博物馆, 2011 年 5 月 18 日邮件及照片。

[58] Gorman, *James Joyce*, p. 259; Ell, p. 417; 另见 1917 年 8 月 20 日乔伊斯致庞德信, *SL*, pp. 226 - 7。

[59] Arthur Lim, *Acute Glaucoma: Acute Primary Closed Angle Glaucoma, Major Global Blinding Problem* (Singapore: Singapore University Press, 2002), p. 13.

[60] Wood, *A System of Opthalmic Therapeutics*, p. 808.

[61] 参见 Buffalo, Series XIX Folder 20。乔伊斯在 1921 年画的有关他 1917 年做手术的图显示他接受了周边虹膜切除手术。

[62] Charles Beard, *Ophthalmic Surgery: A Treatise on Surgical Operations Pertain-ing to the Eye and Its Appendages, with Chapters on Para-Operative*

*Technic and Management of Instruments* (Philadelphia: P. Blakiston's Son & Co., 1914), pp. 457 – 462; Josef Meller, *Ophthalmic Surgery: A Handbook of Surgical Operations on the Eyeball and its Appendages: As Practised at the Clinic of Prof. Hofrat Fuchs* (Philadelphia: Blakiston, 1912), pp. 180 – 186.

[63] 见 1923 年 3 月 11 日乔伊斯致韦弗小姐信，*LI*，p. 201。

[64] 见 1917 年 8 月 28 日娜拉致庞德信，及 1916 年 11 月 10 日韦弗小姐致乔伊斯信，Cornell，Series IV Box 14。

[65] Blom，*A Dictionary of Hallucinations*，pp. 42 – 43.

[66] 见 1917 年 9 月 8 日娜拉致韦弗小姐信，*LII*，p. 406；另见 1917 年 9 月 10 日庞德致奎因信，NYPL。

[67] Maddox，*Nora: A Biography*，p. 149.

[68] Frank Budgen，*Myselves When Young* (London: Oxford University Press，170)，p. 188.

[69] 见 1917 年 7 月 8 日乔伊斯致 Pinker 信，*LII*，p. 399。

[70] Ell，p. 414.

[71] 见 1917 年 8 月 15 日庞德致乔伊斯信，*EP/JJ*，p. 123。

[72] 见 1917 年 8 月 20 日乔伊斯致庞德信，*SL*，p. 226。

[73] *MBK*，p. 104.

[74] 乔伊斯语，转引自 Ell，p. 397。

[75] 见 1906 年 6 月 23 日乔伊斯致理查兹信，*LI*，p. 64。

[76] Ell，p. 457.

[77] Ibid.，p. 423.

[78] 见 1917 年 2 月 22 日 Slack，Monro，Saw & Co. 致乔伊斯信，*LII*，p. 389。另见 *DMW*，p. 134；Ell，p. 413。

[79] Ell，p. 313.

[80] Ibid.，pp. 421 – 2.

[81] Budgen，*James Joyce and the Making of Ulysses*，pp. 11 – 12.

[82] 乔伊斯语，转引自 Budgen，*James Joyce and the Making of Ulysses*，p. 320。

[83] Suter，"Some Reminiscences of James Joyce，" p. 61.

[84] Budgen，*James Joyce and the Making of Ulysses*，p. 21.

[85] Ibid., pp. 19 – 20.

[86] Philip Herring, "Ulysses' Notebook VIII. A. 5 at Buffalo," *Studies in Bibliography* 22 (1969), pp. 287 – 310.

[87] Budgen, p. 173.

## 9 权力与邮资

[1] *TYW*, p. 175.

[2] Christopher M. Finan, *From the Palmer Raids to the Patriot Act* (Boston: Beacon Press, 2007), p. 12.

[3] *Albany Journal* 广告，转引自 Christopher Capozzola, "The Only Badge Needed Is Your Patriotic Fervor: Vigilance, Coercion and the Law in World War I America," *The Journal of American History* 88, no. 4 (March 2002), p. 1360。

[4] Joan Jensen, *The Price of Vigilance* (Chicago: Rand McNally, 1968), pp. 41 – 42.

[5] Ibid., p. 72; David Kennedy, *Over Here: The First World War and American Society* (New York: Oxford University Press, 1980), p. 82.

[6] Jensen, p. 155. 司法部案件未计算在内。

[7] 参见 "Many Caught in the Web of Kaiser's Gold," *New York Tribune*, Sept. 23, 1917, p. 1。"U. S. Exposes More German Plots," *San Francisco Chronicle*, Sept. 23, 1917, p. 1; *MNY*, p. 324, July 30, 1917.

[8] Jules Witcover, *Sabotage at Black Tom: Imperial Germany's Secret War in America, 1914 – 1917* (Chapel Hill: Algonquin Books of Chapel Hill, 1989); Michael Warner, "The Kaiser Sows Destruction," *Journal of the American Intelligence Professional* (2002).

[9] Sedition Act of 1918, 40 Stat. 583.

[10] *NYT*, "Postal Officials Begin Wide Search". *NYT*: 3. 1 May 1919.

[11] Donald Johnson, "Wilson, Burleson and Censorship in the First World War," *Journal of Southern History* 28 (February 1962), p. 48.

[12] Jensen, *The Price of Vigilance*, p. 15.

[13] Philip Melanson and Peter Steven, *The Secret Service: The Hidden History of an Enigmatic Agency* (New York: Carroll & Graf Publishers, 2002), p. 37.

[14] United States Bureau of the Census; United States Civil Service Commission, *Official Register of the United States* (Washington: Bureau of the Census, 1917), p. 11.

[15] *Official Register*, p. 11.

[16] Louis Melius, *The American Postal Service: History of the Postal Service from the Earliest Times* (National Capital Press: Washington D. C., 1917), pp. 20, 97.

[17] Louis Melius, *The American Postal Service: History of the Postal Service from the Earliest Times* (National Capital Press: Washington D. C. , 1917), p. 49.

[18] Gerald Cullinan, *The Post Office Department* (New York: F. A. Praeger, 1968), pp. 57 - 64.

[19] Ibid., pp. 61, 104.

[20] Jane Kennedy, "Development of Postal Rates: 1845 - 1955," *Land Economics* 33, no. 2 (1957), p. 95.

[21] Ibid., p. 96.

[22] Ibid., p. 98; Cullinan, *The Post Office Department*, p. 250 (Appendix A).

[23] Kennedy, p. 99.

[24] 参见 Patten 的书面证词，转引自约翰·奎因为受打压的刘易斯的短篇小说"Cantleman's Spring Mate"所写的案情摘要，Case File 49537, 7E4, Box 142, 8/5/2。WWI Espionage Files, Post Office Records, NARA。

[25] 1917 年，《小评论》发布公告，将每年的订阅费用定为 2. 5 美元，但在两个月之后，即 1918 年 1 月份，该价目方案才正式实施。

[26] 参见 *United States ex rel. Milwaukee Social Democratic Publishing Company v. Burleson*, 255 U. S. 407 (1921) 中 Brandeis 法官的反对意见。

[27] Johnson, "Wilson, Burleson and Censorship," pp. 47 - 50.

[28] Adrian Anderson, "President Wilson's Politician: Albert Sidney Burleson of Texas," *The Southwestern Historical Quarterly* 77, no. 3 (January 1974), pp. 345 - 347.

[29] Kennedy, p. 75.

[30] Edward House 语，转引自 Kennedy, p. 75。

[31] 见 1920 年 9 月 Burleson 致 Wilson 信，转引自 Johnson, "Wilson,

Burleson and Censorship" p. 57。

[32] Geoffrey R. Stone, "The Origins of the 'Bad Tendency' Test: Free Speech in Wartime," *The Supreme Court Review* (2002), pp. 411 - 453, p. 444.

[33] John Sayer, "Art and Politics, Dissent and Repression: The Masses Magazine versus the Government, 1917 - 1918," *The American Journal of Legal History* 32, no. 1 (January 1988), p. 74.

[34] 参见 *Jacobellis v. Ohio*, 378 U. S. 184 (1964) 中 Stewart 法官的意见。

[35] 参见 Stone, "The Origins of the 'Bad Tendency' Test"。

[36] Anna Louise Bates, *Weeder in the Garden of the Lord: Anthony Comstock's Life and Career* (Lanham: University Press of American, 1995), p. 82; Heywood Broun and Margaret Leech, *Anthony Comstock, Roundsman of the Lord* (New York: A&C Boni, 1927), pp. 129 - 132.

[37] Anthony Comstock, *Traps for the Young* (Cambridge: Belknap Press of Harvard University Press, 1967), p. 13.

[38] The United States Postal Service, *The United States Postal Service: An American History, 1775 - 2006* (Washington, D. C.: Government Relations, Postal Service, 2012), p. 62.

[39] Ibid., p. 64.

[40] Donna Dennis, *Licentious Gotham: Erotic Publishing and Its Prosecution in Nineteenth-Century New York* (Cambridge: Harvard University Press, 2009), p. 268.

[41] Broun and Leech, *Anthony Comstock*, p. 152.

[42] Goldman, *Living My Life* (New York: Penguin Group, 2006), p. 341.

[43] Richard Drinnon, *Rebel in Paradise: A Bibliography of Emma Goldman* (New York: Harper & Row, 1976), p. 188. Goldman, *Living My Life*, p. 344.

[44] "Guard for Judge at Goldman Trial," *NYT*, June 27, 1917, p. 13.

[45] Ibid.

[46] 参见相关文献，如 "Emma Goldman and Alexander Berkman, Anarchists," *New York Tribune*, June 24, 1917, D2。

[47] "Anarchists Close Their Defense," *NYT* July 7, 1917, p. 10; *Mother*

Earth, July 1917, p. 134; Drinnon, *Rebel in Paradise*, p. 193.

[48] Heap, *Dear Tiny Heart*, p. 47; Goldman, *Living My Life*, p. 350.

[49] "An Old Reader," *LR* 4, no. 5 (Sept. 1917), pp. 31 – 32.

[50] Letter from H. C. L., ibid., p. 33.

[51] *TYW*, p. 146.

[52] 见 1917 年 7 月希普致 Reynolds 信, *Dear Tiny Heart*, p. 47。

[53] Ibid., p. 50; *TYW*, p. 156.

[54] Yale Anderson, Box 14 Folder 251.

[55] *TYW*, p. 206.

[56] Lewis, "Cantleman's Spring-Mate," *LR* 4, no. 6 (Oct. 1917), p. 14.

[57] 参见 *Anderson v. Thomas G. Patten*, *Postmaster of the City of New York*, *Defendant* (Nov. 28, 1917) 一案约翰·奎因所写的案情摘要, 以及相关文献, Case File 49537, 7E4, Box 142, 8/5/2。WWI Espionage Files, Post Office Records, NARA.

[58] Ibid.

[59] Sedition Act of 1918, 40 Stat. 583.

[60] 参见 *Masses Publishing Co. v. Patten*, 246 F. 24, 38 (2d. Circuit 1917) 以及 *Anderson v. Patten* 中 Augustus Hand 法官的裁决。

[61] "Water, Salt and Sugar at MYM320 a Gallon," *Boston Globe*, Jan. 23, 1916, p. SM10.

[62] William Lamar, "The Government's Attitude toward the Press," *The Forum* LIX (Feb. 1918), p. 139.

[63] Sayer, "Art and Politics," p. 53.

[64] 见 1917 年 11 月 5 日约翰·奎因致拉马尔信, Post Office Records, ibid., NARA。

[65] Ibid.

[66] 见 1917 年 11 月 7 日约翰·奎因致玛格丽特·安德森信, UWM, Box 4 Folder 2。

[67] 见 1917 年 12 月 2 日约翰·奎因致埃兹拉·庞德信, NYPL。

[68] 见 1917 年 12 月 2 日约翰·奎因致埃兹拉·庞德信, NYPL。

[69] Case File 50839, Records Relating to the Espionage Act, WWI, 1917 – 1920, Office of the Solicitor, Records of the Post Office Department,

Record Group 28, National Archives, Washington, DC。另见 Paul Vanderham, *James Joyce and Censorship: The Trials of Ulysses* (New York: New York University Press, 1998), pp. 18, 29 – 30 及 p. 116 图一。Vanderham 认同《小评论》被禁的部分原因在于其政治立场的说法。

[70] 见 1917 年 12 月 19 日庞德致乔伊斯信, *EP/JJ*, p. 129。

[71] 见 1918 年 2 月 21 日庞德致安德森信, *EP/LR*, p. 189。

[72] 见 1918 年 6 月 7 日庞德致乔伊斯信, *EP/JJ*, p. 143。

[73] 见 *Ulysses*, p. 456 (15: 3628)。

[74] *TYW*, p. 155.

[75] Ibid.

[76] Ibid., p. 175.

[77] 见 1917 年 12 月 30 日庞德致安德森信, *EP/LR*, pp. 171 – 174。

[78] 见 1917 年 12 月 29 – 30 日庞德致奎因信, *EP/JQ*, p. 134。

[79] 见 1917 年 12 月 24 日庞德致奎因信, NYPL。

[80] 见 1917 年 12 月 30 日庞德致安德森信, *EP/LR*, p. 169。

[81] 见 1917 年 12 月 29 日庞德致奎因信, NYPL。

[82] 见 1917 年 12 月 29 – 30 日庞德致奎因信, *EP/JQ*, p. 132。

[83] 见 1918 年 2 月 18 日庞德致奎因信, *EP/JQ*, p. 142。

[84] 见 1918 年 1 月 18 日庞德致奎因信, NYPL。

[85] EP, "The Classics 'Escape'," *LR* 4, no. 11 (March 1918), pp. 32 – 34。

[86] 见 1918 年 3 月 6 日奎因致庞德信, NYPL。

[87] Ibid.

[88] 见 1918 年 3 月 2 日奎因致庞德信, NYPL。

[89] 见 1918 年 5 月 20 日奎因致庞德信, NYPL。

[90] JQ, "James Joyce, A New Irish Novelist," *Vanity Fair*, May 1917, pp. 49, 128.

[91] 见 1917 年 1 月 12 日奎因致庞德信, NYPL。*MNY*, pp. 273 – 4。

[92] 见 1917 年 4 月 11 日奎因致乔伊斯信, NYPL。

[93] Ibid., p. 49.

[94] 参见 1916 年 4 月 8 日庞德致奎因信, NYPL; 1916 年 2 月 26 日庞德致奎因信, NYPL。

［95］*MNY*, p. 16.

［96］Ibid., pp. 334 –6.

［97］见 1918 年 5 月 20 日奎因致庞德信，NYPL。

［98］*Ulysses*, p. 4（1：78）.

［99］*LR* 4, no. 11（March 1918）, p. 19.

［100］见 1918 年 3 月 14 日奎因致庞德信，NYPL。

［101］*Ulysses*, p. 55（4：460 –1）。参见 *LR* 5, no. 2（June 1918）, p. 50。

［102］参见 Vanderham, ibid., p. 170；另见 1918 年 3 月 29 日庞德致乔伊斯信，*EP/JJ*, p. 131。

［103］见 1918 年 8 月 1 日乔伊斯致 Forrest Reid 信，*LI*, p. 117。

［104］见 1918 年 3 月 29 日庞德致乔伊斯信，*EP/JJ*, p. 131。

［105］见 1917 年 12 月 24 日庞德致奎因信，NYPL。

［106］见 1918 年 10 月 21 日希普致 Reynolds 信，*Dear Tiny Heart*, p. 63。

［107］Ibid., pp. 61 –62.

［108］见 1918 年感恩节希普致 Reynolds 信，*Dear Tiny Heart*, p. 70。

［109］*TYW*, p. 209.

［110］见 1918 年 11 月 11 日希普致 Reynolds 信，*Dear Tiny Heart*, p. 67。

［111］见 1918 年 10 月 21 日希普致 Reynolds 信，*Dear Tiny Heart*, pp. 62 –63。

［112］Linda Lappin, "Jane Heap and Her Circle," *Prairie Schooner* 78, no. 4（2004）, p. 18；Shari Benstock, *Women of the Left Bank：Paris, 1900 –1940*（Austin：University of Texas Press, 1986）, p. 239.

［113］见 1918 年 11 月 11 日希普致 Reynolds 信，*Dear Tiny Heart*, p. 67。

［114］见 1919 年 3 月 14 日一位翻译局译员（姓名未知）写给上级（姓名未知）的信。参见 Feb-March *LR*；Case File 49537, 7E4, Box 142, 8/5/2；WWI Espionage Files, Post Office Records, NARA。

［115］*LR* 5, no. 9（Jan. 1919）, p. 47.

［116］LR 6, no. 1（May 1919）, p. 21 注释。我估计 1 月号被禁与翻译局译员对 2 ~3 月号的评论有关。1 月号被禁显然发生在 2 ~3 月号付梓之后（安德森的注释在五月号），而翻译局译员是在 3 月中旬发表的评论。

［117］见 1919 年 6 月 14 日约翰·奎因致玛格丽特·安德森信，UWM, Box 4 Folder 3。

[118] 见 1919 年 6 月 17 日约翰·奎因致玛格丽特·安德森信，UWM, Box 4 Folder 3。

[119] 见 1919 年 6 月 18 日奎因致庞德信，NYPL。

[120] JJ, "Episode IX," ("Scylla and Charybdis"), *LR* 6, no. 1 (May 1919), pp. 17 – 35。

[121] 见 1919 年 6 月 18 日奎因致庞德信，NYPL。

[122] 见 1919 年 7 月 6 日庞德致奎因信，*EP/JQ*, pp. 176 – 177。

[123] 见 1919 年 7 月 9 日艾略特致奎因信，NYPL。

## 10 伍尔夫夫妇

[1] VW, *The Diary of Virginia Woolf*, vol. 1 (London: Hogarth Press, 1977), p. 140 (April 18, 1918).

[2] *DMW*, p. 119.

[3] Daily Weather Report, April 14, 1918, National Meteorological Archive, Exeter, UK.

[4] *DMW*, p. 40; McAlmon, *Being Geniuses Together*, p. 42.

[5] Andrew McNeillie, "Bloomsbury" in *The Cambridge Companion to Virginia Woolf*, 2nd Ed (New York: Cambridge University Press, 2010), pp. 15 – 16.

[6] VW and Andrew McNeillie (ed.), "The Rights of Youth" in *The Essays of Virginia Woolf*, vol. 2 (London: Hogarth Press, 1987), p. 296.

[7] VW, "Charlotte Bront?," ibid., p. 29.

[8] VW, "Mr. Bennett and Mrs. Brown," *Essays*, vol. 3, p. 421.

[9] VW, *Diary*, vol. 1, p. 140 (April 18, 1918).

[10] Ibid.

[11] 见 1918 年 3 月 8 日韦弗小姐致乔伊斯信，Cornell, Series IV Box 14。

[12] *DMW*, p. 148.

[13] 见 1918 年 6 月 19 日韦弗小姐致乔伊斯信，Cornell, Series IV Box 14。

[14] VW, *Diary*, vol. 1, p. 140 (April 18, 1918).

[15] *DMW*, p. 40.

[16] Ibid., p. 304.

[17] VW, *Diary*, vol. 1, p. 140 (April 18, 1918).

[18] Ibid., p. 145 (April 28, 1918).

[19] Ibid.

[20] *Ulysses*, p. 45 (4: 1 – 8).

[21] Ibid., p. 46 (4: 16, 32).

[22] VW, *Diary*, vol. 1, p. 145 (April 28, 1918).

[23] 见 1921 年 12 月 28 日曼斯菲尔德致 Sydney Schiff 信, *Collected Letters of Katherine Mansfield*, vol 4. p432。

[24] 见 1922 年 1 月 15 日曼斯菲尔德致 Sydney Schiff 信, 转引自 Ell, p. 443。

[25] 曼斯菲尔德语, 转引自 VW, *The Diary of Virginia Woolf*, vol. 5 (London: Hogarth Press, 1984), p. 353 (Jan. 15, 1941)。

[26] VW, *Diary*, vol. 1, p. 136 (April 10, 1918).

[27] Ibid.

[28] VW, *Diary*, vol. 2, p. 43, 转引自 Celia Marshik, *British Modernism and Censorship* (Cambridge: Cambridge University Press, 2006), p. 11。

[29] Leonard Woolf, *Beginning Again: An Autobiography of the Years 1911 – 1918* (London: Hogarth Press, 1968), p. 247.

[30] 见 1918 年 5 月 17 日弗吉尼亚·伍尔夫致韦弗小姐信, *Letters*, vol. 2, pp. 242 – 3。

[31] VW, "Modern Novels" in *Essays of Virginia Woolf*, vol. 3 (London: Hogarth Press, 1988), p. 34.

[32] VW, *Diary*, vol. 2, p. 67 (Sept. 20, 1920).

[33] Ibid., p. 69 (Sept. 26, 1920).

[34] 见 1920 年 7 月 (?) 庞德致乔伊斯信, *EP/JJ*, p. 182。

[35] 见 1919 年 6 月 10 日庞德致乔伊斯信, *EP/JJ*, p. 157。

[36] *Ulysses*, p. 251 (12: 502)。

[37] 参见乔伊斯为《尤利西斯》撰写的纲要, 见 Kenner, *Dublin's Joyce*, pp. 226 – 7。

[38] *Ulysses*, p. 243 (12: 152 – 3).

[39] Groden, *Ulysses in Progress*, pp. 84 – 87.

[40] *Ulysses*, p. 210 (11: 1 – 16); *LR* 6, no. 4 (Aug. 1919), p. 41.

［41］见 1919 年 6 月 16 日韦弗小姐致乔伊斯信，Cornell，Series IV Box 14。

［42］见 1919 年 6 月 10 日庞德致乔伊斯信，*EP/JJ*，pp. 157 – 9。

［43］见 1919 年 6 月 10 日庞德致乔伊斯信，*EP/JJ*，pp. 157 – 9。

［44］Proteus-Sirens Notebook（II. ii. 1. a Notebook），NLI，MS 36，639/7A. 参见 Luca Crispi，"A First Foray into the National Library of Ireland's Joyce Manuscripts：Bloomsday 2011，" *Genetic Joyce Studies* 11（Spring 2011）。

［45］Daniel Ferrer，"What Song the Sirens Sang… Is No Longer Beyond All Conjecture：A Preliminary Description of the New 'Proteus' and 'Sirens' Manuscripts，" *JJQ* 39，no. 1（Fall 2001），pp. 62 – 63.

［46］Groden，*Ulysses in Progress*，pp. 17，37 – 52.

［47］*Ulysses*，p. 192（520 – 1）.

［48］Ibid.，p. 186（10：284）.

［49］见 1924 年 7 月 11 日乔伊斯致韦弗小姐信，*LIII*，p. 99。

［50］Schwartzman，ibid.，pp. 455 – 473.

［51］Cornell，Series I Box 2 Folder 23.

［52］乔伊斯的写作过程可以根据康奈尔大学的"瑙西卡"草稿笔记和"瑙西卡"笔记抄本勾勒出来，后者见 Phillip Herring，Joyce's Ulysses Notesheets in the British Museum（Charlottesville：University Press of Virginia，1972），pp. 125 – 161。本段草稿的出版版本参见被称为 *JJA* "*Nausicaa*" *MS* 的 James Joyce and Michael Groden，*Ulysses*，"*Wandering Rocks*，" "*Sirens*，" "*Cyclops*，" & "*Nausicaa*"：*A Facsimile of Manuscripts & Typescripts for Episodes 10 – 13*（New York：Garland Pub，1977），p. 217。

［53］这句话在乔伊斯的草稿笔记中出现过（参见 *JJA* "*Nausicaa*" *MS*，p. 216），但在随后的打字稿和包括《小评论》、1922 年莎士比亚书店版、盖布勒版在内的各出版版本中都未出现。

［54］Cornell，Series I，Box 2 Folder 23；*JJA* "*Nausicaa*" *MS*，p. 216；*LR* 7，no. 1（May – June 1920），p. 72.

［55］Herring，*Joyce's Ulysses Notesheets*，pp. 125 – 161.

## 11 野性的疯狂

[1] Gorman, *James Joyce*, p. 45.

[2] Charles Lamb, *The Adventures of Ulysses* (Boston: Ginn & Co, 1894), p. 1.

[3] Arthur Power, *The Joyce We Knew*, p. 104.

[4] 见 1920 年 11 月 17 日乔伊斯致奎因信，NYPL。

[5] Borach, "Conversations with James Joyce," p. 70; Budgen, *James Joyce and the Making of Ulysses*, pp. 15 – 17.

[6] Ell, p. 416.

[7] 见 1909 年 8 月 7 日乔伊斯致娜拉信，*SL*, pp. 158 – 9。

[8] Ibid.

[9] 见 1909 年 12 月 3 日乔伊斯致娜拉信，*SL*, p. 182。

[10] John Francis Byrne, *Silent Years: An Autobiography with Memoirs of James Joyce and Our Ireland* (New York: Farrar, Straus, and Young), pp. 156 – 7.

[11] 约翰·伯恩语，转引自 1909 年 8 月 19 日乔伊斯致娜拉信，*SL*, p. 159。

[12] John Francis Byrne, *Silent Years*, pp. 156 – 7.

[13] 见 1909 年 9 月 5 日乔伊斯致娜拉信，*SL*, p. 169。

[14] Ibid.

[15] Ibid.

[16] 见 1909 年 10 月 27 日、11 月 1 日乔伊斯致娜拉信，*SL*, pp. 173 – 6, pp. 176 – 7。

[17] 见 1909 年 9 月 3 日乔伊斯致娜拉信，*SL*, pp. 167 – 8。

[18] 见 1909 年 12 月 6 日乔伊斯致娜拉信，*SL*, p. 184。

[19] 见 1909 年 8 月 21 日乔伊斯致斯坦尼斯劳斯信，*SL*, p. 162 及 1909 年 9 月 7 日、10 月 27 日乔伊斯致娜拉信，*SL*, pp. 170, 175。

[20] 见 1909 年 12 月 6 日乔伊斯致娜拉信，*SL*, p. 184。

[21] 见 1909 年 8 月 22 日乔伊斯致娜拉信，*SL*, p. 163。

[22] Ell, p. 721。Maria Jolas 告诉 Ellmann 娜拉在二战前夕把这些信销毁了。

[23] 见苏富比拍卖行 2004 年 7 月 8 日拍卖的 "Catalogue Note," Lot 201, http://www.sothebys.com/en/auctions/ecatalogue/lot.pdf.L04407.

html/f/201/L04407 - 201. pdf。
[24] 见 1909 年 12 月 2 日乔伊斯致娜拉信，*SL*，p. 181。
[25] Ibid.
[26] 见 1902 年 12 月 18 日叶芝致乔伊斯信，*LII*，p. 23。
[27] 见 1909 年 12 月 6 日乔伊斯致娜拉信，*SL*，p. 184。
[28] 见 1909 年 12 月 16 日乔伊斯致娜拉信，*SL*，pp. 190 - 1。
[29] 见乔伊斯电报，转引自 1909 年 12 月 10 日乔伊斯致娜拉信，*SL*，p. 187。斜体为乔伊斯信中所加。
[30] 见 1909 年 12 月 3 日乔伊斯致娜拉信，*SL*，p. 182。
[31] 见 1909 年 12 月 16 日乔伊斯致娜拉信，*SL*，p. 190。
[32] 见 1909 年 12 月 9 日乔伊斯致娜拉信，*SL*，p. 186。
[33] 笔迹细节见康奈尔大学收藏的娜拉信件，Series IV Box 9。
[34] 见 1909 年 12 月 10 日乔伊斯致娜拉信，*SL*，p. 187。
[35] 见 1909 年 12 月 11 日乔伊斯致娜拉信，*SL*，p. 187。
[36] 见 1909 年 12 月 9 日乔伊斯致娜拉信，*SL*，p. 186。
[37] Bruce Bradley, "'Something about Tullabeg': A Footnote on the Schooldays of James Joyce," *Studies: An Irish Quarterly Review* 93. 370 (Summer, 2004), p. 164.
[38] Ell, p. 27.
[39] 见 1909 年 12 月 3 日乔伊斯致娜拉信，*SL*，p. 183。
[40] Ibid.
[41] 见 1909 年 12 月 13 日（?）乔伊斯致娜拉信，*SL*，p. 189。
[42] 见 1909 年 12 月 16 日乔伊斯致娜拉信，*SL*，p. 191。省略号为作者所加。
[43] Ibid.
[44] JJ, *Finnegans Wake* (New York: Penguin, 2000), p. 120.

## 12 莎士比亚书店

[1] *SC*, p. 18; SBP, Box 168 Folder 4; *SBLG*, p. 39.
[2] Eugene Jolas 语，转引自 *SBLG*，p. 41。
[3] *LSB*，pp. 55 - 56，1919 年 3 月 11 日。
[4] Ibid., pp. 55 - 56.

[5] Ibid., p. 46.

[6] Ibid., p. 63; Lenka Yovitchitch, *Pages from Here and There in Serbia* (Belgrad: S. B. Cvijanovich, 1926), pp. 75 – 80.

[7] *LSB*, pp. 54, 64.

[8] SBP, Box 168 Folder 6, Box 169 Folder 3.

[9] *LSB*, p. 49.

[10] Ibid., pp. 55, 58.

[11] Ibid., p. 47.

[12] SBP, Box 168 Folder 6, Box 169 Folder 3.

[13] *LSB*, p. 56, 1919 年 3 月 11 日。

[14] 见 1919 年 4 月 18 日西尔维娅·比奇致母亲 Eleanor Beach 信，*LSB*, pp. 58 – 59。

[15] *SC*, p. 3.

[16] *SBLG*, pp. 21 – 22.

[17] Ibid., p. 31.

[18] Ibid., p. 206.

[19] Ibid., p. 419.

[20] *LSB*, p. 76.

[21] Ibid., p. 55.

[22] Ibid., p. 46.

[23] Yovitchitch, *Pages from Here and There*, pp. 71 – 74.

[24] *LSB*, p. 50.

[25] SBP, Box 166 Folders 2 and 5.

[26] 见西尔维娅·比奇信，转引自 *SBLG*, p. 38。

[27] 见 Eleanor Beach 信，转引自 *SBLG*, p. 32。

[28] *SC*, p. 17.

[29] *SC*, p. 13; SBP, Box 168 Folder 1 and Box 166 Folder 2; *SBLG*, pp. 33 – 34.

[30] *SBLG*, pp. 38, 40.

[31] SBP, Box 168 Folder 4.

[32] *SBLG*, p. 40.

[33] Ibid., p. 42.

[34] Cody，转引自 *LSB*，p. 312。

[35] Ibid.，p. 313.

[36] Ibid.，p. 310.

[37] SBP，Box 166 Folder；*SBLG*，p. 48.

[38] *SBLG*，p. 40.

[39] Ibid.，p. 44.

[40] SBP，Box 167 Folder 9 and Box 168 Folder 1.

[41] 参见 http：//www. measuringworth. com/datasets/exchangeglobal/result. php。

[42] Brooke Blower，*Becoming Americans in Paris*：*Transatlantic Politics and Culture between the World Wars*（New York：Oxford University Press，2011），p. 22.

[43] Ibid.，p. 6.

[44] Ibid.，pp. 6 – 7.

[45] Huddleston，*Paris Salons*，*Cafés*，*Studios*（Philadelphia：J. B. Lippincott Company，1928），p. 20.

[46] *SBLG*，p. 103.

[47] Nicholas Hewitt，"Shifting Cultural Centres in Twentieth-Century Paris，" *Parisian Fields*，ed. Michael Sheringham（London：Reaktion Books，1996），pp. 38 – 40.

[48] William Wiser，*The Crazy Years*：*Paris in the Twenties*（New York：Atheneum，1983），pp. 95 – 99.

[49] W. Scott Haine，"Café Friend：Frienship and Fraternity in Parisian Working-Class Cafes，1850 – 1914，" *Journal of Contemporary History* 27，no. 4（October 1992），p. 607.

[50] Ibid.，pp. 620 – 622.

[51] *SC*，p. 102.

[52] Ibid.，pp. 34 – 35.

[53] Ibid.

[54] *Letters of Ezra Pound*，p. 153.

[55] 见 1920 年 3 月 20 日乔伊斯致巴津信，*SL*，p. 251。

[56] 见 1920 年 5 月 18 日乔伊斯致巴津信，*LII*，p. 464。

[57] *SC*, p. 34 and SBP, Box 166 Folder 5.

[58] SBP, Box 166 Folder 5.

[59] SBP, Box 168 Folder 7.

[60] *SC*, p. 35 and *SBLG*, p. 63.

[61] *SC*, pp. 35 – 36; SBP, Box 168 Folder 7.

[62] Nigel Nicolson, *Diaries and Letters*, *1930 – 1939* (London: Faber Finds, 2004), p. 165.

[63] *SC*, pp. 36 – 37.

[64] Ibid.，斜体为本书作者所加。

[65] Ibid., p. 38; SBP, Box 166 Folder 5; SB Box 168 Folder 1; *SBLG*, p. 65.

[66] Ell, p. 25.

[67] *MBK*, p. 18.

[68] *SC*, p. 43.

[69] 见 1927 年 5 月 12 日乔伊斯致韦弗小姐信，*LI*, p. 252，转引自 Maddox, *Nora*: *A Biography*, p. 229。

[70] Maddox, *Nora*: *A Biography*, p. 172.

[71] *SBLG*, p. 68.

[72] *SC*, p. 39.

[73] 参见布法罗大学所存档案，Series XIX Folder 20。

[74] McAlmon, *Being Geniuses Together*, p. 182.

[75] *SC*, p. 42.

[76] Ibid.

## 13　纽约地狱

[1] Robert Murray, *Red Scare*: *A Study in National Hysteria*, *1919 – 1920* (Westport: Greenwood Press, 1980), p. 7.

[2] Ibid., p. 9.

[3] "36 Were Marked as Victims by Bomb Conspirers," *NYT*, May 1, 1919, p. 1.

[4] "22 Bombs Mailed in Plot to Slay Prominent Men," *Boston Daily Globe*, May 1, 1919, p. 1.

[5] "See Reign of Terror as Aim of Plotters," *NYT*, June 4, 1919, p. 3.

[6] "Palmer and Family Safe," *NYT*, June 3, 1919, p. 1.

[7] Ibid.

[8] "Activity in Washington," *NYT*, June 4, 1919, p. 1.

[9] "Palmer Warns of Big Bomb Plot; Martens is Linked With Reds," *New York Tribune*, June 19, 1919, p. 1.

[10] "See Reign of Terror as Aim of Plotters," *NYT*, p. 3.

[11] "Palmer Warns of Big Bomb Plot; Martens is Linked With Reds," *New York Tribune*, June 19, 1919, p. 1.

[12] National Popular Government League, *To the American People: Report upon the Illegal Practices of the United States Department of Justice* (R. G. Brown [et al.], Washington, D. C.: National Popular Government League, 1920), pp. 16 - 21.

[13] " 'Ark' with 300 Reds Sails Early Today for Unnamed Port," *NYT*, Dec. 21, 1919, p. 1.

[14] "3, 000 Arrested in Nation-Wide Round-Up of 'Reds,' " *New York Tribune*, Jan. 3, 1920, p. 1.

[15] National Popular Government League, *To the American People*, ibid., pp. 32 - 36.

[16] "Round-Up of 'Reds' Thwarts Big Revolutionary Plot," *New York Tribune*, Jan. 4, 1920, p. 1.

[17] "See Reign of Terror," *NYT*, p. 3.

[18] 见 1920 年 2 月前后简・希普致乔伊斯信，Cornell，Series IV Box 8。

[19] *LR* 6, no. 9 (Jan. 1920), p. 55.

[20] Ibid.

[21] Curt Gentry, *J. Edgar Hoover: The Man and the Secrets* (New York: Norton, 1991), p. 79.

[22] Claire Culleton, *Joyce and the G-Men: J. Edgar Hoover's Manipulation of Modernism* (New York: Palgrave Macmillan, 2004).

[23] Curt Gentry, *J. Edgar Hoover: The Man and the Secrets*, p. 73.

[24] Curt Gentry, *J. Edgar Hoover: The Man and the Secrets*, p. 67.

[25] "Wall Street Night Turned into Day," *NYT*, Sept. 17, 1920, p. 9;

"Trail of Bomb Plotters End with Explosion," *New York Tribune*, Sept. 24, 1920, p. 18; "Officials Convinced Time Bomb Caused Explosion in Wall Street," *Washington Post*, Sept. 18, 1920, p. 1; "Havoc Wrought in Morgan Offices," *NYT*, Sept. 17, 1920, p. 1.

[26] 见 1920 年 9 月 16 日约翰・奎因致 Walt Kuhn 信，NYPL。

[27] *MNY*, p. 475.

[28] 见 1920 年 9 月 18 日奎因致 Huneker 信，NYPL。

[29] 见 1920 年 10 月 11 日奎因致爱普斯坦信，NYPL。

[30] 见 1920 年 10 月 21 日奎因致庞德信，NYPL。

[31] 见 1918 年 6 月 10 日奎因致庞德信，NYPL。

[32] 参见 Kelly, *Our Joyce*, p. 80。

[33] Max Eastman, "Editorial" and [Unsigned], "John S. Sumner, the New Censor, Takes Office," *The Masses*, vol 8, March 1916, p. 16.

[34] C. M. Rogers, "Confiscate Issue of *the Masses*," *NYT*, Sept. 1, 1916, p. 20.

[35] August Forel, *The Sexual Question: A Scientific, Psychological, Hygienic and Sociological Study* (New York: Rebman Company, 1908), p. 56.

[36] "Comstock Rule in Vice Society Near Overthrow," *New York Tribune*, June 13, 1915, p. 1, and "Comstock's Work to Go On," *NYT*, Oct. 4, 1915, p. 18.

[37] 参见 1897 年纽约正风协会年度报告，p. 20。

[38] Tom Dardis, *Firebrand: The Life of Horace Liveright* (New York: Random House, 1995), p. 164.

[39] 见 1919 年纽约正风协会年度报告，转引自 Paul S. Boyer, *Purity in Print: Book Censorship in America from the Gilded Age to the Computer Age* (Madison: University of Wisconsin Press, 2002), p. 67。

[40] WHS, Monthly Reports for, Jan., Feb. and Aug. 1920.

[41] 参见 John Sumner, "Criticizing the Critic," *The Bookman*, July 1921 (53. 5), p. 385。

[42] 参见历年纽约正风协会年度报告。

[43] John Sumner, "Are American Morals Disintegrating?" *Current Opinion*, May 1921 LXX, no. 5, pp. 610 – 611.

[44] 见 1911 年纽约正风协会年度报告，p. 18。

[45] John Sumner, "Are American Morals Disintegrating?" pp. 608 – 9.

[46] *LR* 7, no. 2 (July – Aug. 1920), p. 43. 文中涉及《小评论》受审事件各处引用的是发表在 1920 年 7 ~ 8 月号《小评论》上的"瑙西卡"版本，部分段落与 1922 年的莎士比亚书店版和随后的各版本略有不同。Ibid., pp. 43 – 44.

[47] Ibid., pp. 43 – 44.

[48] Ibid., p. 42.

[49] Ibid., p. 48.

[50] Gilmer, *Horace Liveright*, p. 3，转引自 Satterfield, p. 14。

[51] Sayer, "Art and Politics—*The Masses*," p. 57.

[52] Baggett, ed., *Dear Tiny Heart*, p. 3. 注：萨姆纳忽然意识到这个问题是我的推测。

[53] 感谢耶鲁大学现代主义研究室对此提供的帮助，参见 http://modernism. research. yale. edu。

[54] "100, 000 Observe Constitution Day at Scene of Explosion," *New York Tribune*, Sept. 18, 1920, p. 3. 约翰·萨姆纳购买《小评论》的日期是根据奎因提交的转庭申请中玛格丽特·安德森的证词推断出的，SIU, Box 3 Folder 4；另见 1921 年 2 月 5 日奎因致安德森信，SIU, Box 1 Folder 6 及 WHS, Sumner Autobiography, Box 1 Folder 8, MS – 26, p. 1。

[55] *MNY*, pp. 459 – 460；1920 年 11 月 17 日奎因致 Foster 信，NYPL。

[56] 见 1920 年 11 月 17 日奎因致 Leslie 信，NYPL。

[57] 见 1920 年 10 月 16 日奎因致庞德信，SIU, Box 1 Folder 5。

[58] Ibid.

[59] *TYW*, p. 215.

[60] 见 1920 年 10 月 16 日奎因致庞德信，SIU, Box 1 Folder 5。

[61] Ibid.

[62] *TYW*, p. 218.

[63] 见 1920 年 10 月 21 日萨姆纳的证词，转引自奎因提交的转庭申请，SIU, Box 3 Folder 4；WHS, Monthly Reports, Box 2 Folder 7, Oct. 1920。

[64] 见 1920 年 10 月 16 日奎因致庞德信，SIU, Box 1 Folder 5。

[65] 见 1920 年 10 月 16 日奎因致庞德信，SIU，Box 1 Folder 5。

[66] WHS，Box 1 Folder 8，MS 26，p. 2.

[67] *LR* 7，no. 2（July – Aug. 1920），p. 43.

[68] WHS，Monthly Reports，Oct. 1920，Box 2 Folder 7.

[69] Sumner，"The Truth about 'Literary Lynching,'" *The Dial* 71（July 1921），p. 67.

[70] 见 1920 年 10 月 16 日奎因致庞德信，SIU，Box 1 Folder 5。

[71] Ibid.

[72] Ibid.

[73] 见 1920 年 10 月 30 日前后庞德致乔伊斯信，*EP/JJ*，p. 185。

[74] 见 1920 年 2 月 21 日庞德致奎因信，*EP/JQ*，p. 185。

[75] 见 1920 年 10 月 31 日庞德致奎因信，*EP/JQ*，p. 198 – 9。

[76] 见 1920 年 10 月 21 日奎因致庞德信及 1922 年 6 月 21 日奎因致 Shane Leslie 信，NYPL。"黑人" 为奎因信中原词。

[77] 萨姆纳证词，转引自奎因提交的转庭申请，SIU，Box 3 Folder 4。

[78] 145 N. Y. Supp. 492 and 1141.

[79] *Grimm v. United States*，156 U. S. 604（1895）.

[80] 见 1920 年 10 月 21 日奎因致庞德信，NYPL；另见 1920 年 10 月 22 日奎因致 Foster 信，附言中为 1920 年 8 月（原文如此，应为 "10 月"）20 日，NYPL。

[81] 见 1918 年 3 月 6 日奎因致庞德信，NYPL。

[82] *Regina v. Hicklin*（1868）L. R. 3 Q. B. D. 360.

[83] Felice Flanery Lewis，*Literature*，*Obscenity and the Law*（Carbondale：Southern Illinois University Press，1976），p. 7.

[84] 见 1922 年 6 月 21 日奎因致 Shane Leslie 信，NYPL。

[85] 见 1920 年 10 月 21 日奎因致庞德信，SIU，Box 1 Folder 5。

[86] Ibid.

[87] *LR* 7，no. 2（July – Aug. 1920），pp. 42 – 43.

[88] 见 1922 年 6 月 21 日奎因致 Shane Leslie 信，NYPL。

[89] 见 1922 年 8 月 15 日奎因致乔伊斯信，NYPL。

## 14 康斯托克的幽灵

[1] 参见相关文献，如 WHS，Monthly Reports，Box 2 Folder 7，

Aug. 1920, p. 3; Jan. 1921, p. 3。

[2] WHS, Box 1 Folder 7, pp. 64 – 65.

[3] 相关文献如 Sept. 20, p3。

[4] 相关文献如 June 1921, p. 2。

[5] Sumner, "The Truth about 'Literary Lynching,'" p. 64.

[6] 参见 Boyer, *Purity in Print*, p. 98, 图 7。

[7] 相关文献如 WHS, Box 2 Folder 7, Nov. 1920, p. 1; Dec. 1920, p. 3; March 1921, p. 2; April 1921, p. 3。

[8] Ibid., March 1921, p. 1.

[9] Ibid., May 1920, p. 2.

[10] Ibid., Nov. 1920, p. 4; July 1920, p. 2.

[11] Ibid., Dec. 1919, p. 2; Dec. 1920, p. 2.

[12] May 1920, p. 5.

[13] WHS, Box 2 Folder 7 – 8.

[14] WHS,Box 2 Folder 7; Aug. 1920, p. 3, Sept. 1920, p. 2.

[15] 参见相关文献，如 WHS, Box 2 Folder 7, Feb. 1921, p. 4。

[16] "Comstock's Rule in Vice Society Near Overthrow," *New York Tribune*, June 13, 1915, p. 1.

[17] WHS, Sumner Autobiography, Box 1 Folder 7, p. 63.

[18] Charles Trumbull, *Anthony Comstock, Fighter; Some Impressions of a Lifetime Adventure in Conflict with the Powers of Evil* (New York: Fleming H. Revell Company, 1913), pp. 19, 21.

[19] Bates, *Weeder in the Garden*, pp. 158 – 9.

[20] Trumbull, p. 77; "A Large Seizure of Obscene Publications," *New York Tribune*, April 5, 1872, p. 8.

[21] Trumbull, p. 66.

[22] "Naughty Literature," *The Atlanta Constitution*, Nov. 30, 1872, p. 4.

[23] Bates, p. 99.

[24] 见康斯托克致 Rainsford 信，转引自 Bates, ibid., p. 3。

[25] James Richardson, *Urban Police in the United States* (Port Washington: Kennikat Press, 1974), pp. 42 – 47; 另见 Eric Monkkonen, "History of Urban Police," *Crime Punishment* 15 (1992), pp. 547 – 580。

[26] WHS, Box 1, Folder 7, p. 71.

[27] 见 1913 年纽约正风协会年度报告, p. 13。

[28] 见 1912 年纽约正风协会年度报告, p. 16。

[29] 见 1897 年纽约正风协会年度报告。

[30] Broun and Leech, *Anthony Comstock*, p. 212.

[31] Trumbull, ibid., pp. 137 – 141; Bates, ibid., p. 108.

[32] "An Attempt to Kill A. J. Comstock," *New York Tribune*, Nov. 2, 1874, p. 12; Bates, ibid., p. 105; Comstock, *Frauds Exposed; or How the People Are Deceived and Robbed, and Youth Corrupted* (New York: J. H. Brown, 1880), pp. 258 – 9. Trumbull, *Anthony Comstock, Fighter*, pp. 147 – 8.

[33] William Blackstone, *Commentaries on the Laws of England*, 转引自 Helen Lefkowitz Horowitz, *Rereading Sex: Battles Over Sexual Knowledge and Suppression in Nineteenth-Century America* (New York: Alfred A. Knopf, 2002), p. 40。

[34] C. B., "The Confessional Unmasked," microfilm (The Protestant Electoral Union, 1867), pp. 51, 60 – 61.

[35] Ibid., p. 64.

[36] Ibid., p. 60.

[37] *Regina v. Hicklin* (1868) L. R. 3 Q. B. D. 360.

[38] *Oxford Dictionary of National Biography*, http://www. oxforddnb. com. ezp – prodl. hul. harvard. edu/view/article/5765? docPos = 1; 另参见 "Chief Justice Cockburn Dead", *NYT*, Nov. 22, 1880。

[39] *Regina v. Hicklin* (1868) L. R. 3 Q. B. D. 360.

[40] Walter Arnstein, "The Murphy Riots," *Victorian Studies* 19 (Sept. 1975), pp. 53, 56; Roger Swift, "Anti-Catholicism and Irish Disturbances: Public Order in Mid-Victorian Wolverhampton," *Midland History* 9 (1984), pp. 87 – 108; Pall Mall Gazette, Feb. 20, 1867 (n. p.); "The Riots at Birmingham," *The London Review*, June 22, 1867, p. 692; *Regina v. Hicklin* (1868) L. R. 3 Q. B. D. 360.

[41] Ibid.

[42] Ibid.

[43] Comstock, *Traps for the Young*, pp. 132 – 3.

[44] "Comstock, Foe of Vice, Dies after Relapse," *New York Tribune*, Sept. 22, 1915, p. 1; " Anthony Comstock," *Boston Journal*, Sept. 23, 1915, p. 8; Bates, ibid., p. 200.

[45] WHS, Box 1 Folder 7, p. 70.

[46] WHS, Box 1 Folder 6, MS – 18, P – 2.

## 15 以利亚来了

[1] 见 1920 年 9 月 6 日乔伊斯致 Carlo Linati 信，*LI*, p. 146。

[2] 见 1920 年 12 月 12 日乔伊斯致庞德信，*LIII*, pp. 32 – 33。

[3] Ibid., p. 34.

[4] Groden, *Ulysses in Progress*, p. 167.

[5] 见 1921 年 1 月 7 日乔伊斯致奎因信，*LI*, p. 156。

[6] 见 1921 年 2 月 23 日乔伊斯致 Larbaud 信，*LIII*, p. 39。

[7] 见 1920 年 9 月 29 日米迦勒节乔伊斯致巴津信，*LI*, p. 147。

[8] *Ulysses*, p. 361 (15: 385).

[9] Ibid., p. 461 (15: 3763 – 4).

[10] Ibid., p. 397 (15: 1600).

[11] Ibid., p. 460 (15: 3735).

[12] Ibid., p. 458 (15: 3671).

[13] Ibid., p. 357 (15: 259 – 60).

[14] Ibid., p. 414 (15: 2189).

[15] 见 1920 年 11 月 24 日乔伊斯致奎因信，*LIII*, p. 30，及乔伊斯 1920 年 11 月 23 日发给奎因的电报。

[16] Ibid.

[17] 见 1920 年 11 月 24 日奎因致乔伊斯电报，NYPL。

[18] 见 1920 年 10 月 20 日奎因致庞德信，NYPL。

[19] 见 1920 年 12 月 13 日乔伊斯发给奎因的电报，转引自 1920 年 12 月 19 日奎因致乔伊斯信，NYPL。

[20] 见 1920 年 12 月 19 日奎因致乔伊斯信，NYPL。

[21] 见 1920 年 10 月 16 日、21 日奎因致庞德信，SIU，Box 1 Folder 5。

[22] 见 1921 年 2 月 5 日奎因致玛格丽特·安德森信，SIU，Box 1

Folder 6。

[23] 见 1920 年 8 月 15 日奎因致乔伊斯信，NYPL。

[24] 见 1920 年 12 月 19 日奎因致乔伊斯信，NYPL。

[25] 见 1920 年 8 月 15 日奎因致乔伊斯信，NYPL。

[26] 见 1920 年 12 月 15 日奎因致许布希信，NYPL；另见 1920 年 12 月 19 日奎因致乔伊斯信，NYPL。

[27] 见 1920 年 12 月 15 日奎因致许布希信，NYPL。

[28] 见 1920 年 10 月 16 日奎因致庞德信，SIU，Box 1 Folder 5。

[29] 见 1921 年 2 月 5 日奎因致玛格丽特·安德森信，SIU，Box 1 Folder 6。

[30] 见奎因提交的转庭申请，SIU，Box 3 Folder 4。

[31] Yale Anderson，Box 2 Folder 22.

[32] 见 1920 年 1 月 9 日简·希普致乔伊斯信，Cornell，Series IV Box 8。

[33] "Books and Authors," *NYT*，Dec. 26，1920，p. 51；另见 1920 年 12 月 12 日奎因致庞德信，NYPL。

[34] *LR* 7，no. 3（Sept. – Dec. 1920），p. 2.

[35] 见 1921 年 1 月 8 日乔伊斯发给奎因的电报，转引自 1921 年 2 月 5 日奎因致安德森信，SIU，Box 1 Folder 6。

[36] 见 1921 年 1 月 7 日乔伊斯致奎因信，*LI*，p. 155。

[37] 见 1921 年 2 月 5 日奎因致安德森信，SIU，Box 1 Folder 6。

[38] 见沃森（?）翻译的 1921 年 1 月 13 日乔伊斯致奎因电报，NYPL。

[39] 见 1921 年 1 月 24 日奎因致乔伊斯电报，NYPL。

[40] 参见 http：//eh. net/encyclopedia/article/smiley. 1920s. final。

[41] *MNY*，p. 496；另见 1921 年 4 月 13 日奎因致乔伊斯信，NYPL。

[42] *MNY*，p. 496.

[43] 见 1921 年 5 月 2 日奎因致叶芝父亲 John Butler Yeats 信，NYPL。

[44] 见 1921 年 5 月 5 日奎因致 Walter Pach 信，转引自 *MNY*，p. 478。

[45] *MNY*，p. 458；另见 1921 年 4 月 13 日奎因致乔伊斯信。

[46] 见 1920 年 9 月 16 日奎因致 Walt Kuhn 信，NYPL。

[47] 见 1921 年 4 月 13 日奎因致乔伊斯信，NYPL。

[48] 见 1921 年 5 月 2 日奎因致 John Butler Yeats 信，NYPL。

[49] Ell，p. 401。

[50] *DMW*, p. 459, 表 1。
[51] 见 1916 年 10 月 30 日乔伊斯致韦弗小姐信, *LI*, p. 97。
[52] 见 1916 年 11 月 10 日韦弗小姐致乔伊斯信, Cornell, Series IV Box 14。
[53] 见 1919 年 2 月 25 日乔伊斯致韦弗小姐信, *LII*, p. 436。
[54] *DMW*, pp. 155 – 6.
[55] 参见 Ell, pp. 441, 454; 另见 1919 年 2 月 25 日乔伊斯致韦弗小姐信, *LII*, p. 436 – 7 及 p418 注释。
[56] *DMW*, pp. 157 – 160; Ell, p. 457.
[57] *DMW*, pp. 157 – 8.
[58] 见 1919 年 7 月 6 日韦弗小姐致乔伊斯信, Cornell, Series IV Box 14。
[59] Ell, p. 489; Maddox, *Nora*: *A Biography*, p. 177; *DMW*, p. 174.
[60] *DMW*, p. 174; 另见 1923 年 7 月 11 日乔伊斯致韦弗小姐信, BL。
[61] 见 1919 年 6 月 24 日 Monro, Saw & Co 致乔伊斯信, LII, pp. 444 – 5, 转引自 *DMW*, p. 158。
[62] Ell, p. 498.
[63] Maddox, *Nora*: *A Biography*, pp. 138, 176, 271 – 2.
[64] Myron Nutting, "An Evening with James Joyce and Wyndham Lewis," *Tulsa*, Series 1 Box 176.
[65] Ell, p. 541.
[66] 见 1922 年 6 月 21 日奎因致 Shane Leslie 信, NYPL。
[67] 见 1921 年 2 月 5 日奎因致安德森信, SIU, Box 1 Folder 6。
[68] Ibid.
[69] 见 1921 年 2 月 5 日、8 日奎因致安德森信, SIU, Box 1 Folder 6。
[70] 见 1921 年 2 月 8 日奎因致安德森信, SIU, Box 1 Folder 6。
[71] 见 1920 年 10 月 16 日奎因致庞德信, SIU, Box 1 Folder 5。
[72] 见 1921 年 2 月 5 日、8 日奎因致安德森信, SIU, Box 1 Folder 6。
[73] *TYW*, pp. 221, 213 – 4.
[74] *TYW*, p. 214.
[75] 见 1922 年 8 月 14 日安德森致 Reynolds 信, Delaware, Box 4 Folder 34。安德森把"资产阶级最崇敬的敌人"这个短语圈了起来。
[76] MCA, "An Obvious Statement (for the millionth time)," *LR* 7,

no. 3 (Sept. – Dec. 1920), pp. 8, 10. 斜体为原文所加。

[77] Ibid.

## 16　玛格丽特·安德森和简·希普与纽约人的对抗

[1] "Greenwich Girl Editors in Court," *Chicago Herald Examiner*, Feb. 15, 1921, p. 8, 转引自 Jackson Bryer, "James Joyce, *Ulysses* and *the Little Review*," *The South Atlantic Quarterly* 66 (1967), p. 160 及 Lawrence Rainey, *Institutions of Modernism: Literary Elites and Public Culture* (New Haven: Yale University Press, 1998), p. 189。

[2] "Greenwich Village's Editoresses Fined," *New York Herald*, Feb. 22, 1921, p. 8, Yale Joyce, Box 17 Folder 321.

[3] "Magazines Are Published by Greenwich Artists," *Morning Oregonian*, March 26, 1922, p. 5.

[4] *TYW*, p. 219.

[5] MCA, " 'Ulysses' in Court," *LR* 7, no. 4 (Jan. – March 1921), p. 22.

[6] 见 *TYW*, p. 219 及 1922 年 6 月 21 日奎因致 Shane Leslie 信，NYPL。

[7] "Court Puzzled by Experts on Book's Morals," *New York Tribune*, Feb. 15, 1921, p. 5.

[8] 见 1922 年 6 月 21 日奎因致 Shane Leslie 信，NYPL；另见 1921 年 4 月 13 日、15 日奎因致乔伊斯信，NYPL。

[9] "Court Puzzled by Experts on Book's Morals," *New York Tribune*, Feb. 15, 1921, p. 5.

[10] "Improper Novel Costs Women MYM100," *NYT*, Feb. 22, 1921, p. 12.

[11] 见 1921 年 2 月 4 日奎因致安德森信，SIU, Box 1 Folder 6。

[12] 见 1921 年 2 月 8 日奎因致安德森信，SIU, Box 1 Folder 6。

[13] "Court Puzzled by Experts on Book's Morals," *New York Tribune*, Feb. 15, 1921, p. 5.

[14] *TYW*, p. 220。玛格丽特·安德森转述了波伊斯的观点。

[15] MCA, " 'Ulysses' in Court," *LR* 7, no. 4 (Jan. – March 1921), p. 24.

[16] "Court Puzzled by Experts on Book's Morals," p. 5.

[17] Ibid.

[18] MCA, "'Ulysses' in Court," *LR* 7, no. 4 (Jan. - March 1921), p. 23。注：审判过程、当庭辩词等总是众说纷纭，不甚明晰，为了方便叙述，特作此编排。

[19] "Judge Rebukes Comstock," *NYT*, May 17, 1914, p. 15。感叹号为本书作者所加。

[20] Geoffrey Stone, "Judge Learned Hand and the Espionage Act of 1917: A Mystery Unraveled," *The University of Chicago Law Review* 70, no. 1 (2003), pp. 335 - 358; Gerald Gunther, "Learned Hands and the Origins of Modern First Amendment Doctrine: Some Fragments of History," *Stanford Law Review* 27 (1975), p. 719 - 773.

[21] *United States v. Kennerley*, 209 F. 119, 121 (D. C. S. D. N. Y. 1913).

[22] Ibid.

[23] *TYW*, p. 221.

[24] Ibid.

[25] MCA, "'Ulysses' in Court," *LR* 7, no. 4 (Jan. - March 1921), pp. 24 - 25.

[26] Ibid.

[27] Ibid.

[28] 见 1921 年 4 月 13 日奎因致乔伊斯信，NYPL。

[29] "Ulysses Finds Court Hostile as Neptune," *New York World*, Feb. 22, 1921, p. 24.

[30] "'Little Review,' Though It's Convicted, Refuses to Be Suppressed," *Jackson Citizen's Patriot*, March 6, 1921, p. 8; *LR* 7, no. 3 (Sept. - Dec. 1920), p. 48.

[31] "Improper Novel Costs Women MYM100," *NYT*, Feb. 22, 1921, p. 12.

[32] 见 1921 年 4 月 13 日奎因致乔伊斯信，NYPL。

[33] 见 1922 年 6 月 21 日奎因致 Shane Leslie 信，NYPL。

[34] Ibid.，另见 "*Ulysses* Adjudged Indecent; Review Editors Are Fined," *New York Tribune*, Feb. 22, 1921, p. 13。

[35] "Notes from New York," Unidentified newspaper clipping, Yale Joyce, Box 17 Folder 321.

[36] 见 1921 年 4 月 13 日奎因致乔伊斯信，NYPL。

[37] Ibid.

[38] *TYW*, p. 221.

[39] WHS, Box 2 Folder 7, February 1921 Report.

[40] Jackson R. Bryer, "'A Trial-Track for Racers': Margaret Anderson and *the Little Review*" (PhD diss., University of Wisconsin, 1965), pp. 402 - 3. Bryer 由福町女士写给他的私人信件中获知此事。

[41] "Notes from New York," Unidentified publication, Yale Joyce, Box 17 Folder 321.

[42] "Greenwich Girl Editors in Court," *Chicago Herald Examiner*, Feb. 15, 1921, p. 8，转引自 Jackson Bryer, ibid., p. 160。

[43] *TYW*, p. 222.

[44] 见 1921 年 2 月 5 日奎因致安德森信，SIU, Box 1 Folder 6。

[45] "Tabloid Book Review," *Chicago Daily Tribune*, Feb. 6, 1921, p. A7.

[46] John Sumner, "The Truth about 'Literary Lynching,'" *The Dial* 71 (1921), pp. 63 - 68.

[47] 参见 Buffalo TS V. B. 11. a and Cornell 57 in *JJA* "*Nausicaa*" *MS*, pp. 294, 257。

[48] *LR* 7, no. 2 (July - Aug. 1920), p. 57.

[49] Ibid., p. 42.

[50] Jane Heap, "Art and the Law," *LR* 7, no. 3 (Sept. - Dec. 1920), pp. 5 - 9.

[51] 见 1920 年 2 月 21 日庞德致奎因信，*EP/JQ*, p. 185。

[52] 见 1920 年 10 月 21 日奎因致庞德信，SIU, Box 1 Folder 5。

[53] 见 1920 年 6 月 21 日奎因致 Shane Leslie 信，NYPL。

[54] Buffalo TS V. B. 11. a, Joyce and Groden, *James Joyce Archive*, p. 283.

## 17　"喀耳刻"着火了

[1] *SC*, p. 63.

[2] *SC*, pp. 63 - 64; *SBLG*, p. 80.

[3] 现存的誊清稿篇幅大约占原稿的一半（从"两个处女卡伦护士"

到“好”)，共 144 页。费城罗森巴赫博物馆收藏的手稿（乔伊斯用了较小的字体）加上插入内容有 85 页。参见 *Ulysses*：*A Facsimile of the Manuscript*，ed. Clive Driver（New York：Octagon Books，1975）.

[4] Groden，*Ulysses in Progress*，p. 208.

[5] *SC*，pp. 63 – 64；*SBLG*，p. 80.

[6] Ibid.

[7] *SC*，p. 152.

[8] Sidney Buckland and Myriam Chimènes，*Francis Poulenc*：*Music*，*Art and Literature*（Aldershot：Ashgate，1999），pp. 101 – 102.

[9] SBP，Box 167 Folder 3.

[10] "*Bibi-la-Bibiste*，" *LR* 7，no. 3（Sept. – Dec. 1920），pp. 24 – 29.

[11] Ibid.，p. 106.

[12] 哈里森先生可能读到的“喀耳刻”片段细节是从抄写员送还的誊清稿（即 Buffalo TS V. B. 13. b——这一版本源自奎因的影印稿）中搜集来的。参见 Joyce and Groden，*James Joyce Archive*：*Ulysses*，"*Oxen of the Sun*" *and* "*Circe*" *a Facsimile of Drafts*，*Manuscripts and Typescripts for Episodes 14 & 15*（*Part 1*）（New York：Garland Pub，1977），pp. 391 – 8。这本书在下文中被简称为 *JJA Circe*。所有的格式和文本细节都遵循手稿。

[13] *JJA Circe*，p. 369. 这是抄写员誊清稿的最后一部分，与“被送还”版本一致，见 *JJA Circe*，p. 404。

[14] *JJA Circe*，pp. 367，401.

[15] 见 1921 年 4 月 9 日乔伊斯致韦弗小姐信，*LIII*，p. 40 及 1921 年 4 月 19 日乔伊斯致奎因信，*LIII*，p. 41。

[16] 见 1921 年 4 月 19 日乔伊斯致奎因信，*LIII*，p. 41。此处省略了“我相信”。

[17] 见 1921 年 6 月 5 日奎因致乔伊斯信，NYPL。

[18] 见 1921 年 4 月 13 日奎因致许布希信，转引自 *MNY*，p. 486。

[19] *MNY*，p. 485.

[20] *JJA Circe*，pp. 285 – 287；参见 *Ulysses*，pp. 435 – 436（15：2931 – 2960）。

［21］*JJA Circe*，pp. 295 – 296；参见 *Ulysses*，pp. 439 – 440（15：3075 – 3096）。

［22］Ibid.

［23］见 1921 年 6 月 5 日奎因致乔伊斯信，NYPL。

［24］见 1921 年 5 月 15 日利夫莱特致奎因信，NYPL。

［25］见 1921 年 6 月 5 日奎因致乔伊斯信，NYPL。

［26］*SC*，p. 47.

［27］见西尔维娅·比奇访谈，http：//www. youtube. com/watch? v = vm5QWjBOvPo。访谈中的说法与比奇在 *SC* 中的说法不同。注：比奇在"喀耳刻"被烧之前就提出了由莎士比亚书店出版的想法。

［28］消费物价指数通货膨胀计算器：http：//data. bls. govcgi – bin/cpical. pl。1922 年的 28 美元相当于 2011 年的 376 美元。

［29］Ell，p. 505；*SBLG*，pp. 79 – 80.

［30］见 1921 年 5 月 25 日奎因致 Foster 信，NYPL。

［31］*SC*，p. 65.

［32］见 1921 年 6 月 5 日奎因致乔伊斯信，NYPL。

［33］HRC，Lake Collection，Box 262 Folder 9.

［34］见 1921 年 4 月 23 日西尔维娅·比奇致霍莉·比奇信，*LSB*，pp. 85 – 86。

［35］*SC*，p. 51.

［36］Austin Archive，Box 262 Folder 10；*SBLG*，p. 88.

［37］*SBLG*，p. 87.

［38］见 1921 年 4 月 23 日西尔维娅·比奇致霍莉·比奇信，*LSB*，pp. 84 – 85，88。

［39］见 1921 年 4 月 1 日西尔维娅·比奇致母亲 Eleanor Beach 信，转引自 SBLG，p. 78。省略号为比奇信中所加。

［40］Rosemary Carr，"American Girl Conducts Novel Bookstore Here，" *Paris Tribune*，May 28，1921，转引自 *SBLG*，p. 84。

［41］见 1921 年 6 月 11 日萧伯纳致西尔维娅·比奇信，转引自 *SC*，p. 52。

［42］Ibid.

［43］EP，"Paris Letter，" *The Dial*，June 1922，见 *EP/JJ*，p. 198。

［44］见 1917 年 3 月 15 日乔伊斯致 C. P. Curran 信，*LII*，p. 392。

［45］见 1918 年 3 月 20 日乔伊斯致韦弗小姐信，*LI*，p. 113。

[46] 见 1920 年 11 月 24 日乔伊斯致奎因信，*LIII*，p. 30。

[47] 见 1921 年 1 月 8 日乔伊斯致奎因电报，转引自 1921 年 2 月 5 日奎因致玛格丽特·安德森信，SIU，Box 1 Folder 6。

[48] 见 1921 年 10 月 7 日乔伊斯致韦弗小姐信，*LI*，p. 172。

[49] 见 1921 年 11 月 25 日乔伊斯致韦弗小姐信，BL。

[50] *Ulysses*，p. 546（17：70 – 82）。

[51] Ell，p. 501.

[52] 见 1921 年 1 月 5 日乔伊斯致 Ettore Schmitz 信，*SL*，p. 277 注释；Maddox，*Nora*：*A Biography*，p. 204。

[53] 细节详见 1909 年乔伊斯致娜拉信，Cornell，Series IV Box 4。

[54] 见 1909 年 12 月 8 日乔伊斯致娜拉信，*SL*，pp. 184 – 5。

[55] Ibid.

[56] Ibid.

[57] Ibid.

[58] 见 1909 年 12 月 22 日乔伊斯致娜拉信，*SL*，p. 193。

[59] 见 1909 年 12 月 9 日乔伊斯致娜拉信，*SL*，p. 186。

[60] 见 1921 年 8 月 16 日乔伊斯致巴津信，*SL*，p. 285。

[61] 见 1922 年 2 月 8 日乔伊斯致韦弗小姐信，*LI*，p. 180。

[62] *Ulysses*，p. 610（18：85 – 99）.

[63] *SC*，p. 43.

[64] 见 1921 年 6 月 24 日乔伊斯致韦弗小姐信，*SL*，p. 284；Myron Nutting，"An Evening with James Joye and Wyndham Lewis，" Tulsa，Series 1 Box 176。

[65] 见 1928 年 9 月 20 日乔伊斯致韦弗小姐信，*SL*，p. 338。

[66] Mary and Padraic Colum，*Our Friend James Joyce*，p. 133.

[67] 见 1921 年 4 月 3 日乔伊斯致韦弗小姐信，*LI*，p. 161。

[68] *SBLG*，p. 94；*SC*，p. 57.

[69] *SC*，p. 69；SBP，Box 168 Folder 2；1921 年 6 月 7 日乔伊斯致 Francini Bruni 信，*LII*，p. 45。

[70] Ell，p. 498.

[71] *SC*，p. 69；SBP，Box 168 Folder 2；1921 年 6 月 7 日乔伊斯致 Francini Bruni 信，*LII*，p. 45。

[72] *SC*, p. 56; SBP, Box 168 Folder 2.

[73] McAlmon, *Being Geniuses Together*, p. 17.

[74] *SBLG*, p. 87.

[75] McAlmon, *Being Geniuses Together*, p. 17.

[76] Ibid., p. 23.

[77] 见 1921 年 8 月 7 日乔伊斯致韦弗小姐信，*LI*, p. 168。

[78] McAlmon, *Being Geniuses Together*, p. 25.

[79] *SC*, p. 69.

[80] Ibid.

[81] SBP, Box 168 Folder 1.

[82] 见 Luca Crispi and Ronan Crowley, "Proof ^ Finder: Proofs by Episode," *Genetic Joyce Studies* 8 (Spring 2008), http://www.antwerpjamesjoycecenter.com/GJS8/Proof%5Efinder/Proofs.Episode.jsp。

[83] Groden, *Ulysses in Progress*, p. 199.

[84] 见 1921 年 8 月 7 日乔伊斯致韦弗小姐信，*LI*, p. 168。

[85] Groden, *Ulysses in Progress*, p. 188.

[86] *Ulysses*, p. 401 (15: 1736). "并且以此为荣" 见 1920 年 10 月 21 日萨姆纳证词，转引自奎因提交的转庭申请；另见 1920 年 10 月 16 日奎因致庞德信，SIU, Box 1 Folder 5。感谢 David Weir 的启示，参见 Weir, "What Did He Know and When Did He Know It?: *The Little Review*, Joyce and *Ulysses*" *JJQ* 37, no. 3/4 (2000), p. 402。

[87] *Ulysses*, p. 401 (15: 1750).

[88] *Ulysses*, p. 404 (15: 1842 - 3).

## 18　放逐者的《圣经》

[1] Richard Ellmann, "A Portrait of the Artist as Friend," *The Kenyon Review* 18, no. 1 (Winter 1956), p. 67.

[2] SBP, Box 168 Folder 8.

[3] *SC*, p. 47.

[4] SBP, Box 168 Folders 2 and 5.

[5] SBP, Box 166 Folder 5.

[6] "重合叠印", "字迹难认", 以及本段后面出现的 "反复警告", 见

1921 年 6 月 9 日达郎季埃致西尔维娅 · 比奇信，Buffalo XIV. 9，以及 1921 年 6 月 16 日达郎季埃致比奇信，Buffalo XIV. 10。

[7] 1921 年 6 月 9 日达郎季埃致比奇信，Buffalo XIV. 9（"*très onéreuses*"）。

[8] *SC*, p. 58.

[9] Luca Crispi and Ronan Crowley, "Proof Finder: Placards," *Genetic Joyce Studies* 8 (Spring 2008). http://www.antwerpjamesjoycecenter.com/GJS8/Proof%5Efinder/Placards.jsp.

[10] 见1921 年 9 月 30 日达郎季埃致西尔维娅 · 比奇信，Buffalo XIV. 35，Darantiere's emphasis。

[11] 见 1921 年 10 月 11 日 Maurice Hirchwald 致 SB 信，Buffalo XIV. 38。

[12] 见 1921 年 9 月 22 日西尔维娅 · 比奇致霍莉 · 比奇信，*LSB*, p. 88。

[13] 见 1921 年 11 月 25 日乔伊斯致韦弗信，BL。乔伊斯向韦弗索要 75 英镑付给达郎季埃。

[14] Groden, *Ulysses in Progress*, pp. 188 – 9; Crispi and Crowley, "Proof Finder: Proofs by Episode" and "Proof Finder: Placards".

[15] *SC*, p. 58.

[16] James Van Dyck Card, *An Anatomy of "Penelope"* (Rutherford: Farleigh Dickinson University Press, 1984), p. 83.

[17] 见 1921 年 9 月 3 日达郎季埃致西尔维娅 · 比奇信，Buffalo。

[18] Djuna Barnes, "James Joyce," *Vanity Fair* (April 1922), p. 65.

[19] "蓝色要和希腊国旗一致" 请参阅：*SC*, p. 63。

[20] Groden, *Ulysses in Progress*, p. 191.

[21] SBP, Box 168 Folder 8; *SBLG*, p. 106.

[22] *SC*, p. 84; *SBLG*, p. 114; *LII*, p. 58n.

[23] *SC*, p. 85; SBP, Box 166 Folder 5.

[24] 见 1922 年 2 月 11 日乔伊斯致西尔维娅 · 比奇信，*JJ/SB*, pp. 10 – 11。

[25] 见 1922 年 2 月 11 日乔伊斯致西尔维娅 · 比奇信，*JJ/SB*, pp. 10 – 11。

[26] *SC*, p. 86.

[27] Sisley Huddleston, "*Ulysses*," London *Observer*, March 5, 1922, qtd. Robert Deming (ed.), *James Joyce: The Critical Heritage*, vol. 1 (London: Routledge & K. Paul, 1970), p. 214.

[28] J. Middleton Murry, "Mr. Joyce's 'Ulysses,'" *The Nation & The Athenaeum*. April 22, 1922, pp. 124 – 5.

[29] Arnold Bennett, "James Joyce's *Ulysses*," *The Outlook*, April 29, 1922, qtd. Deming, *James Joyce*: *The Critical Heritage*, p. 221.

[30] Ell, p. 531; *SBLG*, p. 120.

[31] 见 1922 年 6 月 8 日西尔维娅·比奇致韦弗信, *LSB*, p. 93。

[32] Ell, p. 532.

[33] Lawrence qtd. in Rachel Potter, "Obscene Modernism and the Trade in Salacious Books," *Modernism/Modernity* 16 (2009), p. 92.

[34] *SBLG*, p. 246.

[35] *Liverpool Daily Courier*, qtd. in *DMW* endpapers.

[36] *The New York Herald* (Paris ed.), April 17, 1922, copied from Yale Joyce, Box 40 Folder 634.

[37] S. B. P. Mais, "An Irish Revel," *The Daily Express*, March 25, 1922, qtd. *DMW* endpapers.

[38] Robert Jackson, *Case for the Prosecution*: *A Biography of Sir Archibald Bodkin*, *Director of Public Prosecutions*, *1920 – 1930* (London: A. Barker, 1962), p. 235.

[39] James Douglas, "Beauty—and the Beast." *The Sunday Express*, May 28, 1922, p. 5, in Yale Joyce, Box 17 Folder 327.

[40] Shane Leslie, "*Ulysses*," *Quarterly Review*, Oct. 1922, reprinted in Deming, p. 207, 以及 Alfred Noyes, "Rottenness in Literature," *Sunday Chronicle*, Oct. 29, 1922, Box 17 Folder 327。

[41] Mais, "An Irish Revel".

[42] 见 1924 年 6 月 7 日埃德蒙·戈斯致 Louis Gillet 信, SBP, Box 167 Folder 7; Ell, 528n。

[43] "Domini Canis" (Shane Leslie), *Dublin Review*, Deming, p. 201.

[44] Shane Leslie, *Quarterly Review*, ccxxxviii (Oct. 1922), pp. 219 – 234, qtd。*James Joyce*: *The Critical Heritage*, vol. 1 (Deming ed. 1970), p. 211.

[45] Faulkner qtd. in Philip Gourevitch, *The Paris Review*: *Interviews* (New York: Picador, 2009), p. 50.

[46] *SC*, p. 116.

[47] JJ qtd. in *SBLG*, p. 275.

[48] Rascoe, *A Bookman's Daybook*, p. 27.

[49] *LR* 8, no. 2 (Spring 1922), p. 40.

[50] 见 1922 年 1 月至 4 月埃兹拉·庞德致玛格丽特·安德森信，*EP/LR*, p. 282。

[51] EP, "Monumental," qtd. *EP/JJ*, p. 260.

[52] *EP/JJ*, p. 11.

[53] 见 1922 年 4 月 14 日［Rodker?］致玛格丽特·安德森信，*EP/LR*, p. 283。

[54] T. S. Eliot, " Ulysses, Order, and Myth " in Selected Prose of T. S. Eliot (New York: Harcourt Brace Jovanovich, 1975), p. 178.

[55] VW, *The Diary of Virginia Woolf*, vol. 5, p. 353 (Jan. 15, 1941).

[56] Ibid., vol. 2, p. 203 (Sept. 26, 1922).

[57] T. S. Eliot, "Ulysses, Order, and Myth" in *Selected Prose of T. S. Eliot* (New York: Harcourt Brace Jovanovich, 1975), p. 175.

[58] VW, *The Diary of Virginia Woolf*, vol. 2, pp. 188 – 9 (Aug. 16, 1922).

[59] VW, "Character in Fiction," *The Essays of Virginia Woolf*, vol. 3, p. 434.

[60] VW, *The Diary of Virginia Woolf*, vol. 2, p. 199 (Sept. 6, 1922).

[61] Ibid., p. 200.

[62] 见 1922 年 1 月 15 日曼斯菲尔德致 Sydney Schiff 信，*The Letters of Katherine Mansfield*, vol 3, pp. 434。

[63] Yeats qtd. in Ell, p. 530. 源于艾尔曼于 1947 年对 L. A. G. Strong 的采访。

[64] Ell, p. 628.

[65] Carl Gustav Jung, "Ulysses: A Monologue" in *The Collected Works of CG Jung。The Spirit in Man, Art, and Literature*, vol. 15 (London: Routledge and K. Paul, 1979), p. 132.

[66] VW, *The Diary of Virginia Woolf*, vol. 2 (London: Hogarth Press, 1978), p. 200 (Sept. 7, 1922).

[67] VW, "Modern Novels," *Essays of Virginia Woolf*, vol. 3, p. 33.

[68] VW, *The Diary of Virginia Woolf*, vol. 2, pp. 247 – 249 (June 19, 1923); Quentin Bell, *Virginia Woolf: A Biography* (London:

Hogarth, 1978), pp. 99 - 100, 105.

[69] *Ulysses*, p. 641 (18: 1511).

[70] Ibid., p. 490 (15: 4720 - 1).

[71] *Ulysses*, p. 642 (15: 1531).

[72] Ibid., p. 50 (4: 227 - 8).

[73] Arnold Bennett, *The Outlook*, April 29, 1922. Copied from Yale Joyce.

[74] Noyes qtd. in "Rottenness in Literature," *Sunday Chronicle*, Oct. 29, 1922, copied from Yale Joyce, Box 17 Folder 327.

## 19 书籍走私者

[1] 见 1922 年 3 月 27 日约翰·奎因致西尔维娅·比奇信, NYPL。

[2] 见 1922 年 10 月 2 日约翰·奎因致韦弗信, "I have heard that copies have sold here as high as MYM100", NYPL。

[3] 见 1922 年 9 月 19 日西尔维娅·比奇致 Marion Peter 信, *SLSB*, p. 102。

[4] 见 1922 年 3 月 27 日约翰·奎因致西尔维娅·比奇信, NYPL。

[5] 见 1922 年 2 月 4 日约翰·奎因致西尔维娅·比奇信, qtd. *MNY*, p. 531。

[6] "Purity'War on Authors," *Weekly Dispatch*, Aug. 13, 1922, Yale Joyce, Box 9 Folder 194.

[7] 见 1922 年 4 月 4 日约翰·奎因致乔伊斯信, NYPL。

[8] 见 1922 年 3 月 27 日及 30 日约翰·奎因致西尔维娅·比奇信, NYPL。

[9] 见 1922 年 3 月 27 日约翰·奎因致西尔维娅·比奇信, NYPL。

[10] 见 1922 年 3 月 30 日约翰·奎因致西尔维娅·比奇信, NYPL。

[11] 见 1922 年 8 月 7 日西尔维娅·比奇致 Marion Peter 信, *LSB*, p. 101。

[12] 见 1922 年 4 月 15 日 Joseph Liepold 致西尔维娅·比奇信, Buffalo, Series XII。

[13] 见 1923 年 1 月 11 日莫布雷 - 克拉克致西尔维娅·比奇信, Buffalo, Series XII. 她在 8 月份收到了 6 本。

[14] Rainey, *Institutions of Modernism*, pp. 65 – 69.

[15] 见 1922 年 5 月 3 日 Ruth McCall 致莎士比亚书店信，Buffalo, Series XII。

[16] 见 1922 年 7 月 22 日玛丽·莫布雷 – 克拉克致西尔维娅·比奇信，Buffalo, Series XII。

[17] 见 1923 年 1 月 11 日玛丽·莫布雷 – 克拉克致西尔维娅·比奇信，Buffalo, Series XII。

[18] 见 1922 年 8 月 7 日西尔维娅·比奇致 Marion Peter 信，*LSB*, p. 101。

[19] 见 1923 年 1 月 11 日玛丽·莫布雷 – 克拉克致西尔维娅·比奇信，Buffalo, Series XII。

[20] 见 1922 年 9 月 19 日西尔维娅致 Marion Peter 信，*LSB*, pp. 102, 105。

[21] Michael S. Reynolds, *Hemingway, the Paris Years* (Oxford: Blackwell, 1989), p. 21; Jeffrey Meyers *Hemingway, A Biography* (New York: Harper & Row, 1985), p. 59.

[22] Ernest Hemingway, *A Moveable Feast: The Restored Edition* (New York: Scribner, 2009), p. 91.

[23] Reynolds, *Hemingway, the Paris Years*, p. 5.

[24] Ernest Hemingway, "Living on MYM1, 000 a Year in Paris," *Toronto Star*, Feb. 4, 1922.

[25] Reynolds, p. 5, 以及 Meyers, p. 58。

[26] Meyers, p. 63.

[27] Hemingway, *A Moveable Feast*, pp. 69 – 70.

[28] Meyers, p. 66.

[29] *SC*, pp. 77 – 78.

[30] Hemingway, *A Moveable Feast*, pp. 69 – 70.

[31] *SBLG*, p. 91.

[32] Hemingway, *A Moveable Feast*, pp. 35 – 36.

[33] SC, p. 78.

[34] Meyers, pp. 31 – 32.

[35] SBP, Box 166 Folder 4. 比奇引用海明威。

[36] 见 1922 年 2 月 14 日海明威致母亲 Grace Hall Hemingway 信，*Letters*

*of Ernest Hemingway*, vol. 1 (Cambridge: Cambridge University Press, 2011), p. 328。

[37] Meyers, p. 73.

[38] Reynolds, p. 26.

[39] 见 1922 年 3 月 9 日海明威致舍伍德·安德森信, *Letters of Ernest Hemingway*, vol. 1, p. 331。

[40] Meyers, p. 82.

[41] JJ qtd. in "An American Storyteller," *Time magazine*, July 7, 1999.

[42] Meyers, p. 83.

[43] 见 1922 年 3 月 9 日海明威致舍伍德·安德森信, Letters of Ernest Hemingway, vol. 1, p. 331。

[44] *SBLG*, p. 115; Reynolds, p. 12.

[45] Meyers, p. 83.

[46] See Wickser Collection, Buffalo, J69. 23. 8 TC141 H45 F37 1929.

[47] 见 1950 年 6 月 1 日海明威致 Arthur Mizener 信, Ernest Hemingway, Carlos Baker, and John Updike, *Ernest Hemingway, Selected Letters, 1917 – 1961* (New York: Scribner, 1981), p. 696。见他最早的选集: Hemingway, *A Moveable Feast*, pp. 35 – 36。

[48] Reynolds, p. 6.

[49] Gertrude Stein, *Autobiography of Alice B. Toklas* (New York: Vintage Books, 1961), p. 213.

[50] Hemingway, *A Moveable Feast*, p. 35.

[51] Hemingway, "Homage to Ezra," *This Quarter* 1, no. 1 (Spring 1925), pp. 223 – 224.

[52] Hemingway, "Homage to Ezra," *This Quarter* 1, no. 1 (Spring 1925), pp. 223 – 224.

[53] Hemingway, *A Moveable Feast*, p. 108.

[54] Ibid., p. 135.

[55] Wyndham Lewis, *Blasting and Bombardiering*, p. 277.

[56] Hemingway, *A Moveable Feast*, pp. 108 – 9.

[57] 见 1922 年 3 月 9 日海明威致舍伍德·安德森信, *Letters of Ernest Hemingway*, vol. 1., p. 331。

[58] McAlmon, p. 163.

[59] *SC*, p. 79; SBP, Box 166 Folder 4.

[60] Reynolds, p. 64.

[61] Meyers, pp. 91 – 100.

[62] Ibid., pp. 81 – 82.

[63] *SC*, p. 82.

[64] Hemingway, *A Moveable Feast*, pp. 61 – 62.

[65] 见 1922 年 10 月 2 日约翰·奎因致哈丽雅特·韦弗信，NYPL。

[66] *SC*, p. 88.

[67] 见 1923 年 1 月 16 日巴尼特·布雷弗曼致西尔维娅·比奇信，SBP, Box 123 Folder 13。

[68] *SBLG*, p. 139.

[69] Ibid., p. 125.

[70] 见 1922 年 3 月 21 日巴尼特·布雷弗曼致比奇电报，SBP, Box 123 Folder 13。

[71] 见 1922 年 4 月 15 日巴尼特·布雷弗曼致比奇信，SBP, Box 123 Folder 13。

[72] 见 1923 年 6 月 16 日巴尼特·布雷弗曼致比奇信，*SBLG*, p. 139; *SC*, p. 88。

[73] 35. Stat. 1129&245 (1909) 以及 Michigan State Law Title 39 Chapter 406, 14787 &l (1912)。

[74] 见 1923 年 6 月 16 日巴尼特·布雷弗曼致比奇信，*SBLG*, p. 139; *SC*, p. 88。

[75] "Ulysses Comes Out of Hiding," *Vancouver Sun*, April 13, 1950, p. 12.

[76] 见 1922 年 9 月 6 日巴尼特·布雷弗曼致比奇信，SBP, Box 123 Folder 13。

[77] 见 1923 年 1 月 16 日巴尼特·布雷弗曼致比奇信，SBP, Box 123 Folder 13。

[78] *SBLG*, p. 119.

[79] Braverman, *The Progressive Woman*, April 1913, p. 9.

[80] Braverman, "A Word about Moralists," Feb. 1913, p. 11.

[81] Ibid., p. 7.

[82] Ibid., p. 7 – 8.

[83] Ibid., p. 9.

[84] Ibid.

[85] Ibid.

[86] 见 1922 年 4 月 15 日布雷弗曼致西尔维娅·比奇信，SBP，Box 123 Folder 13。

[87] *SBLG*，p. 139.

[88] William Oxford，*The Ferry Steamers*：*The Story of the Detroit – Windsor Ferry Boats*（Toronto：Stoddart，1992），pp. 54，62 and 75.

[89] 见 1923 年 1 月 16 日布雷弗曼致西尔维娅·比奇信，SBP，Box 123 Folder 13。

[90] *SC*，p. 88；SBP，Box 166 Folder 4.

[91] Oxford，p. 80.

[92] *Rumrunning and the Roaring Twenties*，pp. 44 – 5.

[93] *SC*，p. 88，SBP，Box 166 Folder 4（分别在两个稿件上）。

[94] *SBLG*，p. 422.

[95] Braverman，"Social Service—Woman's Master Passion，" *The Progressive Woman*，April 1913，p. 12（photograph）.

## 20　国王的烟囱

[1] 见 1922 年 10 月 23 日乔伊斯致 Josephine Murray 信，*LI*，pp. 189 – 90。

[2] 见乔伊斯 1922 年 4 月致娜拉信，*LIII*，p. 63。也见 Maddox，*Nora*：*A Biography*，pp. 195 – 6。

[3] 见 1922 年 4 月乔伊斯致娜拉信，*LII*，p. 63。

[4] 见 1922 年 8 月 10 日埃兹拉·庞德致约翰·奎因信，NYPL。

[5] Ibid.

[6] 见 1922 年 6 月 11 日西尔维娅·比奇致韦弗信，*LSB*，p. 95 – 96。

[7] 见 1922 年 6 月 9 日西尔维娅·比奇致韦弗电报，qtd. *DMW*，p. 196。

[8] NB qtd. in SC，p. 67.

[9] *SC*，p. 70，以及 SBP，Box 166 Folder 5。

[10] *SC*，p. 71.

［11］见1922年9月5日乔伊斯致西尔维娅·比奇信，*JJ/SB*，p.13。

［12］见1922年6月11日西尔维娅·比奇致韦弗信，*LSB*，p.95－96。

［13］见1922年6月8日西尔维娅·比奇致韦弗信，*LSB*，p.93。

［14］见1922年8月29日西尔维娅·比奇致乔伊斯信，*JJ/SB*，p.12；1922年8月24日乔伊斯致博尔施医生信，BL。

［15］见1922年6月15日韦弗致西尔维娅·比奇信，SBP，Box 35 Folder 18。

［16］见1922年8月15日乔伊斯致理查德·华莱士信，*LII*，p.65。

［17］*DMW*，p.201；SBP，Box 166 Folder 5.

［18］见1922年9月20日乔伊斯致韦弗信，*LI*，p.186n。

［19］Ell，p.537.

［20］见1922年8月18、19及22日乔伊斯致韦弗电报，BL。

［21］*DMW*，p.201.

［22］见1922年8月15日乔伊斯致理查德·华莱士信，*LII*，p.65；1922年8月24日乔伊斯致博尔施医生信BL. 眼睛的状况——虹膜炎并发症——被称为瞳孔膜。

［23］Ernst Fuchs，*Text-Book Ophthalmology*（Philadelphia：Lippincott，1917），p.382；Sir John Parsons，*Diseases of the Eye：A Manual for Students and Practitioners*（London：J&A Churchill，1918），p.284.

［24］Ell，p.535.

［25］*DMW*，p.198.

［26］见1921年5月9日韦弗致Pinker信，SBP，Box 123 Folder 14（给西尔维娅·比奇的附件中）注：韦弗小姐在8月份与乔伊斯见面的几个月之前决定出版英国版的《尤利西斯》。

［27］*DMW*，p.174.

［28］DMW，p.199，及见1922年7月22日韦弗致西尔维娅·比奇信，SBP，Box 35 Folder 18。

［29］*DMW*，p.200，以及，见1922年6月26日西尔维娅·比奇致韦弗信，*LSB*，pp.97－98。

［30］Douglas，“Beauty—and the Beast”.

［31］见1966年艾丽斯·巴里致Lidderdale信，UCL，Joyce/1/A/1。

［32］*DMW*，pp.173，203－4，以及Iris Barry，“The Ezra Pound Period，”

*The Bookman* (October 1931), pp. 159 – 171。

[33] Iris Barry, Lidderdale Questionaire, UCL, Joyce/1/A/1.

[34] *DMW*, p. 203.

[35] Ibid., p. 204.

[36] 见 1922 年 11 月 15 日韦弗致约翰·奎因信，NYPL。

[37] 见 1922 年 10 月 28 日约翰·奎因致韦弗信，NYPL。

[38] *DMW*, p. 203.

[39] 见 1966 年 12 月艾丽斯·巴里致 Lidderdale 信，UCL Joyce/1/A/1; *DMW*, pp. 131, 203。

[40] *DMW*, p. 204.

[41] 同上，p. 206。也请参见艾尔曼的笔记，Rodker, Tulsa, Series 1 Box 182。

[42] 同上，p. 207。也请参见 Lidderdale 向艾丽斯·巴里提出的问题，UCL, Joyce 1/A/1。

[43] 见 1922 年 11 月 15 日韦弗致约翰·奎因信，NYPL。

[44] *DMW*, p. 207。也请参看艾尔曼的笔记，Rodker, Tulsa, Series 1 Box 182; 1947 年韦弗致 John Slocum, Yale Joyce, Box 29 Folder 555。

[45] 见 Title II of Tariff Act of 1922, 42 Stat. 975。

[46] 见 1947 年 2 月 25 日韦弗致 John Slocum 信，Yale Joyce, Box 29 Folder 555。

[47] 见 1966 年 12 月艾丽斯·巴里致 Jane Lidderdale 信，UCL, Joyce/1/A/1。

[48] 见 1947 年 2 月 25 日韦弗致 John Slocum 信，Yale Joyce, Box 29 Folder 555。

[49] Ibid.

[50] *DMW*, p. 208.

[51] 见 1922 年 11 月 15 日韦弗致约翰·奎因信，NYPL。

[52] 见 1922 年 9 月 19 日西尔维娅·比奇致 Marion Peter 信，*LSB*, pp. 102, 105; 1922 年 12 月 9 日约翰·奎因致 Rodker 信，NYPL。

[53] 见 1922 年 11 月 8 日乔伊斯致韦弗信，及 1922 年 11 月 8 日及 12 月 8 日乔伊斯致韦弗信，BL. 并参看 DMW, p. 208 fn。

[54] WHS, Box 2 Folder 8, 1922 年 11 月秘书报告。

[55] 见 1922 年 12 月 9 日约翰·奎因致韦弗信，NYPL。

[56] 见 1923 年 8 月 27 日 Edward C. Robinson 致约翰·奎因信，NYPL；见 1923 年 5 月 24 日韦弗致西尔维娅·比奇信，SBP，Box 35 Folder 18；以及见 1947 年 2 月 25 日韦弗致 John Slocum 信，Yale Joyce，Box 29 Folder 555；并参考：Ell，pp. 505 - 6n。

[57] 该描述源于一张照片：1935 年约翰·萨默在纽约一处无法识别的地方焚烧书籍。参见 Boyer，*Purity in Print*，p. 98 photo insert，Figure 7。前文中描述律师在海关人员标记的段落上停留片刻是我的推测，标记片段是阅读评价一本书的通常做法。

[58]《康斯托克法案》第 5 条规定：在市政府一系列流程后，被没收的物品"可能被定罪或销毁"，"但同时也有上诉和纠正错误的权力"。请参阅：17 Stat. 598（1873）。

[59] Sisley Huddleston，"Ulysses，" *London Observer*，March 5，1922，qtd. in Deming，*James Joyce*：*The Critical Heritage.*，p. 214.

[60] Sir Charles Edward Troup，*The Home Office*（London：G. P. Putnam's Sons ltd.，1925），p. 1.

[61] BNA，H. O. 144/20071（Old Ref. # 186. 428/2）.

[62] Ibid.，（Old Ref. # 186. 428/1）.

[63] Robert Jackson，*Case forthe Prosecution*：*A Biography of Sir Archibald Bodkin*，*Director of Public Prosecutions*，*1920 - 1930*（London：A. Barker，1962），pp. 170 - 171.

[64] BNA，H. O. 144/20071（Old Ref. # 186. 428/2）.

[65] BNA，H. O. 144/20071（Old Ref. # 186. 428/2）.

[66] *Ulysses*，p. 620（18：535 - 44）. Page 704 in 1922 edition.

[67] BNA，H. O. 144/20071（Old Ref. # 186. 428/2）.

[68] Jackson，*Case for the Prosecution*，p. 168.

[69] Ibid.，pp. 101 - 2.

[70] Ibid.，pp. 243 - 5.

[71] Ibid.，p. 17.

[72] Ibid.，pp. 234 - 5.

[73] BNA H. O. 144/20071（old Reference # 186. 428/2）.

[74] 见 1923 年 5 月 24 日韦弗致西尔维娅·比奇信，SBP，Box 35

Folder 18；见 1947 年 2 月 25 日韦弗致 John Slocum 信，Yale Joyce，Box 29 Folder 555。

[75] 见 1966 年 12 月 7 日 "R. J." 致 Lidderdale 信，UCL，Joyce/1/A/10。

[76] 参看 1876 年《海关联合法令》36，39 and 40 Vict，Sections 207 and 208。

[77] *DMW*，pp. 216 - 7.

[78] *SC*，p. 96.

[79] 见 1923 年 5 月 24 日韦弗致西尔维娅·比奇信，SBP，Box 35 Folder 18。

[80] BNA H. O. 144/ 20071；在关于《尤利西斯》的 65 个文件夹中，只有 10 个得以保留并存于国家档案馆中，其余档案的信息在现存档案封面上被标记为"毁坏"。博德金对《尤利西斯》下达命令后的三个相关文件夹都遭到毁坏，它们之中可能包含关于焚书的具体细节。烧毁档案只是我的推测。

## 21 药典

[1] 请参考例如，Helen Nutting Diary，Tulsa Series 1 Box 176。

[2] 见 1922 年 11 月 17 日乔伊斯致韦弗信，*LI*，p. 197。请同样参看 Ell，p. 542。

[3] Wood，*A System of Ophthalmic Therapeutics*，pp. 59，430.

[4] 见 1924 年 6 月 27 日乔伊斯致韦弗信，Yale Joyce，Box 1 Folder 27。

[5] Wood，Ibid.，484.

[6] Beard，*Opthalmic Surgery*，p. 93.

[7] 见 1923 年 5 月 1 日露西亚·乔伊斯致韦弗信，BL；见 1923 年 5 月 30 日韦弗致约翰·奎因信，NYPL. Beard，pp. 437 - 9，443。虹膜粘连是我的推测，尽管这在虹膜粘连案例中非常常见。

[8] Beard，p. 456.

[9] Edmund Sullivan，"Ocular History of James Joyce，" *Survey Ophthalmology* 28 (1984)，p. 414；见 1924 年 12 月 23 日乔伊斯致韦弗信，*LIII*，p. 111。

[10] 见 1924 年 6 月 23 日露西亚致韦弗信，BL。

[11] 见 1930 年 6 月的医疗诊断书，Berg Collection，NYPL (Reprinted *LIII*，pp. 197 - 8)。

［12］ 见 1928 年 9 月 20 日乔伊斯致韦弗信，*LI*，266。

［13］ Ell，p. 664（文献源于 1932 年 7 月 12 日乔伊斯致 Léon 信，*LIII*，p. 248）。

［14］ 1930 年 6 月医疗诊断书，Berg Collection，NYPL（Reprinted），*LIII*，pp. 197 –8）；Sullivan，p. 414。

［15］ 见 1924 年 8 月 26 日乔伊斯致西尔维娅·比奇信，*JJ/SB*，p. 47。

［16］ 见 1927 年 3 月 17 日埃兹拉·庞德致乔伊斯信，*EP/JJ*，pp. 101 –2。

［17］ Ascaso and van Velze，"Was James Joyce Myopic or Hyperopic?" *British Medical Journal* Dec. 15，2011，p. 34. Ascaso 和 van Velze 根据 Alfred Vogt 于 1932 年纽约州立大学布法罗分校为乔伊斯验光配镜时的检验单得出结论（Series XIX Folder 27）。

［18］ 见 Ascaso and van Velze；James Ravin，"The Multifaceted Career of Louis Borsch，" *Arch Ophthalmol* 127，no. 11（2009）；Ell，pp. 417，568 –9；见 1923 年 3 月 11 日乔伊斯致韦弗信，*LI*，p. 201；1930 年 6 月的医学诊断书，Berg Collection，NYPL。

［19］ 见 1930 年 6 月医学诊断书，Berg Collection，NYPL。

［20］ 见 1928 年 12 月 2 日和 15 日乔伊斯致韦弗信，BL。

［21］ 韦弗 qtd. *DMW*，p. 198。

［22］ 见 1922 年 7 月 9 日西尔维娅·比奇致韦弗信，*LSB*，p. 99。

［23］ *Chicago Tribune*，May 10，1923 "James Joyce Regains Sight，" copied from Yale Joyce，Box 9 Folder 195.

［24］ 请参考如 1917 年 4 月 22 日以及 1917 年 8 月 20 日乔伊斯致韦弗信，*LI*，p. 102；1917 年 8 月 20 日乔伊斯致 Pinker 信，*LII*，p. 404。

［25］ SJ，的里雅斯特日记，ay 23 –July 4，1907，Tulsa，Series 1 Box 142。

［26］ 见 1929 年 5 月 28 日乔伊斯致韦弗信，*LI*，p. 280；Sylvia Beach，"James Joyce's Eyes，" ca. 1929（n. d. ），Buffalo，Series XIX Folder 18。

［27］ 见 1926 年 3 月 5 日乔伊斯致韦弗信，*LIII*，p. 138。

［28］ *LSB*，p. 99；*EP/JJ*，p. 212.

［29］ 见 1924 年 12 月 23 日乔伊斯致韦弗信，*LIII*，p. 112；见 1922 年 6 月 11 日西尔维娅·比奇致韦弗信，1922 年 6 月 11 日西尔维娅·比奇致韦弗信，pp. 95 –96；SJ，的里雅斯特日记，May 23 –July 4，1907，Tulsa，Series 1 Box 142。

[30] Wood, *A System of Ophthalmic Therapeutics*, pp. 163 – 4.

[31] 请参考如1922年8月29日乔伊斯致韦弗信, BL; 1922年10月22日乔伊斯致韦弗信, BL; 1924年12月10日娜拉致韦弗信, BL; 以及1930年6月1 Helen Fleischman致韦弗信, BL。

[32] 请参考1923年2月26日乔伊斯致韦弗信; 1923年3月18日乔伊斯致韦弗信, BL; 1923年5月30日韦弗致约翰·奎因信, NYPL。

[33] Ell, p. 538; 也请参考1931年8月6日药方, Yale Joyce, Box 24 Folder 515。

[34] 见1928年12月2日乔伊斯致韦弗信, BL; Ell, p. 607。

[35] 见1917年3月17日埃兹拉·庞德致乔伊斯信, EP/JJ, p. 103; 1924年12月23日乔伊斯致韦弗信, *LIII*, p. 112; Ell, p. 685; SBP, Box 166 Folder 5, and Box 168 Folder 2。关于莨菪碱引起的谵妄和幻觉, 请参看 Daniel Safer and Richard Allen, "Central Effects of Scopolamine in Man," *Biological Psychiatry* 3, no. 4 (1971), pp. 347 – 355。

[36] 见1924年5月7日乔伊斯致韦弗信, BL; 1930年6月医学诊断书, Berg Collection, NYPL (reprinted *LIII*, pp. 197 – 8)。

[37] 见1926年6月20日乔伊斯致韦弗信, LI, p. 239。

[38] 见1928年10月2日乔伊斯致韦弗信, BL。

[39] 见1958年2月17日 Myron Nutting 致艾尔曼信, Tulsa, Series 1 Box 176。

[40] 见1933年1月18日乔伊斯致韦弗信, BL。

[41] 见1928年10月2日及1933年1月18日乔伊斯致韦弗信, 乔伊斯一晚上吃安眠药多达6片, BL。

[42] Thomas Pallasch and Michael Wahl, "Focal Infection: New Age or Ancient History?" *Endodontic Topics* 2003 (4), pp. 32 – 45.

[43] 见1923年5月30日韦弗致约翰·奎因信, NYPL; 1922年9月12日 Brewerton 致韦弗信, BL。

[44] 见1922年10月2日约翰·奎因致韦弗信, NYPL。

[45] 见1923年4月5日娜拉致韦弗信, BL。

[46] 见1923年4月21日乔治·乔伊斯致韦弗信, BL; 1923年5月30

日韦弗致约翰·奎因信，May 30，1923，NYPL。
[47] Ell，p. 579.
[48] 见 1923 年 5 月 22 日乔伊斯致韦弗信，BL。
[49] 见 1923 年 3 月 28 日乔伊斯致韦弗信 *LIII*，p. 73。乔伊斯在 1923 年 3 月 11 日开始创作《芬尼根的守灵夜》。
[50] 见 1922 年 8 月 28 日乔伊斯致韦弗信，*LI*，p. 186。
[51] Power，*From an Old Waterford House*：*Recollections of a Soldier and Artist*（Waterford：Ballylough Books，2003），p. 129.
[52] *SC*，p. 71.
[53] Budgen，*James Joyce and the Making of Ulysses*，p. 321.
[54] Myron Nutting，Tulsa，Series 1 Box 176.
[55] *SC*，pp. 71 – 72.
[56] *SC*，pp. 70 – 71；SBP，Box 166 Folder 5.
[57] Beard，*Opthalmic Surgery*，p. 51.
[58] SBP，Box 168 Folders 2 and 4.
[59] SBP，Box 168 Folders 2，4 and 5.

## 22　地下诱惑

[1] Matthew Bruccoli，*Some Sort of Epic Grandeur*：*The Life of F. Scott Fitzgerald*（Columbia：University of South Carolina Press，2002），p. 217.
[2] *SBLG*，p. 159.
[3] *SBLG*，p. 105，以及 SBP，Box 166 Folder 5。
[4] 请参见 1922 年《关税法案》第 305（b）条，42 Stat. 975。
[5] *SC*，p. 98.
[6] 源自 2010 年 9 月 17 日南伊利诺伊大学卡本代分校档案馆馆长发给我的邮件。
[7] 见 1926 年 11 月 27 日西尔维娅·比奇致霍莉·比奇信，qtd. *SBLG*，p. 254。
[8] 见 1926 年 12 月 16 日 Schwaebe 致霍莉·比奇信，qtd. *SBLG*，p. 254。
[9] 见 1922 年 6 月 5 日约翰·奎因致西尔维娅·比奇信（附于约翰·

奎因致 Charles Pottier 信件中), Buffalo, Series XII。也参见 1922 年 9 月 20 日约翰·奎因致比奇信, NYPL。

[10] 见 1922 年 5 月 30 日约翰·奎因致 Rosenberg 信; 1922 年 6 月 12 日 Rosenberg 致约翰·奎因信, NYPL; 1922 年 6 月 7 日约翰·奎因致 Charles Pottier 信, NYPL。

[11] *MNY*, p. 533.

[12] Ibid., p. 627.

[13] BNA, H. O. 144/20071 (Old Ref. # 186. 428/2).

[14] Ibid., (Old Ref. # 186. 428/61).

[15] 1908 年《邮政法律》, 1908 c. 48, Section 18。

[16] Carmelo Medina Casado, "Sifting through Censorship: The British Home Office *Ulysses* Files (1922 – 1936)." *James Joyce Quarterly* 37, no. 3/4 (Spring/Summer, 2000), p. 486.

[17] Marshik, *British Modernism and Censorship*, pp. 161 – 2.

[18] BNA, M. E. P. O. 3/930/021.

[19] BNA, M. E. P. O. 3/930/015 – 7.

[20] 见 1931 年 12 月 2 日尼克尔森致西尔维娅·比奇信, Buffalo, Series XII。

[21] F. R. Leavis, "Freedom to Read," *Times Literary Supplement*, May 3, 1963 (issue 3192), p. 325.

[22] 见 1926 年 7 月 24 日博德金致 Chief Constable Pearson 信, Buffalo, Series XII。

[23] Leavis, p. 325.

[24] BNA, H. O. 144/20071 (Old Ref. # 186. 428/7).

[25] 见 1926 年 7 月 31 日博德金致西沃德信, BNA, H. O. 144/20071 (Old Ref. # 186. 428/7)。

[26] Leavis, p. 325.

[27] Ibid.

## 23 现代经典

[1] Dardis, *Firebrand: The Life of Horace Liveright*, p. xv.

[2] Jay Satterfield, *The World's Best Books* (Amherst: University of Massachusetts Press, 2002), p. 31.

[3] Bennett Cerf, *At Random: The Reminiscences of Bennett Cerf* (New York: Random House, 1977), pp. 40 - 41.
[4] Satterfield, p. 31.
[5] Cerf, pp. 33, 35.
[6] Ibid., pp. 31, 41 - 42.
[7] Dardis, pp. 68 - 70.
[8] Cerf, pp. 31 - 32.
[9] Ibid., p. 31.
[10] Ibid., p. 33.
[11] Ibid., p. 11.
[12] Dardis, p. 217.
[13] Cerf, p. 27.
[14] Cerf, p. 40.
[15] Dardis., p. 54.
[16] Cerf, p. 63.
[17] Cerf, p. 40.
[18] 见 1922 年 5 月 11 日约翰·奎因致利夫莱特信，NYPL。
[19] 见 1922 年 5 月 17 日约翰·奎因致利夫莱特信，NYPL。
[20] 见 1922 年 5 月 15 日利夫莱特致约翰·奎因信，NYPL。
[21] 见 1925 年 5 月 20 日瑟夫日记，Cerf Papers, Box 11。
[22] Cerf, pp. 44 - 46.
[23] Satterfield, *The World's Best Books*, p. 36.
[24] 见 1925 年 5 月 20 日瑟夫日记，Cerf Papers, Box 11。
[25] Cerf, pp. 44 - 46.
[26] Cerf, p. 46.
[27] Ibid., p. 57.
[28] Ibid., p. 62.
[29] Ibid., p. 60 - 62.
[30] 见"当代图书馆"目录的描述性语句，qtd. Cerf, p. 62。
[31] Satterfield, p. 122.
[32] Cerf, p. 65.
[33] Ibid., p. 77.

[34] Ibid., p. 78.

[35] Satterfield, p. 2.

[36] Cerf, p. 62.

[37] Satterfield, p. 2, 65 – 87.

[38] “当代图书馆” 目录, qtd. Cerf, p. 63。

[39] Gerald Graff, *Professing Literature: An Institutional History* (Chicago: University of Chicago Press, 1987), p. 59.

[40] *Columbia University Bulletin of Information, 1920 – 1921* (Morningside Heights: Columbia University), p. 35.

[41] John Erskine, *My Life as a Teacher* (Philadelphia: J. B. Lippincott Co., 1948), p. 166.

[42] Erskine qtd. in Joan Shelley Rubin, *The Making of Middlebrow Culture* (Chapel Hill: University of North Carolina Press, 1992), p. 168 – 9.

[43] Cerf, p. 14.

[44] Satterfield, p. 17, and Dardis, p. 48.

[45] Dardis, p. 49, and Satterfield, p. 18.

[46] Satterfield, p. 17.

[47] “当代图书馆” 目录, qtd. Cerf, p. 60。

[48] 请参考如 *NYTBR*, April 25, 1937, p. 17, qtd. Satterfield, p. 53。

[49] Dawn Sova, *Literature Suppressed on Sexual Grounds* (New York: Facts on File, 2011), pp. 108 – 109.

[50] Roth Papers, Box 1 Folder 8, pp. 265 – 272.

[51] Roth Papers, Box 1 Folder 7, p. 177.

[52] Leo Hamalian, “Nobody Knows My Names: Samuel Roth and the Underside of American Letters,” *Journal of Modern Literature* 3 (1974), pp. 908, 914.

[53] Jay Gertzman, “Not Quite Honest: Samuel Roth “Unauthorized” Ulysses and the 1927 International Protest,” *Joyce Studies Annual* 2009 (2009), p. 51.

[54] Roth autobiography, Roth Papers, Box 1 Folder 8.

[55] Roth Papers, Box 1 Folder 8, p. 297.

[56] 见 1919 年 3 月 27 日塞缪尔·罗斯致约瑟夫·罗斯信, 罗斯书信,

Box 37 Folder 10。

[57] 罗斯书信，Box 1 Folder 10，p. 128。

[58] 罗斯书信，Box 1 Folder 7，pp. 176 – 9; Box 2 Folder 1，p. 161。

[59] 罗斯书信，"Not Quite Honest，" p. 39。

[60] *TWQ* 2，no. 5（Sept. 1926）.

[61] Ibid.，no. 8（June 1927）.

[62] Ibid.，no. 2（Dec. 1925）.

[63] Ibid.，no. 5（Sept. 1926）.

[64] e. g.，Ibid.，no. 8（June 1927）.

[65] Gertzman，p. 61（fn. 23）.

[66] 罗斯书信，Box 1 Folder 8，（"Chapter 13"），pp. 264 – 66。

[67] Ibid.

[68] 见 1922 年 5 月 10 日罗斯致乔伊斯信，SBP，Box 129 Folder 3。

[69]《双重世界》的信头 qtd. from Yale Pound，Box 49 Folder 1942。

[70] 见 1922 年 6 月 8 日韦弗致罗斯信，罗斯书信，Box 38 Folder 12。

[71] 见 1922 年 7 月 22 日韦弗致西尔维娅·比奇信，SBP，Box 35 Folder 18。

[72] Gertzman，p. 38.

[73] 见 1922 年 7 月 4 日埃兹拉·庞德致罗斯信，罗斯书信，Box 36 Folder 31。

[74] Gertzman，p. 38.

[75] 见 1925 年 11 月 19 日罗斯致埃兹拉·庞德信，Box 45 Folder 1942，Yale Pound Papers。

[76] Gertzman，pp. 53 – 54.

[77] Adelaide Roth，Roth Papers，Box 16 Folder 5.

[78] Roth Autobiography，Roth Papers，Box 1 Folder 8.

[79] Gertzman，p. 45.

[80] Ibid.

[81] 例如，见 1922 年 2 月 4 日约翰·奎因致西尔维娅·比奇信，NYPL。

[82] 见 1926 年 11 月 19 日埃兹拉·庞德致乔伊斯信，*EP/JJ*，p. 225。

[83]"西尔维娅·比奇起诉罗斯先生，要求赔款五十万美元"见 1927

年 3 月 27 日 *Chicago Tribune* 报纸（巴黎版），Yale Joyce，Box 18 Folder 333。

[84] Gertzman，p. 40.

[85] *SC*，p. 182.

[86] Gertzman，p. 51.

[87] 见 1927 年 5 月 16 日 Roscoe Ashworth 致乔伊斯信，Box 129 Folder 2。

[88] 见 Arthur Doyle 致罗斯信（未标注出版日期），罗斯书信，Box 35 Folder 17。

[89] 罗斯自传，罗斯书信，Box 1 Folder 8。

[90] 罗斯书信，Box 1 Folder 8。

[91] 见 1928 年 11 月 2 日塞缪尔·罗斯致理查德·罗斯和阿德莱德·罗斯信，罗斯书信，Box 36 Folder 33。

[92] 见 1928 年 11 月 15 日塞缪尔·罗斯致理查德·罗斯信，罗斯书信，Box 36 Folder 33。

[93] Hamalian，"Nobody Knows My Names，" p. 890.

[94] 罗斯自传，罗斯书信，Box 1 Folder 10，pp. 113 – 4。

[95] 罗斯书信，Box 1 Folder 8，p. 297。

[96] Gertzman，p. 35.

[97] 见 1922 年 7 月 22 日约翰·奎因致韦弗信，NYPL。

[98] 罗斯书信，Box 35 Folder 17。

[99] 见罗斯 1921 年 2 月 12 日致乔伊斯信，Buffalo，Series XI。

[100] 具体书籍外观细节对比源于得克萨斯大学奥斯汀分校的哈里·兰莎姆人文研究中心所提供的 1927 年莎士比亚书店版和塞缪尔·罗斯盗版的《尤利西斯》；也请参考 "Edition of 'Ulysses' to End Pirating Is Copy of Pirated Book，" Yale Joyce，Box 17 Folder 321，无法识别的报纸剪贴页。

[101] 请参考 John Slocum and Herbert Cahoon，*A Bibliography of James Joyce*（New Haven：Yale Univ. Press），1953。

[102] Adelaide Roth，*In a Plain Brown Wrapper*（unpublished），罗斯书信，Box 16 Folder 2，p. 28。

[103] 罗斯自传，罗斯书信，Box 1 Folder 8，pp. 297，299。

[104] *SC*，pp. 180 – 81.

[105] WHS, Box 1 Folder 8, MS 26, p. 3 – 4;; *NYT*, "Seize 3, 000 Books As 'Indecent' Writing," Oct. 5, 1929, p. 22.

[106] 罗斯自传，罗斯书信，Box 1, pp. 210 – 222。

[107] *TWQ* 1, no. 4 (June 1926).

[108] 罗斯书信，Box 1 Folder 10, p. 177。

[109] 源自 2012 年 6 月 13 日哥伦比亚大学学生注册办公室发给我的邮件。

[110] Cerf, *At Random*, pp. 12 – 14.

[111] *TWQ* 2, no. 8 (June 1927).

[112] 请参看 1933 年瑟夫日记，瑟夫书信 Box 11。

[113] 瑟夫书信，Box 3 (March – April 1933)。

## 24 密螺旋体

[1] August Suter, "Some Remembrances of Joyce" in *James Joyce: Portraits of the Artist in Exile*, p. 64.

[2] JJ, *Finnegans Wake*, p. 278.

[3] Kain, Richard M., Carola Giedion-Welcker, and Maria Jolas, "An Interview with Carola Giedion-Welcker and Maria Jolas," *J John Quinn* 11, no. 2 (1974), p. 96.

[4] 见 1926 年 11 月 15 日埃兹拉·庞德致乔伊斯信，*EP/JJ*, p. 228。

[5] 见 1927 年 2 月 4 日韦弗致乔伊斯信，qtd. Ell, p. 590。

[6] 见 1927 年 2 月 1 日乔伊斯致韦弗信，*SL*, p. 319。

[7] *DMW*, p. 217.

[8] Ibid., p. 224.

[9] Ibid., p. 274.

[10] 见 1927 年 4 月 12 日西尔维娅·比奇致乔伊斯信，*LSB*, pp. 319 – 320。

[11] *SBLG*, p. 260.

[12] Shloss, *Lucia Joyce*, pp. 215 – 6.

[13] Ibid., p. 189.

[14] Shloss, *Lucia Joyce*, p. 219.

[15] Ell, p. 651.

[16] 见 1934 年 10 月 21 日乔伊斯致韦弗信，*LI*，pp. 349 – 351。

[17] JJ qtd. in Shloss，p. 7.

[18] 见 1932 年 11 月 11 日乔伊斯致韦弗信，*LI*，p. 326。

[19] Ell，p. 662.

[20] Ell，p. 657，Shloss，pp. 232，235.

[21] Lucia Joyce qtd. in Shloss，p. 8.

[22] Stuart Gilbert，*Reflections on James Joyce：Stuart Gilbert's Paris Journal*（Austin：University of Texas Press，1993），pp. 47 – 48.

[23] Ell，p. 607；Kevin Sullivan，*Joyce among the Jesuits*（Westport，CT：Greenwood Press，Publishers，1983），p. 58；Maddox，*Nora：A Biography*，pp. 246 – 7.

[24] 见 1928 年 12 月 15 日乔伊斯致斯坦尼斯劳斯·乔伊斯信，*LIII*，p. 184。

[25] Ell，p 607.

[26] 见 1928 年 12 月 2 日乔伊斯致韦弗信，*LI*，278。

[27] Adolph Hoffmeister，"Portrait of Joyce"，于 *James Joyce：Portraits of the Artist in Exile*，pp. 128 – 9。

[28] Maddox，p. 298.

[29] Mercanton，"The Hours of James Joyce，" *Portraits of an Artist in Exile*，p. 251.

[30] 见 1931 年 3 月 11 日乔伊斯致韦弗信，*LI*，p. 303。

[31] William Hinton，*Syphilis and Its Treatment*（New York：Macmillan，1936），pp. 61 – 134.

[32] Hoffmeister，p. 132；同样参考乔伊斯的短篇小说"The Sisters"。

[33] T. C. Spoor，et al.，"Ocular Syphilis：Acute and Chronic，" *Journal of Clinical Neuro-Ophthalmology* 3（1983），pp. 197 – 203。Curtis Margo and Latif Hamid，"Ocular Syphilis，" *Survey of Ophthalmology* 37，no. 3（Nov. – Dec. 1992），pp. 203 – 220.

[34] 见 1928 年 9 月 20 日乔伊斯致韦弗信，*LI*，p. 266。

[35] Margo and Hamid，p. 215.

[36] Margo and Hamid，p. 205. 同样参考 Kathleen Ferris，*James Joyce and the Burden of Disease*（Lexington：University of Kentucky Press，

1995)，p. 81。

[37] 见 1922 年 8 月 30 日韦弗致 Brewerton 信，BL；见 1922 年 10 月 28 日乔伊斯致韦弗电报，BL。

[38] 参考例如 1923 年 2 月 26 日乔伊斯致韦弗信，BL。

[39] 见 1922 年 10 月 4 日乔伊斯致韦弗信，*LII*，p. 67。

[40] 见 1930 年 3 月 18 日乔伊斯致韦弗信，*SL*，348；1930 年（?）4 月 18 日露西亚·乔伊斯致韦弗信，BL。博尔施和助手柯林森博士讨论了各种治疗感染梅毒的眼睛的方案，但是排除了一种“有问题的药物”，因为它“对视神经有副作用”。我推测这种有问题的药物是撒尔弗散，露西亚·乔伊斯提到，这种未命名的治疗方案对视神经和视网膜都有着极大的副作用。这封信的日期为韦弗的推测。

[41] Stokes，*Modern Clinical Syphilology*，p. 705 – 6；Hinton，p. 218. 同样参阅 Allen Brandt and J. W. Estes，*No Magic Bullet*：*A Social History of Venereal Disease in the United States Since 1880*（New York：Oxford University Press，1987）；Stokes 提出一个“剧烈、快速恶化的视神经网膜炎”的案例，并且 Hinton（引 Skirball and Thurman）提出 2.7% 的病人会患视神经炎。

[42] 见 1928 年 4 月 8 日乔伊斯致韦弗信，*LIII*，p. 175。

[43] 见 1928 年 9 月 20 日乔伊斯致韦弗信，*LI*，p. 266。

[44] Arthur Foerster，“On Galyl, A Substitute for Salvarsand and Neosalvarsan,” *Lancet*（Sept. 18，1915），pp. 645 – 7。JJ Abraham，“Arseno Therapy in Syphilis, with More Particular Reference to ‘Galyl’”，*British Medical Journal* 1，no. 2776（1914），pp. 582 – 3。Harold Spence，“Clinical Tesults of 1，000 Intravenous Injections of Galyl,” *Lancet*. 1915；2（Dec. 11，1915），pp. 1292 – 4. W. Lee Lewis，“Recent Developments in the Organic Chemistry of Arsenic,” *Industrial and Engineering Chemistry*（Jan. 1923），pp. 17 – 19.

[45] L. W. Harrison，“The Treatment of Syphilis,” *Quarterly Journal of Medicine*（July 1917），p. 339.

[46] 见 1928 年 10 月 7 日（日期不确定）乔伊斯致 Valery Larbaud 信，*LIII*，p. 182；1928 年 10 月 23 日乔伊斯致韦弗信，BL published in

*LI*，p. 270，这封信在 LI 中被错误标记为 10 月 28 日。

[47] 参见 Sir Gilbert Morgan，*Organic Compounds of Arsenic and Antimony*（London：Longmans，Green，and Co.，1918）。

[48] "An Experience of Galyl，" *New York Medical Journal*，104，no. 1 – 13（1916），p. 328；*Therapeutic Gazette*，quoting Levison，*Medical Record*，Oct. 2，1915.

[49] Harrison，p. 339.

[50] 见 1928 年 10 月 7 日（日期不确定）乔伊斯致 Valery Larbaud 信，*LIII*，p. 182；见 1928 年 10 月 23 日乔伊斯致韦弗信，BL published in *LI*，p. 270。在这两封信中，乔伊斯都表明他已经连续注射砷和磷三周已久。我在调查了可获取的 20 世纪 20 年代法国和美国的处方、国家处方集、药方后，推测这种注射剂就是加利耳。没有其他的药物符合注射"砷和磷"这个描述，并且加利耳专门被用来治疗梅毒。至少有两位医生专门建议注射三周针剂。请参考例如：Emile Brunor，M. D.，"Notes on a New Organic Arsenic Preparation，" *American Medicine*，vol. 20（1914），p. 476。

[51] 见 1928 年 10 月 23 日乔伊斯致韦弗信，BL；再次印刷 *LI*，p. 270。

[52] Maddox，p. 243.

[53] Parsons，Ibid.，p. 293.

[54] 见 1921 年 5 月 1 日（附录为 5 月 7 日）约翰·奎因致埃兹拉·庞德信，NYPL。

[55] J. B. Lyons 坚持认为乔伊斯得的一种自身免疫性疾病——赖特（Reiter）综合征，请参看 J. B. Lyons，*James Joyce and Medicine*（Dublin：Dolmen Press，1973）及他更加激烈的文章，"James Joyce：Steps towards a Diagnosis，" Journal of the History of Neurosciences 9，no. 3（2000），pp. 294 – 306。我在其他地方也写过，Reiter 综合征的症状、发展阶段及持续阶段并不符合乔伊斯的病史。更多细节请参考我在 Harper 上发表的文章。在排除了 Reiter 综合征后，针对乔伊斯反复发作的前葡萄膜炎，其他较为合理的鉴别诊断为一个罕见的疾病——贝赛特氏症（Behçet's Disease）。我大概估计乔伊斯患贝赛特氏症的概率为百万分之三，它是先天基因和后天环境等因素所引发。请参看 A. Gül，"Behçet's

Disease: An Update on thePathogenesis," *Clinical and Experimental Rheumatology* 19, no. 24 (2001)。它通常发病于土耳其及古丝绸之路沿线国家直至日本。然而在20世纪早期贝赛特氏症是否在爱尔兰普遍流行是无法确定的（这个疾病在1937年才确诊）。20世纪后期在英国病发的概率大概是一百万分之五。请参考 C. C. Zouboulis, "Epidemiological Features of Adamantiades-Behçet's Disease in Germany and in Europe," Yonsei Med J 38 (1997), p. 414 (Table -2)。苏格兰最大规模的调查统计得出苏格兰地区贝赛特氏症的发病率为一百万分之二点七（在500万以上的人口总量中有15个病例），请参考 Jankowski, "Behçet's Syndrome in Scotland," Postgrad Med J 68 (1992), p. 568。Zouboulis 推测一半以上的英国病者患有眼疾（Zouboulis, p. 416），然而 Chamberlain and Jankowski 将这一数字降低，在被调查的苏格兰病者中，只有三分之一患有严重的眼疾症状（表现为后葡萄膜炎，不是前葡萄膜炎 not anterior），请参考 Jankowski, ibid, p. 567。Chamberlain 的研究记录表明在32例疾病案例中，有8例患有眼部疾病，而这其中只有4例表现为虹膜睫状体炎，请参考 Chamberlain, p. 495。Chamberlain 和 Jankowski 发现这一疾病相较于英国男性，在英国女性中更加普遍。通过计算患有眼疾的贝赛特氏症疾病患者的最高发病概率，我们粗略（可能是大概）估计乔伊斯患贝赛特氏症虹膜炎的概率是百万分之三。统计学上讲，他可能是整个都柏林的唯一贝赛特氏症患者（1901年都柏林市人口为44.8万人）。推测乔伊斯患有贝赛特氏症而不是梅毒，就如同看到一个男人摇摇晃晃从酒吧走出并说话含糊不清时，判定他患有大脑创伤式后遗症而不是多喝了几杯，当然有这个可能性，但是概率及其小。

[56] Claude Quétel, *History of Syphilis* (London: Polity Press in Association with Basil Blackwell, 1990), p. 180.

[57] Ravin, "The Multifaceted Career of Louis Borsch," pp. 1534 - 7.

[58] Ferris, *James Joyce and the Burden of Disease*, p. 2; Edmund Sullivan, "Ocular History of James Joyce,", p. 414.

[59] DMW, pp. 251, 307.

[60] 见1930年3月18日乔伊斯致韦弗信，SL, p. 348。

[61] 请参考，例如1923年5月6日乔治·乔伊斯致韦弗信，BL；1907年5月23日致7月4日斯坦尼斯劳斯·乔伊斯，的里雅斯特日记，Tulsa，Series 1 Box 142；见1955年4月26日Nutting致艾尔曼信，Tulsa，Series 1 Box 176。

[62] 斯坦尼斯劳斯·乔伊斯，的里雅斯特日记，1907年5月23日至7月4日，Tulsa，Series 1 Box 142；Erik Schneider，"A Grievous Distemper：Joyce and Rheumatic Fever Episode of 1907，" JJQ，38，no. 3/4（2001），pp. 456 - 7。

[63] Morgan，Organic Compounds，p. 291；Harrison，"The Treatment of Syphilis"，pp. 311，314. Morgan表明，加利耳的副作用之一为低血压（注射后两到三天内），Harrison引文表明低血压和晕厥也是砷剂的副作用。

[64] 见1906年10月4日乔伊斯致斯坦尼斯劳斯·乔伊斯信，*LII*，p. 171。

## 25　搜查与没收

[1] 请参考*Patterson v. Colorado*，205 U. S. 454（1907）。

[2] *Gitlow v. New York*，268 U. S. 652（1925）.

[3] Michael Kent Curtis，*Free Speech*，'*The People's Darling Privilege*'：*Struggles for Freedom of Expression in American History*（Durham：Duke University Press，2000），pp. 386 - 390；Geoffrey Stone，"The Origins of the 'Bad Tendency' Test：Free Speech in Wartime，" *The Supreme Court Review*（2002），pp. 441 - 453以及David Rabban，*Free Speech in Its Forgotten Years*（Cambridge：Cambridge University Press，1997），pp. 533 - 548。

[4] *Schenck v. United States*，249 U. S. 47（1919）.

[5] *Abrams v. United States*，250 U. S. 616（1919）.

[6] Ernst Papers，Box 544. 1.

[7] Morris Ernst，*The Best Is Yet*（New York：Harper & Brothers，1945），pp. 3，50 - 51.

[8] Ernst Papers，Box 544. 1.

[9] Alden Whitman，"Morris Ernst，'Ulysses' Case Lawyer，Dies，" *NYT*，May 23，1976以及Morris Ernst，*The Best Is Yet*，pp. 13 - 14。

[10] Fred Rodell, "Morris Ernst," *Life magazine*, Feb. 21, 1944, p. 105.

[11] Morris Ernst, "The So-Called Marketplace of Thought," *Bill of Rights Review* 2 (1941 – 1942), pp. 86 – 91.

[12] Morris Ernst, *Best Is Yet*, pp. 112 – 4.

[13] Ernst, *To the Pure ... A Study of Obscenity and the Censor* (New York: The Viking Press, 1928), p. 283.

[14] Ernst, *To the Pure*, pp. vii – x, 282.

[15] John M. Craig, " 'The Sex Side of Life': The Obscenity Case of Mary Ware Dennett," *Frontiers: A Journal of Women Studies* 15. 3 (1995), pp. 145 – 66.

[16] 请参考 *United States v. Dennett*, 39 F. (2d) 564 (1930); *U. S. v. Married Love* 48 F. (2d) 821 (1931) and *U. S. v. Contraception* 51 F. (2d) 525 (1931)。

[17] *UvU*, p. 77.

[18] 见 1931 年 6 月 9 日 Boske Antheil 致西尔维娅·比奇信，SBP，Box 129 Folder 3；见 1931 年 12 月 16 日艾德里安娜·莫尼埃致保罗·克洛岱尔信，erg Collection，NYPL；*LG*，p. 320。

[19] 见 1931 年 8 月 6 日林迪致厄恩斯特信，*UvU*，p. 77。

[20] *SBLG*，pp. 308 – 9；见 1931 年 12 月 16 日 Benjamin Howe Connor 致乔伊斯信，Yale Joyce，Box 2 Folder 70。

[21] SBP，Box 167 Folder 9 and *SBLG*，pp. 316 – 7. 许布希愿意为乔伊斯提供版税，请参考 SBP，Box 166 Folder 3。

[22] *SBLG*, p. 317.

[23] 见 1931 年 6 月 11 日西尔维娅·比奇致 Lawrence Pollinger 信，qtd. *SBLG*，p. 317。

[24] SB qtd. *SBLG*, p. 318.

[25] *SBLG*, p. 318.

[26] 见 1931 年 10 月 21 日厄恩斯特致许布希信，*UvU*，pp. 99 – 100。

[27] 见 1931 年 12 月 17 日许布希致瑟夫信，*UvU*，p. 100。

[28] Cerf, *At Random*, p. 94.

[29] 见 1931 年 12 月 22 日瑟夫致厄恩斯特信，*UvU*，p. 101。

[30] SB qtd. in *SBLG*，p. 322（资料源于 SBP，no box or folder cited）。

[31] *SC*，pp. 204 - 5.

[32] 见 1932 年 12 月 13 日及 22 日乔伊斯致韦弗信，BL。

[33] 见 1932 年 3 月 25 日 Robert Kastor 致乔伊斯电报，qtd，见 1932 年 3 月 25 日乔伊斯致 Pinker 信，BL。

[34] 见 1960 年 4 月 20 日厄恩斯特致瑟夫及克洛普弗信，Ernst Papers，68. 4。

[35] 见 1932 年 3 月 23 日瑟夫致厄恩斯特信，*UvU*，p. 108。

[36] 见 *Ex Parte Jackson* 96 U. S. 727（1878）；*Public Clearing House v. Coyne*，194 U. S. 497（1904）。

[37] Tariff Act of 1930 19 USC § 1305 Section 305（a）.

[38] Ernst Brief qtd. *UvU*，p. 256. Ernst 引用 *U. S. v. Three Packages of Bound*，*Obscene Books*（1927）案例，这一案例是关于 John Herrmann 的 *What Happens* 一书。

[39] Craig，"The Sex Side of Life" p. 152.

[40] "Bars Book Experts at Obscenity Trial，" *NYT*，Oct. 4，1927.

[41] 见 1932 年 4 月 19 日瑟夫致保罗·莱昂信，*UvU*，p. 119。

[42] 见 1932 年 4 月 27 日莱昂致瑟夫信，*UvU*，p. 129。

[43] 见 1932 年 5 月 2 日林迪致 B. N. 汉德勒信（代理副部长，海关征税部），*UvU*，pp. 133 - 4。

[44] 简 1932 年 5 月 6 日立地致汉德勒信，*UvU*，p. 135。

[45] Cerf，*At Random*，p. 92.

[46] Ernst，"Ref lections on the *Ulysses* Trial and Censorship，" *JJQ* 3. 1（Fall 1965），pp. 3 - 11，再次印刷于 *UvU*，p. 47。

[47] 同上，再次印刷于 *UvU*，p. 47；Morris Ernst 和 Alan Schwartz，"Four-Letter Words and the Unconscious，" *Censorship*：*The Search for the Obscene*（New York：Macmillan，1964），再次印刷于 in *UvU*，p. 33。

[48] Cerf，*At Random*，p. 92 - 93. 我对"要求"及"书"后面的叹号进行了着重号处理。

[49] 见 1932 年 4 月 19 日瑟夫致保罗·莱昂信，*UvU*，p. 119。

[50] 这本被搜查的书现存于哥伦比亚大学珍稀图书及手稿图书馆内，夹杂文件的目录请参见 *UvU*，p. 131。

[51] *Heymoolen v. United States*, T. D. 42907, qtd. *UvU*, p. 144.

[52] 见 1932 年 5 月 24 日海关副征收员 H. C. Stewart 致林迪信，*UvU*, p. 149。

[53] 见 1932 年 6 月 14 日林迪致厄恩斯特信，*UvU*, p. 154。

[54] 见 1932 年 6 月 14 日林迪致厄恩斯特信，*UvU*, p. 154。

[55] *Ulysses*, p. 621 (18: 582 – 95).

[56] 源自 1932 年 7 月 23 日林迪致厄恩斯特信。

[57] 源自 1932 年 7 月 30 日林迪致厄恩斯特信，*UvU*, p. 157。

[58] 源自 1932 年 7 月 23 日林迪致厄恩斯特信。

[59] "George Zerdin Medalie," *Encyclopaedia Judaica*. Ed. Michael Berenbaum and Fred Skolnik. 2nd ed. Detroit: Macmillan Reference USA, 2007.

[60] 源自 1932 年 8 月 12 日厄恩斯特致林迪信，*vU*, p. 158。

[61] 见 1932 年 9 月 27 日厄恩斯特致林迪信，*UvU*, p. 160。梅达利故意拖延是我的推测。

[62] 见 1932 年 11 月 11 日厄恩斯特致瑟夫信，UvU, p. 164。

[63] 见 1932 年 4 月 19 日瑟夫致莱昂信，*UvU*, p. 119。

[64] 见 1932 年 9 月 20 日林迪致厄恩斯特信，*UvU*, 159。

[65] 见 1932 年 10 月 11 日瑟夫致莱昂信，*UvU*, pp. 161 – 2。

[66] 见 1932 年 4 月 19 日瑟夫致莱昂信，*UvU*, p. 119。

[67] 见 1932 年 11 月 11 日厄恩斯特致瑟夫信，*UvU*, p. 164。

[68] 源自 1932 年 9 月 20 日林迪致厄恩斯特信，*UvU*, 159。

[69] 见 1932 年厄恩斯特致瑟夫信，*UvU*, p. 164。

[70] Ernst, *To the Pure*, pp. 5 – 9.

[71] 厄恩斯特在《婚姻之爱》决议下达的两天后送给伍尔西一本 *To the Pure*，见 1931 年 4 月 8 日厄恩斯特致伍尔西信，Ernst Papers, 393. 4。

[72] 见 *United States v. One Obscene Book Entitled "Married Love"*, 48 F。2d 821 and *United States* v. *One Book*, *Entitled "Contraception"*, 51 F. 2d 525.

[73] 见 1933 年 3 月 20 日厄恩斯特致林迪信，*UvU*, p. 175。

[74] 见 1933 年 4 月 20 日林迪致厄恩斯特信，*UvU*, p. 177。

[75] 见 1933 年 5 月 24 日林迪致瑟夫信，*UvU*, p. 184。

[76] 见 1932 年 6 月 14 日林迪致厄恩斯特信，*UvU*, p. 154。

[77] "Ban Upon 'Ulysses' to Be Fought Again," *NYT*, June 24, 1933, qtd. *UvU*, p. 204.

[78] Ernst, "Reflections on the Ulysses Trial and Censorship," Ibid., reprinted *UvU*, p. 47；见 1929 年 11 月 1 日和 11 日 Roger Baldwin 致厄恩斯特信，Ernst Papers，143. 16。

[79] 见 1933 年 2 月 11 日 Frances Steloff 致西尔维娅·比奇信，SBP，Box 129 Folder 2。

[80] 见 1933 年 6 月 1 日林迪致 H. C. Stewart 信，*UvU*，p. 189，文中黑体为林迪所标。

[81] 见 1933 年 6 月 30 日林迪致厄恩斯特信，*UvU*，p. 207。科尔曼从《纽约时报》中获悉是我的推测。

[82] 见 1933 年 6 月 27 日林迪致厄恩斯特信，*UvU*，p. 207。

[83] 见 1933 年 6 月 6 日林迪致厄恩斯特信，*UvU*，p. 202。

[84] 见 1933 年 7 月 25 日林迪致厄恩斯特信，*UvU*，p. 213。

[85] 见 1933 年 7 月 25 日林迪致厄恩斯特信，*UvU*，p. 213。

[86] *SBLG*，p. 338.

[87] 见 1932 年 10 月 20 日瑟夫致厄恩斯特信，*UvU*，p. 163。这里提到的盗版商是 Joseph Meyers，不是塞缪尔·罗斯。

[88] Ibid.

[89] 见 1933 年 9 月 26 日布莱克致瑟夫信，Cerf Papers，Box 3。

[90] 见 1933 年 9 月 29 日瑟夫致布莱克信，Cerf Papers，Box 3。

[91] 见 1933 年 9 月 26 日布莱克致瑟夫信，Cerf Papers，Box 3。

[92] 见 1933 年 10 月 12 日瑟夫致布莱克信，Cerf Papers，Box 3。

[93] 见 1933 年 10 月 25 日布莱克致瑟夫信，Cerf Papers，Box 3。

## 26 美利坚合众国控告《尤利西斯》

[1] 关于伍尔西的诸多细节来自家庭相册、家庭电影和约翰·伍尔西所提供的未出版资料，关于图书干的细节来源于我在彼得舍姆的参观，那座山顶图书馆至今矗立。

[2] Ibid.

[3] Forrest Davis, "Ulysses," *New York World-Telegram*, Dec. 13, 1933, qtd. *UvU*, p. 342.

[4] Ibid.

[5] Jack Alexander, "Federal Judge"（未出版伍尔西文档，ca. 1938），p. 6。

[6] Ibid.

[7] "Press: A Welcome to *Ulysses*," *Time* magazine, Dec. 18, 1933.

[8] "109 – Day Trial," *Time* magazine, July 17, 1933.

[9] Woolsey qtd. "Talk of the Town," *The New Yorker*, Jan. 8, 1944.

[10] 见 1933 年 10 月 6 日 Nicholas Atlas 致厄恩斯特信，*UvU*, p. 233。

[11] 见 1933 年 9 月 12 日林迪致伍尔西信，*UvU*, p. 226。

[12] 源于对伍尔西彼得舍姆图书馆的观察。

[13] Davis, "Ulysses," 再次印刷于 *UvU*, p. 343。

[14] "Talk of the Town," *The New Yorker*, Jan. 8, 1944.

[15] "A Welcome to *Ulysses*," *Time* magazine, Dec. 18, 1933.

[16] Davis, "Ulysses," 重新印刷于 *UvU*, p. 341; Alexander, "Federal Judge"（尚未出版），p. 6。

[17] Alexander, p. 7.

[18] John Woolsey II, "Family History: The Woolseys," n. d., 尚未出版；John M. Woolsey file, Yale College Alumni Records。

[19] Jonathan Edwards, "Sinners at the Hands of an Angry God,"（1741）.

[20] "Ulysses Case Reaches Court after Ten Years," *New York Herald-Tribune*, reprinted *UvU*, p. 286.

[21] *U. S. v. Kennerley*, 209 F. 119（1913）.

[22] *Ulysses*, p. 3（1: 1）.

[23] *Ulysses*, p. 573（15: 1032 – 9）.

[24] *Ulysses*, p. 611（18: 143 – 57）. 1922 年版的《尤利西斯》错误的移除掉前两行引文（"真的我把灯点着了"到"快涨破了呢"），我引用的是正确的 Gabler 版本。

[25] *Ulysses*, p. 641（18: 1508 – 16）.

[26] 请参考所捕获的《尤利西斯》一书，现存于哥伦比亚大学珍惜图书及手稿图书馆，p. 733。

[27] *United States v. One Book Called "Ulysses,"* 5 F. Supp. 182（1933）.

[28] Alexander, p. 8.

[29] "Ulysses Case Reaches Court After 10 Years," Ibid, qtd. *UvU*, p. 284.

[30] *Annual Report of the House Committee*, 1932 – 3 qtd. in *Publication of the New York Bar Association* 40, no. 5 (Oct. 1985), p. 535.

[31] John Woolsey, Jr. "Assorted Notes," n. d., 未出版。

[32] Davis, 重新印刷于 *UvU*, p. 342。

[33] Ernst, "The Censor Marches On," *The Best Is Yet*, qtd. *UvU*, p. 22.

[34] "Court Undecided on 'Ulysses' Ban," *NYT*, Nov. 26, 1933, p. 16. 注：审判记录拥有不同版本（厄恩斯特、《纽约时报》、《波士顿环球报》以及《纽约先驱报》），它们之间有略微差别，事件的顺序难以确定。为了叙述方便，我将记录进行了整合并调整了言论的顺序。

[35] *U. S. v. Kennerley*, 209 Fed. 119 (1913), qtd. in Ernst brief, *UvU*, p. 244.

[36] Defense Brief, *UvU*, p. 246.

[37] Ibid., pp. 255 – 6.

[38] "Ulysses Case Reaches Court After Ten Years," 重印于 *UvU*, pp. 286 – 7; 同样请参考 "Ruling on 'Obscene' Holds Fate of Book," *Daily Boston Globe*, Nov. 26, 1933, A4。

[39] "Ulysses Case Reaches Court After Ten Years," 重印于 *UvU*, pp. 286 – 7。请参看 "Ruling on 'Obscene' Holds Fate of Book," *Daily Boston Globe*, Nov. 26, 1933, A4。

[40] Government Brief, qtd. *UvU*, p. 295.

[41] *UvU*, p. 240. 这些引文来自 Paul Rosenfeld 与 Rebecca West。

[42] "Ulysses Case Reaches Court After Ten Years," 重印于 *UvU*, p. 286。

[43] *UvU*, p. 255.

[44] "Court Undecided on 'Ulysses' Ban," *NYT*, Nov. 26, 1933, p. 16.

[45] *UvU*, pp. 300 – 303.

[46] Ibid., pp. 253, 304.

[47] Ibid., p. 299.

[48] *Ulysses*, p. 642 (18: 1530 – 2).

[49] "Ulysses Case Reaches Court After Ten Years," 重印于 *UvU*, pp. 286 – 7.

[50] "Court Undecided on 'Ulysses' Ban," *NYT*, Nov. 26, 1933, p. 16; "Ruling on 'Obscene' Holds Fate of Book," *Daily Boston*

*Globe*, 同上, Nov. 26, 1933, A4。

[51] 见 1933 年 11 月 6 日林迪致厄恩斯特信, *UvU*, p. 279。

[52] 见 1933 年 11 月 14 日厄恩斯特致伍尔西信, *UvU*, p. 280。

[53] Ernst, "The Censor Marches On," 重印于 in *UvU*, p. 22。

[54] Ibid.

[55] Ernst and Schwartz, 重印于 *UvU*, p. 34。

[56] Ernst, "The Censor Marches On," 重印于 *UvU*, p. 22。

[57] Ernst and Schwartz, 重印于 *UvU*, p. 34。

[58] *New York Herald – Tribune*, 重印于 *UvU*, p. 284。

[59] Defense Brief, *UvU*, p. 239.

[60] Ibid., pp. 257 – 260.

[61] *UvU*, p. 242.

[62] *Ulysses*, p. 31 (3: 1 – 4) qtd。in Defense Brief, *UvU*, p. 260.

[63] "Ruling on 'Obscene' Holds Fate of Book," *Daily Boston Globe*, Nov. 26, 1933, A4.

[64] *New York World-Telegram*, 重印于 *UvU*, p. 342。

[65] *New York Herald-Tribune*, 重印于 *UvU*, p. 285。

[66] *Ulysses*, p. 641.

[67] *New York Herald-Tribune*, 重印于 *UvU*, p. 285。

[68] Ernst and Schwartz, "Four-Letter Words," 重印于 *UvU*, p. 34。

[69] Ibid.

[70] Ernst, "The Censor Marches On," 重印于 *UvU*, p. 23。我将原文中的 "back of your bench" 改为 "behind your bench"。

[71] Ernst, "Ref lections on the *Ulysses* Trial and Censorship," *JJQ*. 3. 1 (Fall 1965), qtd. *UvU*, p. 49; *New York Herald-Tribune*, *UvU*, p. 285.

[72] *New York Herald-Tribune*, qtd. *UvU*, p. 486.

[73] *Ulysses*, p. 594 (17. 1878).

[74] John Woolsey, Jr., "Family History: The Woolseys," n. d., unpublished.

[75] 约翰·伍尔西三世采访稿, June 15, 2010。

[76] *New York Herald-Tribune*, 重印于 *UvU*, p. 286。

[77] *Ulysses*, pp. 643 – 4 (18: 1597 – 1609).

[78] *New York Herald-Tribune*，重印于 *UvU*，p. 286。也请参考 Woolsey qtd. in "Talk of the Town," *The New Yorker*, Jan. 8, 1944。

[79] John Woolsey, Jr., "Judge John M. Woolsey," *JJQ* 37, no. 3/4 (Spring/ Summer 2000), p. 368.

[80] Century Association, *The Century Association Yearbook* (New York: The Century Association, 1933), p. 99.

[81] 见 1933 年 12 月 7 日林迪致厄恩斯特信，*UvU*，p. 317。

[82] John Woolsey, Jr., "Assorted Notes" n. d., unpublished.

[83] Henry Canby, "Crazy Literature," *Definitions: Essays in Contemporary Criticism* (New York York: Harcourt, Brace and Company, 1924), p. 111.

[84] Canby, "Sex in Fiction," *Definitions*, p. 87.

[85] *United States v. One Book Called "Ulysses,"* 5 F. Supp. 182 (S. D. N. Y 1933).

[86] 源于 2009 年 11 月 11 日对 Peggy Brooks 的采访，Brooks 可能是唯一在世和法官有私交的人。

[87] Woolsey, Jr., "Judge John M. Woolsey," *JJM* 37, no. 3/4, p. 368.

[88] 请参考 Gerald Gunther, *Learned Hand: The Man and the Judge* (New York: Oxford University Press, 2011), p. 289。汉德之后说伍尔西"有一点爱炫耀"，但是他后来"有点喜欢（伍尔西）"。

[89] Alexander, "Federal Judge"（未出版，n. d.），p. 4；伍尔西家族照片；John Woolsey, Jr., "My Early Life (1916 – 1930)," n. d.，未出版。

[90] Alexander, pp. 15 – 16.

[91] "Talk of the Town—Woolsey, J.," *New Yorker*, Jan. 8, 1944. 注：有关这两个感恩节，以及它们对这里所引用的判决书的影响之间的关系，是我的推测。

[92] *United States v. One Book Called "Ulysses,"* 5 F. Supp. 182 (S. D. N. Y 1933).

[93] *UvU*, p. 239.

[94] "The Press: A Welcome to Ulysses," *Time* magazine, Dec. 18, 1933.

[95] "Books: *Ulysses* Lands," *Time* magazine, Jan. 29, 1934，乔伊斯是这期杂志的封面人物。

[96] 见 1933 年 12 月 20 日乔伊斯致 Constantine Curran 信，*LI*，p. 338。

[97] Ell，p. 667.

[98] Harry Hansen，"The First Reader，" *New York World-Telegram*，Jan. 25，1934，qtd. *UvU*，pp. 11 – 12.

[99] See Martha Scotford，"Ulysses：Fast Track to 1934 Bestseller，" *Design Observer*，Dec. 2，2009 http：//observatory. designobserver. com/entry. html? entry = 12067.

[100] Gunther，p. 285，同样参考 Irving Younger，"Ulysses in Court：A Speech，" in *Classics of the Courtroom：The Litigation Surrounding the First Publication of James Joyce's Novel in the United States*，ed. James McElhaney（Minnetonka：The Professional Education Group，1989）。

[101] "Books and Things，" Lewis Gannett. *New York Herald-Tribune*，Dec. 9，1933，qtd. *UvU*，p. 330.

[102] 见 1934 年 1 月 17 日瑟夫致莱昂信，*UvU*，p. 357。

[103] 见 1934 年 4 月 24 日乔伊斯致韦弗信，*LI*，p. 340。

[104] Cerf，*At Random*，p. 101.

[105] Satterfield，*The World's Best Books*，p. 140.

[106] "Edition of 'Ulysses' to End Pirating Is Copy of Pirated Book，" unidentified newspaper clipping，Yale Joyce，Box 17 Folder 321.

## 27 法律

[1] BNA，H. O. 144/20071（Old Ref. # 186. 428/41）.

[2] Ibid.，（Old Ref. # 186. 428/60）.

[3] Ibid.，（Old Ref. # 186. 428/43）.

[4] "Conboy Is Named Federal Attorney; Succeeds Medalie，" *NYT*，Nov. 26，1933.

[5] "Georgetown Hears Roosevelt Praised，" *NYT*，June 13，1933.

[6] "Conboy Denounces Religion in Politics，" *NYT*，April 28，192.

[7] "Conboy Is Named Federal Attorney; Succeeds Medalie，" *NYT*，Nov. 26，1933.

[8] *UvU*，p. 12.

[9] "Conboy Recites from Ulysses and Girl Flees," *New York Daily News*, May 18, 1934, reprinted *UvU*, 449.

[10] Ernst, *To the Pure*, qtd. *UvU*, p. 376.

[11] Government Brief *UvU*, p. 374. 其中康柏引用了 *Bennett*、*Rosen* 和 *Dunlop* 的书。

[12] Government Brief, *UvU*, p. 376.

[13] Ibid.

[14] Ibid.

[15] Ibid., p. 374.

[16] "Ulysses, 'Unchaste and Lustful,' No Lunchtime Story for 3 Judges," *NY World-Telegram*, May 16, 1934, qtd. *UvU*, p. 444.

[17] "Conboy Opens U. S. Appeal to Bar *Ulysses*," *New York Herald-Tribune*, May 17, 1934, 以及 *New York Daily News*, May 18, 1934, qtd. *UvU*, pp. 447, 449。

[18] "Ulysses, 'Unchaste and Lustful,' No Lunchtime Story for 3 Judges," *NY World-Telegram*, May 16, 1934, qtd. *UvU*, p. 444.

[19] Gunther, *Learned Hand*, p. 284.

[20] Gunther, pp. 288 –9.

[21] Ibid.

[22] *United States v. One Book Entitled Ulysses by James Joyce*, 72 F. 2d 705 (2d Cir. 1934), Manton dissent. 这个案件的名字在巡回法院上有了细微改变。

[23] Augustus Hand qtd. in Gunther, p. 288.

[24] *United States v. One Book Entitled Ulysses by James Joyce*, 72 F. 2d 705 (2d Cir. 1934).

[25] BNA, H. O. 144/20071 (Old Ref. # 186. 428/49).

[26] Ibid., (Old Ref. # 186. 428/60).

[27] Ibid., (Old Ref. # 186. 428/60).

[28] Ibid., (Old Ref. # 186. 428/61).

[29] Ibid., (Old Ref. # 186. 428/61).

[30] 1930 年 6 月的医学诊断书, Berg Collection, (reprinted *LIII*, pp. 197 –8); 见 1930 年 12 月 1 日 Vogt 致乔伊斯信, *LIII*, p. 208。

[31] 见 1930 年 8 月 3 日乔伊斯致斯坦尼斯劳斯·乔伊斯信，*LIII*, p. 48；见 1930 年 10 月 5 日乔伊斯致 Gorman 信，*LIII*, p. 203。

[32] JJ qtd. in Paul Léon, "In Memory of Joyce," *Portraits of the Artist in Exile*, p. 289.

## 尾　声

[1] P. 751 *Ulysses*, p. 438 (15: 3042 – 3).

[2] *Roth v. United States* 354 U. S. 476 (1957).

[3] 见 1923 年 1 月 6 日伊迪丝·华顿致 Bernard Berenson 信，*Letters of Edith Wharton* (New York: Scriber, 1988), p. 461。

[4] E. M. Forster, "Fantasy," *Aspects of the Novel* (New York: Harcourt, Brace, 1927), p. 177.

[5] Crane qtd. Deming, *James Joyce: The Critical Heritage*, p. 284.

[6] Crane, p. 95.

[7] Vladimir Nabokov, *Strong Opinions* (New York: McGraw – Hill, 1973), p. 56.

[8] Henry Miller, *The Henry Miller Reader* (New York: New Directions, 1969), p. 227.

[9] 参见 Danis Rose and John O'Hanlon, *The Lost Notebook: New Evidence on the Genesis of Ulysses/James Joyce* (Edinburg: Split Pea Press, 1989)。

[10] 参见 John Kidd, "Gaelic in the New *Ulysses*," 4, no. 2 *Irish Literary Supplement* (Fall 1985), pp. 41 – 42。

[11] Nabokov, *Strong Opinions*, p. 56.

[12] Julie Brannon, *Who Reads Ulysses?: A Rhetoric of the Joyce Wars and the Common Reader* (New York:。Routledge, 2003), p. 11.

[13] Nola Tully (ed.), *Yes I Said Yes I Will Yes* (New York: Vintage Books, 2004), p. 83.

[14] Ibid., p. 129.

[15] Aaron Beall in *Yes I Said Yes*, p. 78.

[16] Isaiah Sheffer in *Yes I Said Yes*, pp. 15, 81; "Bloomsday Marathon on West Side," *NYT*, June 17, 1983.

[17] Peter Costello and Peter Van de Kamp, *Flann O'Brien: An Illustrated*

*Biography*. (London: Bloomsbury, 1987).

[18] "Bloomsday in Dublin, a Time for Rejoycing," *NYT*, June 19, 1977.

[19] Tully, *Yes I Said Yes*, p. 73.

[20] "They May Not Have Read 'Ulysses,' but It's a Good Excuse for a Highbrow Party," *NYT*, June 17, 2004, E3.

[21] Robert Nicholson, *Yes I Said Yes*, p. 75.

[22] Nicholson, p. 75.

[23] JJ qtd. in *MBK*, p. 7.

# 原始资料选


Anderson, Margaret C. *My Thirty Years' War: An Autobiography*. New York: Covici, Friede, 1930.

Arstein, W. L. "The Murphy Riots: A Victorian Dilemma." *Victorian Studies* 19 (1975), pp. 51–71.

Bates, Anna Louise. *Weeder in the Garden of the Lord: Anthony Comstock's Life and Career*. Lanham, Md.: University Press of America, 1995.

Beach, Sylvia. *Shakespeare and Company*. Lincoln: University of Nebraska Press, 1991.

—— and Keri Walsh. *The Letters of Sylvia Beach*. New York: Columbia University Press, 2010.

Beard, Charles Heady. *Ophthalmic Surgery: A Treatise on Surgical Operations Pertaining to the Eye and Its Appendages, with Chapters on Para-Operative Technic and Management of Instruments*. Philadelphia: P. Blakiston's Son & Co., 1914.

Broun, Heywood, and Margaret Leech. *Anthony Comstock, Roundsman of the Lord*. New York: A. & C. Boni, 1927.

Budgen, Frank. *James Joyce and the Making of Ulysses*. Bloomington: Indiana University Press, 1960.

C.B. *The Confessional Unmasked: Showing the Depravity of the Roman Priesthood, the Iniquity of the Confessional and the Questions Put to Females in Confession*. Microfilm. Protestant Electoral Union, 1867.

Cerf, Bennett. *At Random: The Reminiscences of Bennett Cerf*. New York: Random House, 1977.

Clarke, Bruce. "Dora Marsden and Ezra Pound: *The New Freewoman* and 'the Serious Artist.'" *Contemporary Literature* 33, no. 1 (Spring 1992), pp. 91–112.

Colum, Mary Maguire, and Padraic Colum. *Our Friend James Joyce*. Garden City, N.Y.: Doubleday, 1958.

Cullinan, Gerald. *The Post Office Department*. New York: F. A. Praeger, 1968.

Dardis, Tom. *Firebrand: The Life of Horace Liveright*. New York: Random House, 1995.

Deming, Robert H. *James Joyce: The Critical Heritage*. 2 vols. London: Routledge & K. Paul, 1970.

Eliot, T. S. *Selected Prose of T. S. Eliot*. New York: Harcourt Brace Jovanovich, 1975.

Ellmann, Richard. *James Joyce*. Rev. ed. New York: Oxford University Press, 1982.

Fitch, Noël Riley. *Sylvia Beach and the Lost Generation: A History of Literary Paris in the Twenties and Thirties*. New York: Norton, 1983.

Fuchs, Ernst. *Text-Book of Ophthalmology*. Philadelphia: Lippincott, 1917.

Garner, Les. *A Brave and Beautiful Spirit: Dora Marsden, 1882-1960*. Aldershot: Avebury, 1990.

Gertzman, Jay. "Not Quite Honest: Samuel Roth's 'Unauthorized' *Ulysses* and the 1927 International Protest." *Joyce Studies Annual* 2009 (2009), pp. 34-66.

Groden, Michael. *Ulysses in Progress*. Princeton: Princeton University Press, 1977.

Hamalian, Leo. "Nobody Knows My Names: Samuel Roth and the Underside of American Letters." *Journal of Modern Literature* 3 (1974), pp. 889-921.

Heap, Jane, and Florence Reynolds. *Dear* New York: *Tiny Heart: The Letters of Jane Heap and Florence Reynolds*. Edited by Holly A. Baggett. New York University Press, 2000.

Hemingway, Ernest. *A Moveable Feast*. New York: Scribner, 1992.

Jackson, Robert, and Sir Archibald Bodkin. *Case for the Prosecution: A Biography of Sir Archibald Bodkin, Director of Public Prosecutions, 1920-1930*. London: A. Barker, 1962.

Joyce, James. *Critical Writings*. Edited by Ellsworth Mason and Richard Ellmann. London: Faber and Faber, 1959.

——. *Dubliners*. New York: Viking Press, 1962.

——. *James Joyce's Letters to Sylvia Beach, 1921-1940*. Edited by Melissa Banta and Oscar A. Silverman. Bloomington: Indiana University Press, 1987.

——. *Letters of James Joyce*. 3 vols. London: Faber and Faber, 1957-1966.

——. *Poems and Shorter Writings: Including Epiphanies, Giacomo Joyce, and 'A Portrait of the Artist.'* Edited by Richard Ellmann, A. Walton Litz, and John Whittier-Ferguson. New York: Faber and Faber, 1991.

——. *A Portrait of the Artist as a Young Man: Text, Criticism, and Notes*. Edited by Chester G. Anderson. New York: Viking, 1968.

——. *Selected Letters of James Joyce*. Edited by Richard Ellmann. New York: Viking Press, 1975.

——. *Stephen Hero*. New York: New Directions, 1963.

——. *Ulysses*. Edited by Hans Walter Gabler, with Wolfhard Steppe, Claus Melchior, and Michael Groden. New York: Vintage Books, 1993.

Joyce, Stanislaus. *My Brother's Keeper*. Cambridge: Da Capo Press, 2003.

—— and George Harris Healey. *The Complete Dublin Diary of Stanislaus Joyce*. Dublin: Anna Livia Press, 1994.

Leavis, F. R. "Freedom to Read." *Times Literary Supplement*, May 3, 1963, p. 325.

Lidderdale, Jane, and Mary Nicholson. *Dear Miss Weaver: Harriet Shaw Weaver, 1876-1961*. London: Faber and Faber, 1970.

Maddox, Brenda. *Nora: A Biography of Nora Joyce*. Boston: Houghton Mifflin, 1988.

McAlmon, Robert. *Being Geniuses Together, 1920-1930*. Baltimore: Johns Hopkins University Press, 1997.

McCourt, John. *The Years of Bloom: James Joyce in Trieste, 1904-1920*. Madison: University of Wisconsin Press, 2000.

Morrison, Mark. "Marketing British Modernism: *The Egoist* and Counter-Public Spheres." *Twentieth Century Literature* 43, no. 4 (Winter 1997), pp. 439–69.

Moscato, Michael, and Leslie LeBlanc. *The United States of America v. One Book Entitled "Ulysses" by James Joyce: Documents and Commentary: A 50-Year Retrospective.* Frederick, Md.: University Publications of America, 1984.

O'Connor, Ulick, ed. *The Joyce We Knew.* Cork: Mercier Press, 1967.

Potts, Willard, ed. *Portraits of the Artist in Exile: Recollections of James Joyce by Europeans.* Seattle: University of Washington Press, 1979.

Pound, Ezra. *Early Writings: Poems and Prose.* Edited by Ira B. Nadel. New York: Penguin Books, 2005.

———. *Pound/The Little Review: The Letters of Ezra Pound to Margaret Anderson: The Little Review Correspondence.* Edited by Thomas L. Scott, Melvin J. Friedman, and Jackson R. Bryer. New York: New Directions, 1988.

———. *Pound/Joyce: The Letters of Ezra Pound to James Joyce, with Pound's Essays on Joyce.* Edited by Forrest Read. New York: New Directions, 1967.

———. *The Selected Letters of Ezra Pound to John Quinn, 1915–1924.* Edited by Timothy Materer. Durham: Duke University Press, 1991.

Reid, B. L. *The Man from New York: John Quinn and His Friends.* New York: Oxford University Press, 1968.

Reynolds, Michael S. *Hemingway: The Paris Years.* Oxford: Blackwell, 1989.

Roberts, M.J.D. "Morals, Art, and the Law: The Passing of the Obscene Publicans Act, 1857." *Victorian Studies* 28, no. 4 (Summer 1985), pp. 609–29.

Satterfield, Jay. *The World's Best Books: Taste, Culture, and the Modern Library.* Amherst: University of Massachusetts Press, 2002.

Spoo, Robert. *Without Copyrights: Piracy, Publishing and the Public Doman.* New York: Oxford University Press, 2013.

Sumner, John. "The Truth about 'Literary Lynching.'" *Dial* 71 (July 1921), pp. 63–68.

Thacker, Andrew. "Dora Marsden and *The Egoist*: 'Our War Is with Words'." *Twentieth Century Literature* 36, no. 2 (1993), pp. 179–96.

Tully, Nola, ed. *Yes I Said Yes I Will Yes: A Celebration of James Joyce, Ulysses, and 100 Years of Bloomsday.* New York: Vintage Books, 2004.

Vanderham, Paul. *James Joyce and Censorship: The Trials of Ulysses.* New York: New York University Press, 1998.

Wees, William C. *Vorticism and the English Avant-Garde.* Toronto: University of Toronto Press, 1972.

Wood, Casey A. *A System of Ophthalmic Therapeutics; Being a Complete Work on the Non-Operative Treatment, Including the Prophylaxis, of Diseases of the Eye.* Chicago: Cleveland Press, 1909.

Woolf, Virginia. *The Diary of Virginia Woolf.* Vols. 1–5. Edited by Anne Olivier Bell and Andrew McNeillie. London: Hogarth Press, 1977–84.

———. *The Essays of Virginia Woolf.* Edited by Andrew McNeillie. London: Hogarth Press, 1988.

———. *The Letters of Virginia Woolf,* Vol. 2, *1912–1922.* Edited by Nigel Nicolson and Joanne Trautmann. London: Hogarth Press, 1976.

# 索　引

（索引中的页码为本书页边码）

图书在版编目(CIP)数据

最危险的书：为乔伊斯的《尤利西斯》而战 /（美）凯文·伯明翰（Kevin Birmingham）著；辛彩娜，冯洋译. -- 北京：社会科学文献出版社，2018.9

书名原文：The Most Dangerous Book：The Battle for James Joyce's Ulysses

ISBN 978 - 7 - 5201 - 0644 - 3

Ⅰ.①最… Ⅱ.①凯… ②辛… ③冯… Ⅲ.①长篇小说 - 小说研究 - 爱尔兰 - 现代 ②《尤利西斯》- 出版发行 Ⅳ.①I562.074 ②G239.562

中国版本图书馆 CIP 数据核字（2017）第 074737 号

最危险的书
——为乔伊斯的《尤利西斯》而战

著　　者 / [美] 凯文·伯明翰（Kevin Birmingham）
译　　者 / 辛彩娜　冯　洋

出 版 人 / 谢寿光
项目统筹 / 董风云　段其刚　　　责任编辑 / 张金勇

出　　版 / 社会科学文献出版社·甲骨文工作室（010）59366551
地址：北京市北三环中路甲 29 号院华龙大厦　邮编：100029
网址：www.ssap.com.cn
发　　行 / 市场营销中心（010）59367081　59367018
印　　装 / 三河市东方印刷有限公司

规　　格 / 开　本：889mm × 1194mm　1/32
印　张：17.25　插　页：0.5　字　数：392 千字
版　　次 / 2018 年 9 月第 1 版　2018 年 9 月第 1 次印刷
书　　号 / ISBN 978 - 7 - 5201 - 0644 - 3
著作权合同登记号 / 图字 01 - 2015 - 6680 号
定　　价 / 89.00 元